Kaj Kinzel

Wilde Wege Elbsandsteingebirge

mit Forststeig

40 ausgewählte Touren

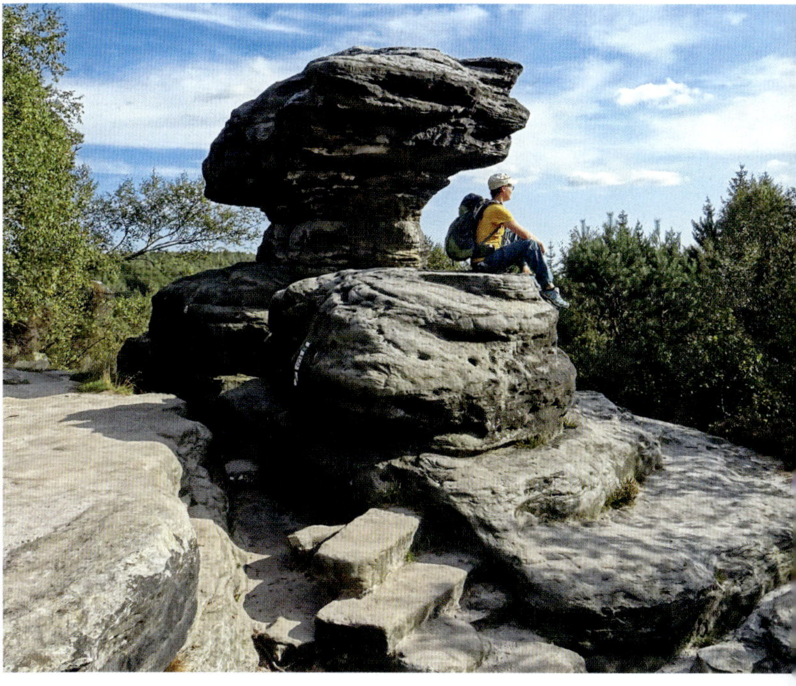

ROTHER BERGVERLAG

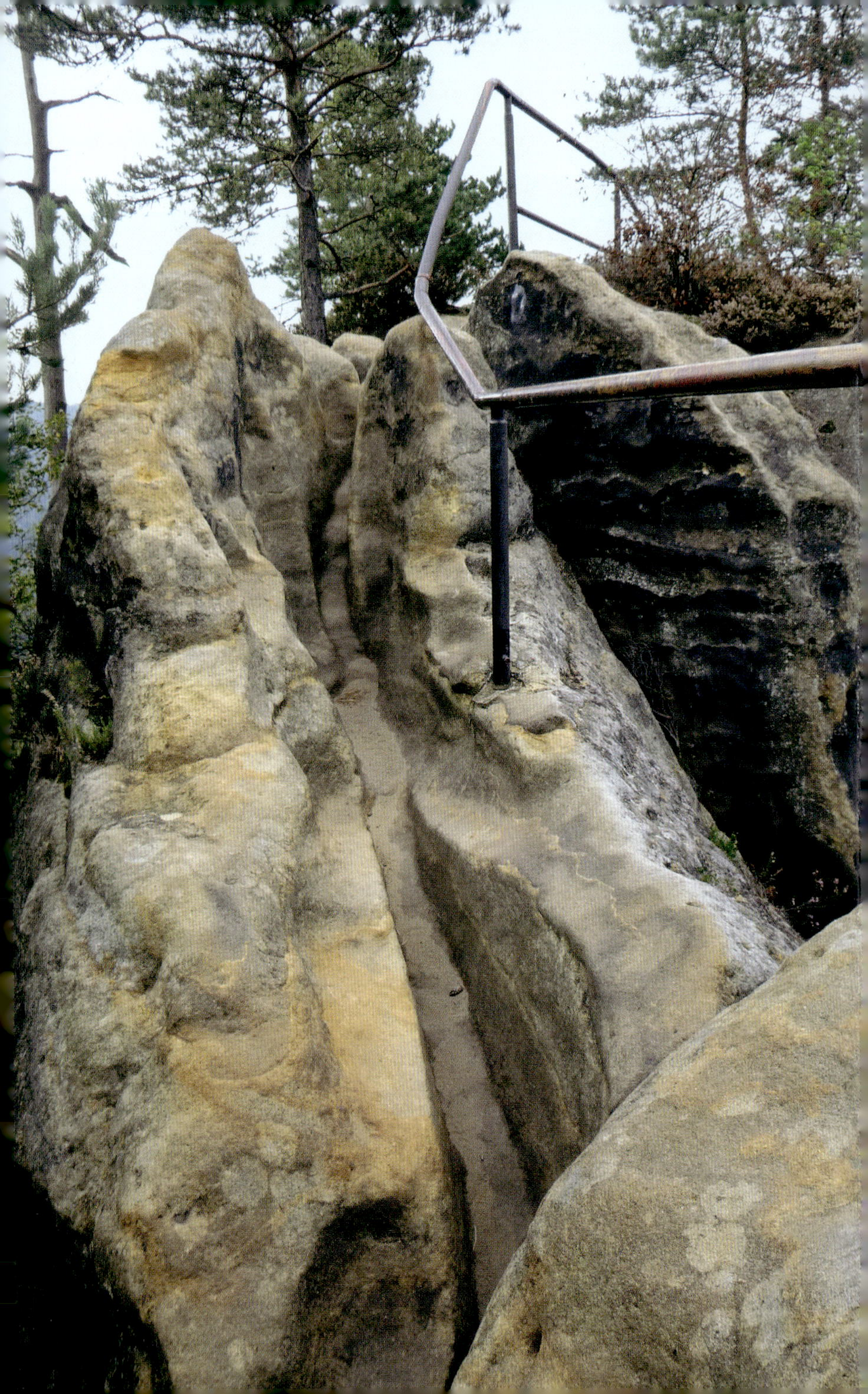

Vorwort

Das Elbsandsteingebirge ist eine Landschaft, die man sich märchenhafter kaum vorstellen kann. Schroffe Sandsteinfelsen mit wundervollen, teils bizarren Formen, dunkle Höhlen, die an Schatzgrotten erinnern, ehemalige Felsenburgen inmitten verwilderter Wälder, wilde Schluchten und atemberaubende Aussichten hoch über dem Elbtal begeistern zu jeder Tages- und Jahreszeit aufs Neue. Mal sind es die Nebelschwaden, die die dunklen Felsen umhüllen, oder der schmale Sonnenstrahl, der die tiefen Felsengründe durch die hohen Baumwipfel hindurch erreicht, mal ist es eine knorrige Baumwurzel, mit der sich eine alte Kiefer an einen Felsen klammert oder der laute, krächzende Ruf des Kolkraben, der inmitten der Felsenriffe erklingt, welche uns die verschiedenen Szenerien verwunschen, ja fast mystisch erscheinen lassen.
In dieser einst unzugänglichen Felsenwildnis wurden schon vor Jahrhunderten von Waldarbeitern, Schmugglern, Jägern oder Köhlern zahlreiche Wege, Pfade und sogenannte Stiegen angelegt. Später wanderten Maler und Dichter zu herrlichen Aussichten und bizarren Felsformationen. Seit über 150 Jahren sind Kletterer zu ihren mehr als 1000 Kletterfelsen unterwegs, deren teils schwierige Zugangspfade heute ebenfalls zum erlaubten Wegenetz zählen.
Als die Idee reifte, einen Wanderführer für anspruchsvollere Wanderungen auf stillen Bergpfaden und ausgesetzten Kletterstiegen herauszugeben, ahnte noch niemand, dass wenige Jahre später Milliarden von Fichtenborkenkäfern die weiten, idyllischen Waldgebiete komplett verändern würden. Seit Frühjahr 2021 versperren immer wieder umgestürzte Bäume die Wanderwege. Einige der wilderen Waldpfade und Felsensteige im Nationalpark sind vorübergehend unpassierbar. Obwohl mittlerweile die großen Wanderachsen wieder begehbar gemacht und akute Gefahrenstellen beseitigt wurden, besteht in vielen Teilen der Nationalparkwildnis weiterhin eine latente Gefahr durch Totholz und Baumstürze.
Die vorliegenden Wandervorschläge versuchen der derzeitig schwierigen Umbruchsituation gerecht zu werden und wurden unter dem Aspekt ausgewählt, dass sie auch in den nächsten Jahren noch wanderbar bleiben. Die Auswahl reicht von leichten Wanderungen auf überwiegend bequemen Wegen bis hin zu anspruchsvollen Bergtouren mit Leitern und kleinen Kletterstellen inmitten der sich schnell verändernden Waldwildnis.
Die verschlungenen Bergpfade und die luftigen Stiegen mit Eisenklammern und Trittstiften sind besonders begehrte Ziele, deren ungewohnte Anforderungen an Schwindelfreiheit, Trittsicherheit und Bergerfahrung nicht unterschätzt werden sollten. Mit diesem Wanderführer möchte ich Sie einladen, den Zauber dieser wunderbaren Sandsteinwelt kennenzulernen, die stillen, wildromantischen Plätze zu entdecken und die Entwicklung hin zu einer naturbelassenen Wildnis mitzuerleben.
Ich wünsche Ihnen, liebe Leserinnen und Leser, viel Spaß mit der Lektüre und viele schöne Erlebnisse beim Wandern im Elbsandsteingebirge!

Frühjahr 2023 Kaj Kinzel

Der ausgetretene Schrammstein-Gratweg.

Inhalt

Top-Touren

Griesgrund und Uttewalder Grund
In die Felsenwildnis der stillen Gründe bei Wehlen *(Tour 1, 4.00 Std.)*.

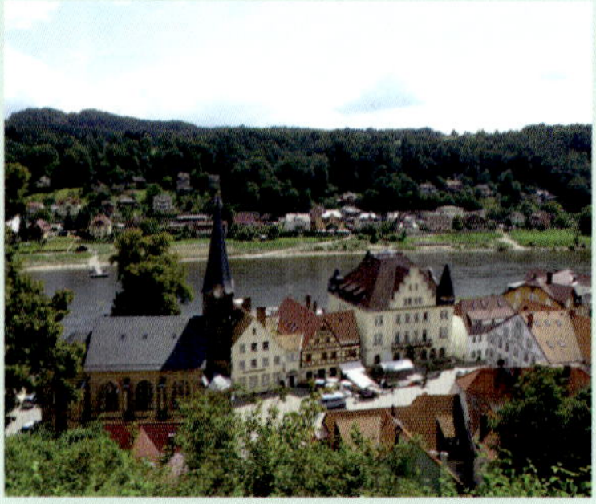

Brand und Waitzdorfer Höhe
Zur Brandaussicht, dem »Balkon« der Sächsischen Schweiz *(Tour 4, 5.15 Std.)*.

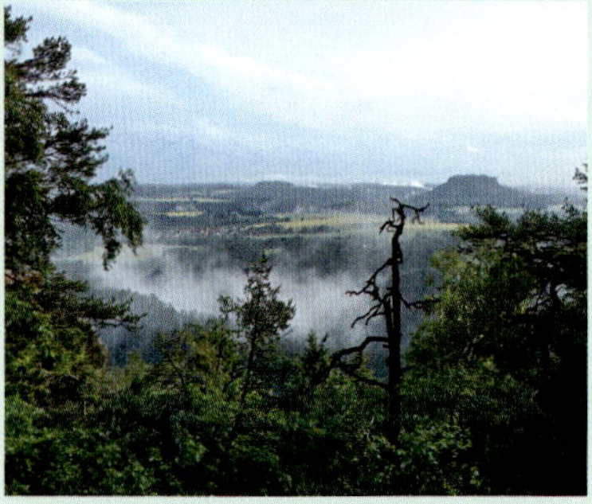

Schrammsteinaussicht
Auf wildromantischen Stiegen ins Schrammtor-Gebiet *(Tour 6, 4.15 Std.)*.

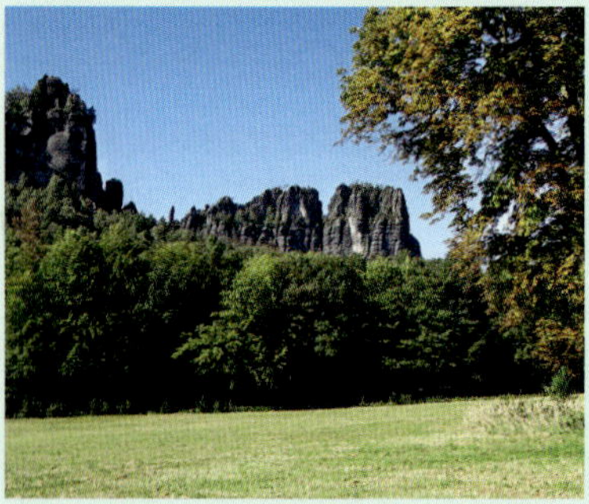

Auf Stiegen der Affen- und Schrammsteine
Aussichtsreich über Rotkehlchenstiege und Mittelwinkel *(Tour 9, 5.00 Std.)*.

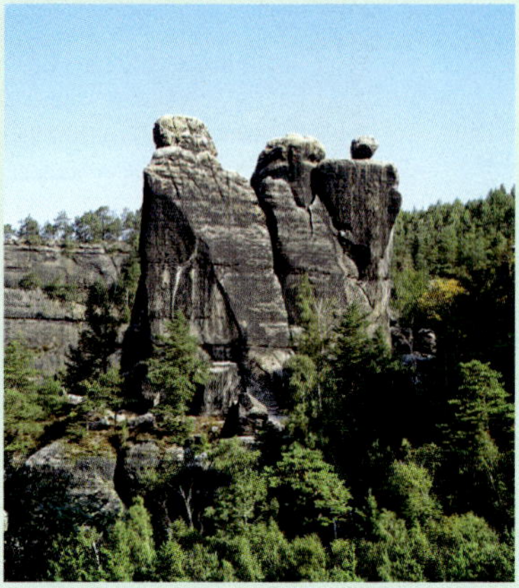

Carolafelsen
Durch die Wilde Hölle zum Kleinen Winterberg *(Tour 13, 3.45 Std.)*.

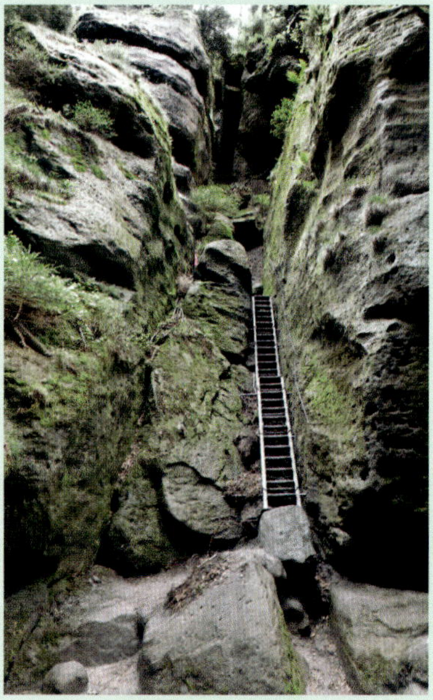

Über die Häntzschelstiege zur Idagrotte
Luftiger Klettersteig inmitten des Nationalparks *(Tour 15, 3.15 Std.).*

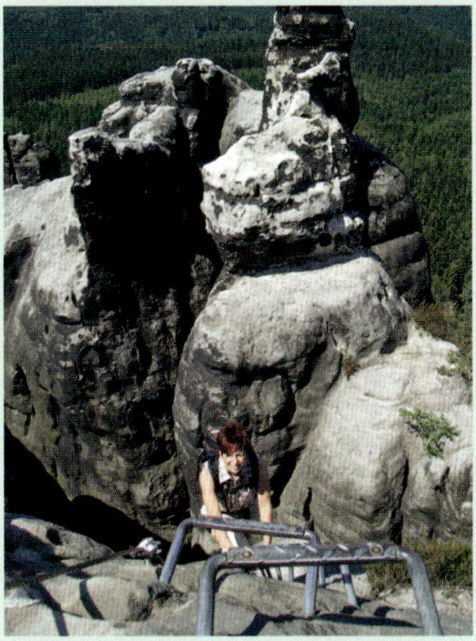

Goldsteinaussicht und Winterstein
Auf dem Fremdenweg über den Kleinen Winterberg *(Tour 16, 4.45 Std.).*

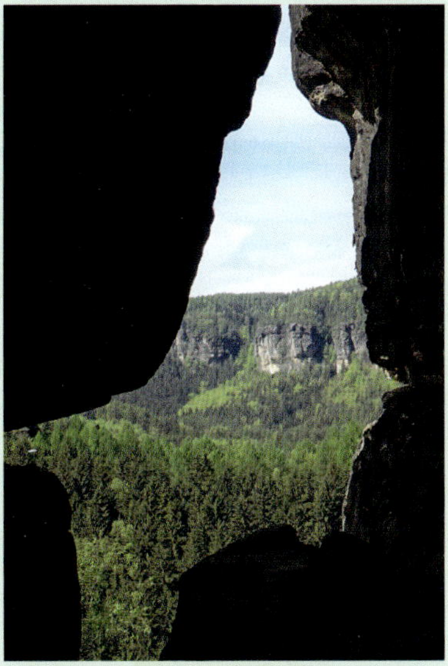

Pohlshörner, Teichstein, Arnstein und Kleinstein
Stille Aussichten über Großem Zschand und Kirnitzschtal *(Tour 19, 5.00 Std.).*

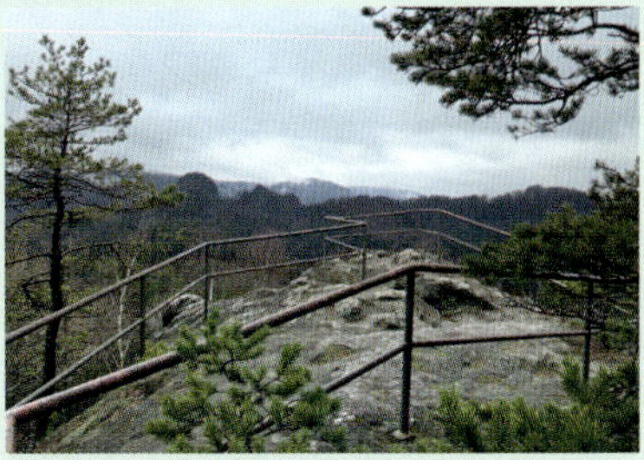

Schauenstein und Kleines Prebischtor
Über den Hohenleipaer Schlossberg zur mittelalterlichen Felsenburg Schauenstein und auf den Rauschenberg *(Tour 23, 4.15 Std.).*

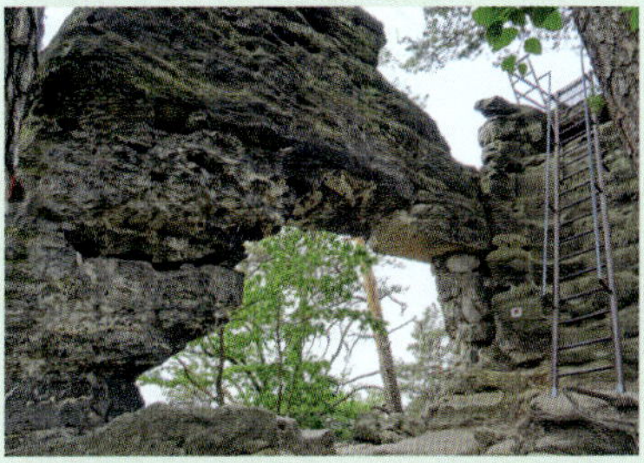

Forststeig – 7 Tage Waldtrekking
Einfach mal weg sein - Weitwandern in der Elbsandstein-Wildnis *(Tour 32, 7 Tage).*

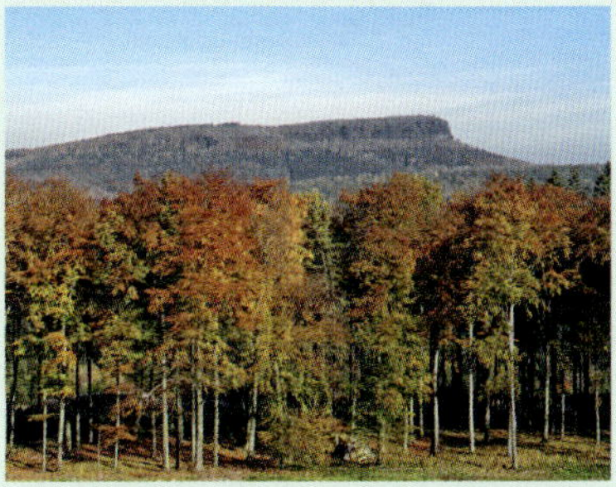

Allgemeine Hinweise

Anforderungen

Die vorgeschlagenen Wanderungen zeichnen sich durch einen kurzweiligen und abwechslungsreichen Wegverlauf aus und vermeiden weitgehend längere Forststraßen und überlaufene Wanderwege. Oft verlaufen sie durch Schluchten, über Felsrücken, über Brücken, Treppen oder Leitern sowie auf schmalen felsigen Wald- oder Bergpfaden, die eine mindestens durchschnittliche Kondition und Trittsicherheit voraussetzen. Unter dem Motto »Der Weg ist das Ziel« bieten die Touren inmitten der Felsenwildnis interessante, vielleicht etwas stillere Wegvarianten zu den typischen Hauptwanderrouten.

Zur schnelleren Einschätzung der Anforderungen sind die Wanderungen in drei Schwierigkeitsgrade eingeteilt und farbig hinterlegt:

Am Zurückesteig.

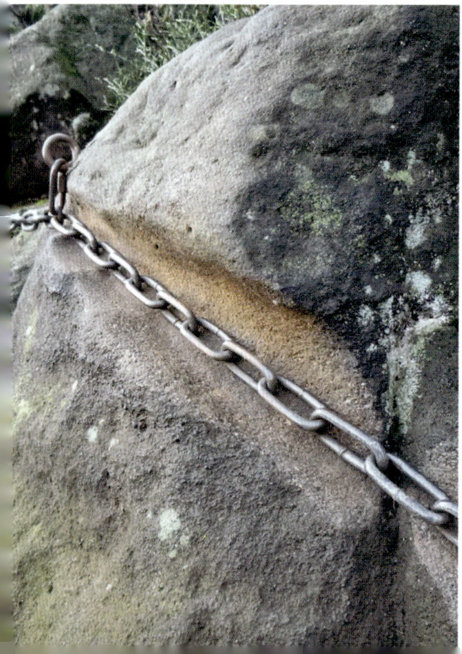

■ Leicht

Einfache Touren auf überwiegend guten Wanderwegen, die gut markiert bzw. leicht zu finden sind. Sie sind gewöhnlich auch von älteren Menschen gut zu bewältigen. Für die gemäßigten Steigungen ist durchschnittliche Kondition ausreichend.

■ Mittel

Typisch sind längere, steilere An- oder Abstiege, die auch über schmale Treppen oder kurze Leitern führen können, jedoch ohne besondere Kletteranforderungen. Es kann stellenweise luftig ausgesetzte Stellen und schmale oder abschüssige Waldpfade geben, die mit Wurzeln, Geröll, spitzen Steinen oder Felsblöcken durchsetzt sind und dadurch Aufmerksamkeit und Trittsicherheit erfordern. Bei Nässe kann es auch mal rutschig werden. Mitunter sind umgestürzte Bäume zu übersteigen. Wandererfahrung, Orientierungssinn und gute Kondition sind empfehlenswert.

■ Schwierig

Anspruchsvolle Touren mit schwierigen Passagen fallen in diese Kategorie. Sie gehen über das Niveau gewöhnlicher Wanderungen deutlich hinaus. Neben guter Kondition erfordern sie vor allem absolute Trittsicherheit und Schwindelfreiheit. Es kann Wegabschnitte geben, die sehr nahe am Abgrund entlang führen oder leichte Kletteranforderungen stellen: Klettern an natürlichen Felsgriffen, auf Leitern, am Drahtseil oder an in den Fels geschlagenen Eisenklammern. Ungünstige Witterungsverhältnisse können diese Abschnitte zusätzlich erschweren. Umfassende Bergerfahrung sollte bereits vorhanden sein.

Tourenauswahl

In der »Kurzinfo« werden als kleine Planungshilfe Gehzeit, Wegbeschaffenheit, Anforderungen und Besonderheiten der Tour übersichtlich aufgeführt. Das Höhenprofil gibt Auskunft zu Länge, Steilheit und individuellem Charakter der Wanderung. Bei der Tourenauswahl sind neben dem persönlichen Können und der eigenen Tagesform unbedingt auch Jahreszeit und Wetter zu berücksichtigen. Bemooste Steine, Wurzeln oder Eisentritte können bei Feuchtigkeit sehr rutschig werden. Bei Eis und Schnee ist von allen Touren mit Kletteranforderungen dringend abzuraten.

Gehzeiten

Die Zeitangaben in der Kurzinfo sind reine Gehzeiten. Sie sind reichlich bemessen, berücksichtigen jedoch keine Pausen. Die tatsächliche Tourdauer kann dadurch erheblich von den angegebenen Zeiten abweichen. Gerade bei den »wilden Wegen« ist mit gewissen Unwägbarkeiten (Verhauer, geländebedingte Schwierigkeiten) zu rechnen, sodass im Einzelfall eine Tour deutlich länger dauern kann.

Wandern mit Kindern

Wer mit Kindern unterwegs sein möchte, sollte es mit dem Wandern nicht übertreiben. Weniger ist oft mehr! Kinder wollen unterwegs etwas erleben, Dinge am Wegrand entdecken, Höhlen erkunden, am Bachufer spielen u.v.m. Die teilweise recht ausgesetzten und mit Absturzgefahr verbundenen Tourvorschläge dieses Buches sind überwiegend nicht bzw. nur bedingt für das Wandern mit Kindern geeignet. Möchten Sie mit Ihren wander- und kraxelerfahrenen Kindern eine Wanderung aus diesem Buch unternehmen, lesen Sie die Kurzinfos genau durch. Nur Sie als Eltern können einschätzen, welche Kondition und Bergerfahrung Ihr Nachwuchs bereits besitzt. Für Familienurlauber empfehle ich das Wanderbuch »Erlebniswandern mit Kindern Elbsandsteingebirge« des Rother Bergverlag, das wunderschöne kindgerechte Wanderungen mit Altersempfehlung und spannenden Freizeittipps enthält.

Anreise

Mit Bus und Bahn kann man über Dresden oder Prag sehr gut anreisen. Zentrale Bahnhöfe für den Fernverkehr sind Dresden, Bad Schandau und Děčín, von denen regelmäßig S-Bahnen im Elbtal und die Nationalparkbahn verkehren. Viele entferntere Regionen sind nur mit Bussen zu erreichen. Hier sollte man sich im Vorfeld genau informieren, da die Fahrpläne saisonabhängig und nicht immer optimal für die Anreise geeignet sind.

Mit dem Auto ist die Sächsisch-Böhmische Schweiz sehr gut und schnell über die Autobahn A17/D8 Dresden–Prag erreichbar. Im Elbsandsteingebirge gibt es nur drei Brücken über die Elbe (in Pirna, Bad Schandau und Děčín). Daher sollte die Anreise genau geplant werden, damit man nicht auf der falschen Elbseite landet und dann einen größeren Umweg fahren muss. Bei der Anreise über Tschechien ist zu beachten, dass die meisten Autobahnen und einige Schnellstraßen mautpflichtig sind (E-Maut über die Webseite www.edalnice.cz) und ganzjährig mit eingeschaltetem Abblendlicht gefahren werden muss. Die kleineren Straßen in der Böhmischen Schweiz sind oft schmal und kurvenreich.

Unterwegs im Elbsandsteingebirge

Mit öffentlichen Verkehrsmitteln

Das Elbsandsteingebirge ist gut mit öffentlichen Verkehrsmitteln erschlossen. Im Elbtal verkehren regelmäßig S-Bahnen zwischen Dresden und dem Haltepunkt Schöna. Von hier kann man mit der Fähre nach Hřensko (Herrnskretschen) übersetzen oder umsteigen und mit dem Nahverkehrszug nach Děčín (Tetschen) weiterfahren. Von Pirna, Königstein, dem Nationalparkbahnhof Bad Schandau und Schmilka fahren Busse in die entlegeneren Gebiete. Vorab sollte man sich unbedingt über die Fahrpläne informieren! Spezielle Wanderbuslinien verkehren sogar grenzüberschreitend. In der Wandersaison sind spezielle VVO-Fahrradbusse unterwegs zu den schönsten Radrouten in den Höhenlagen der Sächsischen und Böhmischen Schweiz. Das Busnetz ist insgesamt gut ausgebaut und wird von Mai bis Oktober noch durch den »Sächsisch-Böhmischen National-park-Express«, den »Bastei-Kraxler« und den »Festungsexpress«, Angebote eines privaten Busunternehmens, hervorragend ergänzt. Vom Stadtpark Bad Schandau kann man außerdem auch mit der Kirnitzschtalbahn, einer historischen Straßenbahn, gemächlich in den Nationalpark hineinfahren.

Mit speziellen Preisangeboten, wie Elbe-Labe-Ticket, Kleingruppenkarte oder Familientageskarte ist man zudem oft recht günstig unterwegs.

Auf böhmischer Seite sind die Busverbindungen im Allgemeinen sehr gut ausgebaut. Es empfiehlt sich sehr, für das Bezahlen der Tickets im Bus, »Tschechische Kronen« (Kč) dabei zu haben, auch wenn wir im Notfall auch schon mal mit Euro zahlen konnten. Der tschechische Navigator (www.idos.cz) gibt schnell und zuverlässig Auskunft über Fahrzeiten und -preise. Auf dem tschechischen Kartenportal www.mapy.cz können durch Anklicken der gewünschten Bushaltestelle ebenfalls mögliche Fahrzeiten und Buslinien erkundet werden.

Seit 1898 verbindet die Kirnitzschtalbahn Bad Schandau mit dem Lichtenhainer Wasserfall.

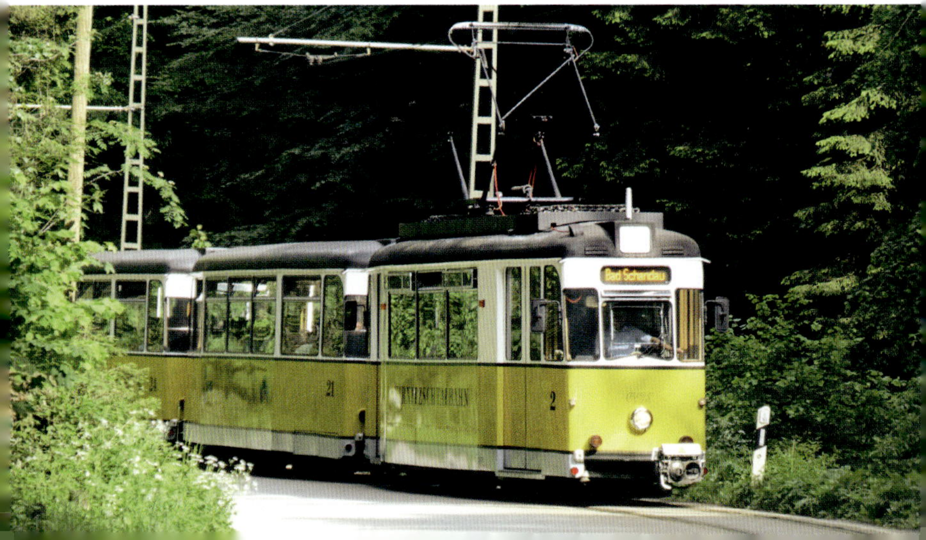

Tariftipp Tageskarte: Unternimmt man mehrere Fahrten an einem Tag, lohnt sich meist eine Tageskarte. Auf einer Tageskarte für eine Einzelperson dürfen 2 Kinder (von 6 bis 14 Jahren) mitgenommen werden. Die Familientageskarte gilt für 2 Erwachsene mit bis zu 4 Kindern (von 6–14 Jahren). Die VVO-Tageskarten gelten in der S-Bahn, in den Bussen (außer im Sächsisch-Böhmischen Nationalpark-Expreß) und auf allen Fähren (außer auf der Grenzfähre Schöna-Hrensko und der Seilfähre Kurort Rathen). Wer seine gültige Tageskarte in der Kirnitzschtalbahn vorweist, erhält hier den ermäßigten Preis.

Tariftipp Elbe-Labe-Ticket: Das Tagesticket gilt im Nahverkehr, den Stadt-und Regionalbussen und Bahnen im Bezirk Ústí auf böhmischer Seite, einschließlich touristischer Bahnen sowie im gesamten VVO-Verbundraum auf der sächsischen Seite. Es ist ideal für grenzüberschreitende Fahrten von und nach Tschechien.

Informationen und Fahrpläne findet man unter:

- jizdnirady.idnes.cz (www.idos.cz)
- www.vvo-online.de (grenzüberschreitende Angebote, VVO-Info-Hotline +49 351 852 65 55)
- www.frank-nuhn-freizeit-und-tourismus.de (»Sächsisch-Böhmischer Nationalpark-Express«, von Mai bis Oktober, touristische Linie eines privaten Busunternehmens ins Prebischtorgebiet)

Mit dem Auto:

Mit dem Auto ist man vor Ort sehr flexibel unterwegs. Die meisten Parkplätze sind allerdings kostenpflichtig (Tagesticket ca. 5 EUR) und die Kapazitäten besonders an Feiertagen oder in den Ferien oft schon recht schnell erschöpft. In Tschechien müssen Autofahrer ganzjährig auch tagsüber das Abblendlicht einschalten. Die Straßen in der Böhmischen Schweiz sind oft ungewohnt schmal. Parken sollte man nur auf ausgewiesenen Parkplätzen, die sehr rar sind. Wer mit Navigationsgerät anreisen möchte, findet in der Kurzinfo für jeden Ausgangspunkt die Koordinaten im Dezimalgrad, die je nach Gerät eventuell noch umgerechnet werden müssen.

Einkehr

Direkt an der Wanderroute bzw. in der Nähe des Start- und Zielpunktes gelegene Gasthäuser sind in der Kurzinfo soweit möglich mit Internetadresse aufgeführt, sodass man sich im Vorfeld über die Öffnungszeiten bzw. Ruhetage kundig machen kann. Es empfiehlt sich auch für Touren mit Einkehrmöglichkeit, sicherheitshalber Proviant mitzunehmen.

Ausrüstung

Wichtig für das Wandern sind feste, gut passende Schuhe, am besten knöchelhohe Wanderschuhe. Sie schützen vor Umknicken und, bei längeren steilen Abstiegen fest geschnürt, vor dem Anstoßen der Zehen in der Schuhspitze. Ein gut sitzender Tagesrucksack mit 30 bis 40 Liter Fassungsvermögen bietet ausreichend Platz für Regenjacke, eine kleine Sitzmatte für die Pause, Erste-Hilfe-Set und Verpflegung. Eine integrierte (oder nachrüstbare) Trinkblase hat mehrere Vorteile. Man kann zwischendurch ein paar Schluck Wasser zu sich nehmen ohne den Rucksack abzusetzen und das Gewicht der empfohlenen 1,5–2 Liter Wasser liegt gut verteilt, eng am Rücken an.

Eine Stirnlampe hilft bei hereinbrechender Dunkelheit die Tour sicher zu beenden. Ein aufgeladenes Mobiltelefon bietet Sicherheit für einen Notruf.

Je nach Tour und Wetterlage kann man noch an Fernglas, Sonnencreme, Mücken- und Zeckenschutz, Hut als Sonnenschutz, Regenhose, ggf. warme Mütze und Handschuhe denken. Bei den schwierigeren Touren mit Kletterpassagen ist es wichtig, dass alles gut im Rucksack verstaut wird und dieser nicht zu groß und zu schwer ist. Wanderstöcke können in schwierigen Touren eher hinderlich sein.

Karten und GPS

Die Kartenausschnitte im Buch geben einen guten ersten Überblick über den Tourverlauf. Für eine genauere Orientierung vor Ort empfiehlt es sich, zusätzlich eine gedruckte topografische Karte dabei zu haben. Auf einem Blick gibt sie Auskunft zu möglichen individuellen Tourvarianten und interessanten Punkten wie beispielsweise umliegenden Gipfeln, Orten oder Sehenswürdigkeiten. Darüber hinaus benötigt sie keinen Empfang oder geladene Akkus wie die Karten-Apps auf dem Smartphone.

Zu empfehlen sind für unser Wandergebiet die topografischen Wanderkarten des Freistaates Sachsen im Maßstab 1:25.000 (mit Wanderwegen und touristischen Informationen) sowie die handgezeichneten Wanderkarten von Rolf Böhm. Der einheimische Kartograph bietet sehr detailreiche Übersichtskarten im Maßstab 1:30.000 bzw. 1:40.000 und sehr schöne Gebietswanderkarten im Maßstab 1:10.000 an.

Wer gern mit digitaler Unterstützung wandert, findet auf dem kostenlosen Kartenportal www.mapy.cz eine ausgezeichnete Handy-App und detaillierte Offline-Karten für das Smartphone. Da nicht überall guter Empfang für schnelle Datenverbindungen vorhanden ist, sollte vor der Wandertour die aktuelle Offline-Karte der Region auf dem Handy installiert werden. Zudem steht unter

Das Gasthaus »Falkennest« am Prebischtor.

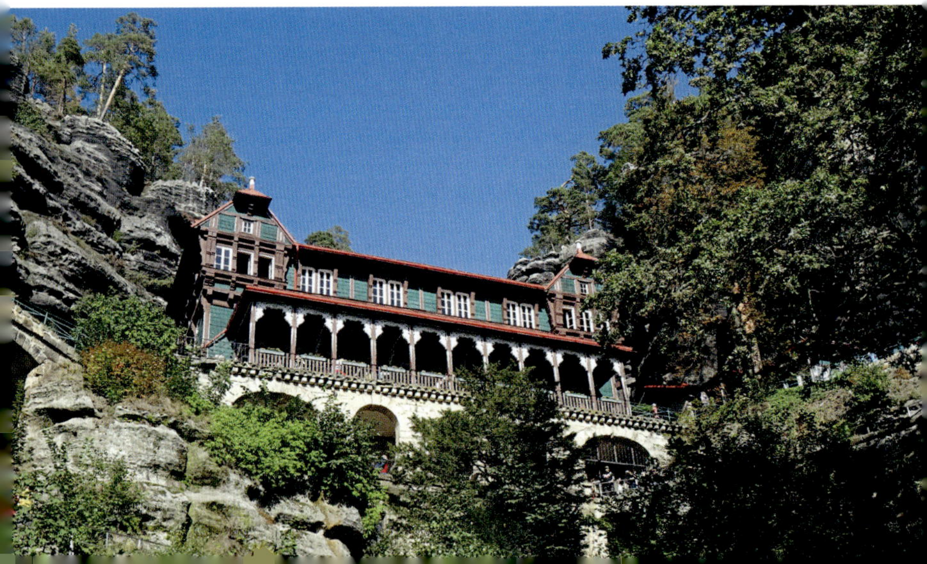

GPS-Tracks und Koordinaten der Ausgangspunkte

Auf **gps.rother.de** stehen zu diesem Wanderbuch GPS-Tracks und die Koordinaten der Ausgangspunkte zum kostenlosen Download bereit. Dieser QR-Code führt direkt zum Download.
1. Auflage, Passwort: 329601wwe
Die GPS-Tracks können in die **Rother App** importiert werden. In der App kann man unterwegs stets sehen, wo man gerade ist und wo es langgeht. **Anleitungen dazu: rother.de/gps**
Trotz sorgfältiger Prüfung können wir Fehler und zwischenzeitliche Veränderungen nicht ausschließen. Verlassen Sie sich für die Orientierung niemals einzig und allein auf die GPS-Daten, sondern beurteilen Sie die Verhältnisse vor Ort.

www.rother.de zu jeder Tour ein geprüfter GPS-Track zum Download zur Verfügung.
Bei der Planung individueller Tourvarianten mittels Navigations-App sollte immer bedacht werden, dass auf dem Gebiet des Elbsandsteingebirges in den einschlägigen digitalen Karten sehr viele kleinere Pfade eingezeichnet sind, die heute in der neuen Nationalparkwildnis nicht mehr vorhanden, gesperrt oder nur für Kletterer gedacht sind. Die Bergwacht muss seit einiger Zeit vermehrt fehlgeleitete Personen aus steilem Gelände retten, weil sie diesen digital vorhandenen Pfaden folgten.

Sicherheit und Notfälle

Nicht immer sind es die Hauptunfallursachen, wie Selbstüberschätzung, mangelhafte Tourplanung und unzureichende Ausrüstung, die zu einem Notfall führen. Eine nasse Wurzel, eine unerwartet vereiste Treppe oder ein Fehltritt durch eine kurze Unachtsamkeit können zu einem Unfall führen. Wer ins Gebirge geht, sollte daher auch in einem solchen Fall wissen, was zu tun ist:

- **Bergrettung Notruf 112:** Über den europaweit gültigen Notruf 112 wird bei einem Notfall im Gebirge auch die Bergwacht alarmiert. Hat man nur tschechisches Handynetz, kann man vor den Notruf die deutsche Länderkennung +49 bzw. 0049 wählen, um mit der deutschen Leitstelle verbunden zu werden.
- **Notruf-Standort:** An den Wegweisern im Nationalpark Sächsische Schweiz sind auf der Rückseite kleine gelbe Schilder mit einer Standort-Nummer angebracht. Beim Absetzen eines Notrufes sollte man diese Nummer der Leitstelle mitteilen, denn so erleichtert man dem Einsatzteam die Lokalisierung.
- **Bergungsboxen** sind über das gesamte Gebiet der Sächsischen Schweiz verteilt. Diese ursprünglich für Bergsteiger eingerichteten Selbsthilfeboxen sind wohl eine deutschlandweit einmalige Einrichtung. Sie finden sich in den Klettergebieten als auch an viel begangenen Wanderwegen. Eine Behelfstrage, Decke und etwas Erste-Hilfe-Material stehen im Bedarfsfall jedem zur Verfügung. Die Trage ist nach Benutzung wieder zurückzubringen.
- Mehr über die ehrenamtliche Tätigkeit der Bergrettung in Sachsen, die sich übrigens auch über Spenden finanziert, erfährt man unter: www.bergwacht-sachsen.de

Das Elbsandsteingebirge

Im Meer geboren und aus Sand gebaut

Die Entstehung des Elbsandsteingebirges begann vor rund 90 Millionen Jahren. Sand lagerte sich auf dem Grund des kreidezeitlichen Meeres ab, welches die gesamte Region bedeckte. Unter hohem Druck verfestigten sich die Sedimentschichten und es bildete sich eine über 500 m dicke Sandsteinplatte. Spannungen in der Erdkruste, die durch den Druck der Kontinentalplatten entstanden, verursachten erste Risse und Brüche. Nach dem Rückzug des Kreidemeeres schob sich die Lausitzer Granitscholle von Osten her auf die Sedimenttafel, die weitere Risse bekam und sich leicht neigte. Spuren dieser als »Lausitzer Überschiebung« bezeichneten geologischen Grenze entdecken wir im unteren Kirnitzschtal (Tour 7), bei Goßdorf (Tour 5) oder im Nordosten der heutigen Böhmischen Schweiz auf Kögler's Natursteig (Touren 20 und 21). Im Westen unterstützte die Anhebung des Erzgebirges den Neigungsprozess der Sandsteinplatte. Fortan bearbeiteten Wasser und Wind den zerborstenen Sandstein. Bäche und Flüsse bahnten sich ihren Lauf und formten nach und nach das heutige Bild des Elbsandsteingebirges mit seinen linkselbigen Tafelbergen und den rechtselbigen zerklüfteten Sandsteinmassiven. Im Tertiär, vor etwa 40 bis 9 Millionen Jahren, vertiefte sich der Egergraben, eine Bruchzone, die südlich des heutigen Erzgebirges verläuft und bis in die Region Zittau/Görlitz reicht. Die Erzgebirgsscholle trennte sich vom Rest der Böhmischen Grundmasse ab und hob sich weiter heraus. Entlang dieses Grabenbruches kam es zu einem ausgedehnten Vulkanismus, in dessen Folge auch im Bereich der Elbsandsteinplatte vulkanische Massen heraufgepresst wurden und den Sandstein durchstießen. Die markanten Basaltkuppen von Rosenberg (Růžovský vrch), Großem Winterberg und dem bereits im Lausitzer Gebirge stehenden Kaltenberg (Studenec) sind repräsentative Beispiele dafür. In der Elstereiszeit drangen Gletscher bis ins Elbsandsteingebiet vor. Davon zeugen noch einzelne Gletschertöpfe sowie durch Eisschollen und Brandungswellen der Gletscherstauseen ausgeschliffene Hohlkehlen an einzelnen Felsen (Tour 1, Uttewalder Grund). In der steppenartigen Vorgletscherlandschaft wirbelten starke Winde Sand und Staub auf und lagerten sie anderenorts wieder ab. So entstanden meterdicke Lößlehmschichten, die heute die fruchtbaren Ebenheiten rings um die Tafelberge bilden. Das Abschmelzen der eiszeitlichen Gletscher sorgte für eine verstärkte Tiefenerosion, die schmale Täler und Schluchten formte. Regen, Wind und Frost trugen entscheidend dazu bei, dass wir heute so vielfältige, beeindruckend bizarre Felsformationen bewundern können.

Von Raubschlössern und Schwedenhöhlen

Bereits in der Bronzezeit haben Menschen im Elbsandsteingebirge gelebt, wie Funde von bronzezeitlichem Schmuck, Tongefäßen und eines befestigten Schutzwalles am Pfaffenstein belegen. Zur Zeit der Völkerwanderung besiedelten slawische Stämme das Elbtal, rodeten kleine Waldflächen und betrieben Ackerbau und Fischerei. Mit zunehmender Bedeutung der Elbe als Handelsweg nahmen auch die Siedlungen an ihren Ufern zu. Im 12. und 13. Jahrhundert trieben die Markgrafen von Meißen die Besiedelung des oberen Elbtals und der Ebenheiten im Rahmen des Ausbaus der Handelswege weiter voran. Zum Schutz der Handelswege sowie des Grenzgebietes zu Böhmen wurden auf exponierten Sandsteinfelsen Burgwarten und Felsenburgen errichtet. Manche dienten als Zollstelle und zum Tausch der Pferde. Dies geschah ebenso auf böhmischem Territorium. Die Felsenburg Šaunštejn (Schauenstein, Tour 23) diente dort dem Schutz der Alten Böhmerstraße (Česká silnice), die vom sächsischen Bautzen durch die Sandsteinwildnis nach Böhmen führte. Die Berken von der Duba, eines der mächtigsten Herrschaftsgeschlechter Nordböhmens, setzten den Ausbau der Burganlagen intensiv fort. Um ihre wachsenden Lebensbedürfnisse befriedigen zu können, griffen die Ritter Anfang des 15. Jahrhunderts zu den Mitteln des Straßenraubes. So wurden die Felsenburgen nun zunehmend Rückzugsort von Raubrittern, die die Kaufleute überfielen und die Gegend unsicher machten. Um die Sicherheit wieder zu gewährleisten, wurden in der Folgezeit die meisten dieser Räubernester zerstört. An diese Geschichte erinnern heute noch die touristischen Namen »Vorderes« bzw. »Hinteres Raubschloss« (Tour 14, Frienstein und Tour 16, Winterstein). Einige der größeren, zentraleren Felsenburgen blieben erhalten und wurden von den späteren Herrschern weiter genutzt und ausgebaut. Dazu zählen die Burg Stolpen, die Burg Hohnstein oder die Festung Königstein. Die Wirtschaft entwickelte sich zusehends. Eisenerz wurde am Rande des Elbsandstein-

240 Meter über der Elbe gelegen: die Festung Königstein.

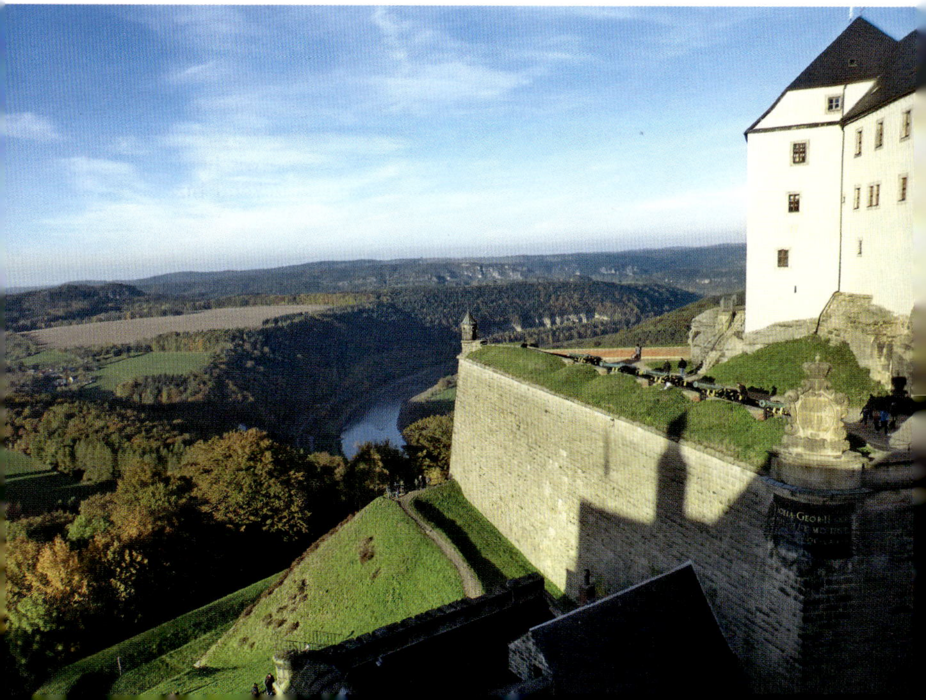

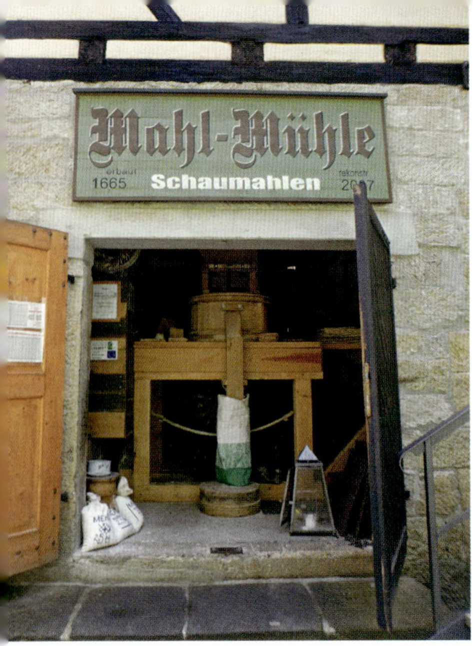

Schmilk'sche Mühle.

gebirges abgebaut und verhüttet. Im Elbtal wurde Sandstein gebrochen und als Baumaterial verschifft. Die Holzwirtschaft florierte. Holz wurde in den entlegenen Waldgebieten eingeschlagen. Kleine Stauseen, wie die Obere Schleuse im hinteren Kirnitzschtal oder der Taubenteich in den Cunnersdorfer Wäldern, lieferten Zuschusswasser, um Baumstämme und Scheitholz durch die Bachtäler bis zur Elbe zu schwemmen, wo sie als große Holzflöße gebunden zu ihrem Bestimmungsort geflößt wurden. Entlang der Flüsse errichtete man Mahl- und Schneidmühlen, in der Region um Berggießhübel auch Eisenhammermühlen. Um Sebnitz und Hohnstein entwickelte sich das Handwerk der Leinenweber, die hochwertige Stoffe auf ihren Webstühlen fertigten.

Im 17. und 18.Jahrhundert brachen mehrere Kriege über das Land herein und brachten Not und Elend. Die Menschen versuchten, sich und ihr Hab und Gut in den Höhlen und Schluchten der Felsenwelt zu verstecken. Bezeichnungen wie »Schwedenhöhle« (Tour 36 Bielatal), »Kuhstall« (Tour 16 Kuhstall) oder »Schwedenlöcher« in Rathen haben hier ihren Ursprung. An den Durchzug der napoleonischen Truppen im Jahr 1813, als das Gebiet der Sächsischen Schweiz zu einem zentralen Brennpunkt der Kriegsgeschehnisse wurde und die Bevölkerung sehr unter der Anwesenheit und dem Durchzug der Truppen zu leiden hatte, erinnern uns heute noch die »Napoleonschanze« (Tour 4) oder der »Franzosenborn« am Lilienstein.

Mit den Malern und Dichtern kam der Tourismus

Bereits zum Ende des 18. Jahrhunderts wurden erste Reisebeschreibungen und heimatkundliche Schriften über das Elbsandsteingebirge verfasst. So besuchten in den darauffolgenden Jahrzehnten immer mehr Menschen diese malerische Landschaft. Dichter und Maler ließen sich von der magischen Szenerie und den vielfältigen Gegensätzen dieses Gebirges für ihre Werke inspirieren. Durch ihre Gemälde machten die Maler Canaletto, A. Zingg, C. D. Friedrich und J. C. Dahl die Sandsteinfelsenwelt auch über ihre Grenzen hinaus bekannt. Nicht nur aus dem nahen Dresden, sondern aus ganz Europa, kamen Erholungssuchende, Naturliebhaber und Künstler in die nun liebevoll als »Sächsische Schweiz« bezeichnete Region. So entstanden bald Gastwirtschaften. Träger und Führer boten ihre Dienste an. Das Wegenetz wurde ausgebaut, besonders schöne Plätze, wie die »Bastei«, der »Lichtenhainer Wasserfall« oder der »Kuhstall« zugänglich gemacht, sowie Felsen und Schluchten mit Steiganlagen erschlossen.

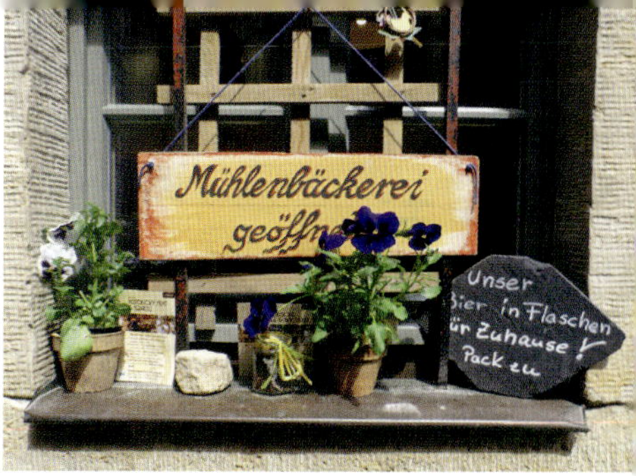

Kulinarischer Start in Schmilka.

Die steinerne Basteibrücke zieht noch heute hunderttausende Besucher jährlich an. Im böhmischen Teil des Gebirges ließ Fürst Edmund von Clary-Aldringen Ende des 19. Jahrhunderts am gigantischen Prebischtor ein Hotel errichten und machte die nicht begehbaren Schluchten der Kamenice (Kamnitz) durch Wege, Stollen und Stauwehre für Besucher zugänglich. Die Kahnfahrten in Wilder und Stiller Klamm sind bis heute gern besuchte Attraktionen. Im 20. Jahrhundert ging es mit der touristischen Erschließung weiter. Mit der elektrischen Kirnitzschtalbahn konnte man nun weit in ein wildes Felsental hineinfahren und mittels eines Personenaufzugs von Bad Schandau auf die Anhöhe von Ostrau gelangen. Die schmalspurige Schwarzbachbahn brachte Wanderer und Sommerfrischler nach Hohnstein. Viele Gäste der neuen Jugendherberge Burg Hohnstein nutzten diese Eisenbahnverbindung zur Anreise. Besuchermagnete wie die »Felsenbühne Rathen« oder die »Festung Königstein« oder touristische Konzepte, wie der neu angelegte »Malerweg«, locken nach wie vor Touristen ins Elbsandsteingebirge. Mit der ersten Besteigung des Falkensteins in den Schrammsteinen im Jahre 1864 durch Bad Schandauer Turner entwickelte sich das Felsklettern in zuvor nie dagewesener Form. Kletterer erstürmten alle freistehenden Felstürme der einsamen Sandsteinwelt und gaben sich ein eigenes strenges Regelwerk, das bis heute Bestand hat. Sogenannte Stiegen, die oft auf schmalen Pfaden, teils über Treppen, Leitern oder an eisernen Haltegriffen durch enge Schluchten hinauf auf die Felsmassive führen, waren beliebte Zugangswege, die bald auch von sportlichen Wanderern genutzt wurden.

Das Prebischtor ist das größte Sandsteinfelsentor in Europa.

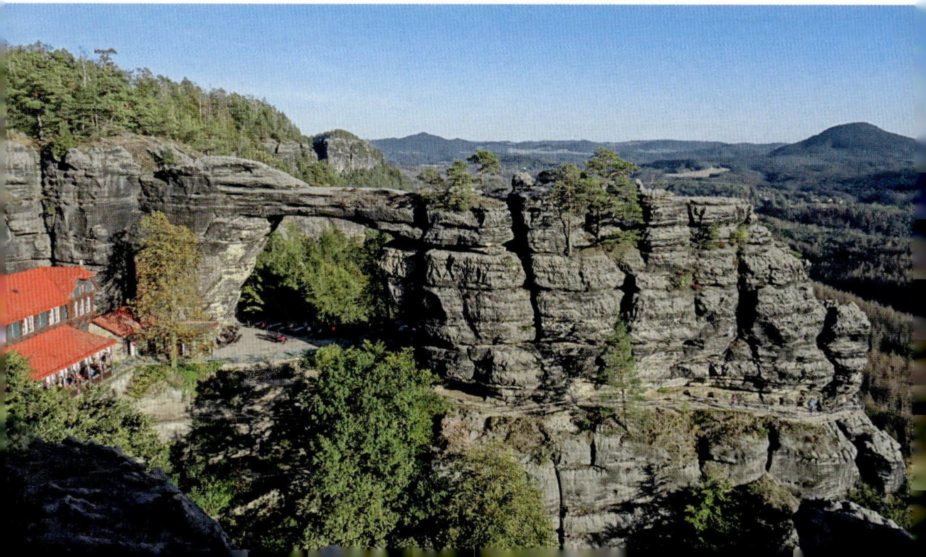

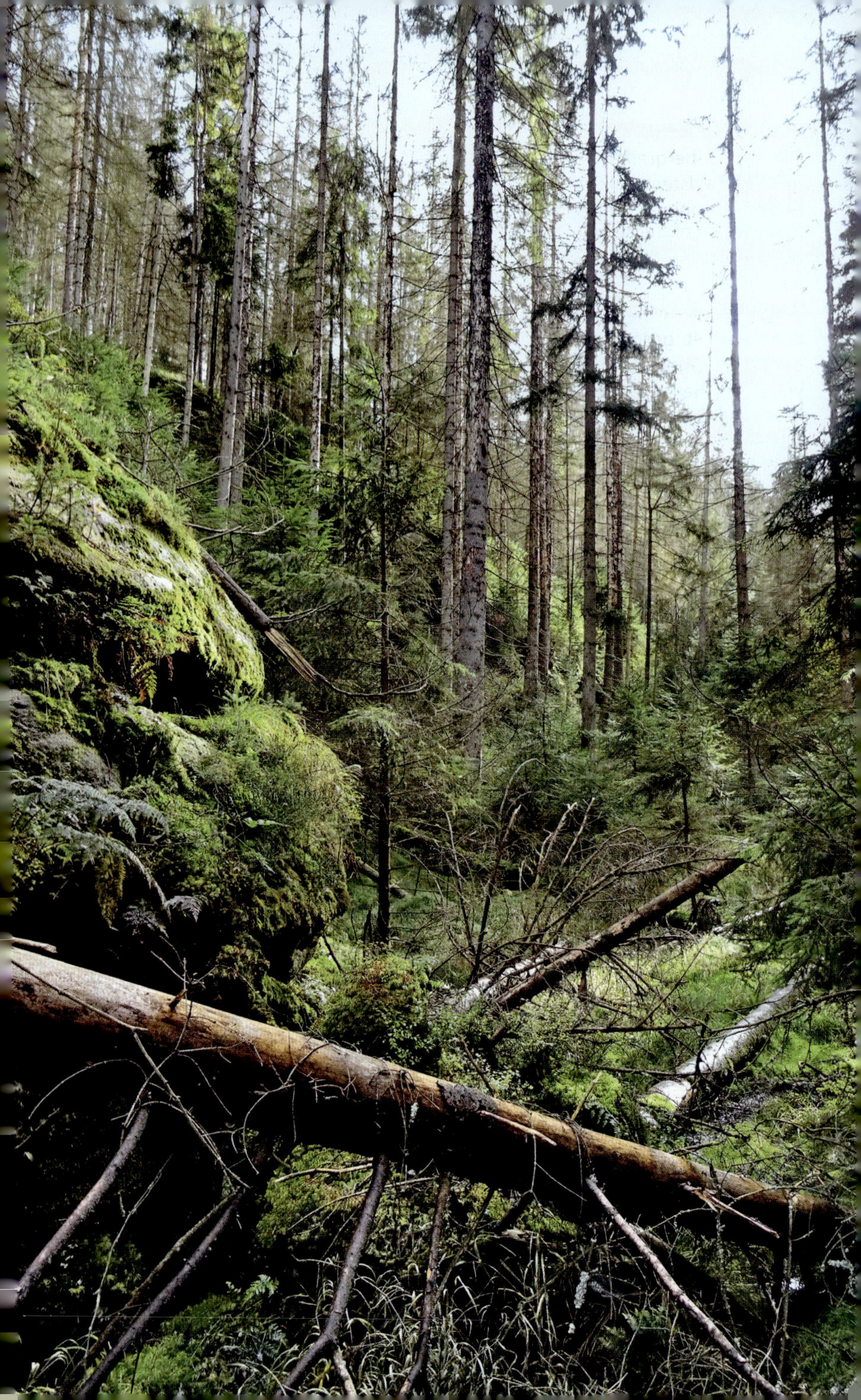

Heute Nationalpark – auf dem Weg zur Wildnis

Die grenzübergreifende Landschaft des Elbsandsteingebirges mit ihren hohen, sonnigen Felsenriffen und den tiefen kühlen Sandsteinschluchten inmitten von weiten, von einzelnen Basaltbergen durchbrochenen Wäldern wird heute als naturräumliche Einheit geschützt. Die umgebenden Landschaftsschutzgebiete, verschiedene Naturschutzgebiete und Naturreservate sowie die beiden Nationalparke gehören zusammen dem EU-weiten Schutzgebietsnetz »Natura 2000« an, welches dem anhaltenden Rückgang von wild lebenden Arten und natürlichen Lebensräumen in Europa entgegenwirken und die biologische Vielfalt erhalten helfen soll.

Schon in den Dreißigerjahren des letzten Jahrhunderts hat man die Einzigartigkeit der Elbsandsteinlandschaft erkannt und wollte sie bewahren und schützen. So entstanden erste Naturschutzgebiete. Nach dem Zweiten Weltkrieg wurde der Schutzstatus ausgebaut. In der damaligen DDR und der benachbarten ČSSR entstanden weitere Landschafts- und Naturschutzgebiete und im Zuge der politischen Wende wurde 1990 der Nationalpark Sächsische Schweiz und 10 Jahre später der Nationalpark Böhmische Schweiz auf tschechischer Seite gegründet.

In den teils schwer zugänglichen Regionen, besonders in den tiefen Schluchten, an den Hängen der Basaltberge und auf den ausgesetzten Felsriffen, konnten sich lokal naturnahe Waldgesellschaften halten. Viele unterschiedliche Mikroklimata und Kleinst-Lebensräume fördern eine beeindruckende Vielfalt an seltenen Tier- und Pflanzenarten. Die Elbe und ihre großen Seitenflüsse haben die Landschaft geformt. Auch wenn die Elbe als wichtige Schifffahrtsstraße nicht direkt dem Nationalpark zugeordnet ist, stellt sie einen sehr bedeutenden, mit ihm verbundenen Naturraum dar. Sie besitzt einen relativ naturbelassenen Flusslauf mit breiten, gebietsweise noch ursprünglichen Ufersäumen mit Bäumen, Weidengebüsch und hochwachsenden Stauden. Besonders im böhmischen Teil geben hohe, senkrechte Felswände dem Flussabschnitt den Charakter eines Canyons. Wechselnde Wasserstände legen zeitweilig die Uferbereiche trocken und lassen sandige Schot-

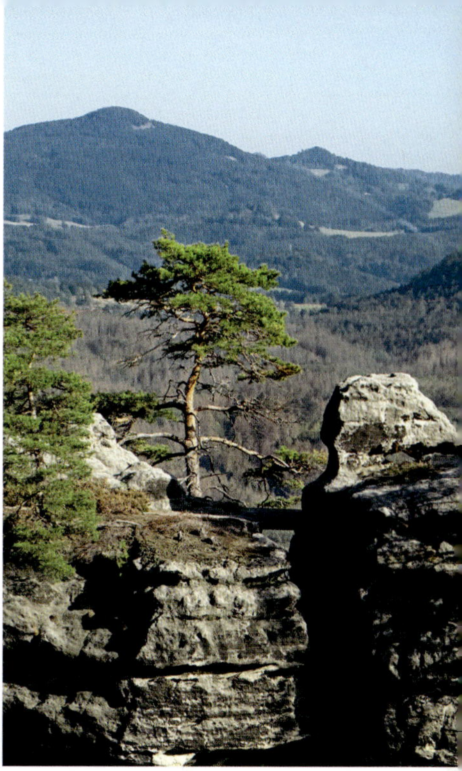

Kräftige Riffkiefer.

Für mehr Artenvielfalt – Natur Natur sein lassen.

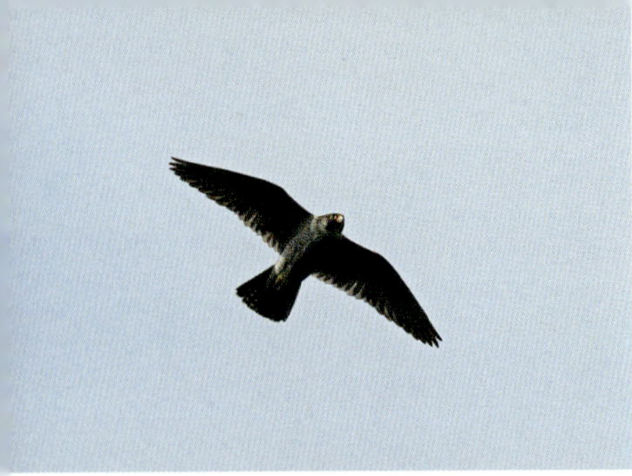

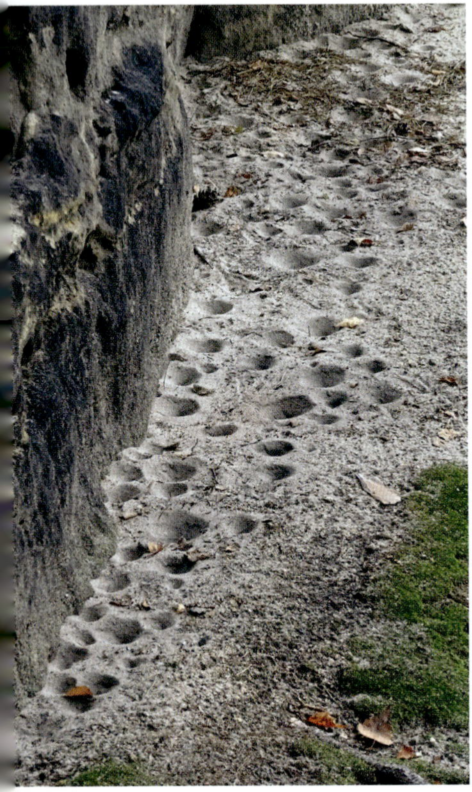

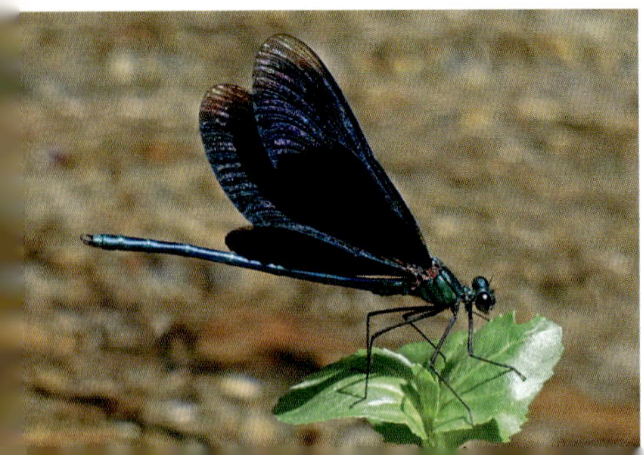

ter- und Kiesbänke zum Vorschein kommen. Natürlicher Uferbewuchs, in dem sich angeschwemmtes Totholz ablagert, bietet versteckte Nistgelegenheiten. Amphibien finden Laichmöglichkeiten in Wasserlachen und der wieder heimisch gewordene Elbebiber freut sich über natürliche Auenwaldreste. Da die Elbe im Winter praktisch nie zufriert, bietet sie überwinternden Wasservögeln einen wichtigen Zufluchtsort.

Faszinierende Tierwelt

Kaum ein Wandertag vergeht ohne tierische Begegnungen. Turmfalke, Bussard und Kolkrabe kreisen über den Felsriffen, Wiesen und Feldern. Der ehemals vom Aussterben bedrohte Wanderfalke kann vor allem über den weiten Felskesseln beobachtet werden. Im Sturzflug gilt er als der schnellste Vogel der Welt. Auch für den Uhu sind hohe Felsen, am besten mit großen, alten Bäumen in der Nähe, als Brutplatz interessant. Als Offenland-Jäger liebt er zudem reich gegliederte Kulturlandschaften mit ihren kleinflächigen Wiesen, Hecken und Feldgehölzen. Sein geheimnisvoller Ruf ist nachts weithin zu hören.

In alten Buchenmischwäldern hören wir das Klopfen der Buntspechte und den lang gezogenen Ruf des Schwarzspechtes. Raufußkauz und Sperlingskauz bewohnen die verlassenen Spechthöhlen uralter Bäume. Baumhöhlen, Felsspalten und Klufthöhlen werden als Quartiere von verschiedenen Fledermausarten wie Abendsegler, Braunes Langohr und Zwergfledermaus genutzt.

Im Herbst, etwa von Mitte Septem-

Oben: Wanderfalke.
Mitte: Trichter von Ameisenlöwen.
Unten: Blauflügel-Prachtlibelle.

ber bis Mitte Oktober, können wir besonders in den einsamen Waldgebieten der Böhmischen Schweiz das imposante Röhren des Rothirsches vernehmen. Marder, Dachs und Iltis jagen im Elbsandsteingebirge. Vereinzelt durchstreifen sogar Wildkatze und Luchs die Wälder. Selten passieren auch durchziehende Wölfe das Randgebiet der Sächsischen Schweiz.
Bachstelze, Eisvogel und Wasseramsel sind an den klaren Bergbächen zu beobachten. Zu den charakteristischen Lurcharten zählen Grasfrosch, Bergmolch, Erdkröte und Feuersalamander. Es gibt Blindschleichen, Ringelnattern, Kreuzottern und sogar die Waldeidechse. Auch der Fischotter lebt hier. In ganz abgelegenen Gebieten ist der scheue Schwarzstorch heimisch. Es sind nur wenige Brutpaare, weshalb seine Art ganz besonders schützenswert ist.

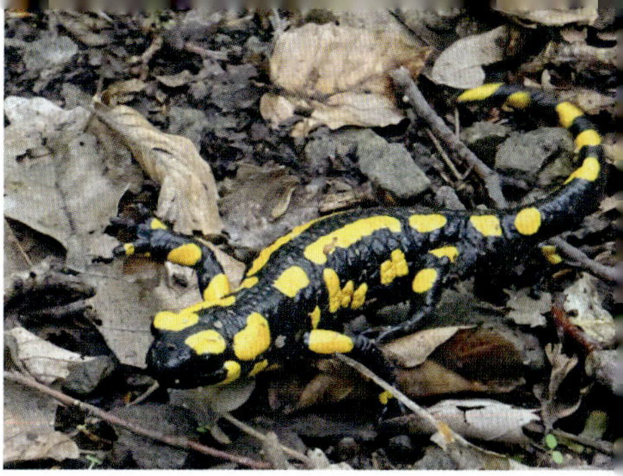

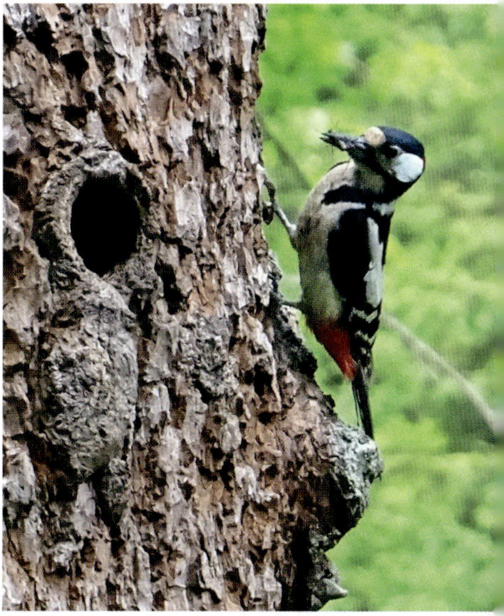

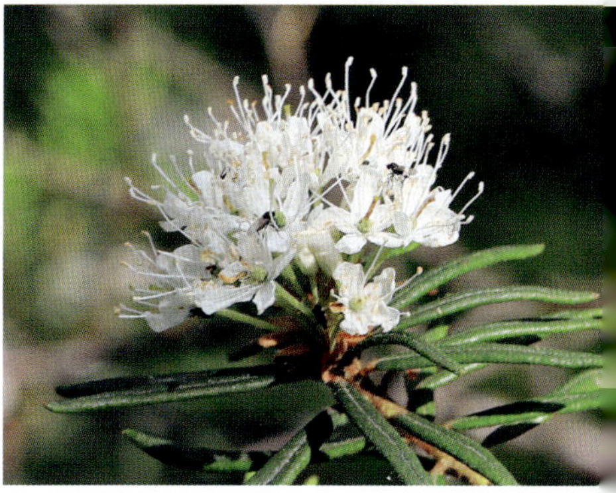

Oben: Feuersalamander.
Mitte: Buntspecht.
Unten: Sumpfporst.

Bemerkenswerte Flora

Aufgrund verschiedenartigster Standorte mit jeweils eigenen Boden-, Temperatur- und Lichtverhältnissen bietet das Elbsandsteingebirge eine bemerkenswerte Pflanzenvielfalt.
Bedingt durch die starke vertikale Gliederung dieses Gebirges gibt es hier eine Umkehrung der mitteleuropäischen Waldhöhenstufen. In den feucht-kühlen, schattigen Tälern treffen wir auf Bergmischwald mit einer Fülle an Moosen, Flechten und Farnen. Darunter auch einige seltene montane und atlantische Pflanzenarten, wie der hübsche, weiß blühende Sumpfporst oder das Gegenblättrige Milzkraut.
An den Hängen der Basaltberge befinden sich teils noch recht ursprünglich erhaltene Buchenmischwälder. Neben der vorherrschenden Rotbuche sind Bergahorn, vereinzelter auch

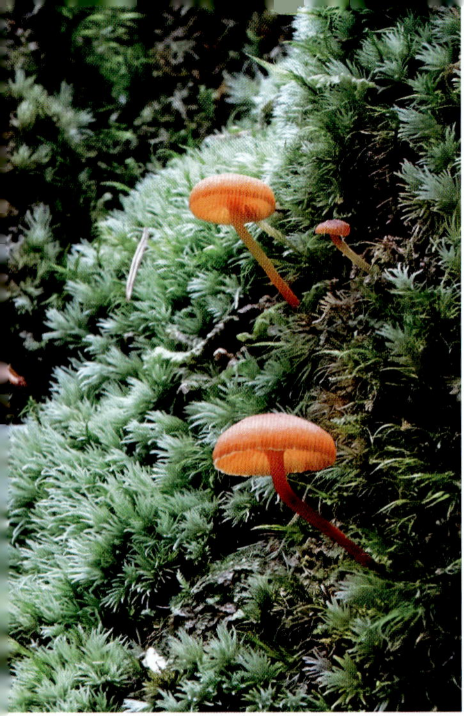

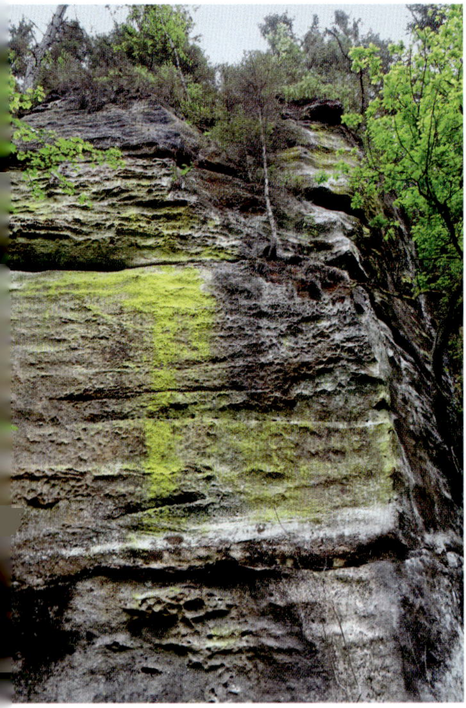

Winterlinde, Hainbuche und Traubeneiche vertreten. Der krautreiche Unterwuchs unterscheidet sich im Frühling und Sommer stark. Im Frühling, wo die Sonnenstrahlen noch bis zum Boden dringen, gedeihen z. B. Buschwindröschen, Hohler Lerchensporn und das seltenere Gelbe Windröschen. Auch Berg-Ehrenpreis, Lungenkraut, Frühlings-Platterbse, Waldveilchen, Schuppenwurz, Seidelbast und Waldmeister kommen vor. Im Sommer dominieren dann im Schatten des Blätterdaches diverse Farne und Gräser.

Die sonnigen, trockenen Felsenriffe werden dagegen von Zwergsträuchern wie der Preisel- und Heidelbeere oder der rosa bis purpur blühenden Besenheide besiedelt. Letztere ist den meisten wohl einfach als »Heidekraut« bekannt und kann mehrere Jahrzehnte alt werden. Im Riff- und Heidekiefernwald treffen wir oft auf kleine, knorrige Kiefern und Birken. Bedingt durch die extremen Standortbedingungen mit starker Hitze im Sommer, empfindlicher Kälte im Winter und starken Winden wachsen die Bäume nur sehr langsam und haben daher neben einer oft knorrigen, mitunter zerzausten Gestalt einen nicht allzu hohen Wuchs. Trotzdem können sie in Relation zu ihrer geringen Größe bereits ein beachtlich hohes Alter besitzen. Es wurden auf unzugänglichen Felsriffen über 200 Jahre alte Exemplare gefunden, die nur wenige Meter hoch gewachsen sind. Daher sind diese Riffe besonders schützenswert und sollten nicht gedankenlos zertrampelt werden.

Auf dem außerhalb des Nationalparks gelegenen Forststeig können

Oben: In feuchten Gründen.
Unten: Schwefelflechte.

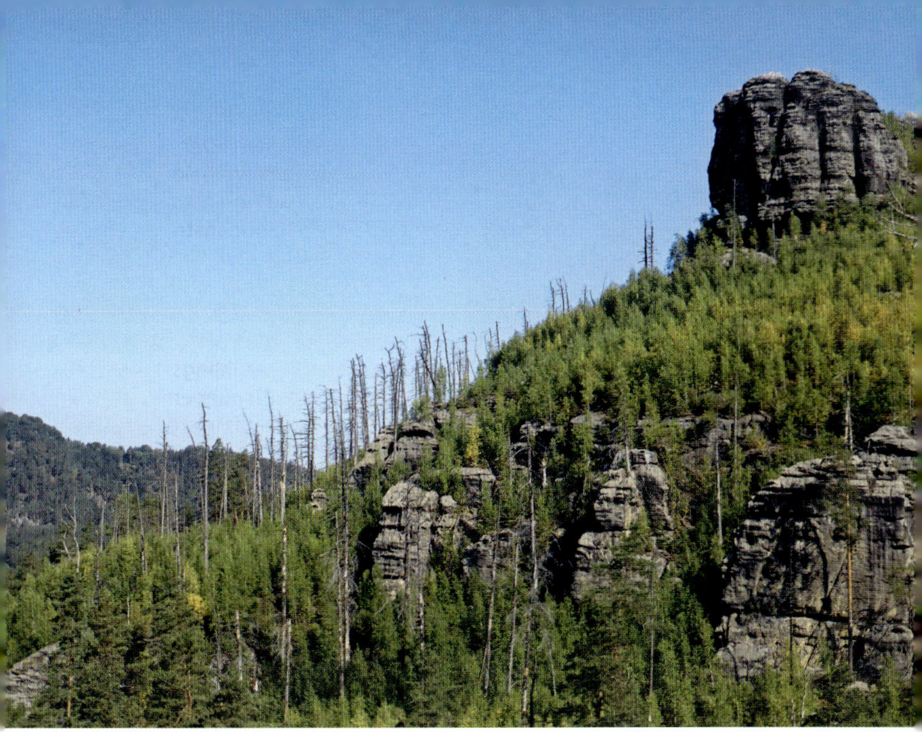

Die Natur regeneriert sich – 15 Jahre nach einem Waldbrand bei Jetřichovice.

wir die Vielfalt heimischer Wälder mit seinen unterschiedlichen Baumarten und seinen verschiedenen Kleinbiotopen, wie Waldwiesen, Moore, Teiche oder Bachauen entdecken. Die linkselbige Wald-Trekkingroute führt durch verschiedene Forstreviere und gibt uns dabei ganz nebenbei Einblicke in die heutige Forstwirtschaft.

Wälder im Wandel

Ursprünglich bedeckten das Elbsandsteingebirge weite, wilde Wälder aus Rotbuche, Weißtanne und Hainbuche. Nur im feuchtkühlen »Kellerklima« tiefer Schluchten wuchsen Fichten, die sich normalerweise eher in den rauen Hochlagen der Mittelgebirge so richtig wohlfühlen. Mit der Besiedlung des Gebirges seit dem Mittelalter wurden Waldflächen gerodet und urbar gemacht. Holz wurde ein wichtiger Rohstoff. Weil wirtschaftliche Aspekte Vorrang hatten, wurde mit schnellwachsenden Baumarten wie der Fichte aufgeforstet und Schadinsekten rigoros bekämpft.

Mit Gründung der Nationalparke wurden in den letzten 30 Jahren solche einst bewirtschaftete Wälder schrittweise aus der wirtschaftlichen Nutzung genommen. Um den natürlichen Waldumbau zu fördern, wurden einerseits gebietsfremde Baumarten wie Weymouthskiefer, Lärche und Roteiche entnommen, andererseits die naturfernen (Fichten-)Monokulturen stark »ausgedünnt«. Ab 2030 sollen auf mindestens 75 % der Nationalparkfläche keine Nutzungen und Eingriffe mehr stattfinden – so der Plan.

Heftige Stürme und die hohe Trockenheit in den Jahren 2017–2019 ermöglichten eine massenhafte Ver-

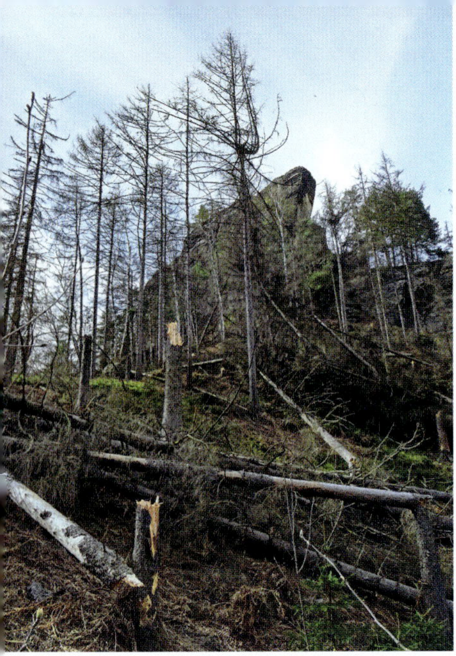

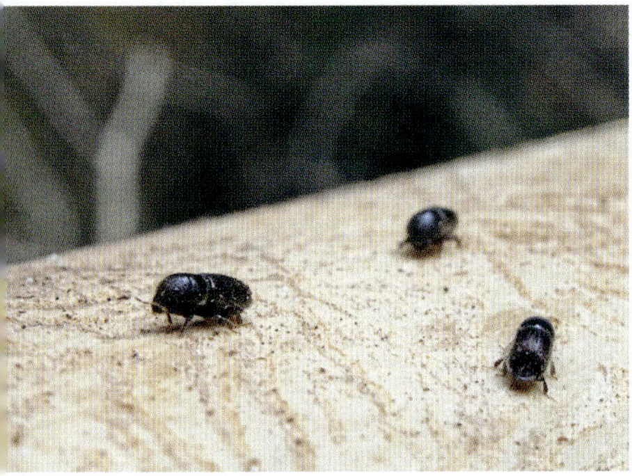

Oben: Frisch umgebrochene »Borkenkäfer-Fichten« am Winterstein (2021). Unten: Borkenkäfer.

mehrung des Fichten-Borkenkäfers. Milliarden geschlüpfter Käfer sorgten für das großflächige Absterben der einstigen Fichtenforste und übernahmen den Waldumbau in Eigenregie. Aus diesem Grund sehen wir heute vielerorts rotbraune Fichtenkronen. Die Rinde löst sich. Insekten beginnen sich ins Holz zu fressen. Pilze siedeln sich an. Spechte haben am stehenden Totholz einiges zu picken. Die entstandenen Baumhöhlungen und Spalten hinter der Rinde bieten anderen Tieren Unterschlupf. Mehr Licht kommt in den Wald. Die Lebensräume verändern sich und neue Lebensgemeinschaften finden sich zusammen. Moose und Flechten besiedeln das vermeintlich tote Holz, welches wie ein Schwamm Wasser aufnehmen kann und anschließend langsam an den Boden abgibt. Das viele Totholz, welches im Wald verbleibt, schafft eine gute Grundlage für neues Leben und besitzt eine wichtige Funktion in der natürlichen Entwicklung des Waldes. Gemäß seinem Motto »Natur Natur sein lassen« wird im Nationalpark zukünftig nur wenig in diesen Entwicklungsprozess eingegriffen. Die Natur lädt uns ein zu schauen, zu staunen und zu lernen, wie sich Pflanzen und Tiere entwickeln, wenn man sie einfach sich selbst überlässt. Am Reitsteig unweit des Großen Winterbergs gibt uns ein neuer Erlebnispfad zur Waldentwicklung einen ersten Einblick, wie sich das Waldbild seit einem ersten lokalen Borkenkäferbefall im Jahr 2006 verändert hat und neues Leben entsteht.

Gefahren der neuen Wildnis

Im Moment erleben wir den Anfang dieses sehr dynamischen Prozesses. Die abgestorbenen Bäume stellen für Wanderer eine erhebliche Gefahr dar. Niemand kann genau sagen, wann sie umfallen oder einfach in sich zusammenbrechen. Im Jahre 2021 wurden besonders im hinteren Nationalparkteil viele Wanderwege durch Baumstürze unpassierbar. Touristiker, Bergsteigerbund und Nationalparkverwaltung suchten daraufhin intensiv nach Lösungen, wie das Wandern im Nationalpark möglich bleiben kann. Für Freischneidemaßnahmen entlang der Wege sind im Schutzgebiet umfangreiche Genehmigungsverfahren nötig. Außerdem ist die Arbeit sehr gefährlich und erfordert teilweise Spezialgerät. Dennoch konnte mittlerweile ein großer Teil der betroffenen Wanderwege wieder freigeschnitten und vorbeugende Fällungen, insbesondere entlang der wichtigen Rettungswege, vorgenommen werden. Dieser Prozess wird uns in den nächsten Jahren weiter begleiten. Die Nationalparkverwaltung beobachtet die sich ständig ändernde Wegesituation genau und versucht weiterhin, betroffene Wanderwege passierbar zu halten.

Einige beliebte Wege sind derzeit noch immer unpassierbar bzw. besitzen großflächig eine extreme Gefährdung für Wanderer (Stand 04/2022). Aus diesem Grund sind folgende Wege im vorliegenden Führer nicht enthalten:

Wanderwege: Königsweg, Spitzsteinschlüchte, Reitsteig Thorwalder Wände, Tunnelweg zum Königsplatz, Wolfsschlucht in der Kirnitzschklamm.

Bergpfade: Westelschlüchte, Gehackter Weg, Goldsteig, Weberschlüchte, Lindengründel.

Stiegen: Rübezahlstiege, Wolfsstiege

Im Böhmischen: Černá brána, Brtnický hrádek, Dolský mlýn

Wir dürfen gespannt sein, ob diese Wege in den Folgeauflagen wieder berücksichtigt werden können.

Verhaltensregeln in den Nationalparks

- Achten Sie auf die natürlichen Gefahren im Wald! Besonders bei stärkerem Wind sollten Bereiche mit abgestorbenen Bäumen gemieden werden. Es besteht die Gefahr herabfallender Äste oder umstürzender Bäume.
- Im Nationalpark Sächsische Schweiz besteht ein Wegegebot. Das Sammeln von Beeren und Pilzen sowie das Mitnehmen von Pflanzen, Tieren oder Steinen sind nicht gestattet.
- Im Nationalpark Böhmische Schweiz darf man sich außerhalb der Ruhezone (»klidové území«) frei bewegen und darf dabei auch Beeren und Pilze sammeln.
- Im Bereich der Kernzone (Deutschland) bzw. der Ruhezone (»klidové území«, Tschechien) dürfen nur markierte Wege begangen werden.
- Abfälle müssen wieder mitgenommen werden.
- Wildtiere dürfen nicht gestört werden.
- Hunde sind immer an der Leine zu führen.
- Rauchen, Feuer machen und Zünden von Pyrotechnik ist im Nationalpark verboten.
- Das Benutzen von Drohnen ist verboten.
- Es ist verboten, im Freien zu übernachten oder zu zelten. Ausnahme bilden in der Sächsischen Schweiz die genehmigten und extra gekennzeichneten Freiübernachtungsstellen (»Boofen«).
- Radfahren ist nur auf den besonders markierten Radrouten gestattet.
- Klettern ist nur nach den »Sächsischen Kletterregeln« und an den dafür ausgewiesenen Gipfeln gestattet.

  In Tschechien gelten besondere Regelungen zum Ausüben dieses Sports (u. a. zeitliche und räumliche Beschränkungen, Mitgliedschaft in anerkannten Kletterverbänden).

Aktuelle Infos

- **www.kaj-kinzel.de**
  Neben aktuellen Weginformationen finden Sie auch alternative Wandervorschläge und Familienwanderungen des Autors.
- **www.nationalpark-saechsische-schweiz.de**
  Gesperrte und unpassierbare Wege unter Aktuelles / Wegeservice

Beachten Sie bitte zusätzlich folgende Hinweise:

- Informieren Sie sich vor Tourbeginn über bestehende Einschränkungen, derzeit vor allem im Gebiet der Hinteren Sächsischen Schweiz und im böhmischen Nationalpark.
- Seien Sie immer aufmerksam! Bleiben Sie nicht unter abgebrochenen Ästen oder Baumspitzen stehen, die noch in den Kronen hängen.
- Vermeiden Sie betroffene Waldgebiete vor allem bei Wind und Starkniederschlag.
- Weichen Sie vorübergehend in andere, insbesondere in die linkselbigen Wandergebiete des Elbsandsteingebirges aus.

Wegmarkierungen im Nationalpark Sächsische Schweiz

- Hauptwanderwege – gut ausgebaute Wanderwege: weißes Quadrat mit farbigem Strich oder Kreis mit folgender Farbbedeutung
- Bergpfad – Wege die nur minimal ausgebaut sind und Trittsicherheit und zum Teil Schwindelfreiheit erfordern: Graues Rechteck mit grünem Dreieck, dessen Spitze in Wegrichtung zeigt.
- Kletterzugang – dient als Zugang zu Klettergipfeln. Diese Pfade sind oft Sackgassen, teilweise schwierig und sollten im allgemeinen Bergsteigern vorbehalten bleiben: Weißer Kreis mit schwarzem Dreieck, dessen Spitze in Wegrichtung zeigt und schwarzem Umkreis.
- gesperrter Weg: weißer Kreis mit schwarzem Kreuz und schwarzem Umkreis um das Kreuz.

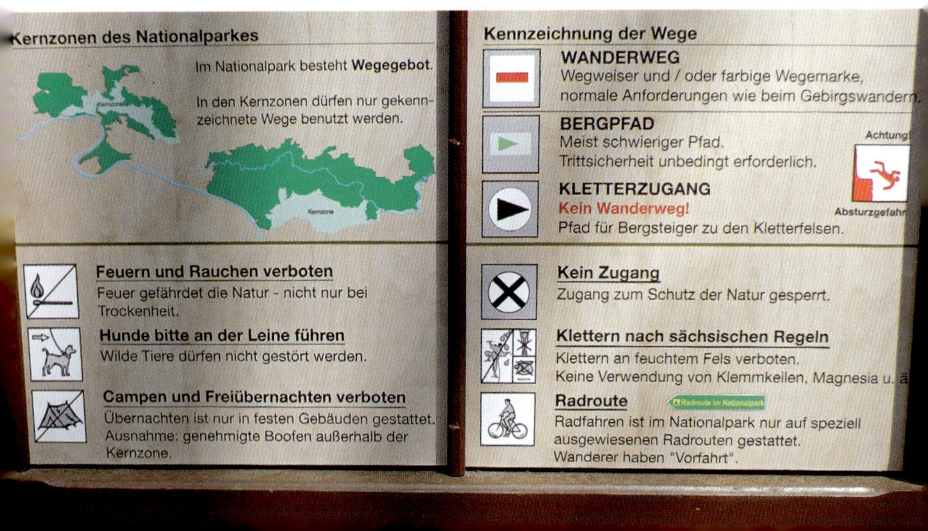

Eine Besonderheit des Nationalparks Sächsische Schweiz ist die Einteilung der Wege in drei Kategorien. Solche Tafeln informieren die Besucher darüber.

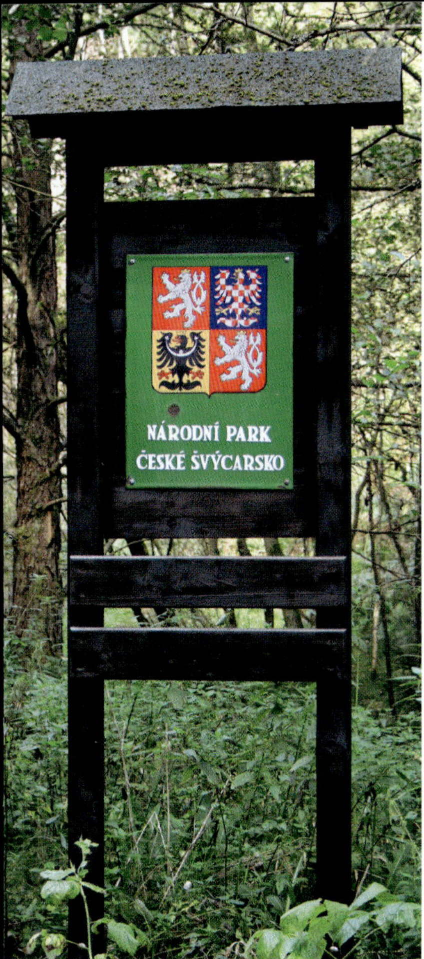

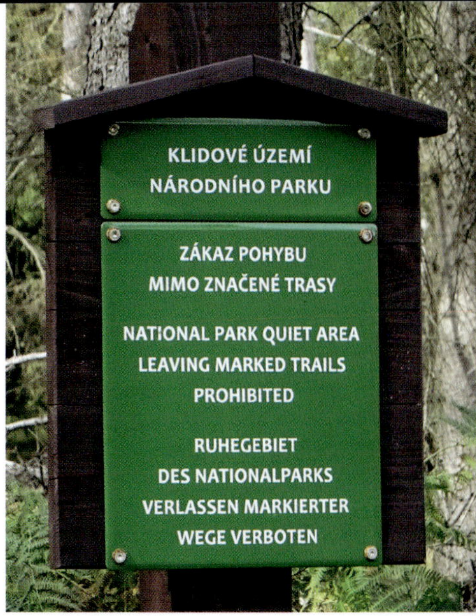

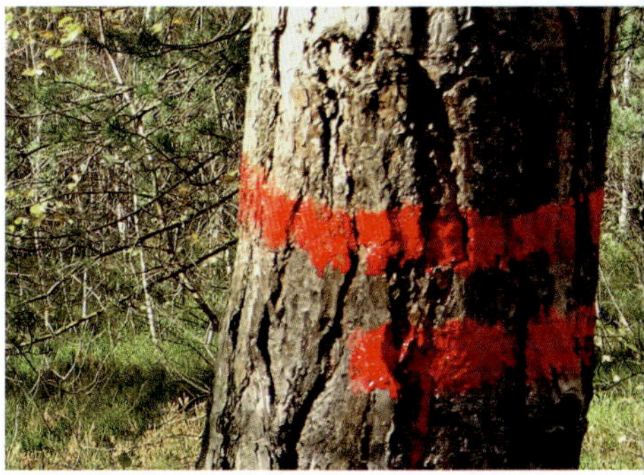

Schutzgebietsmarkierungen in Tschechien

Die Grenze des böhmischen Nationalparks ist an den Zugangswegen mit grünen Tafeln mit dem Staatswappen der Tschechischen Republik und der Aufschrift »NÁRODNÍ PARK ČESKÉ ŠVÝCARSKO« gekennzeichnet.

Die besonders geschützte Ruhezone erkennt man an den grünen Tafeln mit der Aufschrift »KLIDOVÉ ÚZEMÍ NÁRODNÍHO PARKU«. Jenseits der Wege ist die Ruhezone durch zweifache rote Streifenmarkierung markiert. Man steht außerhalb der strengen Schutzzone, wenn man den roten Doppelstreifen sieht. Auf der Innenseite ist nur ein Streifen komplett durchgezogen. Die Grenzen anderer Schutzgebiete sind nach dem gleichen Prinzip markiert. Das Betreten von Nationalen Naturschutzgebieten (abgekürzt NPR oder NPP) ist ebenfalls nur auf markierten Wegen gestattet.

Folgende Doppelseite: Bodenerosion am Aufstieg zum Winterstein.

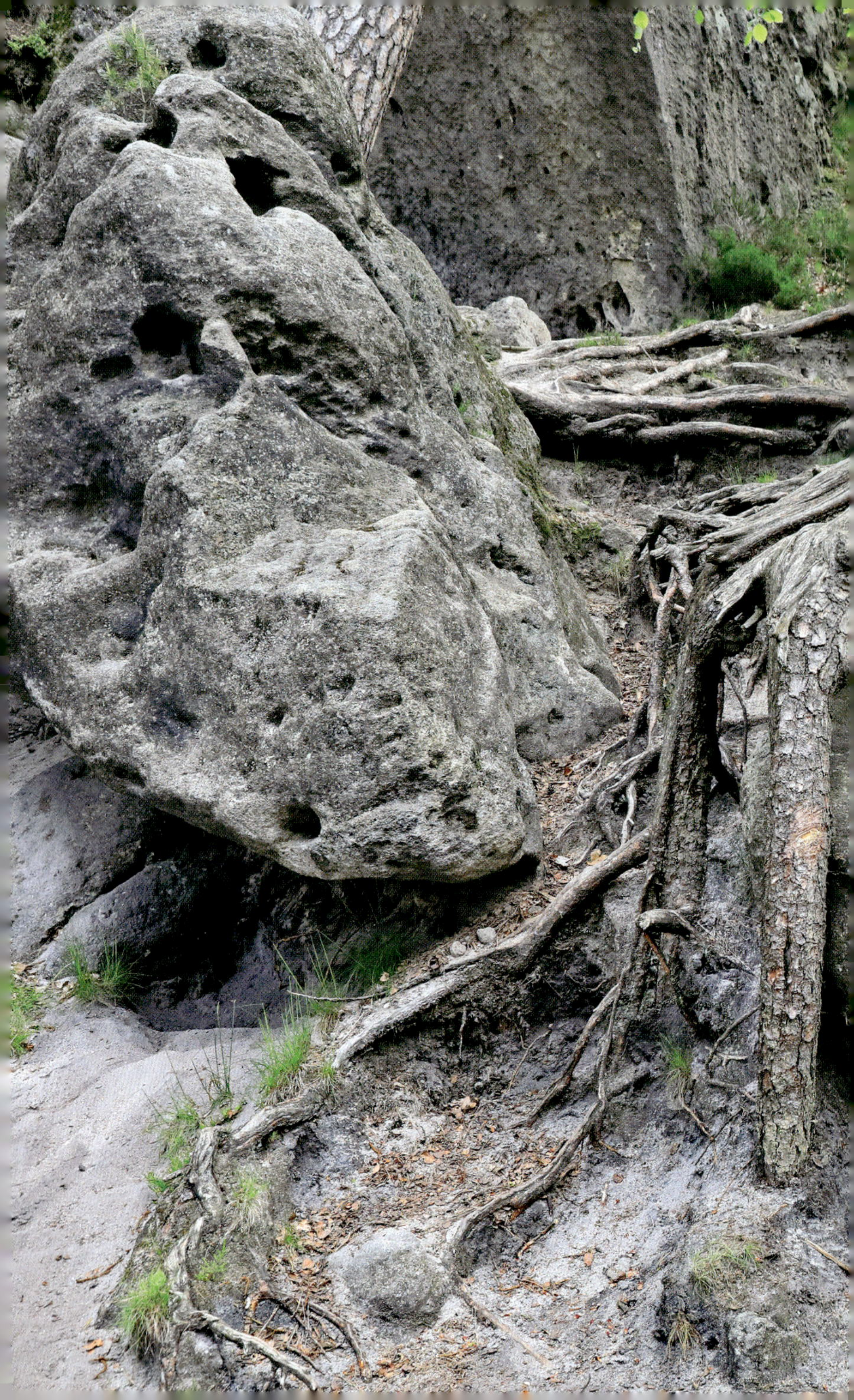

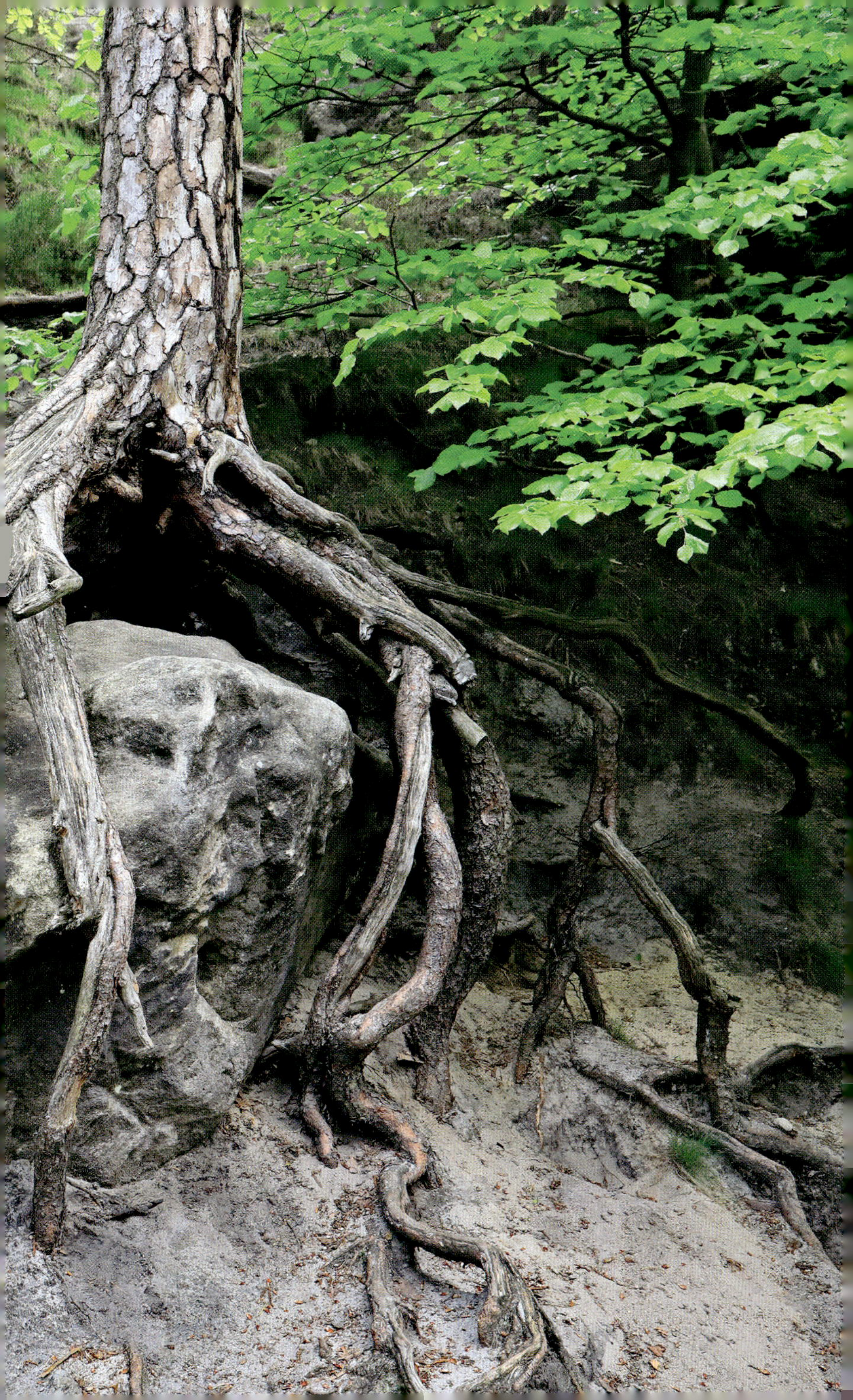

1 Griesgrund und Uttewalder Grund

TOP | 4.00 Std. | 12.1 km | ↗ 540m | ↘ 540 m

In die Felsenwildnis der stillen Gründe bei Wehlen

Mit Moosen und Flechten überzogene Felswände, mit unterschiedlichsten Farnen bewachsene Gründe und versteckte Höhlen und Schluchten machen den besonderen Reiz dieser vielseitigen Rundwanderung durch die Felsenwelt unweit der Stadt Wehlen aus. In den geheimnisvoll anmutenden Felsentälern, die nach jeder Kurve mit neuen Ansichten aufwarten, ist es meist einsam und still. Manchmal auch ein wenig belebter wie im Uttewalder Grund mit seinem wildromantischen Felsentor, welches durch Caspar David Friedrichs Bild allseits bekannt wurde und heute ein beliebtes Wanderziel von Naturliebhabern darstellt. Die stillen Gründe überraschen zu jeder Jahreszeit und Wetterlage mit immer wieder neuen, spannenden Eindrücken, einzigartigen Naturwundern und faszinierenden Lichteinfällen. Ein mittelschwieriger Bergpfad zu Beginn rundet mit seinen luftigen Aussichten auf die Elbe und so mancher Kraxelstelle den kurzweiligen Wandertag ab.

Ausgangspunkt: Marktplatz an der Kirche in Stadt Wehlen (50.95704N, 14.03335E).
ÖPNV: Bus 238 oder Basteikraxler bis »Stadt Wehlen Karl-Marx-Platz«. Alternativ mit der S-Bahn bis Stadt Wehlen und mit Fähre übersetzen.

Anforderungen: Markierter Bergpfad mit vereinzelten Kletterstellen, sonst gut begehbare Wanderwege.
Einkehr: Imbiss Steinerner Tisch, www.steinerner-tisch.info, Gasthaus Waldidylle, www.waldidylle-online.de, Gasthäuser in Wehlen.

Ausblick vom Burgberg auf Stadt Wehlen.

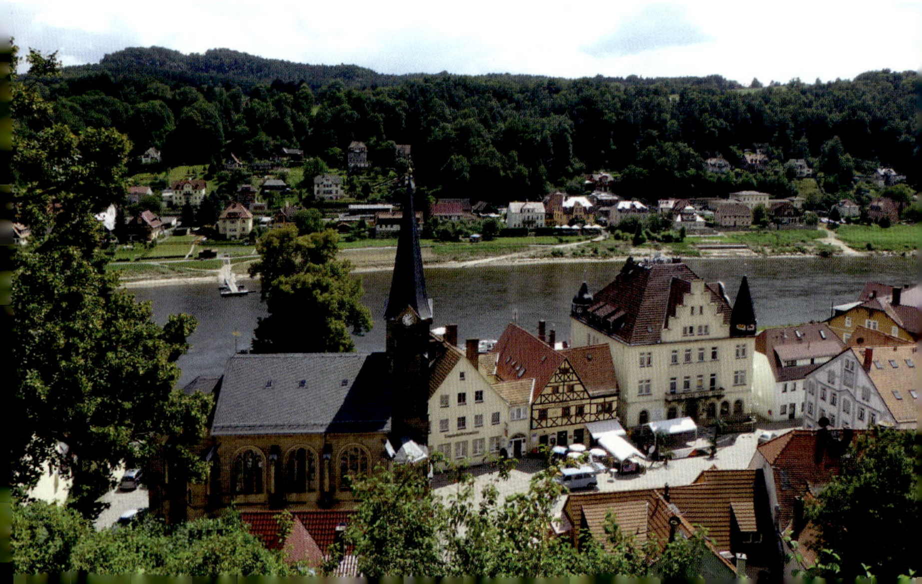

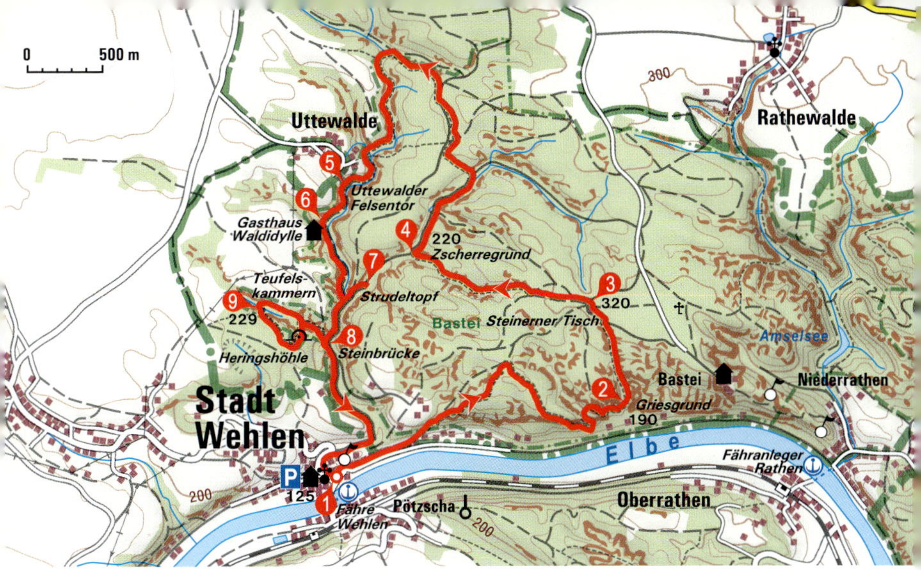

Zu Beginn folgen wir dem Malerweg von der **Wehlener Kirche ❶** in Richtung Bastei/Steinerner Tisch. Zunächst gehen wir etwa 500 m weit auf dem Elberadweg, der unterhalb eines hohen, mit hübschen Häuschen bebauten Steilhanges entlangführt. Dann zweigt unser Wanderweg nach links in den Hang ab. Der alte Steig diente einst auch als Zugang zu den vielen kleinen Steinbrüchen, die heute als »Weiße Brüche« gut im Elbtal zu sehen sind. Dementsprechend gut war er befestigt. Bald wechselt der Steig über einen Graben und zieht nun steil über Stufen und Felsen hinauf. Oben erwartet uns eine kleine Aussicht auf die Elbe. Knapp 10 Min. später gelangen wir an eine breitere Wegkreuzung mit einem Wanderwegweiser und einem Kernzonenschild. Rechts befindet sich eine hölzerne Absperrung, direkt daneben entdecken wir die grüne Bergpfadmarkierung in die Stillen Gründe. Wir verlassen hier den Malerweg und nehmen den bewachsenen Weg hinter der Absperrung. Auf dem Bergpfad geht es zunächst recht unspektakulär durch ehemaligen Forstwald. Nach 10 Min. jedoch wird es lichter. Der Weg führt nun nahe an der Abbruchkante der ehemaligen Steinbrüche entlang. Vorsicht, an der Kante gibt es lockeres Gestein und der Fels bricht senkrecht ab! Wir erhalten beeindruckend luftige Tiefblicke ins Elbtal. Nach dem Ausblick folgen wir dem Bergpfad nun scharf nach links hinunter und gelangen so in den sanften, stillen Tümpelgrund. Dieser besitzt 300 m nordwestlich eine geologische Besonderheit. Der Grund verengt sich zu einem

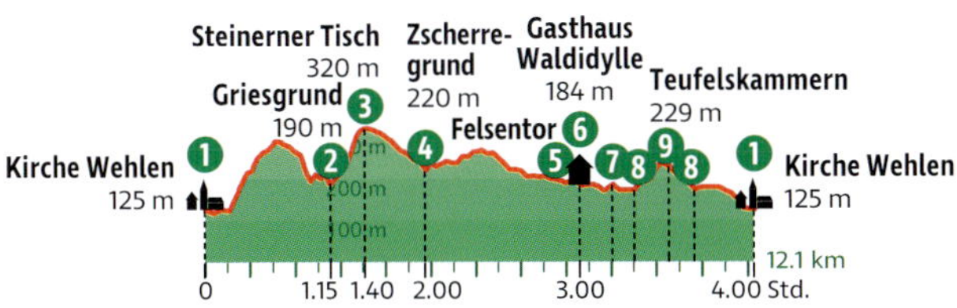

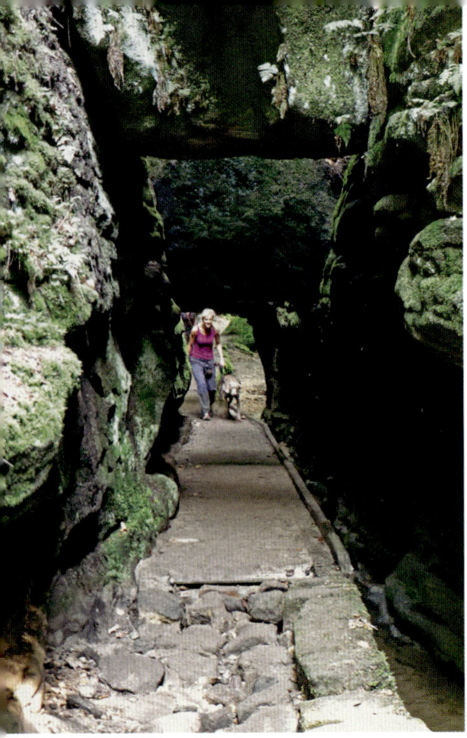

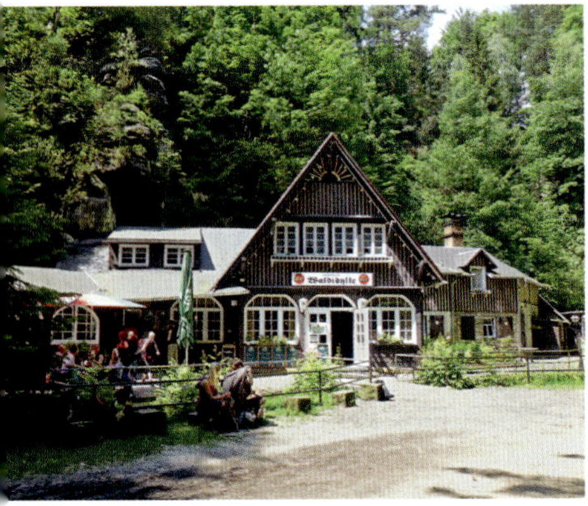

Oben: Uttewalder Felsentor.
Unten: Gasthaus »Waldidylle«.

schmalen Felsspalt, in dem eiszeitliches Schmelzwasser sogenannte Gletschertöpfe ausgeschliffen hat. Noch heute ist es in diesem Spalt oft nass. Ein ausgewiesener Kletterpfad führt dahin, jedoch ist ein Betreten nur von Ende August bis zum Jahresende, außerhalb der Brutzeit seltener Vogelarten, erlaubt. Wir gehen daher hier rechts weiter. Nach etwa 80 m wendet sich der Bergpfad nach links und führt über einen Hang zu einer Felswand hinauf. Dort müssen wir uns rechts zwischen Felswänden hindurchzwängen. Danach gelangen wir links haltend zu einer weiteren schwierigen, wie auch schönen Passage, die wir über eine Holzleiter und paar Trittstufen gut überwinden können. Nochmal gehen wir nach links und kurz darauf steil über einen Hang in den **Griesgrund ❷** hinunter. Im Talgrund angekommen, folgen wir dem markierten Bergpfad nach links. Je weiter wir im Tälchen hinaufsteigen, umso wilder wird es. Zuletzt klettern wir in einer engen Felsenschlucht teilweise über bemooste Baumstämme und glitschige Felsen. Kurz und steil steigen wir aus der wildromantischen Schlucht heraus. Hinter einer Holzabsperrung stoßen wir auf einen breiten Wanderweg, dem wir nach links zum **Steinernen Tisch ❸** folgen. Einst diente dieser dem kurfürstlichen Jagdgelage Augusts des Starken, heute nutzen ihn viele Wanderer zur Rast. Wir folgen nun der Ausschilderung »roter Punkt« durch den Höllengrund. Der Abstieg ist unschwierig und stößt nach 25 Min. auf einen befestigten Fahrweg in einer tiefen Felsenschlucht, dem **Zscherregrund ❹**. Wir biegen hier nach rechts ab. Auf dem ruhigen Rad- und Forstweg gelangen wir nach knapp 10 Min. zu einem Abzweig mit Wegweiser »TK 10, Lohmen«. Wir biegen nach links in den unmarkierten Wanderweg ab, der uns durch den Wald hinauf zu einer Forststraße bringt. Dieser folgen wir nun für 400 m nach rechts. Unterwegs ignorieren wir die links und rechts abzweigenden Wanderwege.

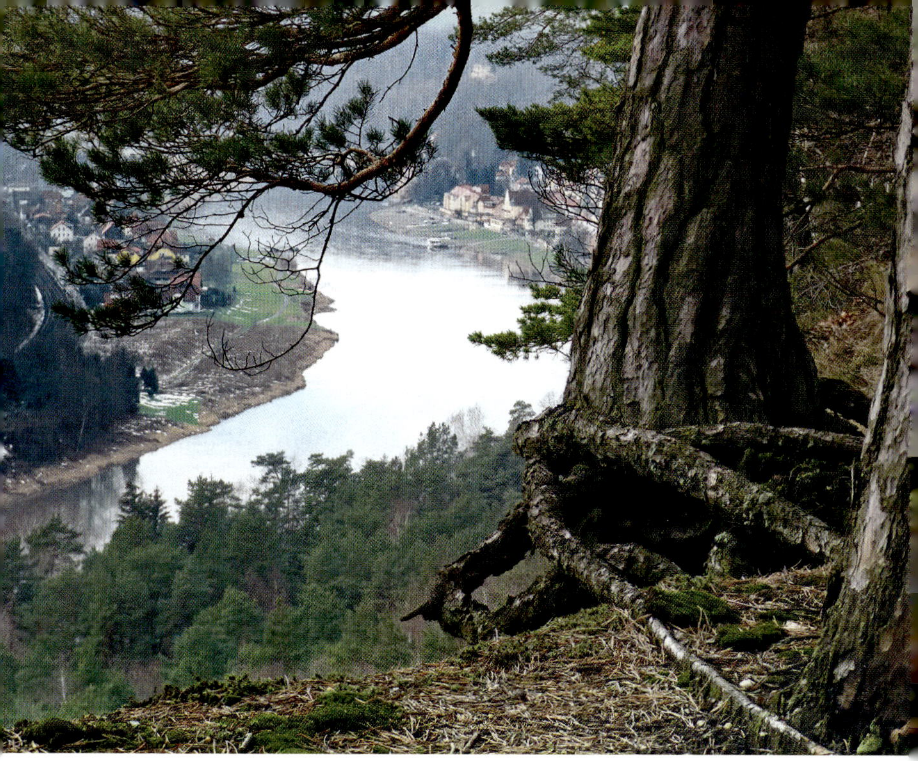

An der luftigen Abbruchkante der seit 1910 stillgelegten »Weißen Brüche«.

An einem Abzweig direkt vor einer Rechtskurve, den man leicht verfehlen kann, biegen wir halb links in einen breiten Wanderweg nach Lohmen ab. Gemächlich wandern wir durch einen stillen Wald in ein Tälchen hinunter. Nach etwa einer Viertelstunde treffen wir auf eine größere Wegkreuzung mit einer Brücke und einer Bank. Ab hier wird es wieder felsiger. Wir nehmen den linken, grün markierten Wanderweg Richtung Wehlen immer an einem Geländer entlang in den Schleifgrund hinein. Ein Bächlein schlängelt sich durch den feuchten Grund. Die Felsen bilden zunehmend eine immer enger und tiefer werdende Schlucht. Dicke hohe Bäume, grüne Farne, verschiedene Moose, umgestürzte Baumstämme bestimmen zunehmend das Bild. Nach einiger Zeit gelangen wir in diesem wildromantischen Tal zum berühmten **Uttewalder Felsentor 5**. Herabgestürzte Blöcke haben sich zwischen den Felswänden verklemmt. Nachdem wir darunter hindurchgekrochen sind, sollten wir unbedingt noch einen Blick zurückwerfen. So erscheint uns das Felsentor, wie es Caspar David Friedrich zu seinem großartigen Bild inspirierte. Wenig später kommen wir am romantisch gelegenen **Gasthaus Waldidylle 6** vorbei, das zu einer Einkehr lädt. Auf dem weiteren Weg passieren wir die Teufelsküche, eine Höhle am linken Wegrand, aus der manchmal mystisch Nebel aufsteigen.

Bald kommen wir an einen Wegabzweig, wo wir auf die Markierung »roter Punkt« treffen.

Wer geologisch interessiert ist, kann

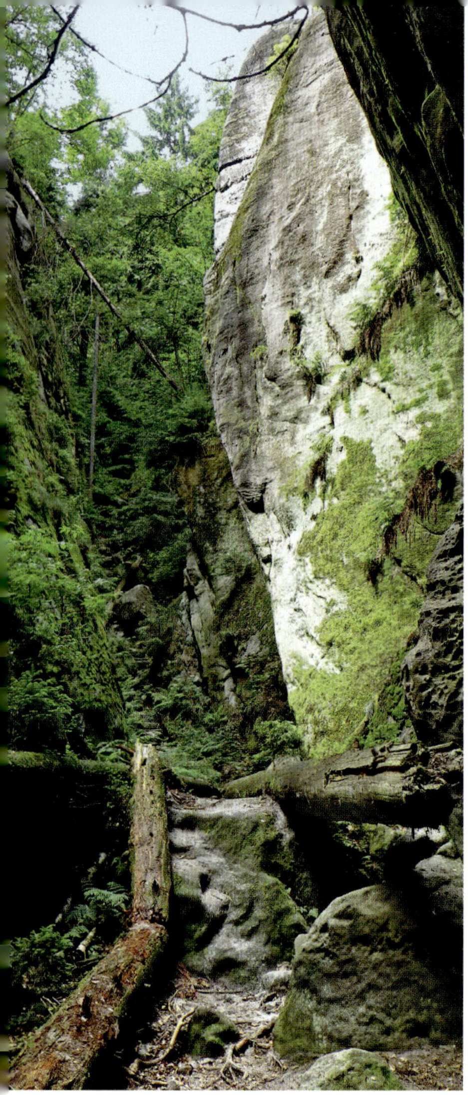

Im wildromantischen Griesgrund.

von dieser Stelle aus einen kurzen Abstecher 150 m nach links zu einem **Strudeltopf ❼** unternehmen. Bereits nach 150 m stehen wir an der zylinderförmigen Auswaschung, die am Ende der letzten Eiszeit entstanden ist. Wieder zurück an der Kreuzung wandern wir Richtung Wehlen weiter. Circa 350 m danach, an einer großen Kreuzung, wollen wir noch Teufelsschlüchte und Teufelskammer besuchen und überqueren dazu rechts die **Steinbrücke ❽** und biegen dahinter gleich rechts in den schmalen, gelb markierten Pfad ein. Auf diesem gelangen wir zum »Rundgang Teufelsschlüchte«. Links geht es über Holzbohlen zu riesigen Felsblöcken, die den Eingang zu den Schluchten scheinbar verschließen. Bald darauf weist eine Inschrift zur Heringshöhle, einer etwa 20 m langen Durchgangshöhle. Eine Taschenlampe ist hier von Vorteil.

Der Wanderweg führt an der Inschrift geradeaus weiter. Durch flache Felsentore, über Stein- und Holzstufen gelangen wir hinauf in den lichtdurchfluteten Hochwald. An der Wegteilung halten wir uns rechts Richtung »Rundgang Teufelskammern«. Nach circa 200 Metern weist ein Geländer den Weg hinunter in die verwunschenen **Teufelskammern ❾**. Über einige Treppen steigen wir in die kleine Klamm mit wannenartigen Ausspülungen hinab und stehen bald wieder am Ausgangspunkt des Rundweges. Ab hier gehen wir entlang dem bekanntem Pfad bis zur **Steinbrücke ❽** zurück, folgen dann nach rechts dem rot markierten Weg bis nach Wehlen. In Wehlen empfiehlt sich noch die Besteigung des Burgberges mit der drittältesten mittelalterlichen Burganlage in Sachsen, von wo wir eine herrliche Aussicht auf das Städtchen und das Elbtal haben. Erst in den letzten Jahren wurde durch eine private Initiative ein Teil der Burggewölbe freigelegt und das Areal neu hergerichtet. Über Treppen in der Nordseite geht es leicht hinauf und auf der anderen Seite wieder hinab und zurück zur **Wehlener Kirche ❶**.

Amselfall und Bastei

2

4.30 Std. | 13,7 km | ↗ 420 m | ↘ 420 m

Auf stillen Wegen zur Hohburkersdorfer Höhe

Wild zerklüftet sind die Rathener Sandsteinfelsen rund um die berühmte Bastei. Amselfall, Neurathener Felsenburg und Basteibrücke sind attraktive Ziele, die man gesehen haben muss. Ganz allein werden wir an diesen wundervollen Plätzen nicht sein. Doch leitet uns dieser Wandervorschlag überwiegend auf weniger frequentierten Wegen durch die Schluchten und Wälder dieser viel besuchten Wanderregion. Die Hohburkersdorfer Höhe ist der unbestrittene Höhepunkt dieses Wandervorschlages. Denn sie belohnt uns fernab des Trubels mit einem einzigartigen Panoramablick über die Weiten des Elbsandsteingebirges.

Ausgangspunkt: Parkplatz bei der Kirche in Rathewalde (GPS: N50.982338, E14.074774).
ÖPNV: Bus 237/235 bis »Rathewalde Ortsmitte«.
Anforderungen: Überwiegend bequeme Wanderwege und Forststraßen, im Abstieg zum Amselfall etwas Trittsicherheit erforderlich (bei Nässe recht rutschig), zur Bastei hinauf viele Stufen.
Einkehr: Berghotel Bastei (www.bastei-berghotel.de); Einkehr zur Rennstrecke Hohburkersdorf; Lindengarten Rathewalde (www.lindengarten-rathewalde.de)

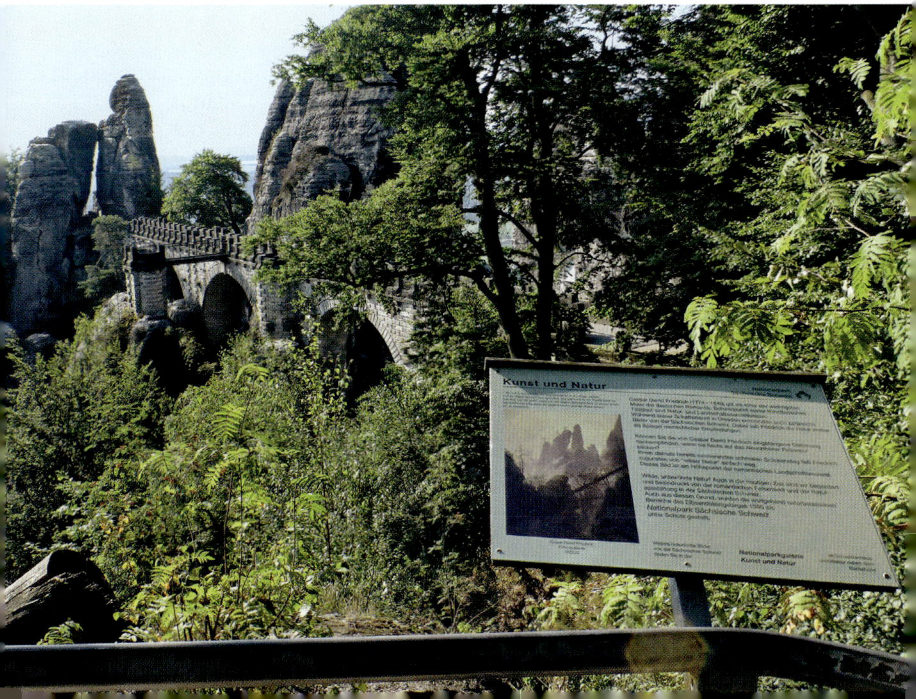

Die berühmte Basteibrücke mit dem Neurathener Felsentor bei Kurort Rathen.

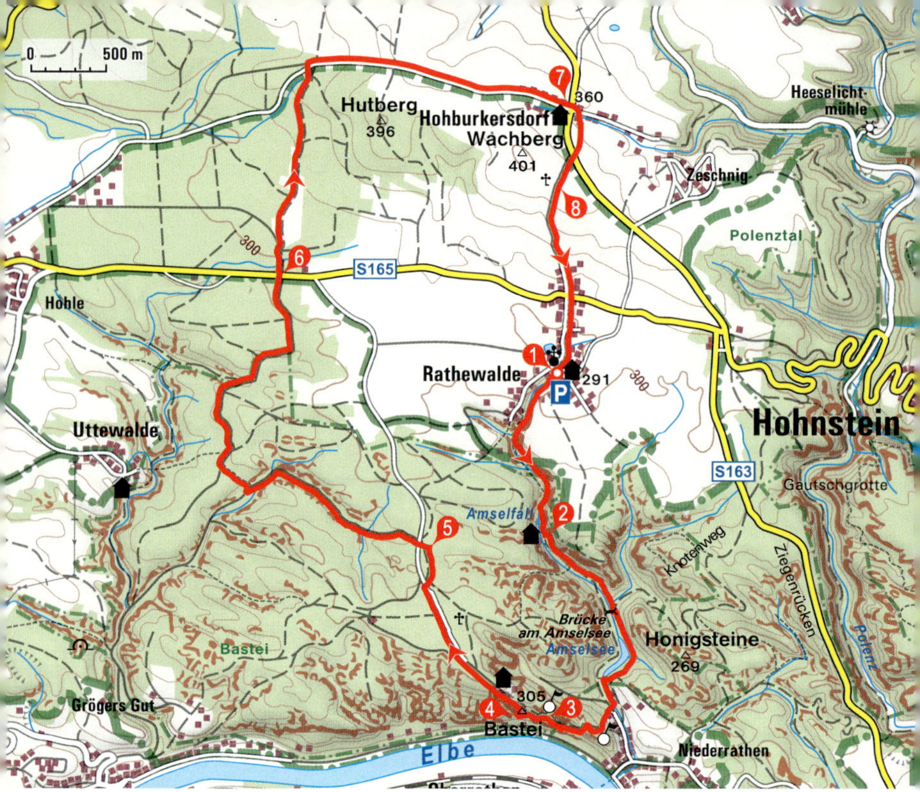

Am **Parkplatz** ❶ in Rathewalde starten wir auf dem mit »blauem Strich« markierten Wanderweg hinunter in den Amselgrund. In einem Tälchen an einer verfallenen Mühle vorbei wandern wir über Sandsteinstufen zur **Amselfallbaude** ❷ mit einer Infostelle des Nationalparks. Der Amselfall, der über einer Höhlung herabtröpfelt, lässt sich gegen einen kleinen Obolus, der am Imbiss zu entrichten ist, in einen fotogenen Wasserfall verwandeln. Dann ergießt sich der Grünbach über eine zehn Meter hohe Felsstufe ins Tal. Wir gehen weiter talabwärts und erreichen mit dem Bach nach etwa zehn Minuten den malerisch gelegenen Amselsee. Wir überqueren die Brücke und nehmen direkt danach den schmalen Weg nach rechts. Immer am Seeufer entlang führt uns dieser etwas ruhigere Weg zur kleinen Staumauer, die wir überqueren müssen.

Hoch über dem See erhebt sich der eindrucksvolle Kletterfelsen der »Lo-

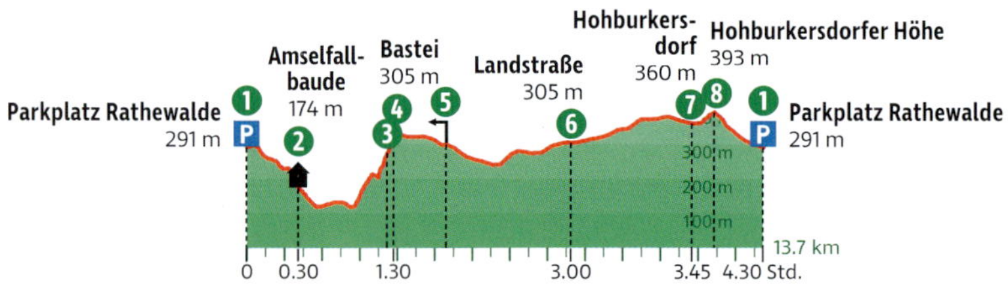

komotive«. Es geht nun links weiter talabwärts. Gleich nach der Bergretter-Hütte erreichen wir den Eingang zur Felsenbühne Rathen. Von dieser Stelle folgen wir nun der grün markierten Ausschilderung zur Bastei. An der steinernen Wegsäule nehmen wir den Wanderweg, der über viele Holzstufen im Wald hinaufführt. Nachdem wir einen Felsendurchgang passiert haben, können wir immer wieder Spuren der einstigen mittelalterlichen Burganlage entdecken. Aussichtspunkte links vom Weg bieten uns atemberaubend luftige Ausblicke über das Elbtal und die markanten Tafelberge. Die Felsenburg **Neurathen 3**, deren restaurierte Anlage mit vielen Brücken und luftigen Tiefblicken auf die Felsszenerie und den »Mönch« kann gegen kleine Gebühr besichtigt werden. Danach gelangen wir auf die berühmte Basteibrücke. 1826 wurde sie zunächst als hölzerne Brücke über die 40 Meter tiefe Schlucht gebaut. Die Sandsteinbrücke in ihrer heutigen Form ermöglicht Ausflüglern seit 1851 einen beeindruckenden Blick in den Wehlgrund zur Rechten und über das Elbtal zur Linken. Bereits im 18. Jahrhundert zogen die bizarren Felsformationen Maler und Dichter in ihren Bann. Nach der Brücke sollte man sich den Abstecher nach rechts zur Ferdinandaussicht nicht entgehen lassen. Danach steigen wir weiter die Stufen hinauf. Links geht es zur **Bastei 4**, die 200 m über der Elbe thront. Von der Aussicht gehen wir an Imbiss, Souvenirgeschäft und Eisstand vorbei zum Bastei-Hotel. Rechts davon lohnt sich ein Besuch des Schweizerhauses. Heute beherbergt es eine Nationalparkinformationsstelle und eine vielfältige Kunstausstellung mit Gemälden und Grafiken mit vielen bekannten

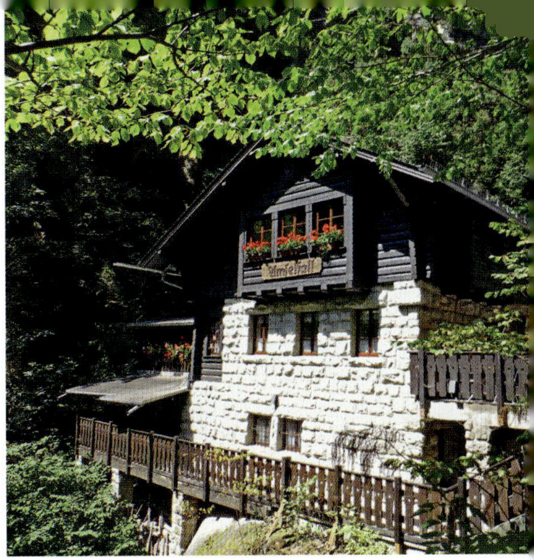

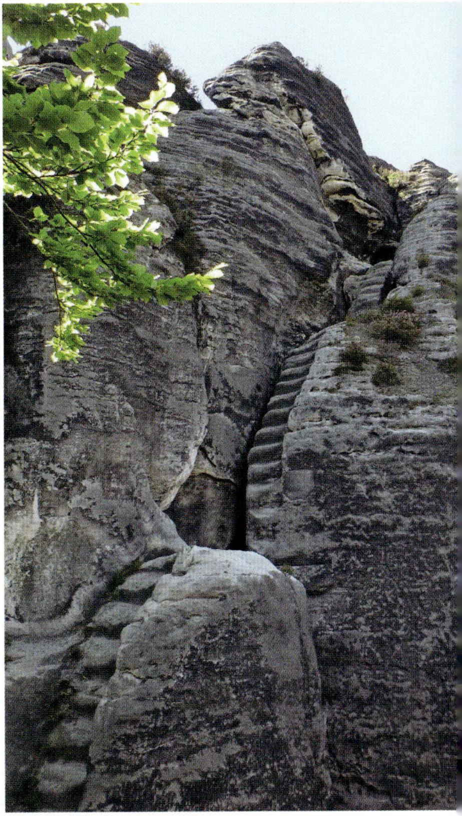

Oben: Amselfallbaude.
Unten: Zeugnis der Vergangenheit: die in den Fels gehauene Treppe am Felsen »Steinschleuder«.

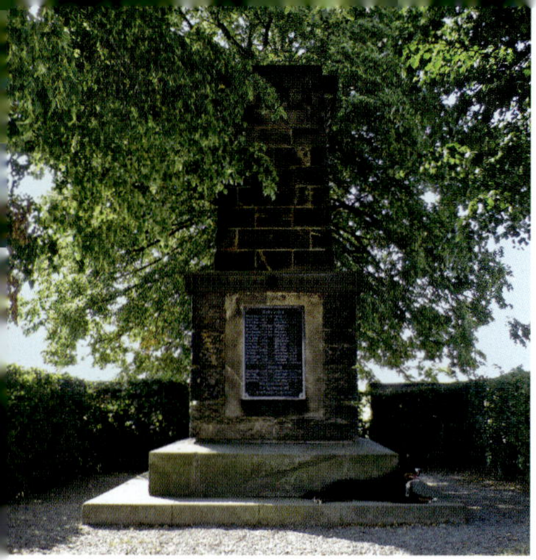

Auf der Hohburkersdorfer Höhe.

Motiven der Sächsisch-Böhmischen Schweiz. Wir erfahren einiges über die Geschichte des Tourismus im Basteigebiet sowie zum Malerweg.
Vom Hotel folgen wir der Basteistraße. In Höhe eines Imbiss- und Souvenirstands verlassen wir die Basteistraße nach rechts. Wir biegen in den blau markierten Hauptweg Richtung Schwedenlöcher ein. Nach 350 m wechseln wir an einer Weggabelung auf die gelbe Markierung und gehen links Richtung Rathewalde weiter. Nun ist etwas Aufmerksamkeit erforderlich. Nach 300 m knickt der Weg vor der Straße nach rechts ab. Noch einmal 300 Meter weiter zeigt uns ein **Wegweiser ⑤** mit der Aufschrift »Lohmen/Stadt Wehlen« einen unmarkierten Pfad nach links durch den Wald zurück zur Straße. Auf diesen Pfad überqueren wir die Basteistraße und wandern gegenüber auf einer asphaltierten Forststraße geradeaus Richtung Stadt Wehlen weiter. Allmählich abfallend geht es in einen ruhigen Grund hinunter. Nach etwa 20 Min., kurz nach einer deutlichen Linkskurve, biegen wir auf einen breiten Weg scharf rechts hinauf in den Wald ab. Oben folgen wir der Ausschilderung »Lohmen/Uttewalde/Rathewalde« nach rechts. Wir bleiben nun für circa eine halbe Stunde auf diesem befestigten, später asphaltierten Forstweg. Wir ignorieren alle abzweigenden Wege. Nach 1,7 km überqueren wir eine **Landstraße ⑥** und wandern gegenüber auf einem Forstweg wieder in den Wald hinein. Nach einem kleinen Tümpel kommen wir zu einer mehrteiligen Kreuzung. Hier gehen wir halb rechts weiter und gelangen sogleich auf eine Wiese. Wir folgen dem Pfad relativ gerade über die Wiese. An ihrem Nordende leitet er uns wieder in den Wald hinein. Auf diesem Waldweg, der nun stetig aufwärtsführt, gelangen wir nach ein paar Minuten an einen Feldweg mit Wegweiser. Wir biegen nach rechts Richtung »Hohburkersdorfer Rundblick« ab. Nach einer reichlichen viertel Stunde erreichen wir die malerischen Bauernhäuschen von **Hohburkersdorf ⑦**. Am Gasthof »Einkehr zur Rennstrecke« unterqueren wir die Straßenbrücke. Von der Informationstafel folgen wir dem mit einem blauen Strich markierten Weg in Richtung »Rundblick«. Kurz die Landstraße überquert und den Feldweg hinauf stehen wir schon an der kleinen Baumgruppe auf der **Hohburkersdorfer Höhe ⑧**. Ein Denkmal erinnert an die Gefallenen des Ersten und Zweiten Weltkrieges. Die gesamte Sächsische Schweiz liegt uns zu Füßen. Der Rundblick reicht von der Burg Stolpen im Norden bis zu den großen Tafelbergen im Süden. Wir folgen dem Feldweg nach Rathewalde hinunter. An der Bäckerei überqueren wir die Hauptstraße und gehen die Dorfstraße »Zum Amselgrund« zum Ausgangspunkt ① zurück.

Die »Bastei«, der bekannteste Aussichtsfelsen der Sächsischen Schweiz.

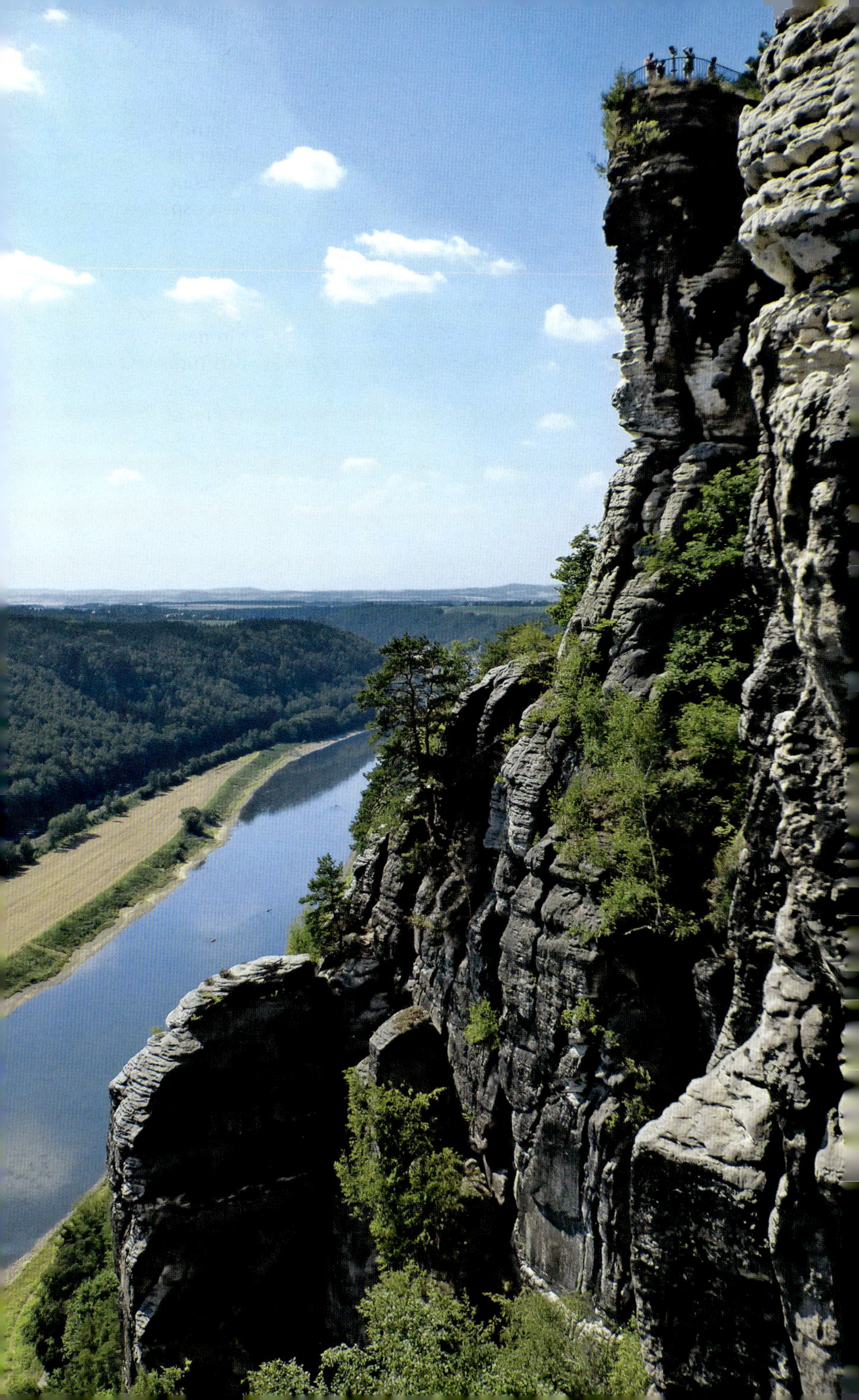

3 Honigstein und Gamrig

3.00 Std. | 7,9 km | ↗ 440 m | ↘ 440 m

Durch das Reich der Kletterer zur Kleinen Bastei

Auf unserer Wanderung über das Honigsteinmassiv und über den Aussichtsberg Rathens erwarten uns wundervolle Ausblicke aus ganz ungewohnten Perspektiven in die weiße Sandsteinwelt Rathens. Unsere volle Aufmerksamkeit fordert der als Kletterzugang ausgewiesene, mittelschwierige Steig vorbei an der berühmten Lokomotive, einer Felsformation hoch über dem idyllisch gelegenen Amselsee. Von der »Kleinen Bastei« werden wir fernab des Touristenrummels den herrlichen Blick auf die Elbe genießen. Ein ganz besonderes Erlebnis bietet sich dort dem Wanderer im Frühjahr, wenn die Rhododendren und Azaleen im Rhododendronpark in voller Blütenpracht stehen.

Ausgangspunkt: Kurort Rathen, Bahnhof bzw. großer Parkplatz an der Elbe in Rathen (GPS: N 50.956380, E 14.078526). Ausweichparkplatz ca. 400 m vorher am Bahnübergang.
ÖPNV: S-Bahn bis Kurort Rathen.
Anfahrt: Mit Pkw Von Bad Schandau oder Pirna über Struppen zum Kurort Rathen, Parkplatz direkt an der Elbe neben dem Fähranleger.
Anforderungen: Schmale, steile Pfade (Kletterzugang) teils mit Holztreppen und -leitern am Honigstein und Gamrig erfordern Trittsicherheit, Schwindelfreiheit und guten Orientierungssinn. Sonst überwiegend leichte Wanderung auf Wald- und Feldwegen
Einkehr: Gaststätten im Kurort Rathen.
Tipp: Die Rhododendren erblühen je nach Wetterlage etwa ab Ende April bis Anfang Juni.
Hinweis: Vorsicht, Totholz im Bereich des Honigsteinmassivs! Nicht bei Wind begehen.

Kletterer auf dem Gamrig.

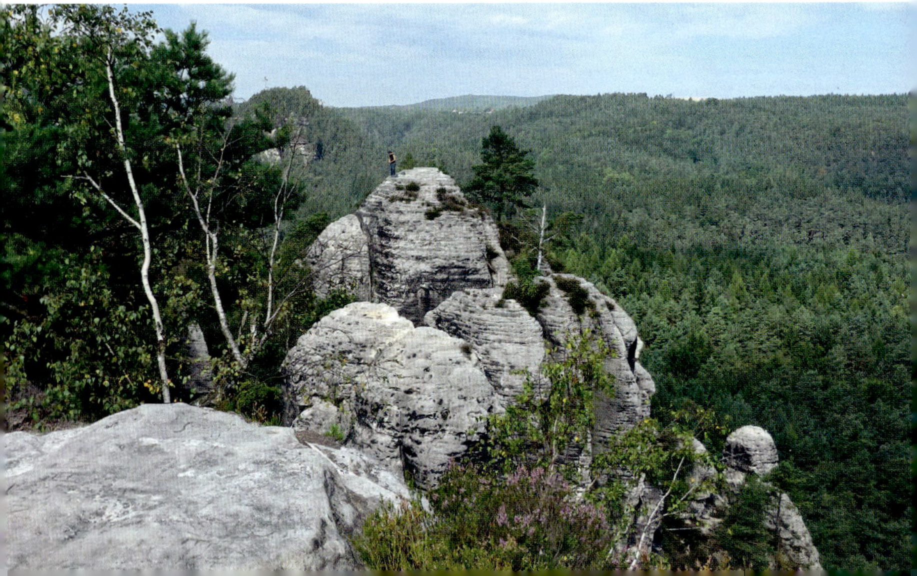

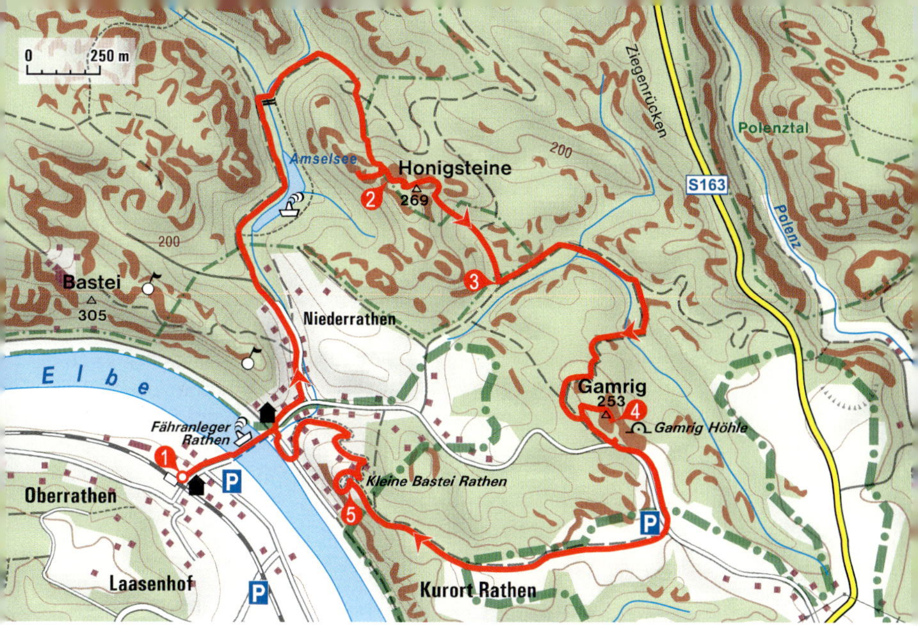

Vom Bahnhof **Kurort Rathen** ❶ gehen wir hinunter zur Elbfähre und setzen ganz ohne Motor, nur durch die Kraft des Wassers, auf die andere Elbseite über. Wir folgen dem Touristenstrom geradeaus durch den Ortskern von Rathen bis zu einer Einmündung mit einer steinernen Wegsäule. Mithilfe der Markierung »grüner Strich« wandern wir nach links in Richtung Amselsee/Hockstein.

In der engen Gasse erinnern rechts an einer Hausecke Markierungen an extreme Hochwasserstände. Wir bleiben auf dem Hauptweg immer geradeaus. Bald taucht rechts über dem Tal ein hoher Felsen auf, der sogenannte »Talwächter«. Kurz darauf passieren wir einen Forellenteich mit einer Fischräucherei, wenig später das Kassenhäuschen der Felsenbühne und die Bergrettungsstation mit einem interessanten Schaukasten. Nach wenigen Minuten erreichen wir den Amselsee. Von seiner dicken Staumauer aus können wir hoch oben einen beliebten Kletterfelsen entdecken, die imposante »Lokomotive«, zu der wir hinaufwandern wollen. Wir spazieren am See entlang und überqueren an seinem Ende eine kleine Brücke. Auf einem Forstweg wandern wir bis zu einer scharfen Rechtskurve und nehmen die Treppenstufen steil hinauf. Oben angekommen, verlassen wir den markierten Wanderweg. Wir gehen hinter einer hölzernen Absperrung geradeaus in einen flachen Grund hinein. Hier beginnt das Reich der Klet-

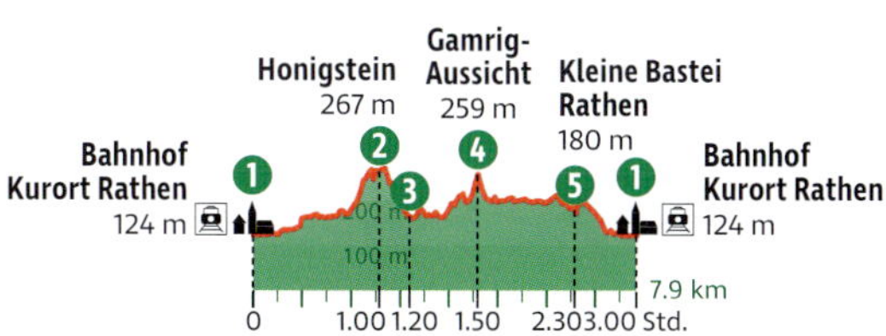

terer. Ein schwarzes Dreieck markiert den erlaubten Zugang zu den Kletterfelsen Honigstein und Lokomotive. Wir folgen den Zeichen auf dem gut sichtbaren Pfad, der bald steil aufwärtsführt. Nach einigen anstrengenden Minuten des Aufstiegs über Wurzeln und Felsstufen stehen wir oben auf einem locker bewaldeten Felsenriff. Wir merken uns diese Stelle für den Weiterweg und folgen zuerst dem querlaufenden Pfad nach rechts zu einem Felsen mit einem höhlenartigen Durchgang, dem Kletterfelsen Lamm. An diesem wunderschönen Aussichtsplatz sehen wir unter uns den Amselsee schillern, links darüber steht der Talwächter – von hier oben erscheint er uns viel kleiner als zuvor aus dem Tal. Gleich nebenan thront die Lokomotive, von dieser Seite aus gesehen ein hoch aufragender Felsturm. Er wurde bereits im Jahre 1903 erstbestiegen. Oft treffen wir auf Kletterer, die nur mit Sicherung durch Seil, Schlingen und Karabiner die steilen Sandsteinfelsen bezwingen wollen. Wir dagegen gehen zurück an die Stelle, wo wir heraufgekommen sind und gehen dort geradeaus weiter zu einem lang gezogenen Felsmassiv, dem **Honigstein** ❷. Wir gehen direkt an der Wand entlang nach rechts bis zu seiner Südecke. Der Fels ist dort gelblich und recht sandig, Zeichen seiner geringeren Festigkeit. Nun folgen wir dem Waldpfad noch etwa 20 m von den Felsen weg gen Süden. Dann nehmen wir den ausgetretenen Pfad, der sogleich steil nach links hinunterführt. Es geht zwischen Felsen hindurch, bald über eine hölzerne Steigleiter abwärts und an einem Felsriff entlang. An dessen Ende teilt sich der markierte Pfad. Wir steigen scharf nach rechts unten ab. Schon bald gelangen wir auf einen guten Wanderweg, gehen auf diesem rechts weiter abwärts bis zu einem breiten Wanderweg mit Wegweiser und roter Markierung. Wir biegen links ein und folgen dem **Füllhölzelweg** ❸ für ziemlich genau 500 m zu einen unmarkierten Forstweg, dem wir rechts abzweigend folgen. Nach nur 170 m biegen wir nochmals nach rechts in einen Waldweg ab, der uns hinauf zum Gamrig bringt. Nach 4 Wegkeh-

Die »Lok« ist einer der formschönsten Felsen im Rathener Gebiet.

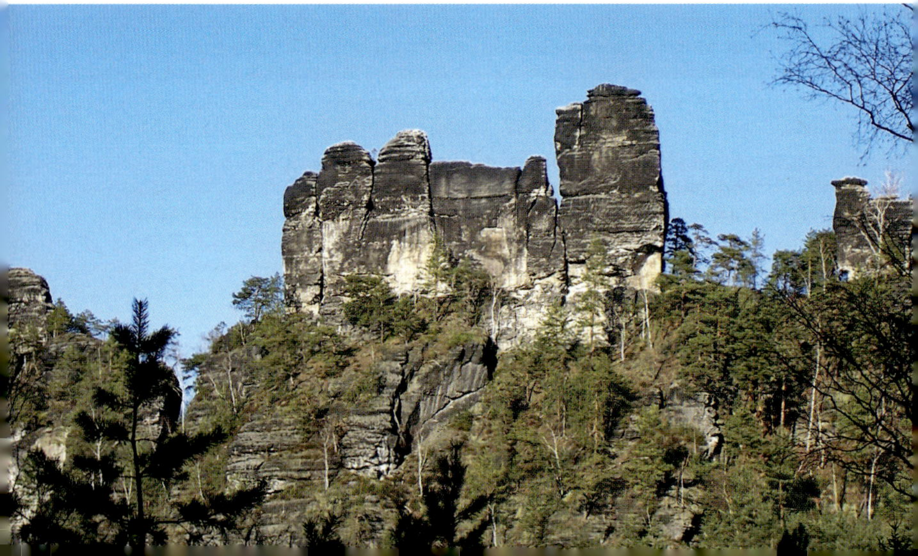

ren und etwa 10 Min. später stehen wir am ausgeschilderten Gipfelaufstieg.

Über Holzstufen steigen wir zur luftigen **Gamrig-Aussicht** ❹ hinauf. Vorsicht, oben gibt es keine Geländer und an der Seite fallen die Felswände senkrecht ab! Es besteht Absturzgefahr! Ein weiter, grandioser Blick über das Elbsandsteingebirge belohnt für die Mühen.

Der Abstieg erfolgt auf gleichem Weg. Auf dem breiten Wanderweg gehen wir nach links weiter bis zur Straße. Ein paar Stufen führen zur 25 m tiefen »Gamrighöhle« hinauf. Der Gamrig besteht aus sehr weichem Gestein. Die Erosion ist voll im Gange. Überall ist Sand. Auf der Straße gehen wir nach links, aus dem Wald heraus und an einem Parkplatz vorbei. Bald zweigt nach rechts ein schmaler Fahrweg ab, dem wir über die Wiesen und Felder folgen. Wir wollen zur Kleinen Bastei und zum Rhododendronpark, den wir nach etwa 20 Min. erreichen.

Riesige Rhododendronbüsche stehen rechts am Weg. Vor dem Eingangstor eines Gartenvereins geht es nach links zur **Kleinen Bastei** ❺. Sandsteintreppen bringen uns auf diese weniger bekannte »Aussicht« über der Elbe. Eine kleine Fahne flattert hier lustig im Wind und eine Bank lädt zum ausgiebigen Schauen und Verweilen ein. Gegenüber befinden sich das Dorf Weißig und der Rauenstein. Unten auf dem Elbestrom pendelt die Gierseilfähre von Rathen hin und her.

Nach unserer Rast folgen wir dem Fahrweg in die Rhododendronbüsche hinein. Im geschützten Rhododendronpark gibt es neben den vielen verschiedenen, teils sehr alten Azaleen und Rhododendren, die von Ende April bis Anfang Juni abwechselnd blühen, auch einen kleinen Teich mit

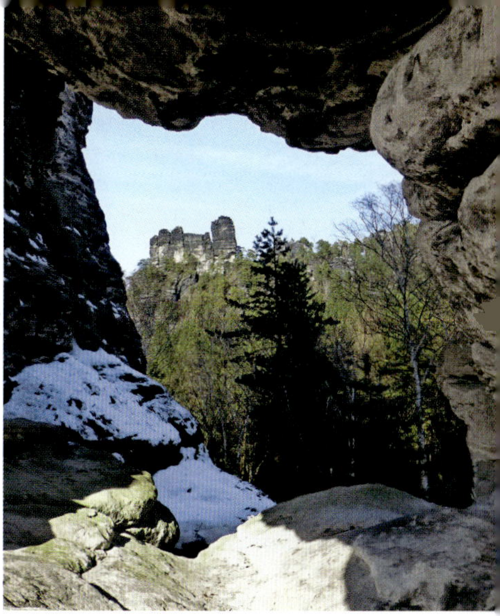

Felsen für Durchblicker.

einigen Bänken, wo man an ruhigen Tagen dem Vogelgezwitscher lauschen kann. Hier kann man sich ruhig etwas Zeit nehmen und die Parkwege ein wenig erkunden. Rechts neben dem großen Haus am Ende des Fahrweges führt der Weg um das Gebäude herum. Dahinter eröffnet sich an einer Bank ein überwältigender Blick auf die Kletterfelsen über dem Amselgrund, die wir auf unserer Tour teilweise kennengelernt haben. Der Abstieg nach Rathen folgt dem Zickzackweg erst über die Wiese, dann an einem Metallgeländer über einige Treppenstufen hinab, an der Gaststätte »Panoramablick« vorbei, immer geradeaus abwärtssteigend ins Tal hinunter. Zum Schluss führt der gepflasterte Weg oberhalb des Grünbaches entlang bis zur Elbe. Hier sind wir völlig ungestört vom Touristenstrom auf der anderen Bachseite. Auf dem Elbweg schlendern wir an der Gaststätte »Rosengarten« vorbei und zurück zur Fähre, mit der wir wieder hinüber zu unserem Startpunkt im **Kurort Rathen** ❶ übersetzen.

4 Brand und Waitzdorfer Höhe

TOP | 5.15 Std. | 16,8 km | ↗ 550 m | ↘ 550 m

Zur Brandaussicht, dem »Balkon« der Sächsischen Schweiz

Die stark zerklüfteten Felsen bei Hohnstein gehören zu den wildesten Naturräumen der Sächsischen Schweiz. Oben entdecken wir sonnenüberflutete Felsriffe, auf denen sich verkrüppelte Kiefern festkrallen. Unten staunen wir über die feuchte Kühle der tief eingekerbten Täler und Schluchten. Wunderbare Aussichtsplätze laden unterwegs zum Schauen ein. Die imposante Gautschgrotte, die Tiefblicke an den Hafersäcken und die wunderbare Aussicht an der altehrwürdigen Brandbaude, beeindrucken den Wanderer im ersten Teil des Wandervorschlages. Durch den Tiefen Grund geht es hinüber nach Waitzdorf, welches als kleinster Ort Sachsens gilt, und hinauf auf die Waitzdorfer Höhe mit ihrem beeindruckenden Rundblick. Der Rückweg verläuft immer im Bereich der Lausitzer Überschiebung, der Grenze von Sandstein zum Lausitzer Granit, zu Napoleons Befestigungsanlage auf dem Schanzberg aus dem Jahr 1813 vor den Toren Hohnsteins.

Ausgangspunkt: Hohnstein, Parkplatz »Eiche« (GPS: N 50.978991, E 14.114418).
ÖPNV: Bus (Linie 236) bis Haltestelle »Eiche Hohnstein«; Basteikraxler.
Anforderungen: Lange Wanderung auf meist breiten Wegen, am Tiefen Grund anstrengender Ab-und Aufstieg über Treppenstufen.
Einkehr: Brandbaude (www.brandbaude.de); Waitzdorfer Schänke (www.schaenke-waitzdorf.de); Gasthäuser in Hohnstein.

Auf der Waitzdorfer Aussicht – mystische Stimmung nach einem Sommerregen.

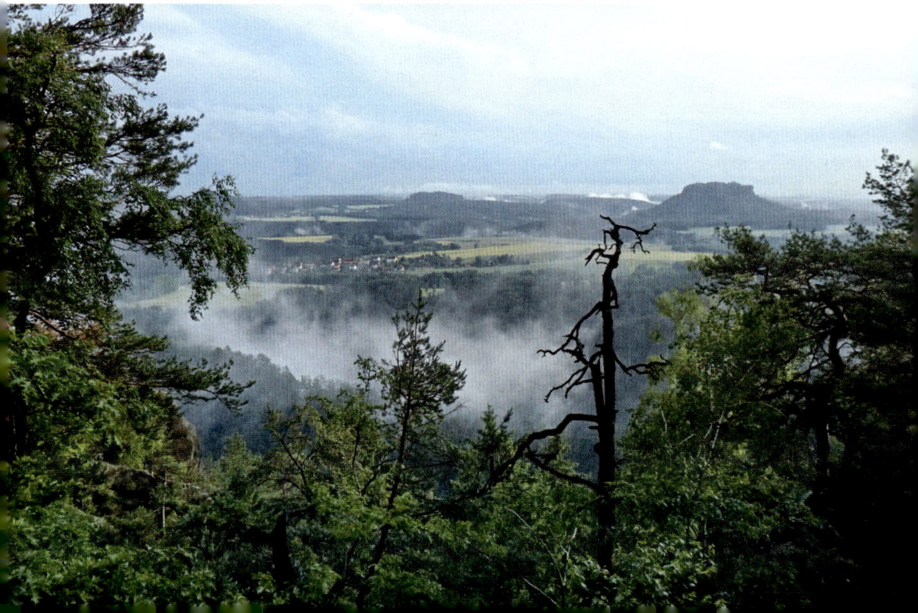

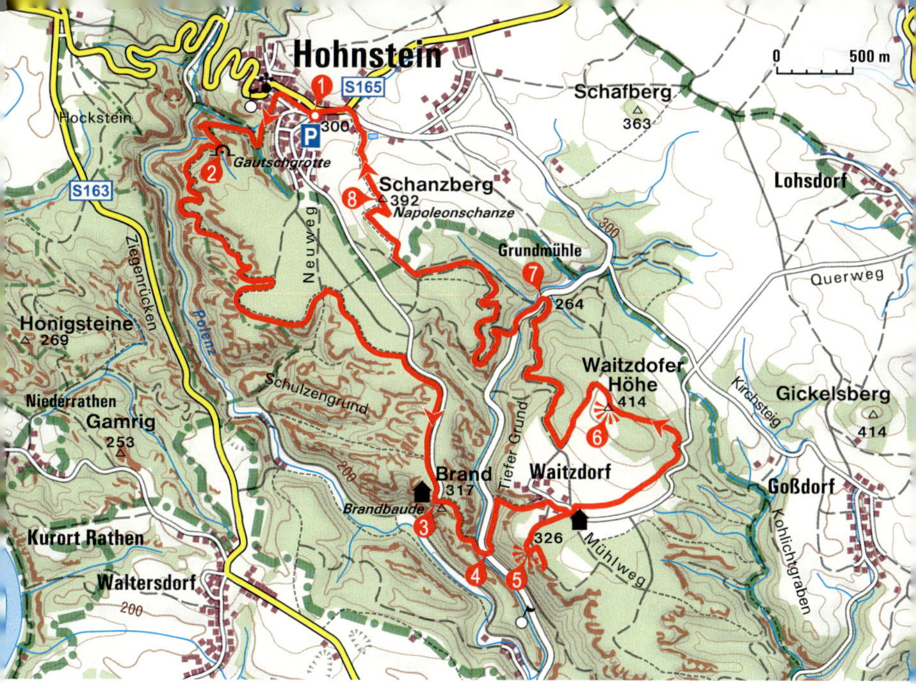

In **Hohnstein ❶** starten wir vom Eingang des Parkplatzes unter der Schule und gehen die schmale Rathausstraße hinunter. Nach 250 m befindet sich an einem kleinen Platz das Rathaus und gegenüber die Touristeninformation. Wir biegen nach links in die kleine Straße »Bärengarten« ein und gehen am Ratskeller vorbei abwärts. Rechts über uns thront die Burg Hohnstein. Wir gehen geradeaus in den Wald hinein und folgen der Markierung »grüner Strich« in Richtung Gautschgrotte und Brand. Zunächst kommen wir an den Mauerresten des ehemaligen Bärenzwingers aus dem 17. und 18. Jh. vorbei. Ohne große Höhenunterschiede erreichen wir auf dem breiten »Halbenweg« nach knapp 10 Minuten an einer starken Linkskurve den Abzweig zu einer kleinen Aussicht. Hier kann man tief ins Polenztal hinunterschauen. Wenig später führt an einer Lehrpfadtafel ein schmaler Pfad nach links zur **Gautschgrotte ❷**. Die knapp 20 Meter hohe Grotte liegt etwas versteckt in einem Felswinkel. Riesige Felsblöcke liegen verstreut am Boden. Von der Decke tropft Wasser herunter. In strengen Wintern wächst hier manchmal ein gigantischer freihängender Eiszapfen.

Wieder zurück am Wanderweg folgen wir diesem nach links weiter. Der

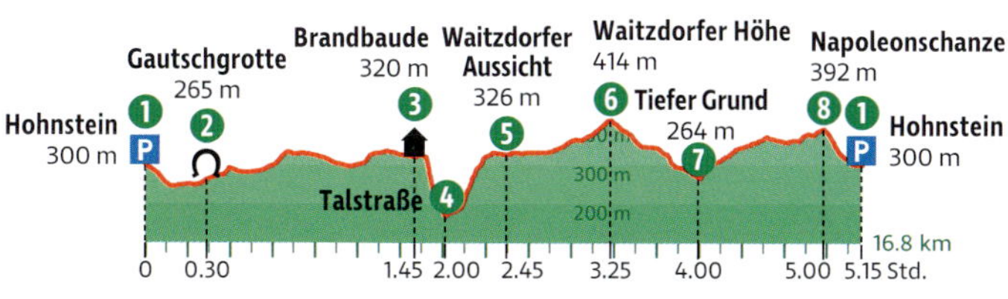

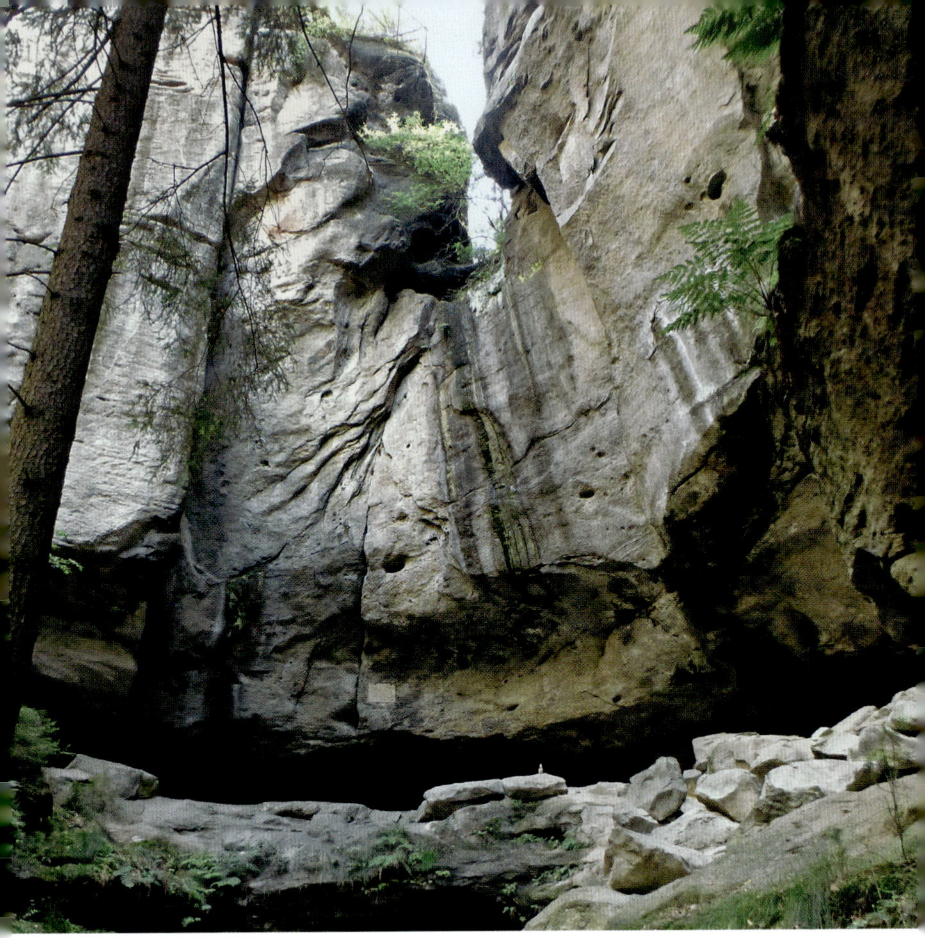

Beeindruckendes Ambiente in der Gautschgrotte.

Weg schlängelt sich wieder und wieder um die hohen Felsriffe herum. Nach 1,5 km kommen wir zu einem alten, bereits komplett zugewachsenen Sandsteinbruch, in dem sich die Diebshöhle befindet. Wenige Meter weiter wendet sich der Weg nach links und führt kurz den Berg hinauf. Oben folgen wir der Wegmarkierung nach rechts. In einem lang gezogenen Bogen führt der Waldweg bis zur Räumichtwiese und danach zu einer größeren Wegkreuzung, wo wir uns erst links, dann gleich rechts weiter Richtung Brandaussicht halten. An einem kleinen Teich vorbei gehen wir gemütlich durch hohen Mischwald. Bald stehen wir an der Brandstraße, auf die wir nach rechts einbiegen. Der breite Fahrweg bringt uns in 20 Min. zur großartigen Brandaussicht mit der **Brandbaude ❸**, die zu einer Einkehr einlädt. Schon Ende des 18. Jh. besuchten Maler und Dichter über den Malerweg diesen romantischen Platz. Ab 1835 bewirtete man Ausflügler an dieser wundervollen Stelle, die eine wirklich umfassende Aussicht über das Elbsandsteingebirge bietet. Wer heute noch ein wenig von der damaligen Romantik spüren möchte, kann noch zwei ruhige

Plätze nahe der Brandbaude besuchen. Zum einen ist es die Thümmelgrotte, die nach dem heute nahezu vergessenen Dichter Moritz August von Thümmel benannt wurde, der hier eine poetische Inschrift anbringen ließ. Dazu müssen wir von der Ostseite der Terrasse einige Stufen absteigen. Über eine Steinbrücke gelangen wir zu dieser künstlichen Höhlung mit Rastbank. Der andere stille Ort ist die Hafersackaussicht, die sich an unserer Wanderroute befindet. Wir gehen von der Baude ein paar Schritte zurück und folgen dem Malerweg weiter nach rechts. Bereits wenige Meter nach dem Ziegengehege zweigt ein ausgeschilderter Weg nach links ab. Von der Aussicht mit Bank schaut man von oben auf zerklüftete Felsen, die mit ihrer abgerundeten Form an riesige Hafersäcke erinnern. Kleine Kiefern und Heidekraut zieren die Felsenriffe. Anschließend wandern wir den Malerweg nach links weiter, der uns bis nach Waitzdorf bringen wird. Bereits nach 100 m erspähen wir die ersten Stufen, die zwischen den Felsen steil abwärtsführen. Über die sogenannten Brandstufen steigen wir in den Tiefen Grund ab. Eine Weile dauert es schon, bis wir über die knapp 800 Stufen die **Talstraße ❹** erreichen. Dort gehen wir nach links und für etwa 350 m an der Straße entlang, wobei etwas Vorsicht geboten ist. Kurz bevor wir die Straße nach rechts in den Dorfgrund verlassen, können wir an einer Felswand noch zwei interessante Felszeichnungen erkennen: Eine Sense, ein Kreuz mit Bogen und die Jahreszahl 1699. Einer Sage nach sollen hier zwei Bauernburschen ein Sensenduell um ein Mädchen ausgetragen haben, wobei der eine starb und der andere daraufhin flüchtete.

Beim Aufstieg durch den steilen Dorfgrund können wir über die Sage noch ein wenig nachsinnen. Oben angekommen, stehen wir bereits im hübschen, verträumten Waitzdorf. Von der Waitzdorfer Schänke empfiehlt sich ein Abstecher zu einer imposanten Felsenaussicht an. Dazu folgen wir dem Malerweg am Gasthaus vorbei nach rechts und wenig später nach links. 10 Min. später stehen wir auf der **Waitzdorfer Aussicht ❺** auf den Ochelwänden. Eine Bank lädt ein, den idyllischen Ort ein wenig auf sich wirken zu lassen. Unter uns befindet sich der Tiefe Grund, direkt gegenüber der bewaldete Frinzberg, der im Mittelalter eine kleine Wächterburg für die Burg Hohnstein trug. Der Blick reicht von den Zschirnsteinen über den markanten Lilienstein und die linkselbischen Tafelberge bis zu den Weißen Brüchen bei Rathen. Nach dem Abstecher wieder zurück an der Schänke können wir uns hier noch einmal stärken.

Hinter dem Dorf zeigt sich ein anderes Landschaftsbild als im ersten

Galloway-Rinder bei Waitzdorf.

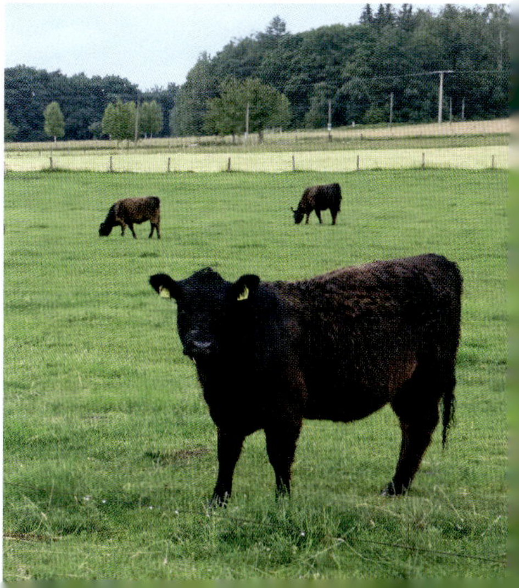

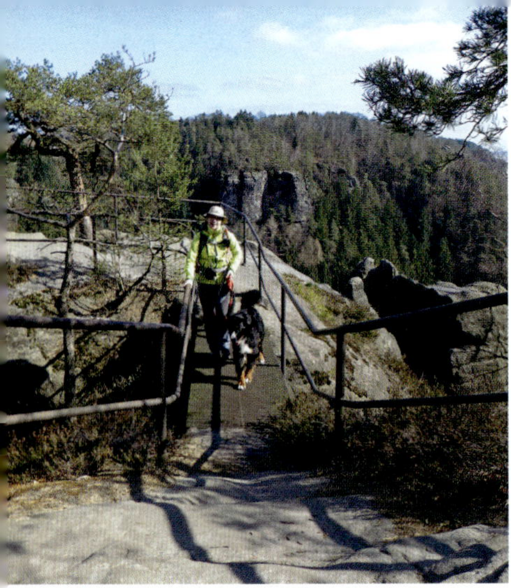

Luftige Brücke zur Hafersackaussicht.

Teil unserer Wanderung. Am sanften Berghang weiden zottelige Galloway-Rinder, ein Nationalparkprojekt zur schonenden Beweidung der Wiesenhänge. Der Waitzdorfer Berg besteht aus Granit, was seine runde Form erklärt. Wir befinden uns am Rande der Lausitzer Granitscholle, die hier gegen die Elbsandsteinplatte drückt. Wir gehen nun den Weg an der Wiese etwa 70 m hinauf und biegen dann rechts ab. Alte Kirschbäume flankieren den Wiesenweg durch die Koppel. Im Wald geht es noch 300 m weiter und dann an einer Gabelung links aufwärts. Nach etwa 10 Min. gelangen wir auf den 414 m hohen Berg mit einem Vermessungspunkt und einer Aussichtsbank.

Auf der **Waitzdorfer Höhe ❻** erwartet uns ein umfassender Rundblick. Im Norden sehen wir den Ungerberg (537 m) mit seinem markanten Funkturm und die Burg Stolpen. Die runden Kuppen des Lausitzer Berglands ziehen sich weiter nach Westen hin bis zum Dresdner Elbtal. Im Süden liegt uns das ganze Elbsandsteingebirge zu Füßen.

Anschließend steigen wir am Waldrand wieder in Richtung des Dorfes ab. Am Ende des Waldstückes biegen wir nach rechts auf einen breiten Fahrweg ab. Der »Holländerweg« bringt uns am Rand der Nationalpark-Kernzone wieder in den **Tiefen Grund ❼** hinunter. Links des Weges sehen wir Sandsteinfelsen, rechts den Waldhang des Granitberges. Wir überqueren die Straße und folgen nun dem gelb markierten Forstweg im Wald aufwärts. Nach 20 Min. nehmen wir den grün markierten Lupinenweg nach rechts, der uns zur Napoleonschanze und nach Hohnstein zurückbringen soll. Der ruhige Waldweg schlängelt sich am Hang entlang. Nach einer halben Stunde treten wir aus dem Wald heraus und sehen vor uns auf einer Anhöhe die Baumgruppe der Napoleonschanze.

Weiter geht es am Waldrand entlang. Im Wald aufpassen, denn am Wegweiser steigen wir steil nach rechts hinauf und wandern oben auf schmalem Pfad am Feldrand entlang bis zur **Napoleonschanze ❽**. Die Anlage diente Napoleon im Befreiungskrieg 1813 als strategisch günstig gelegene Stellung. Eine Schautafel berichtet über diese Zeit. Einige Bänke und Tische bieten gute Gelegenheit für eine letzte Rast. Noch einmal haben wir einen wunderbaren Ausblick. Zum Abstieg nach Hohnstein folgen wir am besten dem Weg direkt am Zaun weiter in nordwestlicher Richtung. Zwischen Weidezäunen steigen wir abwärts. Nach 10 Minuten unterqueren wir eine hohe Steinbogenbrücke, über die ehemals eine Schmalspurbahn fuhr. Am Hohnsteiner Freibad vorbei gelangen wir an die Hauptstraße. Hier führt uns links ein Fußweg an Friedhof und Bushaltestelle vorbei zum Parkplatz in **Hohnstein ❶**.

Schwarzbachtal und Gickelsberg, 414 m

5

4.15 Std. | 14,3 km | ↗ 500 m | ↘ 500 m

Auf dem Geopfad zum Goßdorfer Raubschloss
Am Rand der Sächsischen Schweiz erwartet uns eine landschaftlich abwechslungsreiche Rundwanderung. Die Trasse einer früheren Schmalspurbahn bringt uns ins enge Schwarzbachtal. Zwei Tunnel, die für den Bahnbetrieb durch das harte Granitgestein getrieben wurden, mehrere Brückenbauten und der alte Bahndamm zeugen heute noch vom damaligen Bahnbetrieb, den ein rühriger Lohsdorfer Verein wieder aufleben lassen möchte. Die beiden Tunnel gelten als die einzigen noch heute erhaltenen Schmalspurbahntunnel in Sachsen. Atemberaubend ist die Vielfalt der Pflanzenwelt in der idyllischen, stillen Bachaue und inmitten des teils sehr alten Laubwaldes an den steilen Berghängen dieses Granittales. Geologisch Interessierte entdecken auf dem Weg Hinweise auf die Lausitzer Überschiebung, einer tektonischen Bruchstelle, an der sich die Lausitzer Granitplatte auf die Elbsandsteinscholle schiebt. Mit Basalt, Granit und Sandstein gibt es unterwegs drei verschiedene Gesteinsarten auf engstem Raum zu entdecken. Infotafeln des Geopfades Goßdorf vermitteln Wissenswertes aus der Erdgeschichte der Region. Romantisch veranlagte Wanderer lassen sich von den Ruinen des Goßdorfer Raubschlosses verzaubern und ergötzen sich an den weiten Aussichten von Hankehübel und Gickelsberg.

Romantische Ruine auf dem Burgberg des »Goßdorfer Raubschlosses«.

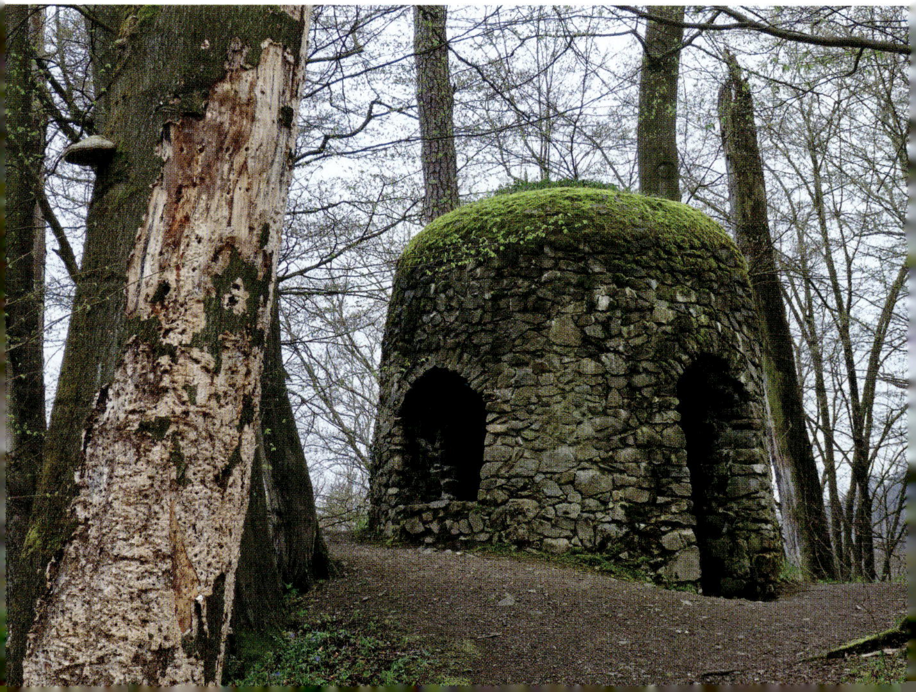

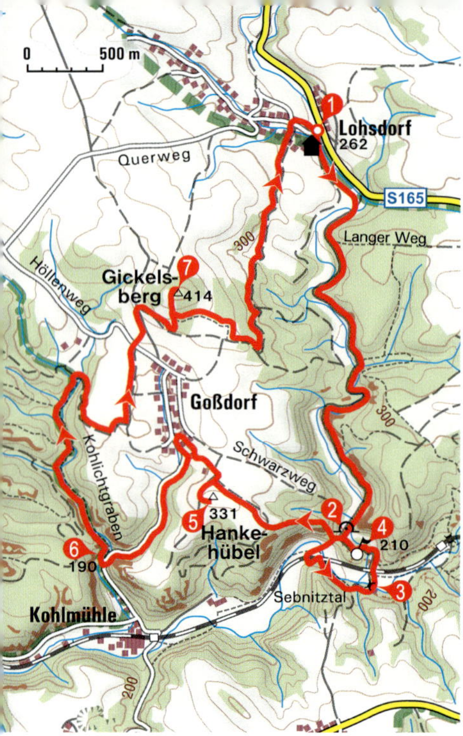

Ausgangspunkt: Parkplatz Lohsdorf, gegenüber vom Landgasthaus (N 50.971455, E 14.18027).
ÖPNV: Bus bis »Lohsdorf, Ehemaliger Bahnhof« (235,236,237).
Anforderungen: Meist gute Wanderwege, an Tunnel, Brücke und Goßdorfer Raubschloss schmale Wege, die Trittsicherheit und etwas Orientierungssinn verlangen (Tunnel und luftige Brücke können über Wegvariante umgangen werden).
Einkehr: Landgasthaus Zum Schwarzbachtal, Lohsdorf, www.schwarzbachtal.de
Variante: Leichtere Wegvariante am Schwarzbergtunnel. Wir folgen am Abzweig zum Tunnel dem markierten Wanderweg (gelber Strich/blauer Punkt) links weiter und gelangen so in wenigen Minuten zum Aufstieg Goßdorfer Raubschloss.
Hinweise: Infos zum Geopfad und der Schwarzbachbahn: www.geopfad-gossdorf.com; www.schwarzbachbahn.de

Vom Wegweiser an der Straße unterhalb des **Landgasthauses** ❶ starten wir in Richtung Schwarzbachtal/Kohlmühle. Die Markierungen »gelber Strich und blauer Punkt« leiten uns zunächst am Bahnhofsgelände entlang. Von 1897 bis 1951 verband eine Schmalspurbahn Kohlmühle im Sebnitztal mit Hohnstein. Sie brachte Einwohner Hohnsteins und Umgebung zur Arbeit nach Kohlmühle oder Bad Schandau und diente dem Gütertransport. Mit dem Umbau der Burg Hohnstein zu einer Jugendherberge im Jahre 1926 kamen immer mehr Ausflügler und Sommerfrischler in diese schöne Gegend und nutzten für ihre Anreise gern diese Bahnlinie. Hinter dem Bahnhof geht es gemütlich neben dem Bachlauf in den Schwarzbachgrund hinein. Dort folgen wir einem guten Fahrweg durch das sanfte Tal. Laubwald und feuchte Auewiesen umgeben uns. Nach einer halben Stunde, kurz nachdem der Briefträgersteig abzweigt, befindet sich rechts von uns der 38 m lange Maulbergtunnel. Wir bleiben auf dem markierten Wanderweg neben dem plätschernden Schwarzbach. Etwa 20 Min. danach, kurz nach einer Brücke, kommen wir an eine Weggabelung

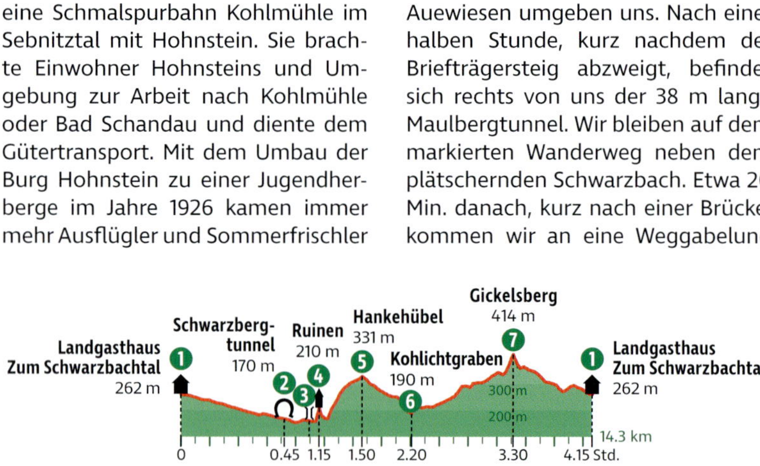

vor einer Wiese. Hinter der Wiese ist der Eingang eines Tunnels zu erahnen. Hier verlassen wir den markierten Weg, um der ehemaligen Bahnstrecke zu folgen (verkürzte Wegvariante nach links möglich). Wir nehmen den unmarkierten Wiesenweg geradeaus. Durch den 63 m langen **Schwarzbergtunnel** ❷ gelangen wir auf die andere Bergseite ins Sebnitztal. Dort überqueren wir die Sebnitz auf einer schmalen, hohen Brücke. Vorsicht, das Holzgeländer ist nur einseitig angebracht! Vor den Bahngleisen der Sebnitztalbahn biegen wir scharf nach rechts ab und folgen nun dem gelben Strich. Es geht bald unter der luftigen Bogenbrücke hindurch, die wir soeben überschritten haben. Nach einigen Minuten bringt uns links eine kleine **Brücke** ❸ wieder ans andere Ufer. In der Aue mündet der uns bereits vertraute Schwarzbach, der den riffartigen Schwarzberg seitlich umflossen hat, in die Sebnitz. Unter einer Bahnbrücke hindurch erreichen wir den Aufstieg zum Goßdorfer Raubschloss. Auf einem steinernen Steg überqueren wir den Bach und steigen im Flächennaturdenkmal Schwarzberg steil bergan.

Oben angekommen, stehen wir vor zwei romantisch angehauchten **Ruinen** ❹, die Mitte des 19. Jahrhunderts errichtet wurden. Schon im 14. und 15. Jh. befand sich hier oben eine einfache Burgwarte zum Schutz des Handelsweges im Tal. Auf schmalem Waldpfad wandern wir an der kreisrunden Ruine vorbei. Es geht kurz hinab und dann auf einem schmalen Felsengrat wieder aufwärts. Im Berg unter uns befindet sich der Bahntunnel, den wir kurz vorher durchschritten haben. Immer wieder gibt es romantische Ausblicke nach links ins Sebnitztal hinunter. Nach einer Weile gehen wir aus dem Wald heraus über eine Wiese. Am Wegweiser halten wir uns rechts auf dem Wiesenweg nach Goßdorf. Kurz vor dem Dorf führt ein Weg auf den auffälligen **Hankehübel** ❺ hinauf. Der vortreffliche Panorama-Rundblick von dieser flachen, mit Bänken versehenen Basaltkuppe lohnt sich. Wieder zurück am Abzweig folgen wir dem Weg an der Landmaschinenscheune ins Dorf hinunter. Wenig später stoßen wir auf eine Querstraße, in die wir scharf nach links Richtung »Steinbruch« einbiegen. Auf der Straße gehen wir talwärts. Am Ortsausgang kann man rechts einen früheren Granitsteinbruch entdecken. Danach wird die schmale Straße immer steiler. Genau an diesem Steilstück überschreiten wir die geologische Grenze der Lausitzer Überschiebung, wo das Lausitzer Granitmassiv auf die Elbsandsteinplatte stößt.

Bald darauf biegen wir von der Fahrstraße nach rechts in ein stilles Tal ab,

Steinerner Steg über den Schwarzbach.

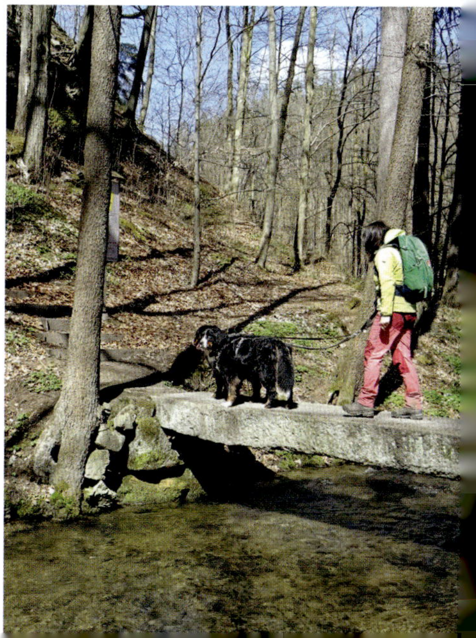

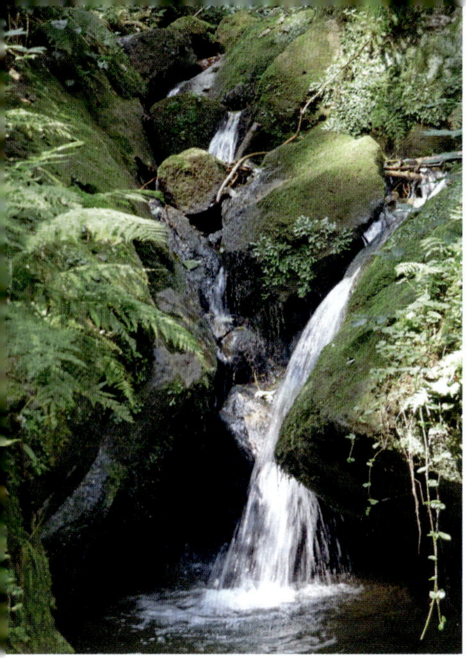

Im Kohlichtgraben.

wo ein kleiner Bach plätschert. Hier umgeben uns nun Sandsteinfelsen. Im idyllischen **Kohlichtgraben 6** leitet uns die Markierung gelber Strich nun wieder aufwärts. An der nächsten Wegkreuzung halten wir uns halb rechts. Bald überschreiten wir nochmals die Sandstein-Granit-Grenze und schon dominieren wieder die für den Granit typischen schrägen Talhänge. Nach reichlich 10 Minuten verlassen wir den gelb markierten Weg und biegen an einem Wegweiser scharf nach rechts Richtung Gickelsberg (AP) ab. Es geht über den Bach und den Waldhang erneut steil hinauf zu den Wiesen und Feldern bei Goßdorf. An einer Rastbank mit Skulptur und Lehrpfadtafel folgen wir dem befestigten Fahrweg nach links. Wir halten jetzt auf den Gickelsberg zu, der majestätisch über Goßdorf aufragt.

Rechts des Fahrweges kann man sich eine offene Ausstellung historischer landwirtschaftlicher Technik ansehen. Mit viel Enthusiasmus wurde sie von Goßdorfer Einwohnern zusammengetragen und hergerichtet. Bald überqueren wir die Straße nach Goßdorf und gehen auf einem Feldweg weiter. Dann folgen wir einer Teerstraße 100 Meter nach links aufwärts. Gleich darauf biegen wir rechts in einen Betonplattenweg ein. Es ist die Zufahrt zum weithin sichtbaren, lilafarbenen Bauernhof am Gickelsberg. Unterhalb des Hofes geht es um das Grundstück herum. Dahinter steigen wir am Waldrand zum Gipfel des Basaltkegels hinauf. Auf der bewaldeten Bergspitze des **Gickelsberges 7** liegen verstreut schwarze Basaltgesteinsbrocken herum und zeugen vom tertiären Vulkanismus. Vom schmalen Wiesenstreifen am Gipfel liegt das Elbsandsteingebirge uns zu Füßen. Der mit 419 m Höhe etwa gleich hohe Lilienstein erscheint uns aus dieser Perspektive klein und schmächtig. Für unseren Weiterweg steigen wir auf unserem steilen Aufstiegspfad wieder bis zu einem Abzweig mit Wegweiser zurück und biegen dort nach links ab. Der Lohsdorfer Rundweg, markiert mit einem Hufeisen, leitet uns nach Lohsdorf zurück. Zunächst durchqueren wir den Waldhang des Gickelsberges, folgen dahinter dem Wiesenpfad, der sich zu einem Feldweg weitet. An einem Rastplatz mit Wegweiser wenden wir uns auf einem abzweigenden, guten Feldweg nach links (Beschilderung nach Lohsdorf fehlt!) In nördlicher Richtung, dann an einem Wäldchen entlang, stoßen wir schon nach knapp 300 m an eine Weggabelung mit Wegweiser. Wir biegen links ab und folgen den Hufeisen-Zeichen auf dem Forstweg in 35 Min. nach Lohsdorf. Dort in die Dorfstraße nach rechts einbiegend erreichen wir wenig später das **Landgasthaus Zum Schwarzbachtal 1**.

Schrammsteinaussicht

6

4.15 Std. | 11,6 km | ↗540 m | ↘540 m

TOP

Auf wildromantischen Stiegen ins Schrammtor-Gebiet

Die Schrammsteinkette gehört zu den beeindruckendsten Felsformationen über dem Elbtal. Der Aufstieg durch das Schrammtor und über den Wildschützensteig hinauf zur beliebten Schrammsteinaussicht gilt wohl als Klassiker unter den Stiegenwanderungen im Elbsandsteingebirge. Atemberaubende Aus- und Tiefblicke erwarten den Wanderer. Immer wieder gibt es Plätze zum Ausruhen und Schauen. Vor allem die Leiterpassagen in den klammartigen, wildromantischen Schluchten bleiben jedem Wanderer gern in guter Erinnerung. Der den Schrammsteinen vorgelagerte Falkenstein, ein völlig frei stehender Sandsteinklotz, trug bereits im Mittelalter eine Felsenburg und ist heute ein beliebtes Ziel der Kletterer.

Ausgangspunkt: S-Bahnhof Krippen. Alternativ mit Bus-Linie 252 bis Bad Schandau-Postelwitz. Es empfiehlt sich die Anreise mit S-Bahn oder Bus, da für Pkw nur wenige Parkplätze in Krippen bzw. Postelwitz zur Verfügung stehen.
Anforderungen: Mittelschwere Wanderung auf gut ausgeschilderten Wegen, in den Stiegen vorwiegend schmale Pfade mit Treppen und Leitern, die Trittsicherheit, Schwindelfreiheit und eine gewisse Kondition erfordern.
Einkehr: Gasthaus Schrammsteinbaude (www.schrammsteinbaude.de), Tel. +49 35022 50200
Hinweis: Möglich ist auch vom Elbe-Parkplatz Bad Schandau 1,2 km zu Fuß auf dem Elberadweg zum Fähranleger Postelwitz zu gehen.

Über der Wildwiese ragen die schroffen Schrammsteinfelsen auf.

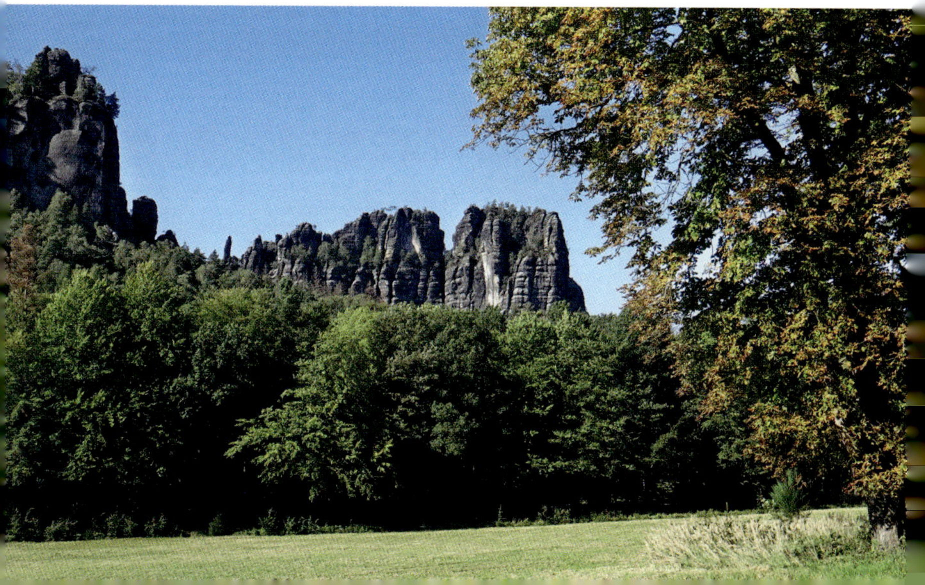

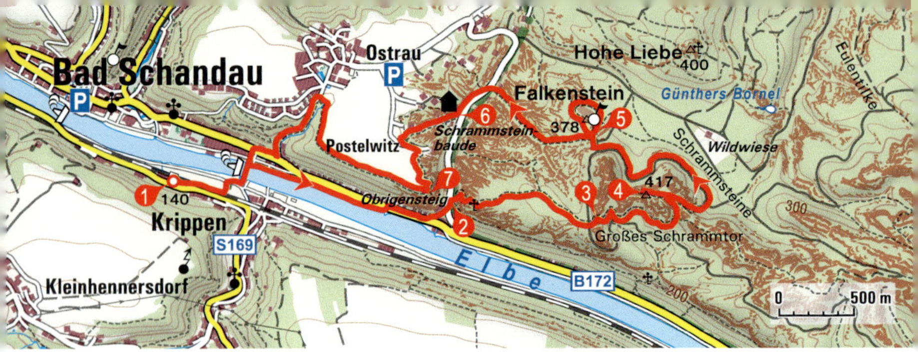

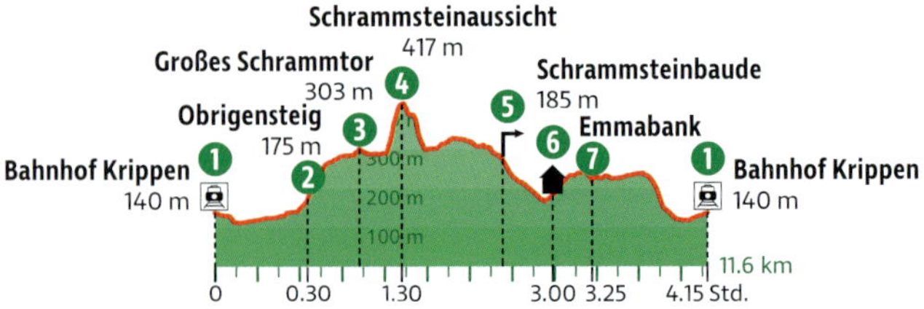

Vom **Bahnhof Krippen** ❶ müssen wir zunächst nach links an der Straße entlang und dann links unter der Bahn hindurch zur Fähre wandern. Mit der Fähre setzen wir über. Über der Elbe ragen die Felsen der Schrammsteine, unser Tagesziel, hoch auf. Auf der anderen Elbseite folgen wir dem gelben Strich nach rechts. Auf dem Fuß- und Radweg gehen wir immer oberhalb des Elbufers den Schrammsteinfelsen entgegen. Linker Hand tauchen die

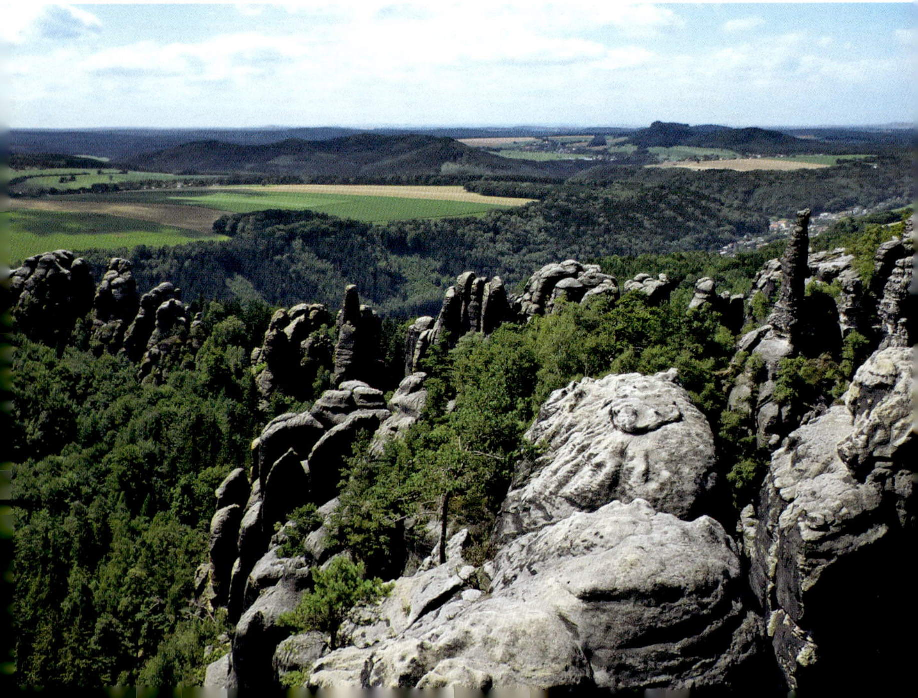

»Sieben-Brüder-Häuser« auf, die einer Sage nach ein Fischer für seine sieben Söhne erbaute. Die schmalen, dicht gedrängt stehenden Umgebindehäuser, einst bewohnt von Fischern, Schiffbauern und Steinbrechern, wurden bereits in der Mitte des 17. Jahrhunderts am Elbufer errichtet und sind heute wundervoll saniert und denkmalgeschützt. Etwa 250 m nach dem achten, viel größeren Fachwerkhaus, dem »Vaterhaus«, biegen wir mit der gelben Markierung links auf die Kirschleite ab. Über Treppen geht es zwischen den Häusern hinauf und dann auf halber Höhe mit schönem Blick ins Elbtal immer geradeaus. Nach einer Viertelstunde erreichen wir den **Obrigensteig** ❷, der uns als wildromantischer, stufenreicher Felsensteig bis zur Wegkreuzung am Großen Schrammtor bringt.

Wir gehen geradeaus weiter. Auf dem blau markierten Weg Richtung Schrammsteinaussicht sind es noch 50 Meter bis zum **Schrammtor** ❸, dem berühmten Durchgang durch die eng beieinanderstehenden über 60 Meter hohen Felsen der Schrammsteinkette. Der auffällig gelbe Sandstein und der viele lose Sand am Boden zeugen von der beständigen Erosion. Hinter dem Schrammtor gehen wir noch etwa 10 Minuten weiter auf dem Wanderweg bis zum Abzweig zweier Stiegen. Wir nehmen die linke Stiege, den ausgewiesenen **Wildschützensteig.** Eine kleine Hütte mit einem Gitter erinnert an die langjährige Geschichte der Bergwacht in Sachsen. Danach wird es spannend. Über Leitern und Treppen, teils an Eisenklammern haltend kraxeln wir die wilde Felsenschlucht hinauf.

Am Ende des Aufstiegs gelangen wir an einen breiten Wanderweg mit ein

Schrammsteinaussicht – ganz rechts der Falkenstein, in Bildmitte die schlanke Felsnadel »Tante«.

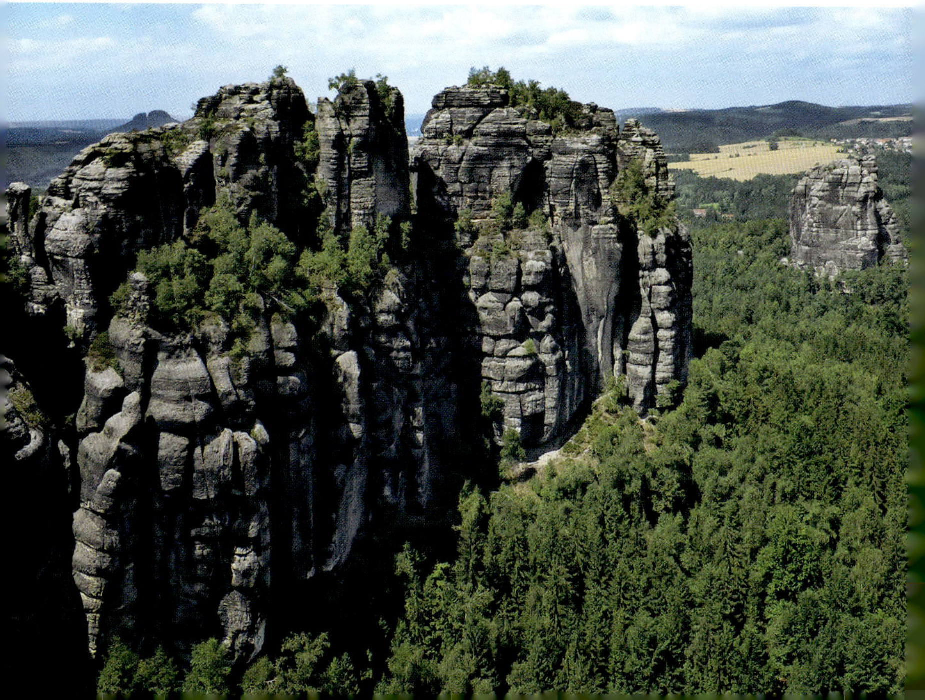

paar Sitzbänken. Hier gehen wir links weiter. Auf einem verwinkelten Zustieg erreichen wir nach 5 Minuten hoch oben die luftige **Schrammsteinaussicht ❹**. Der grandiose Rundblick reicht links von den beiden Zschirnsteinen, der Festung Königstein, über die nahe Schrammsteinkette mit den Torsteinen und der bizarren, schlanken »Tante«, hin zum völlig einzeln stehenden Falkenstein auf der rechten Seite, den wir im weiteren Verlauf der Tour noch umrunden können.

Auf demselbem Weg geht es zurück zu den Bänken am Ausstieg des **Wildschützensteiges** und dann geradeaus weiter zum **Mittelwinkel** (Markierung grüner Punkt). Wir folgen nach links den Stufen zu den langen, steilen Eisenleitern, auf denen wir vom Schrammsteinmassiv talwärts klettern. Anschließend schlängelt sich der Weg durch hohen Buchenwald abwärts bis zu einem breiten Wanderweg. Wir wandern auf dem gelb markierten, breiten Waldweg nach links Richtung Schrammtor. Nach einem guten Kilometer wechseln wir an einer Kreuzung auf den grünen Punkt und biegen rechts Richtung **Schießgrund** ab. Wir gehen am nächsten Abzweig geradeaus und steigen bald ein paar Holzstufen hinab. Vor uns eröffnet sich der Blick auf den riesigen Felskoloss, den Falkenstein. Der weitere Abstieg führt dann links hinab. Wer noch Lust hat, einen Abstecher zum **Falkenstein ❺** zu unternehmen, steigt hier rechts über das Holzgeländer und die Stufen auf der anderen Seite hinauf. An schönen Tagen kann man sicher einige Kletterer beobachten, die mit Seil gesichert die 90 Meter hohen Felswände bezwingen. Der Falkenstein, der im Mittelalter als Burgwarte diente, lässt sich auf einem Pfad nahe des Wandfußes in einer Viertelstunde umrunden. In der Nordseite befindet sich eine in den Fels gehauene Treppe, die zu einer ausgemeißelten Felsnische führt, die den Burgwächtern als Unterstand diente. Dahinter befand sich der Zugang zu einer hölzernen Steiganlage hinauf auf die Burgwarte. Wieder zurück am Holzgeländer, folgen wir dem mit grün markierten Wanderweg über weitere Stufen in den Schießgrund hinein. Auch hier wurde der Fichtenwald im einst feuchtkühlen Grund vom Borkenkäfer befallen und ist entlang des Wanderweges gefällt worden. In der Felsenschlucht können wir an der rechten Schluchtwand interessante Brauneisenbildungen entdecken. Lange, dünne Eisenbänder, die durch eine kompakte gelbliche Felswand ziehen, und fette, teils verformte Eisenplatten, die in vielleicht 10 Meter Höhe aus einem löchrigen Sandsteinfelsen hervortreten. Auf der Talstraße im Zahnsgrund gehen wir links zur **Schrammsteinbaude ❻**, eine gute Einkehrmöglichkeit.

An der Bushaltestelle nehmen wir rechts den grün markierten Weg an den Gärten aufwärts, verlassen die Markierung aber schon nach 70 m geradeaus. An Bergsteigerhütten vorbei geht es im Meergründel hinauf, bis wir auf einen rot markierten Querweg stoßen. Wir biegen nach links ab. Auf dem wenig begangenen Wanderweg erreichen wir bald die **Emmabank ❼**, von wo sich nochmal ein schöner Blick ins Elbtal eröffnet, und 15 Min. später den Wolfsgraben am Ortsrand von Ostrau. Jetzt wieder dem grünen Punkt folgend, gelangen wir zurück zur Fähre Postelwitz. Wir setzen nach Krippen über und wandern auf bekanntem Wege zum **Bahnhof Krippen ❶**.

Die letzten Meter im abwechslungsreichen Wildschützensteig.

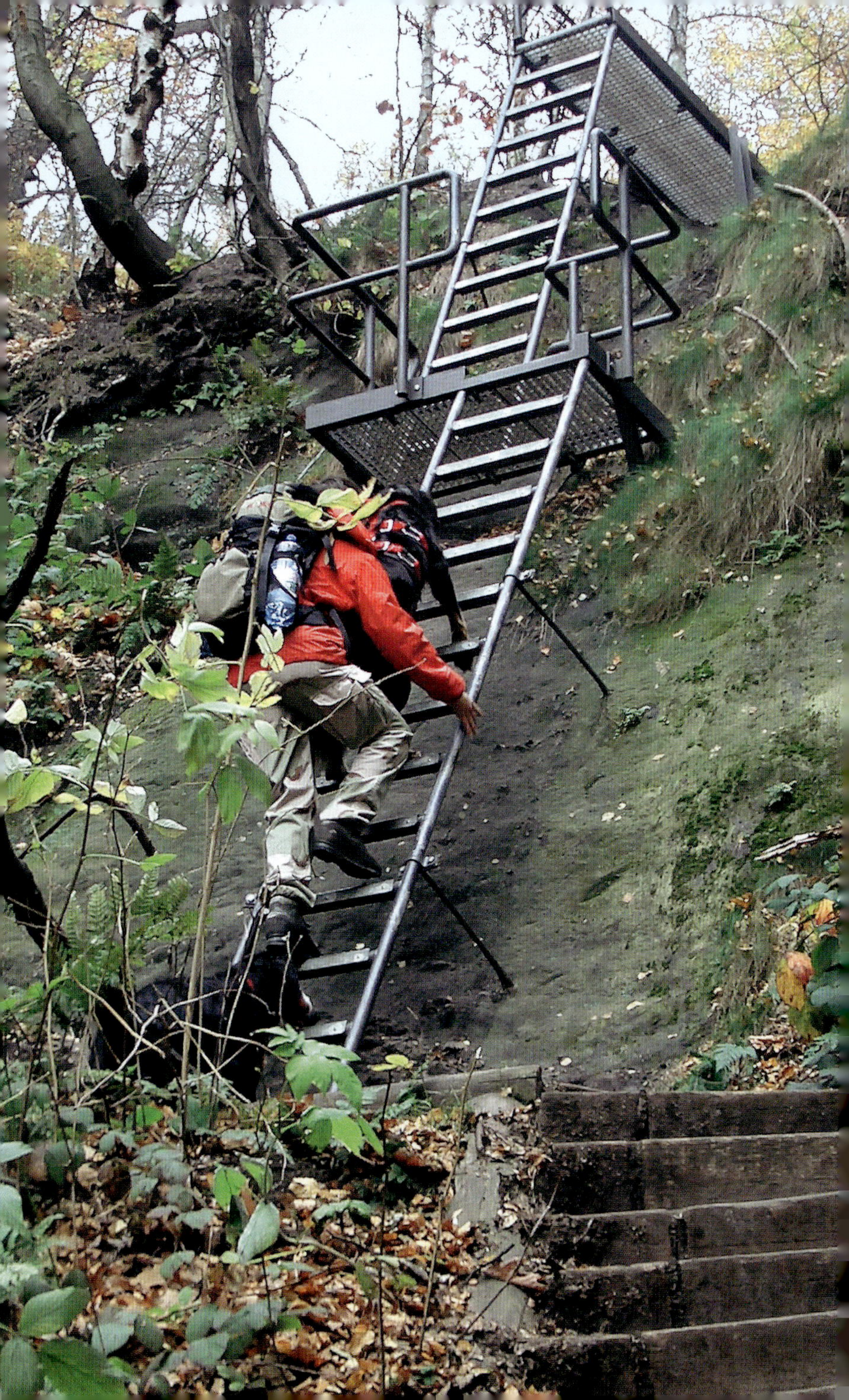

7 Dorfbachklamm bei Altendorf

2.00 Std. | 6,4 km | ↗ 260 m | ↘ 220 m

Über den Schandauer Schlossberg ins Kirnitzschtal

Auf dem Schandauer Schlossberg, knapp 100 Meter über dem Elbniveau gelegen, befand sich im Mittelalter eine kleine Burgwarte zur Sicherung des Handelsplatzes am Kreuzungspunkt von Elbe und den Handelswegen in die Lausitz. Von der Anlage zeugen heute noch einige Erdwälle, Gräben und wenige Mauerreste sowie eine mittlerweile zugeschüttete Zisterne hinter der Burg. Man muss jedoch sehr genau schauen, um die Spuren im Wald noch zu entdecken. Archäologische Funde, wie Hufeisen, Sporen, Lanzenspitzen, Teile einer Armbrust sowie Schleifsteine und eine steinerne Getreidemühle des Schlossbergs befinden sich im Heimatmuseum Bad Schandau. Die heutige, romantische Ruine wurde 1883 errichtet, wobei Steine der alten Burganlage mitverwendet wurden. Auf dem Panoramaweg mit Blick auf die Schrammsteine führt die Wanderung durch die wilde Dorfbachklamm ins Kirnitzschtal, wo wir ein kurzes, aber spannendes Stück des insgesamt 13 Kilometer langen Flößersteiges begehen. Zum Schluss nehmen wir die historische Kirnitzschtalbahn, die uns quietschend und rumpelnd zurück nach Bad Schandau bringt.

Die mit Ketten gesicherte Passage des Flößersteiges bildet den Auftakt unserer Tour.

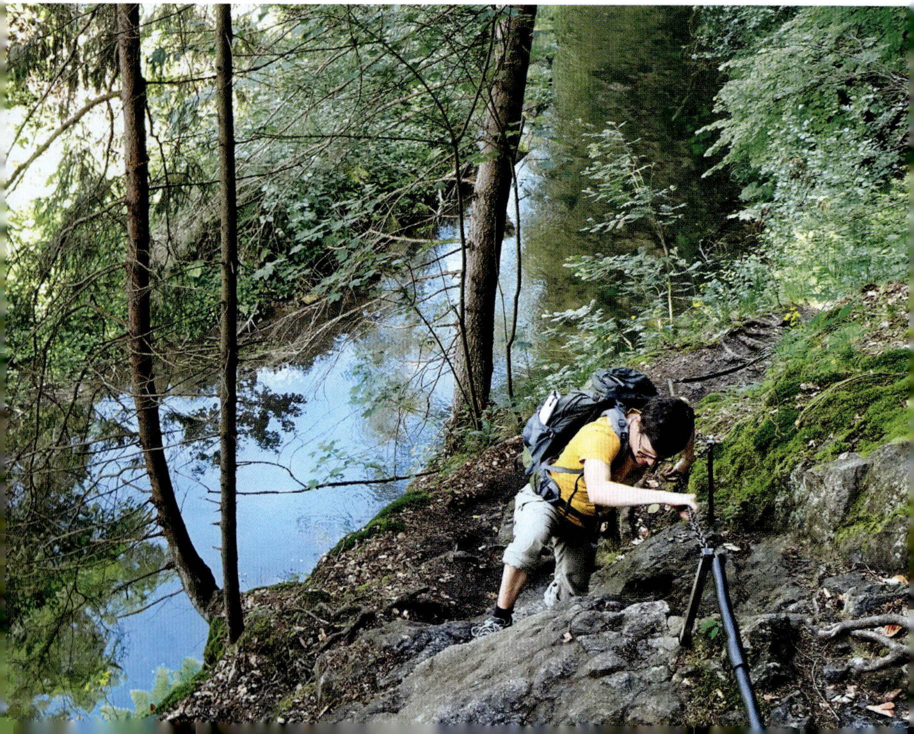

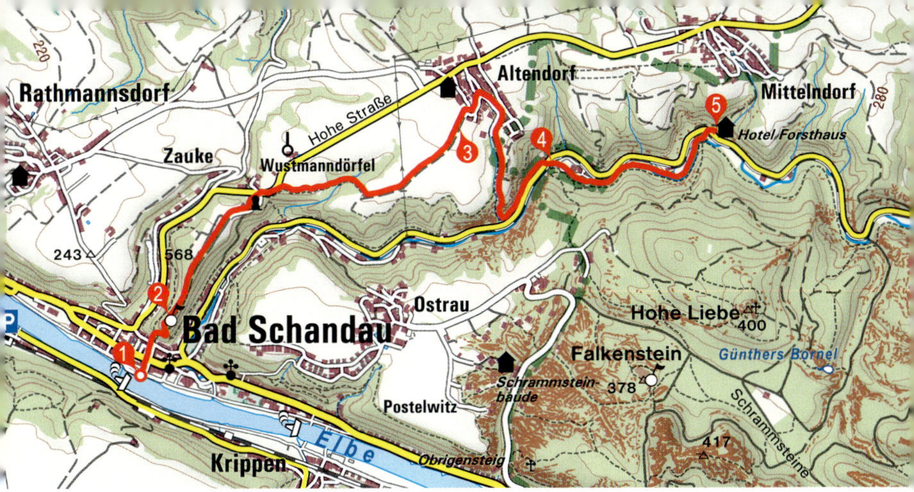

Ausgangspunkt: Fähranleger Bad Schandau, Stadtseite (GPS: 50.91693N, 14.15212E)
Endpunkt: Haltestelle »Kirnitzschtal Forsthaus« (Bus 241, Kirnitzschtalbahn)
Parken: Am Nationalparkbahnhof Bad Schandau und mit der Fähre übersetzen oder Elbe-Parkplatz Bad Schandau
Anforderungen: Kürzere Wanderung auf markierten Wegen. Gute Trittsicherheit und Schwindelfreiheit auf den steinigen Passagen der Dorfbachklamm und des Flößersteiges erforderlich!
Einkehr: Forsthaus, www.pura-hotels.de
Tipp: In Bad Schandau Nationalparkzentrum und Heimatmuseum, St.-Johanniskirche mit seinem Renaissancealtar aus Sandstein und interessanten Hochwassermarken im Kircheninneren.
Die Tour lässt sich mit Tour 8 zu einer sehr abwechslungsreichen Streckenwanderung von Bad Schandau nach Schmilka verbinden.
Auch eine Verlängerung der Tour entlang des ausgeschilderten Flößersteiges bis zum Lichtenhainer Wasserfall (zusätzlich 3,5 km/1.15 Std.) ermöglicht einen landschaftlich schönen Ausklang des Wandertages mit Rückfahrt in der historischen Kirnitzschtalbahn.

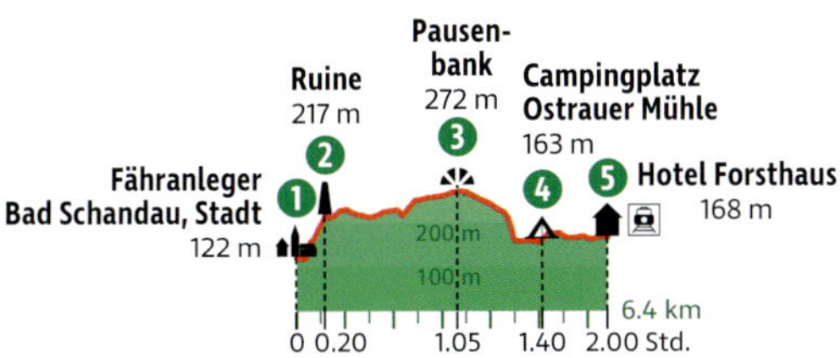

Die Fähre bringt uns vom Nationalparkbahnhof Bad Schandau hinüber zum Elbekai am Stadtzentrum.

Vom **Fähranleger** ❶ gehen wir die schmale Gasse links des breiten Hotels Elbresidenz hinauf. Am Haus des Gastes vorbei gehen wir geradeaus weiter in die Marktstraße und bis an deren Ende. Wir folgen dort dem gelb markierten Steig über Treppen hinauf zur Zaukenpromenade. Dort geht es rechts und nach 100 m links weiter bergan auf den Schlossberg hinauf. Auf den letzten Metern des Aufstiegs schneidet der Wanderweg einen seichten Graben und einen

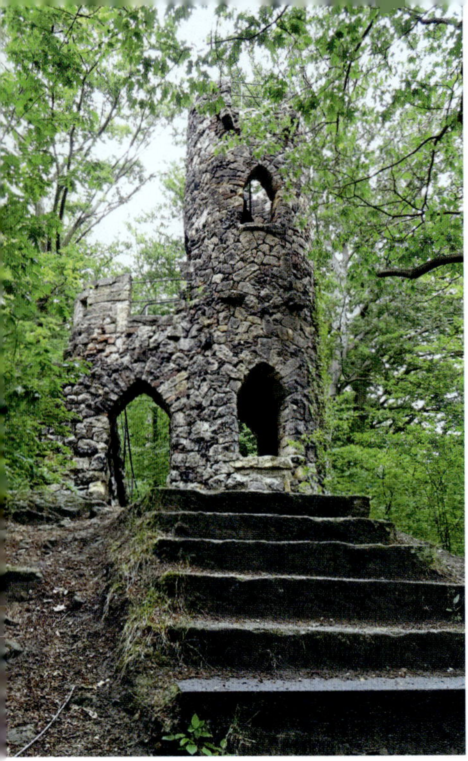

Auf dem Bad Schandauer Schlossberg.

flachen Erdwall. Dies sind Reste der Befestigung des mittelalterlichen Burgpostens »Schomburg«. Gleich darüber stehen wir vor einer geheimnisvollen **Ruine ❷**. 1883 als romantisches Aussichtstürmchen errichtet, ermöglicht sie uns einen etwas eingeschränkten Blick zurück ins Elbtal. Wir folgen auf dem bewaldeten Bergrücken des »Kiefricht« weiterhin der gelben Markierung. Der Wanderweg führt durch eine Gartensparte hindurch und danach kurz auf dem Zufahrtsweg weiter. Einen größeren Parkplatz überqueren wir rechts haltend und nehmen am anderen Ende den Panoramaweg Richtung Altendorf. Zunächst führt der Weg durch hohen Laubwald, kurz durch das Goldgründeltälchen und dann aussichtsreich über das Feld nach Altendorf. Rechts erheben sich die Schrammsteine mit dem massigen Falkenstein davor. Von einer **Pausenbank ❸** direkt am Ortsrand werfen wir einen Blick zurück auf das Panorama der linkselbigen Tafelberge. In Altendorf biegen wir gleich nach dem ersten Haus nach rechts ab und verlassen dabei die gelbe Markierung. Die schmale Straße führt zum Dorfteich hinunter. Dort biegen wir erneut rechts ab und gehen die Dorfstraße talwärts. Die rote Markierung leitet uns zur Dorfbachklamm. Hinter dem Dorf kommt der »Malerweg« hinzu. In der wildromantischen Schlucht steigen wir vorsichtig über einen mit Felsbrocken durchsetzten Weg, zuletzt über eine lange, steile Gitterrosttreppe, ins Kirnitzschtal hinab.

Dem Lehrpfad »Flößersteig« folgen wir nach links zum **Campingplatz Ostrauer Mühle ❹**. Dort überqueren wir die Kirnitzsch. Oberhalb des Campingplatzes folgen wir dem Flößersteig durch den Wald. Nach einigen Minuten gelangen wir an eine Felswand direkt am Fluss. Diese etwas anspruchsvollere Passage ist mit Ketten versichert. Das Gestein besteht aus dem Granodiorit, das Gestein der Lausitzer Granitscholle, welches hier von der Kirnitzsch angeschnitten wurde. Wenig später überqueren wir das Flüsschen an einer kleinen Brücke und erreichen das Hotel und Restaurant **Forsthaus ❺**. Mit der historischen Kirnitzschtalbahn fahren wir nach Bad Schandau zurück, wo wir durch den Kurpark und die Gassen der Stadt, an der St.-Johannis-Kirche vorbei und über den Marktplatz wieder zum **Fähranleger ❶**, unserem Ausgangspunkt, gelangen.

In der Dorfbachklamm steigen wir in die Sandsteinwelt hinab.

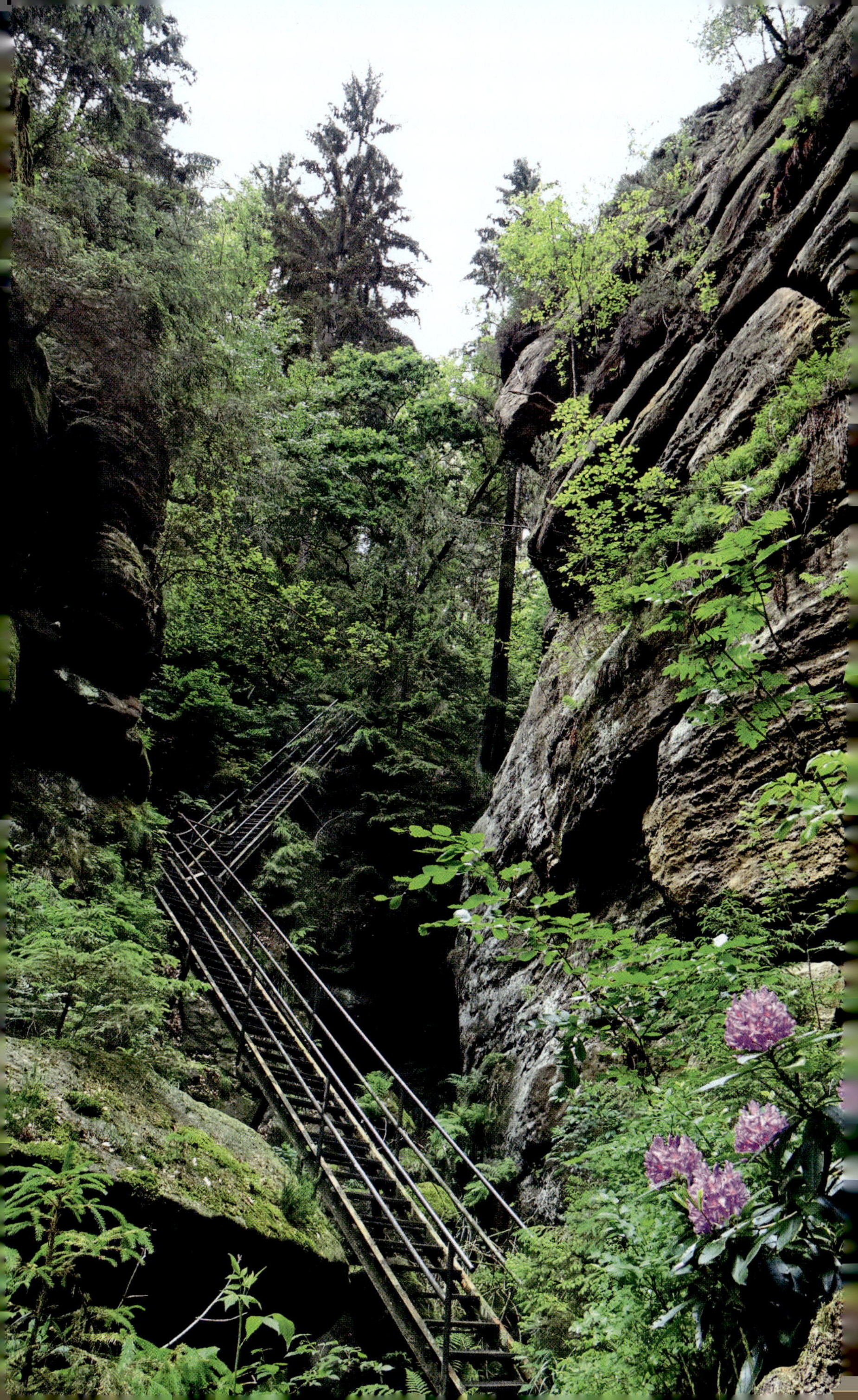

8 Hohe Liebe und Breite-Kluft-Aussicht

3.15 Std. | 8.8 km | ↗ 410 m | ↘ 450 m

Auf versteckten Steigen nach Schmilka

Auf einsamen Wegen wandern wir aus dem kühlen Kirnitzschtal hinauf zu den Schrammsteinen. Von der Hohen Liebe haben wir einen beeindruckenden Blick hinüber zum Kuhstall, zum Bloßstock in den Affensteinen und zum großen Winterberg. Im Jahre 1920 wurde auf dem Gipfel ein Bergsteigerehrenmal errichtet. War es ursprünglich dem Gedenken an die im ersten Weltkrieg gefallenen Kameraden des Sächsischen Bergsteigerbundes gewidmet, steht es heute für die Erinnerung an alle gestorbenen oder verunglückten Kletterfreunde. Alljährlich am Totensonntag treffen sich hier oben Hunderte Bergfreunde zu einer Gedenkandacht. Auf einem alten, schon etwas verfallenen Bergsteigerpfad steigen wir durch das »Schwarze Loch« in die Schrammsteine auf. In diesem wilden Grund lassen wir die Stille der Felsszenerie auf uns wirken. An der Breite-Kluft-Aussicht begeistert an schönen Tagen ein wundervoller Blick auf die Felsen des Schmilkaer Kessels und ins tief eingeschnittene böhmische Elbtal hinein.

Borkenkäferwald unter der Breiten-Kluft-Aussicht im Jahr 2020.

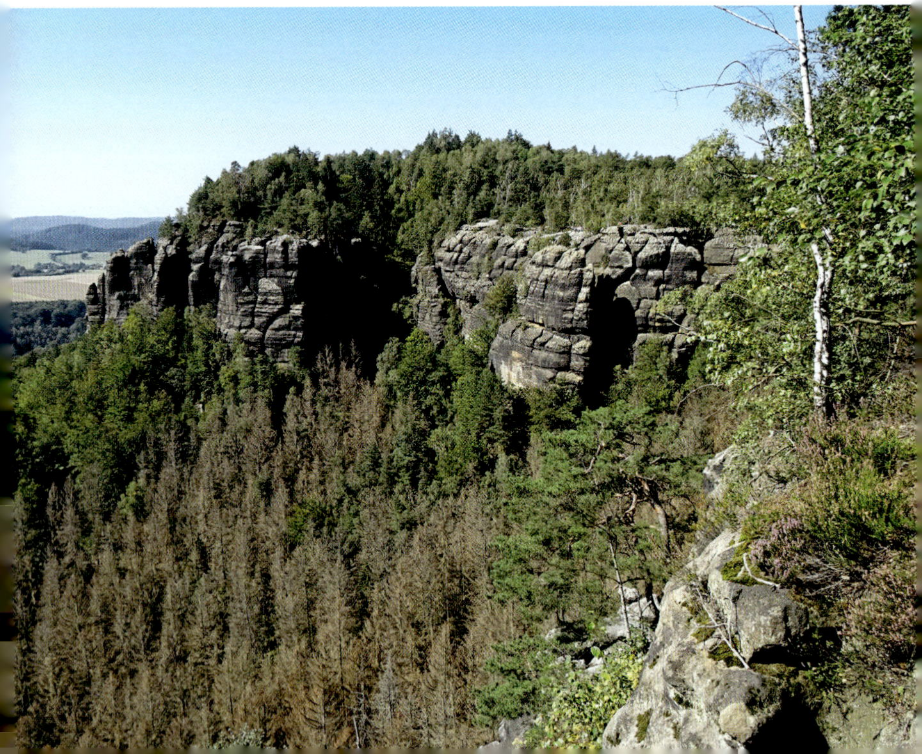

Ausgangspunkt: Haltestelle »Kirnitzschtal Forsthaus« (Bus 241, Kirnitzschtalbahn). Vom Nationalparkbahnhof mit dem Bus 241 ins Kirnitzschtal oder alternativ: mit der Fähre übersetzen und durch Bad Schandau zu Fuß zur Endhaltestelle der Kirnitzschtalbahn. Dazu gehen wir über den Marktplatz zur Kirche und davor links in die Kirchstraße. An ihrem Ende nach rechts und der Kirnitzsch durch den Kurpark zur Endhaltestelle. Für die besinnliche Anfahrt mit der historischen Kirnitzschtalbahn etwas mehr Zeit einplanen.
Endpunkt: Schmilka, Fähranleger.
Anforderungen: Mittellange Wanderung auf markierten und unmarkierten, aber ausgeschilderten Wanderwegen und Kletterzugangspfad. Gute Trittsicherheit und etwas Orientierungssinn. Bedingt für bergerfahrene und trittsichere Kinder ab 12 Jahren geeignet.
Einkehr: Mehrere Gaststätten in Schmilka.
Tipp: Die Tour lässt sich mit Tour 7 zu einer äußerst abwechslungsreichen Streckenwanderung von Bad Schandau nach Schmilka verbinden.

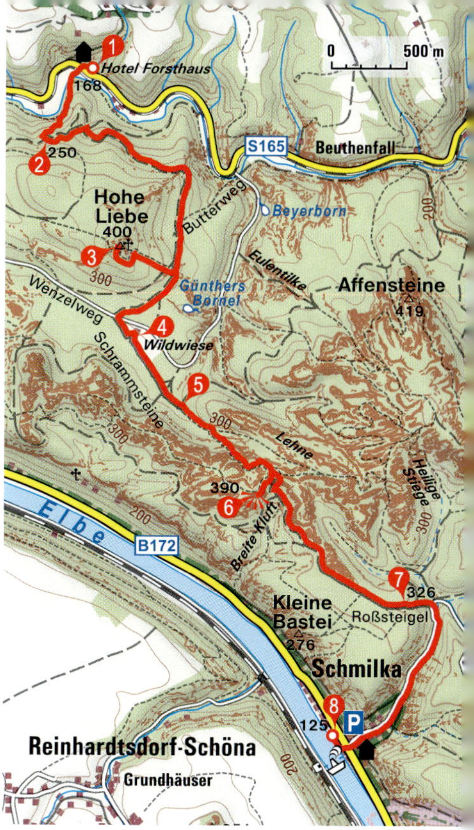

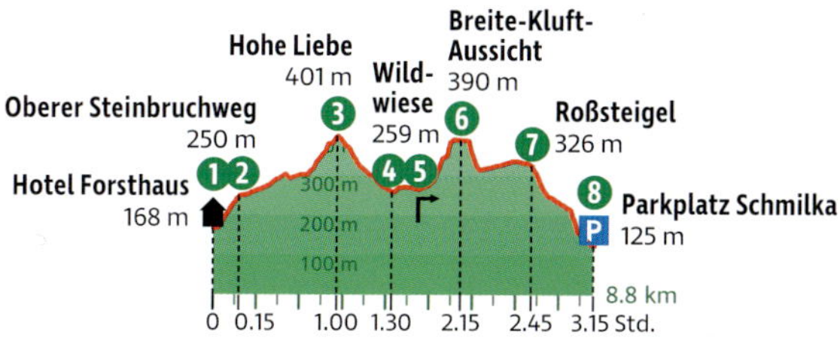

Vom **Hotel Forsthaus** ❶ im Kirnitzschtal gehen wir auf dem Wanderweg rechts vom Parkplatz durch die Wiese zur kleinen Brücke an der Kirnitzsch. Wir überqueren das Flüsschen, steigen ein paar Stufen hinauf und nehmen vom Wegweiser den unmarkierten Kohlichtsteig bergan Richtung Schrammsteine. Es geht zunächst stetig bergan. Nach circa einer Viertelstunde stoßen wir auf einen Querweg, den **»Oberen Steinbruchweg»** ❷ und biegen links ab Richtung Wildwiese.

Wir bleiben immer auf dem breiten Hauptweg, der im Schatten hohen Mischwaldes durch die Nord- und Ostseite des Berges Hohe Liebe führt. Unterwegs kommen wir an einer Aussichtsbank vorbei, wo sich uns ein wundervoller Blick auf die Affensteine mit dem Bloßstock und

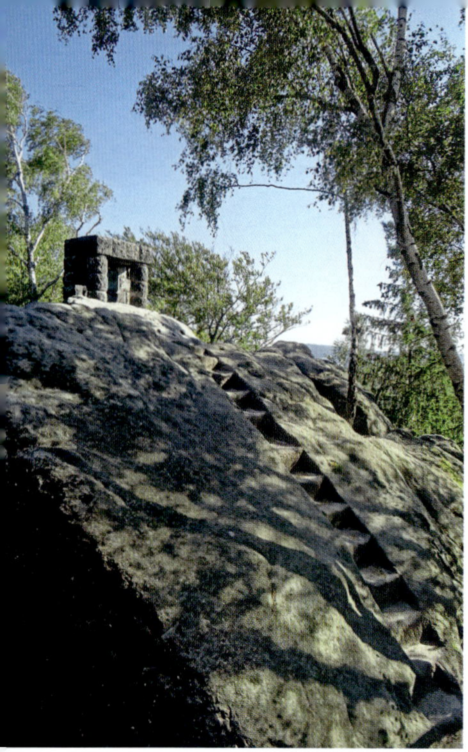

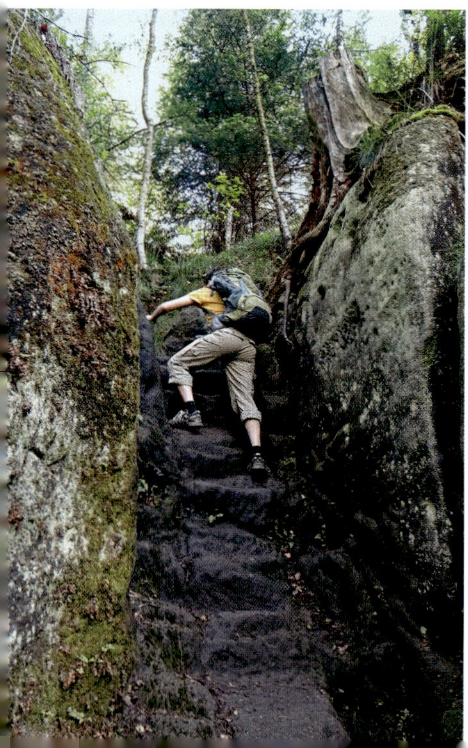

in die Hintere Sächsische Schweiz eröffnet.

Nach einer Weile quert der »Butterweg«. Wir folgen der roten Markierung nach rechts. Nach einer Wegkreuzung geht es auf einem steinigen Pfad bis hinauf auf den Gipfel **»Hohe Liebe« 3**, wo sich auf einem Sandsteinfelsen das Bergsteigerehrenmal befindet.

Vom Gipfel steigen wir über den steinigen Pfad zurück zur Wegkreuzung und gehen dort nach rechts weiter. In etwa zehn Minuten gelangen wir an eine Forststraße, die wir überqueren. Wir nehmen nun den mit grünem Strich markierten Wanderweg in Richtung »Wildwiese- Lehne«.

Von der Mitte der **Wildwiese 4** hat man übrigens einen beeindruckenden Blick auf das hohe, dunkle Schrammsteinmassiv mit der schlanken Felsnadel »Tante«.

Kurz nach der Wiese kommt von rechts eine gelbe Markierung hinzu und verlässt unseren Weg kurz darauf wieder nach links. Ab diesem Abzweig (**Wegweiser zur Lehne, 5**) müssen wir gut aufpassen, denn wir wollen eine Alternative zum leichten Wanderweg über die »Lehne« nehmen und stattdessen über einen versteckten Kletterpfad aufsteigen. Den markierten Wanderweg zur »Lehne« verlassen wir deshalb nach genau 250 m (wer den Einstieg zum Kletterpfad nicht findet, kann über den Wanderweg zum WP 6 aufsteigen). Etwa bei einer flachen sandigen Bodenwelle auf dem Hauptweg biegen wir nach rechts in einen mit Gras bewachsenen Pfad ab, der sich bereits nach wenigen Metern wieder

Oben: Denkmal auf der Hohen Liebe.
Unten: Vorsicht! Die Treppenstufen im »Schwarzen Loch« sind ausgetreten und rutschig.

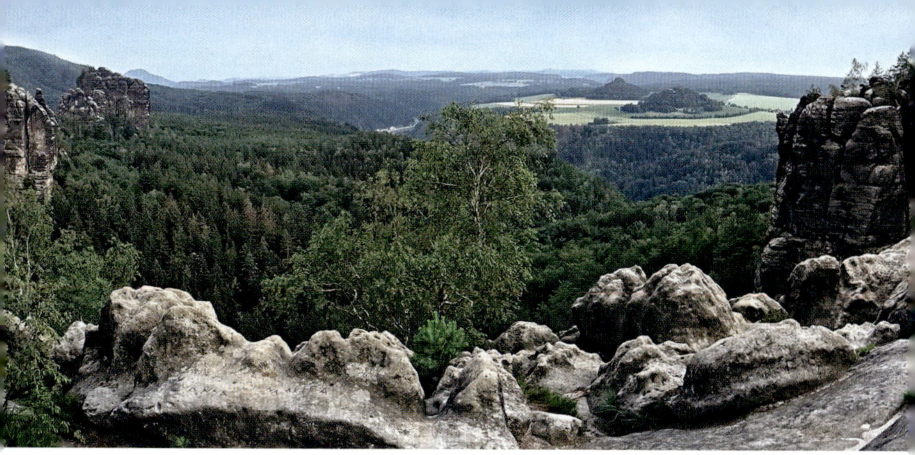

An der Breite-Kluft-Aussicht ist Zeit für eine längere Rast.

nach links wendet. Es geht in einen kleinen Felsengrund hinein, der eine Sackgasse zu sein scheint. Fast am Ende angekommen folgen wir rechts einen erdigen Pfad kurz und steil zu einem bewachsenen Felsband hinauf, an dessen Ende wir ein paar Stufen entdecken. Das ist der Kletterzugang durch das »Schwarze Loch«. Der Steig ist meist sehr schmal und teilweise stark ausgespült, jedoch immer gut zu erkennen. An ein paar steilen, in den Fels gemeißelten Treppenstufen müssen wir kurz die Hände zu Hilfe nehmen. Danach halten wir uns links.

In einem stillen Grund steigen wir auf schmalem Pfad straff bergan. Oben auf dem Felsenriff halten wir uns rechts und biegen gleich darauf auf einem Wanderweg nochmals rechts ab. Am folgenden Wegweiser gehen wir zunächst geradeaus zur grandiosen **Breite-Kluft-Aussicht** ❻. Das breite und beliebte Felsplateau bietet Gelegenheit für eine ausgiebige Rast. Hier können wir den fantastischen Blick auf den Rauschenstein, Zirkelstein und ins Elbtal auf uns wirken lassen. Anschließend gehen wir zum Wegweiser zurück und nehmen nun den mit grünem Strich markierten Weg nach rechts in die »Breite Kluft« Richtung Schmilka. Zuerst steigen wir auf einer Stufenreihe zwischen Felsen talwärts und wandern dann auf einem breiten Waldweg nach links.

Der Weg führt am hohen Rauschenstein vorbei, auf dem sich eine mittelalterliche Burgwarte befand. Heute bezwingen Kletterer die steilen Wände. Ein Stück nach dem Rauschenstein bleiben wir an einem Wegabzweig auf dem befestigten Forstweg geradeaus und verlassen damit die Grün-Strich-Markierung. 5 Min. später zweigt das »**Roßsteigel**« ❼ nach rechts ab. Gemütlich geht es weiter abwärts. Wieder auf einem Fahrweg angelangt, gehen wir rechts und erreichen nach wenigen Minuten Schmilka. Gleich am Ortseingang gibt es die rustikale »Einkehr an der Alten Schule«, wo auch die wasserreiche Ilmenquelle entspringt. Tiefer im Ort gelegen beeindruckt das Gasthaus Schmilk'sche Mühle mit noblem Biergarten, eigener Bäckerei und Brauerei. 150 Meter weiter gelangen wir zu einem großen **Parkplatz** ❽ an der Elbe, wo wir mit der Fähre übersetzen und mit der S-Bahn Richtung Bad Schandau zurückfahren können. Alternativ nehmen wir den Bus von der Haltestelle auf dem großen Parkplatz an der Bundesstraße.

9 Auf Stiegen der Affen- und Schrammsteine

TOP | 5.00 Std. | 11,3 km | ↗ 710 m | ↘ 710 m

Aussichtsreich über Rotkehlchenstiege und Mittelwinkel

Die abwechslungsreiche Rundwanderung durch die Affen- und Schrammsteine verbindet mehrere Stiegen-Klassiker zu einer konditionell fordernden Tour. Die landschaftlichen Eindrücke dieser wilden Felsenregion sind atemberaubend. Die abenteuerliche Kraxelei über die Rotkehlchenstiege und die eisernen Steiganlagen der Schrammsteine begeistern selbst Kenner der Sächsischen Schweiz immer wieder aufs Neue. Stille Felsenpfade wechseln sich ab mit stärker begangenen Wanderwegen. Die spektakuläre Schrammsteinaussicht ermöglicht einen atemberaubenden Rundblick über das Elbsandsteingebirge und stellt unbestritten den Höhepunkt dieser mäßig schwierigen Stiegenwanderung dar.

Domwächter und Rohnspitze, zwei bedeutende Klettergipfel im Kleinen Dom.

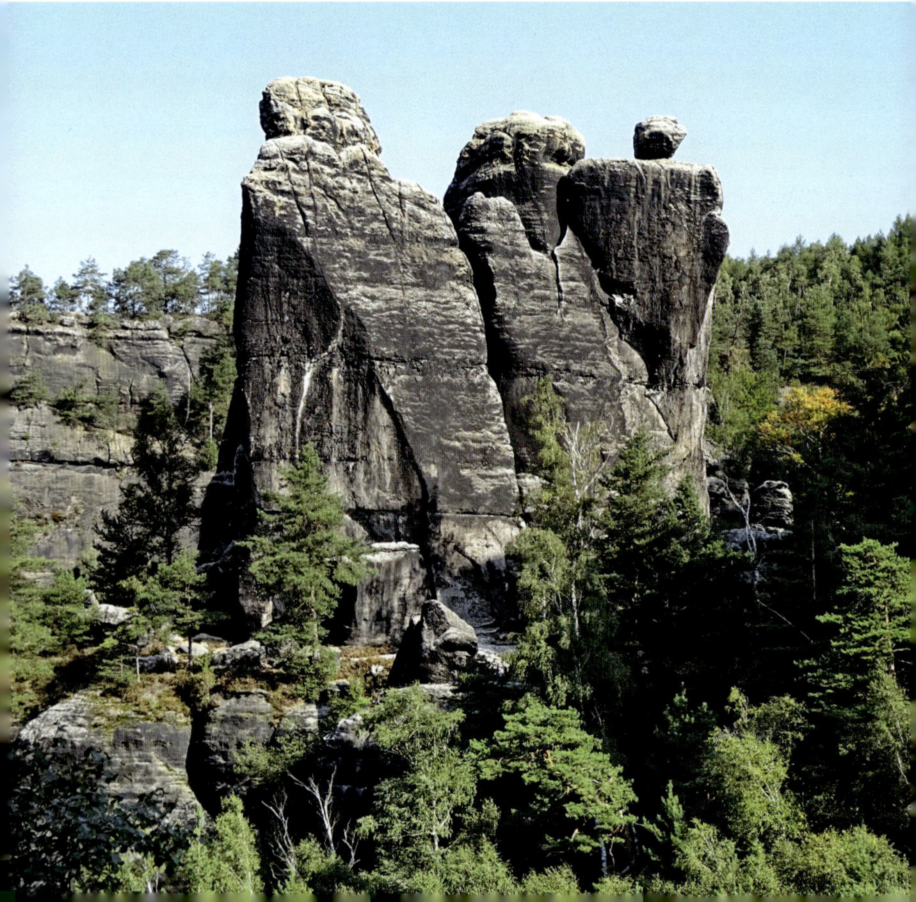

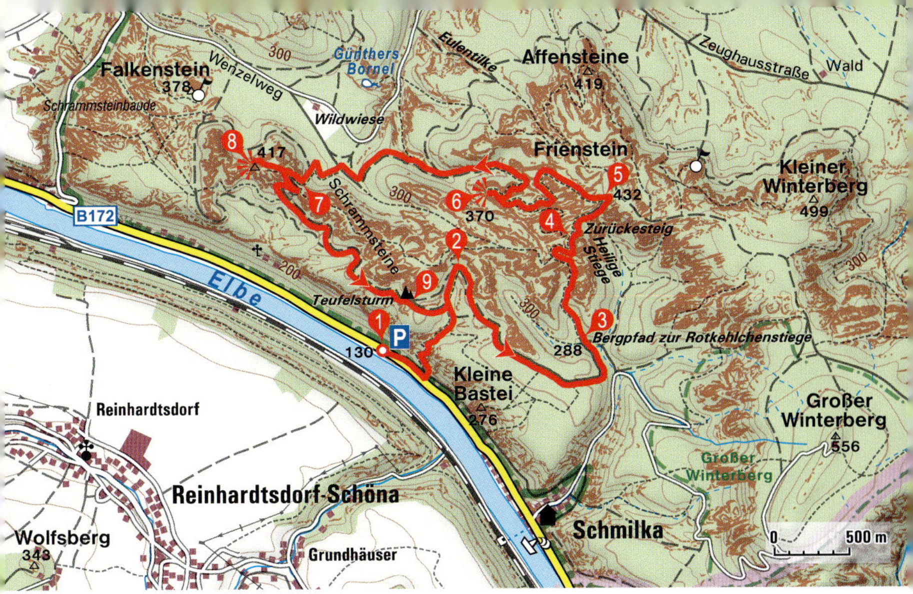

Ausgangspunkt: Parkplatz Holzlagerplatz an der B172 vor Schmilka (50.90150N, 14.21683E).
ÖPNV: Bus 252 bis »Schmilka Ortsanfang«, zwischen Haus Nr. 4 und 5 grün markiert Richtung Kahntilke aufsteigen, dann Forststraße nach links zu Aspenbloß/Breite Kluft.

Anforderungen: Durch einige Höhenmeter konditionell anstrengende Tour auf überwiegend leichten Stiegen mit Treppen und Leitern, der Bergpfad Rotkehlchenstiege bietet steile Felspassagen mit eisernen Handläufen und erfordert sehr gute Trittsicherheit.
Einkehr: Keine.

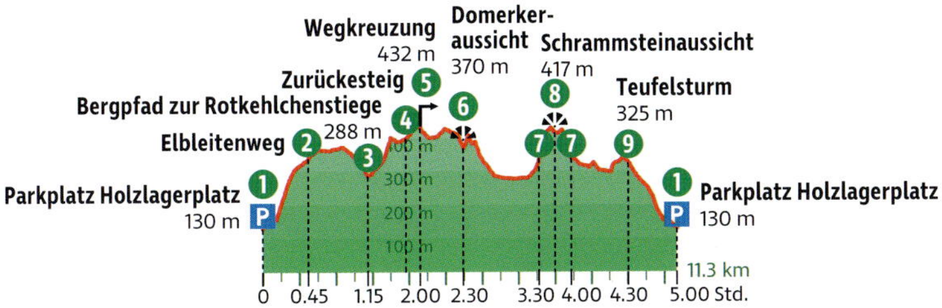

Gegenüber vom **Parkplatz Holzlagerplatz** ❶ nehmen wir die Forststraße in den Nationalpark hinein. Nach etwa 300 m biegen wir an einer Sandsteinmauer nach links durch das Aspenbloß zur Breiten Kluft ab. Als Bloße (oder auch Huschen) wurden Gleitbahnen bezeichnet, in denen geschlagenes Holz durch seine eigene Schwerkraft angetrieben die Abhänge herunterrutschen konnte. Der einst aufwändig angelegte Waldsteig, der ursprünglich von Holzfällern und Steinbrechern genutzt wurde, führt steil im Grund aufwärts. Im ersten Teil des Aufstiegs dominiert Mischwald mit teils hohen, alten Buchen. Nach einer felsigen Engstelle weitet sich der Grund und wir gelangen zu einem hohen

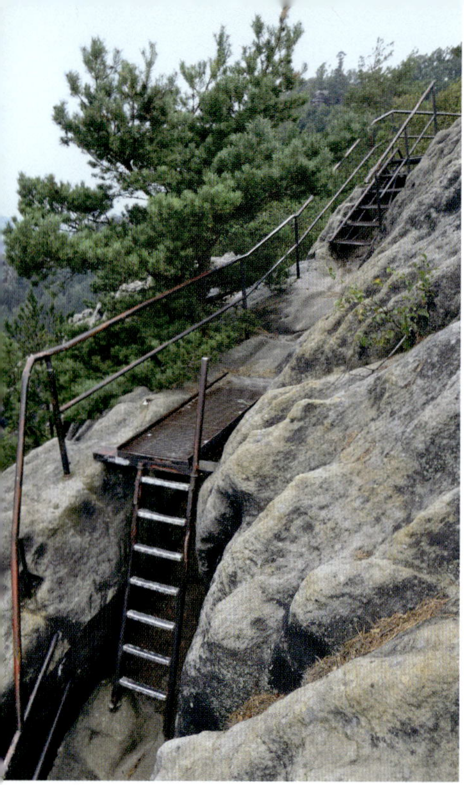

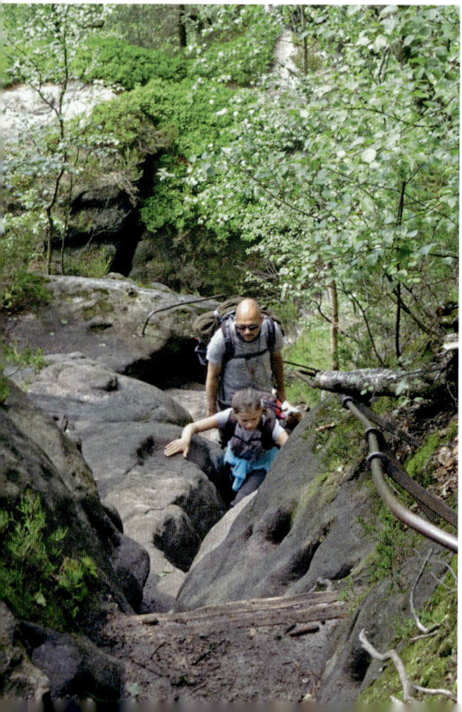

Fichtenwald, dessen Bäume am Absterben sind. Wenig später stoßen wir auf einen breiten, mit grünem Punkt markierten Wanderweg, den **Elbleitenweg ❷**. Auf diesem wandern wir nun gemütlich nach rechts weiter. Wir passieren den hohen Rauschenstein. Einst trug er eine Burgwarte, heute ist er ein beliebter Kletterfelsen. Nach einer Viertelstunde führt der Fahrweg talwärts zu einer scharfen Rechtskurve. Genau an dieser Stelle verlassen wir den Fahrweg geradeaus und folgen dem mit grünem Pfeil gekennzeichneten **Bergpfad zur Rotkehlchenstiege ❸**. Über sandige Holzbohlen, später auch hölzerne Stufen geht es zu einer kurzen Felsenstiege mit einigen Eisenklammern als Griffhilfe. Darüber halten wir uns links, immer den grünen Pfeilen nach. Am linken Rand eines hohen, hellen Felsüberhanges mit reichlich tiefem Sand darunter steigen wir über Holzstufen und eine steile, ausgetretene Felstreppe mit Eisenklammern bis ganz auf die Felsen hinauf und halten uns oben wieder links. Ein sandiger Weg bringt uns in den Wald hinein, wo wir gleich darauf auf einen Hauptwanderweg treffen. Der Wegmarkierung »blauer Strich« folgen wir nach rechts. Bereits nach 300 m steigen wir nach rechts Richtung »Großer Winterberg« auf. Der **Zurückesteig ❹** bringt uns über Stufen und Treppen auf ein Felsenriff hinauf. Die Schlangenwurzel am Ende der Treppe, der gelbliche Kelchstein und ein schöner Ausblick hinüber zum böhmischen Elbtal begeistern auf diesem malerischen Teilstück. Nach einem mit einer Kette gesicherten Wegstück stoßen wir auf

Oben: Schrammstein-Gratweg.
Unten: Kraxeln in der Rotkehlchenstiege.

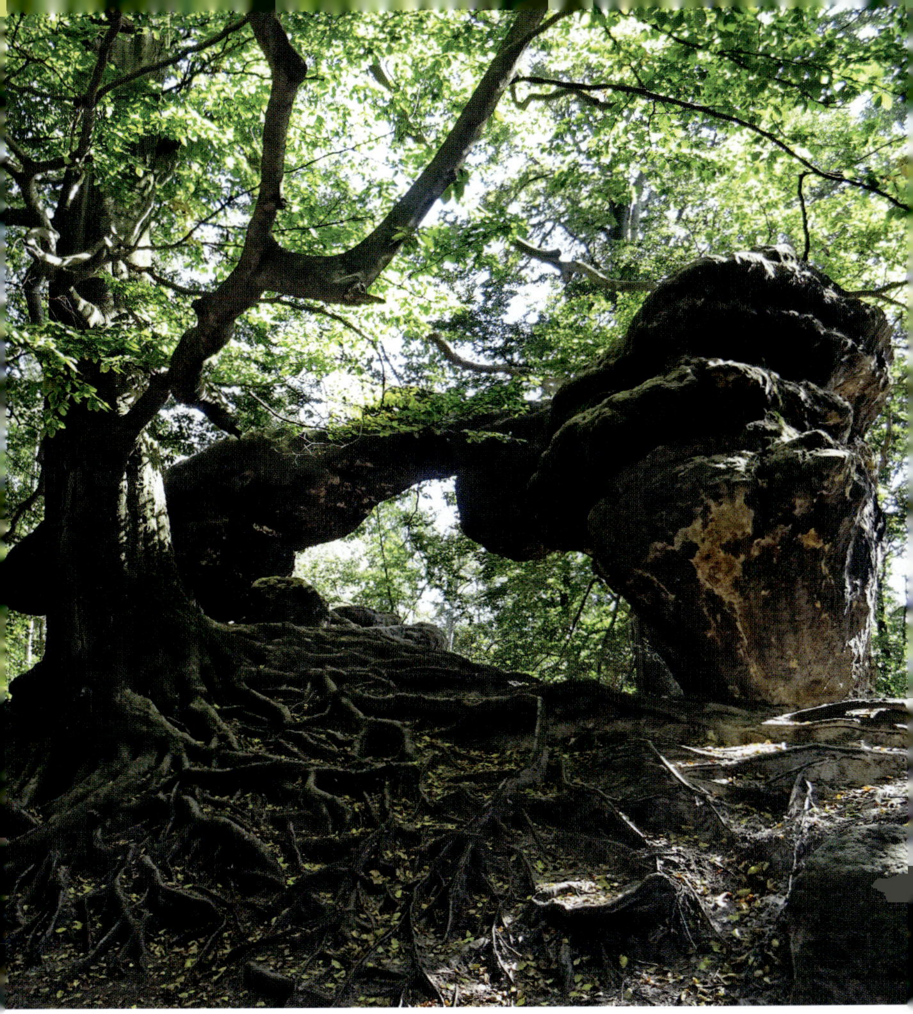

Zwei Naturwunder – Wurzeln einer alten Buche und das »Kleine Prebischtor«.

eine **Wegkreuzung** ❺. Wir wechseln auf die Markierung gelber Strich nach links in Richtung Kleiner Dom. Unterwegs passieren wir das Kleine Prebischtor, ein romantischer Felsbogen. Nach 20 Min. biegt der markierte Weg scharf rechts hinunter ab. An dieser Stelle kann man geradeaus zur wundervollen **Domerkeraussicht** ❻ weitergehen. Anschließend steigen wir mit der gelben Markierung in den Kleinen Dom hinunter. Es ist eine romantische Stiege mit Holzstufen nah an einer senkrechten Felswand entlang. Im Tal wandern wir auf einem bequemen Wanderweg zusammen mit der Markierung grüner Punkt Richtung Schrammsteine weiter.

Nach einer knappen halben Stunde verlassen wir die gelbe Markierung und steigen mit dem grünen Punkt über den **Mittelwinkel** ❼ in Richtung Schrammsteinaussicht aufwärts. Nach endlos erscheinenden Holzstufen klettern wir in einem

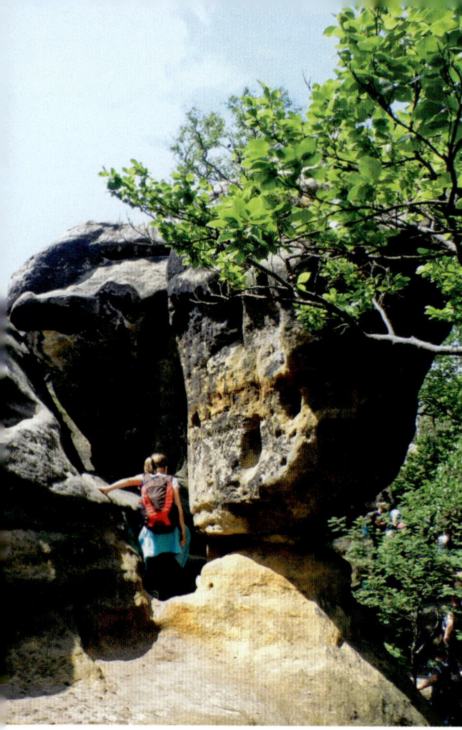

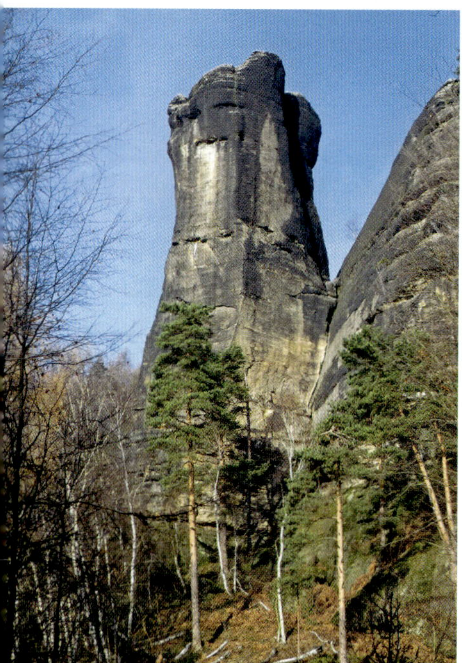

Felswinkel auf langen senkrechten Leitern hinauf auf den Schrammstein-Gratweg. Auf diesem sehr schönen Weg erreichen wir einige Minuten später die gern besuchte **Schrammsteinaussicht** ❽, die einen einzigartigen Panoramablick über die Sächsische Schweiz, auf die zerklüfteten Schrammsteinfelsen, die linkselbigen Tafelberge und ins tiefe Elbtal freigibt. Rechts im Tal steht völlig isoliert der Falkenstein, der im frühen Mittelalter eine Burgwarte trug.

Auf demselben Weg geht es auf dem Gratweg zurück und am Ausstieg des Mittelwinkels geradeaus vorbei. Über Stege, Leitern und Treppen schlängelt sich der Weg über den Felsgrat zum Jägersteig. Auf diesem steigen wir rechts über steile Eisentreppen und Leitern abwärts. Unten auf dem Hauptweg wenden wir uns nach links in Richtung Schmilka. Nach etwa 10 Min. gelangen wir auf den mit grünem Punkt markierten Elbleitenweg. Wir halten uns links und wandern nun gemütlich unterhalb der Schrammsteinfelsen weiter. Nach etwa einer Viertelstunde ragt der imposante **Teufelsturm** ❾ links über uns auf. Er gehört zu den schwierigsten Kletterfelsen des Elbsandsteingebirges. Seine Erstbesteigung im Jahr 1906 gilt heute als Meilenstein in der Entwicklung des Sächsischen Felskletterns.

Direkt danach, an einer sanften Linkskurve, folgen wir geradeaus einem unmarkierten Forstweg. Er bringt uns nach 200 m in den Talgrund Aspenbloß, den wir vom Aufstieg her bereits kennen. Wir steigen nach rechts auf unserem Aufstiegsweg ins Elbtal zurück zum Ausgangspunkt ❶.

Oben: Kelchstein im Zurückesteig.
Unten: Der Teufelsturm.

Starke Stiege und Großer Dom

10

3.45 Std. | 10,6 km | ↗500 m | ↘500 m

Wilde Felsenlandschaft und schwierige Kletterstiegen

Wer bereits klettererprobt ist und gern ein luftiges Naturerlebnis mit einer sportlichen Herausforderung verbinden möchte, darf sich an diese anspruchsvolle Stiegentour wagen. Wir verbinden zwei kürzere Kletterstiegen zu einer längeren Wanderung in einem der reizvollsten Gebiete des Nationalparks. Das Wandern durch die wilden Felsengründe und über die zerklüfteten Felsenriffe der Affensteine lassen das Herz eines jeden Naturfreundes höherschlagen. Immer wieder finden wir stille Plätze, an denen wir die Natur auf uns wirken lassen können. Mit unglaublichen Tiefblicken überrascht ein schmaler, ausgesetzter Felsenpfad hoch über dem weiten Schmilkaer Kessel. Sicheres, freies Klettern in alpinen Steigen ohne Klettersteigsicherung, absolute Schwindelfreiheit und Orientierungssinn sind unbedingte Voraussetzungen, um diese Tour bewältigen zu können, denn wir bewegen uns teilweise auf Pfaden, die sonst nur von Kletterern als Zugang zu ihren Kletterzielen genutzt werden.

Neben dieser Inschrift zweigt der Kletterzugang durch die Domstiege ab.

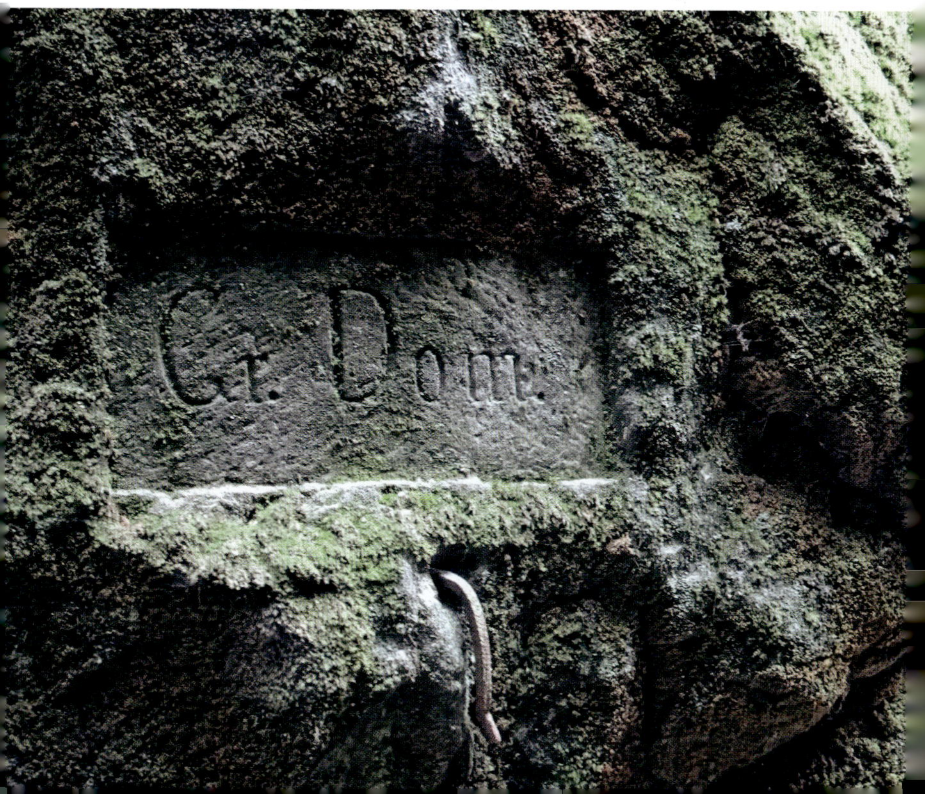

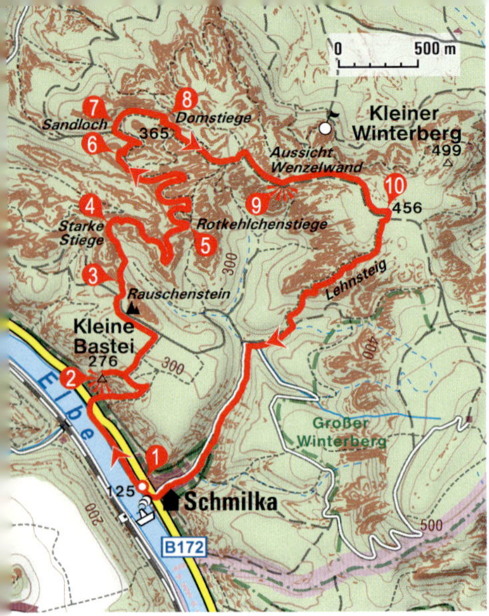

Ausgangspunkt: Parkplatz in Schmilka (GPS: N 50.892487, E14.229571). der kostenpflichtige Parkplatz in Schmilka ist oft zeitig belegt. Alternativ kann man am P+R-Parkplatz am Nationalparkbahnhof Bad Schandau parken und entspannt mit der S-Bahn oder mit dem Bus nach Schmilka kommen.
ÖPNV: S-Bahn nach Schmilka-Hirschmühle, dann mit der Fähre übersetzen. Alternativ mit dem Bus (Linie 252) oder mit dem Sächsisch-Böhmischen-Nationalparkexpress (verkehrt von Mai bis November) bis Schmilka, Grenzübergang.
Anforderungen: Sehr schwierig, Kletterpassagen mit Tritt- und Griffhilfen ohne weitere Sicherungsmöglichkeit, Klettererfahrung auf alpinen Stiegen ohne Klettersteigsicherung notwendig! Nicht bei Nässe oder winterlichen Verhältnissen begehen! Schwindelfreiheit, absolute Trittsicherheit und Orientierungssinn erforderlich.
Einkehr: Unterwegs keine, Kiosk an der Alten Schule, diverse Restaurants in Schmilka.
An der Ilmenquelle, einer der ergiebigsten Quellen des Elbsandsteingebirges, kann man kurz vor dem Ende der Tour wunderbar Pause machen. Der freundliche Imbissbetrieb sorgt für das leibliche Wohl.
Die Schmilk´sche Mühle mit ihrer Biobäckerei, Bierbrauerei und einladendem Biergarten ist einen Besuch nach der Tour wert. (www.muehle-schmilka.de, Tel.: +49 35022-92230).
Hinweise: Mehrere frische Totholzpassagen! Über die aktuelle Situation informieren!

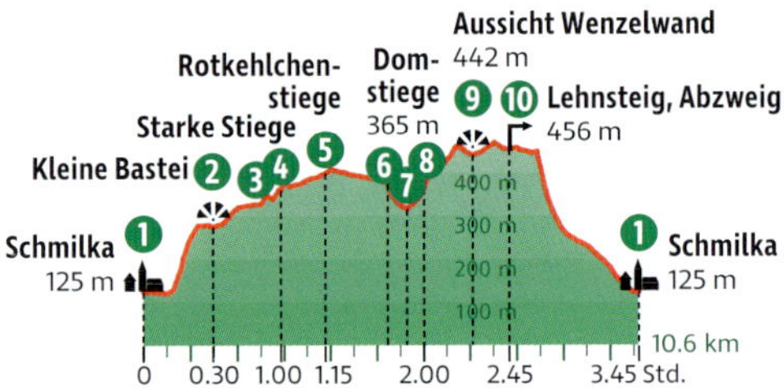

Unterhalb des großen Parkplatzes in **Schmilka** ❶ nehmen wir den Uferweg flussabwärts bis zur Bundesstraße, überqueren diese und folgen ihr etwa 50 m nach links. An dieser Stelle biegen wir auf den mit einem grünen Strich markierten Pfad in Richtung »Kleine Bastei« ab. Über Holzstufen gewinnen wir im Wald schnell an Höhe, queren kurz eine Forststraße und steigen sodann die »Kahntilke« über weitere, unzählige Stufen hinauf. Oben angekommen, bringt uns die grüne Markierung an einem Abzweig vorbei zur **Kleinen Bastei** ❷. Eine kleine Bank lädt zum Rasten und Schauen ein. Der Blick hoch über dem Elbtal reicht von Zirkelstein und Kaiserkrone zur Linken über die markanten Tafelberge bis hin zur imposanten Schrammsteinkette zur Rechten. Zurück am Abzweig gehen wir nach links weiter. Nach 400 m erreichen wir einen breiten Forstweg, den Elbleitenweg. Diesen wandern wir nach links weiter. Am rechten Wegrand taucht kurz darauf ein hoher Felsen auf. Der »Rauschenstein«, auf dem sich im Mittelalter eine Felsenburg befand, ist ein bedeutender Kletterfelsen. Nun heißt es aufpassen. Der Wanderweg passiert den Kletterfelsen und beschreibt eine Rechtskurve. Einige Meter danach biegen wir in einen deutlichen Weg nach rechts ein, der mit dem Hinweis »Bergungsbox« gekennzeichnet ist. Es geht leicht aufwärts bis zu einem Durchgang zwischen hohen Felsen, dem **Rauschentor 3**. Dahinter halten wir uns leicht links und folgen dem Waldpfad absteigend in den Rauschengrund (an der Felswand entlang gibt es einen alternativen Pfad zur Starken Stiege). Im Talgrund angekommen, folgen wir dem ausgetretenen Pfad nach links, nun wieder aufwärts bis zum Talschluss. In der fast senkrechten Wand führt die **Starke Stiege 4** nach oben. Hier müssen wir richtig klettern und uns an Felsgriffen halten. Ein paar wenige Eisenklammern bieten zusätzliche Haltepunkte. Oben geht es nach der Stiege rechts weiter. Der sogenannte »Obere Terrassenweg« verläuft immer wieder nah am Abgrund. Nach etwa 500 m, dort wo der Weg scharf nach links um eine luftige Felskante führt, befindet sich rechter Hand der »Großvaterstuhl«, ein wunderschöner Aussichtsplatz mit einer ausgemeißelten Bank an einem Felsblock. Rechts erblicken

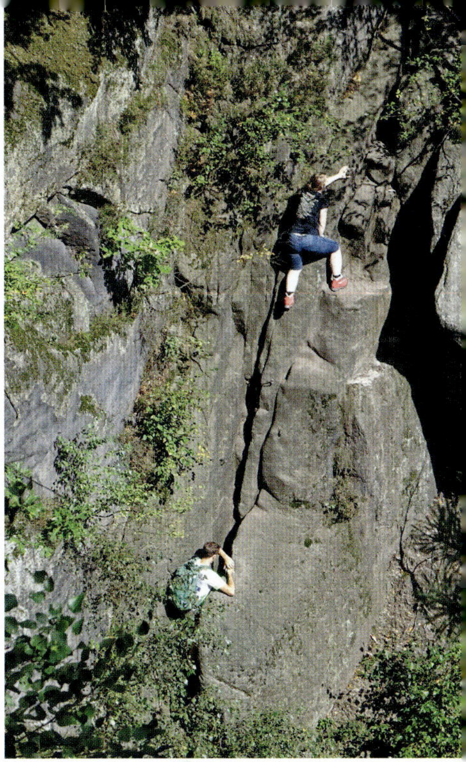

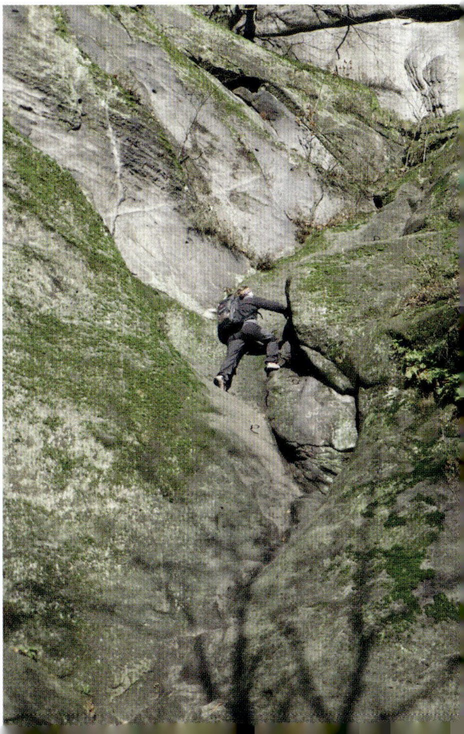

Ungesichertes Klettern in der Starken Stiege.

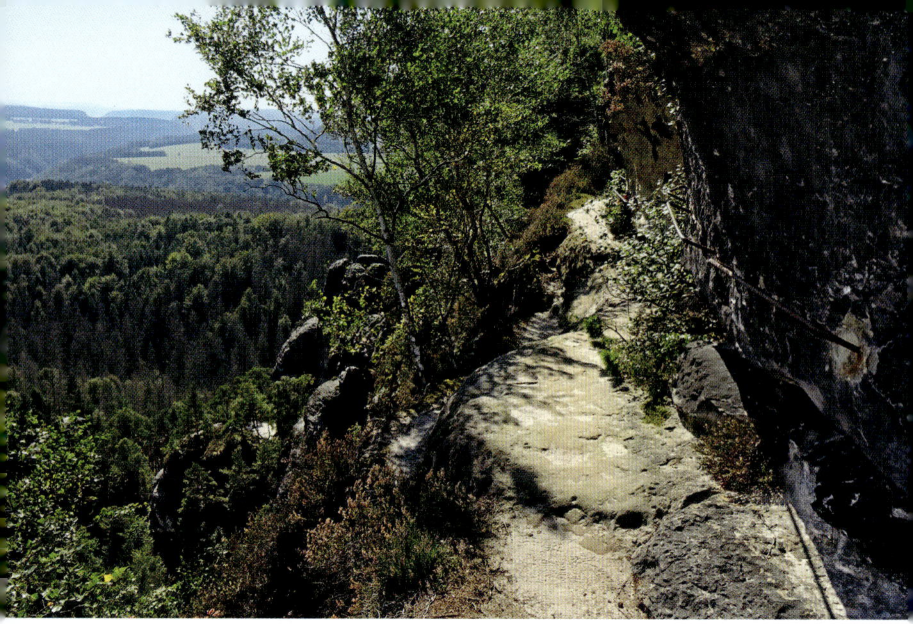

Auf dem »Oberen Terrassenweg« ist man extrem luftig unterwegs.

wir den erhabenen Rauschenstein, links schauen wir über den weiten Schmilkaer Kessel auf den Großen Winterberg. Der Weiterweg wird jetzt richtig spannend. Mit enormem Tiefblick geht es auf einem luftigen, teilweise nur einen halben Meter breiten Felsband weiter. Nach weiteren 500 Metern, nachdem wir noch eine zweite solch atemberaubende Stelle hinter uns gelassen haben, treffen wir auf den Bergpfad **Rotkehlchenstiege 5**, wo wir scharf links abbiegen und nach 50 Metern einen blau markierten Hauptwanderweg erreichen. Wir biegen rechts ab. Nach 300 m verlässt uns die blaue Markierung am Abzweig Zurückesteig bereits wieder. Wir bleiben auf unserem guten, nun unmarkierten Weg geradeaus. In der nächsten Viertelstunde können wir ein wenig die Seele baumeln lassen. Es geht um mehrere Felsriffe herum bis wir auf die Markierung gelber Strich und den Malerweg stoßen, dem wir nach links folgen. Kurz darauf biegen wir scharf rechts hinunter ab. Geradeaus ist ein **Abstecher 6** zu einer wunderschönen Felsenaussicht am Domerker möglich. Auf dem Wandersteig geht es nun steil bergab in den Kleinen Dom hinunter. Es folgt eine wundervolle Passage mit Stufen und Leitern an einer kleinen lieblichen Aussicht vorbei, wo wir einen tollen Blick zum Falkenstein haben. Hoch ragen die beiden Felsen Rohnspitze und Domwächter neben uns auf. Über eine Stufenreihe gelangen wir bis in den Grund hinunter und erreichen etwa 150 m danach einen Wegweiser an einem Wegabzweig. Der Platz ist auffällig sandig und nennt sich daher **Sandloch 7**. An dieser Stelle verlassen wir den markierten Wanderweg nach rechts und gehen in den Großen Dom hinein, ein beeindruckender Felskessel.

Wir folgen dem Pfad im Talgrund bis fast an sein Ende, wo er plötzlich mit Sandsteinen gepflastert ist. Ein großer, bewachsener Felsblock mit der Inschrift »Gr. Dom« steht direkt am Weg. Wir biegen rechts in einen Kletterpfad ab, der uns zu einer Felswand hinauf bringt, wo die ungesicherte **Domstiege** ❽ beginnt. Es geht ein Stück links an der Felswand entlang, dann ein paar in den Stein geschlägelte Stufen hinauf und weiter zu einer schrägen, oft feuchten Felsplatte, die wir mit Hilfe eines kurzen Drahtseils überwinden. Aber Vorsicht! Die letzten Schritte auf winzigen Tritten sind die schwierigsten! Danach steigen wir noch ein kurzes Stück steil bergan und schon stehen wir wieder auf dem Malerweg mit der gelben Markierung. Wir folgen ihm nach links. An der zweiten Wegkreuzung wechseln wir auf die blaue Markierung nach links in Richtung »Großer Winterberg«. Es geht über ein paar Holzstufen aufwärts, oben weiter nach rechts und nun auf dem Reitsteig bis zur beliebten **Aussicht Wenzelwand** ❾. Von der Aussicht wandern wir noch circa 10 Min. auf dem Reitsteig weiter und gelangen zum Abzweig Lehnsteig. Bereits im Jahr 2006 gab es auf dieser Fläche einen ersten größeren Borkenkäferbefall. Heute erreichen die nachgewachsenen Buchen, Birken, Fichten und Lärchen schon Höhen über 5 Meter. Interessant ist aber auch, dass viele der abgestorbenen Bäume selbst nach 15 Jahren noch stehen. Es zeigt, wie lange wir uns noch mit der derzeitigen Situation arrangieren müssen. Wir biegen nach rechts zum **Lehnsteig** ❿ ab. Zunächst gehen wir noch durch frischen Totholzwald. Sobald wir aber wieder in felsigere Bereiche kommen, bestimmen alte Kiefern und Birken, Heidekraut und Preiselbeersträucher das Bild.

Vom zerklüfteten Felsenriff steigen wir über viele Stufen und Treppen bis zu einem breiten Wanderweg hinunter, der uns nach rechts zurück nach **Schmilka** ❶ bringt.

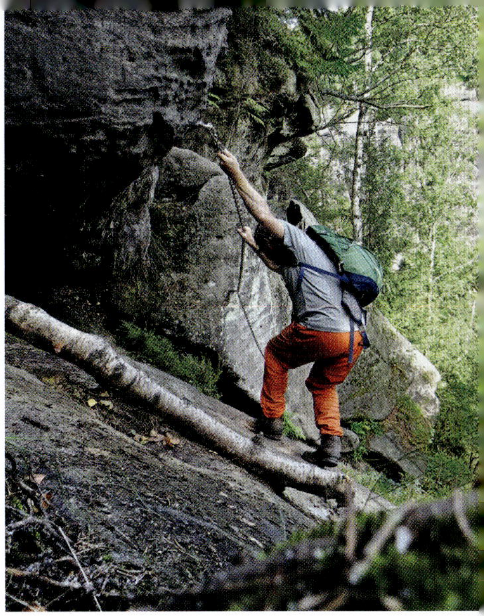

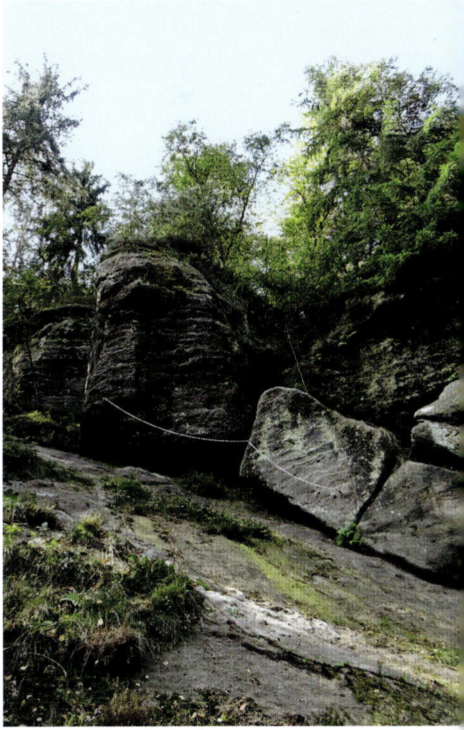

Die glatte, schwierige Kletterstelle in der Domstiege – nicht bei Nässe begehen!

11 Obere Affensteinpromenade

5.00 Std. | 11,6 km | ↗ 510 m | ↘ 510 m

Auf wildem Bergpfad zur beliebten Carolaaussicht

Mit atemberaubenden Aus- und Tiefblicken lockt diese Wanderung trittsichere Naturfreunde in die wilde Nordseite von Affensteinmassiv und Kleinem Winterberg. Nach steilem Aufstieg im Schmilkaer Kessel geht es bald auf einem verschlungenen und teils wild verwachsenen Bergpfad weiter, der hier und da mit kurzen Kraxelstellen gespickt ist. Ohne größere Höhenunterschiede quert die Tour auf halber Höhe und teils nahe am Abgrund durch beeindruckende Sandsteinriffe. Ohne Zweifel ist sie ein Klassiker unter den anspruchsvolleren Bergwanderungen in den Affensteinen, was auch die Namensgebung der einzelnen Wegabschnitte zeigt: Wurzelweg, Fremdenweg, Affensteinpromenade und Heilige Stiege. Höhepunkt der Tour ist die Aussicht auf dem Carolafelsen, eine der schönsten im Elbsandsteingebirge.

Die Aussicht vom Carolafelsen reicht vom Großen Dom über Schrammsteine und Falkenstein bis zum Lilienstein am Horizont.

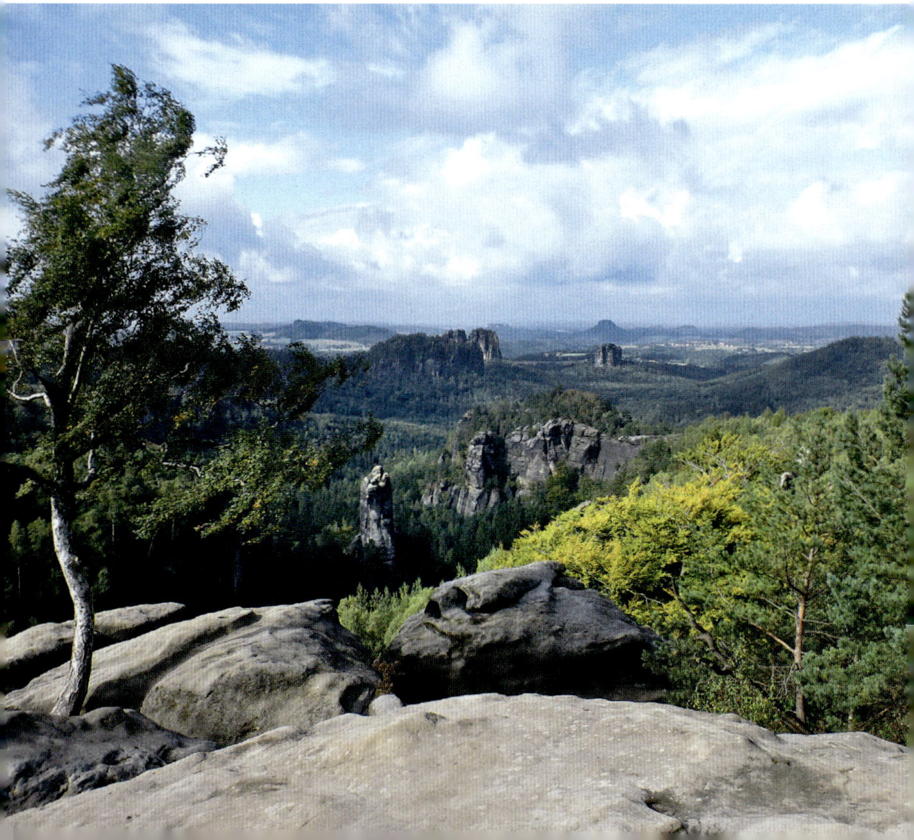

Ausgangspunkt: Parkplatz in Schmilka (GPS: N 50.892487, E14.229571).
ÖPNV: S-Bahn nach Schmilka-Hirschmühle, dann mit der Fähre übersetzen. Alternativ mit Bus (Linie 252) oder mit dem Sächsisch-Böhmischen-Nationalparkexpress (verkehrt von Mai bis November) bis Schmilka, Grenzübergang.
Anforderungen: Gute Kondition, Trittsicherheit, Schwindelfreiheit und etwas Orientierungssinn auf der Bergpfadpassage, dort einige kurze, leichte Kraxelstellen.
Einkehr: Unterwegs keine, mehrere Gaststätten in Schmilka.
Hinweis: Einzelne kurze Totholzpassagen, insbesondere auf der Affensteinpromenade. Nicht bei starkem Wind begehen.

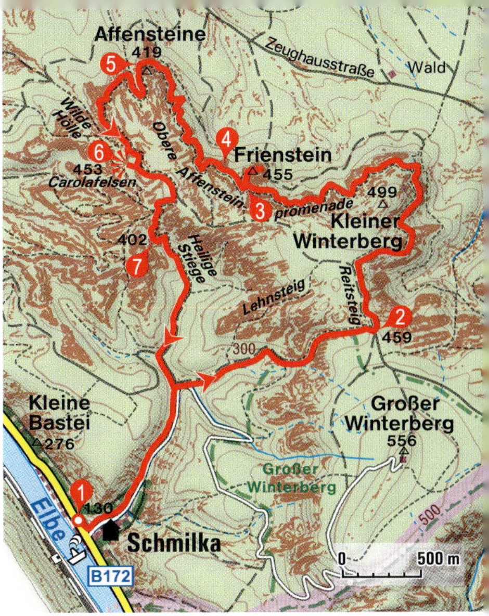

Vom Parkplatz in **Schmilka** ❶ aus überqueren wir die Hauptstraße am Fußgängerüberweg, gehen einige Meter nach rechts und biegen dann links in die Straße ab, die in das Bergdorf hineinführt.
Zunächst kommen wir an der historischen »Schmilk'schen Mühle« vorbei, die schon bei den Malern der Romantik ein beliebtes Motiv war und wo man direkt in der Backstube der Bio-Bäckerei frische Brötchen und riesige Kuchenstücken kaufen kann. Wir wandern die schmale, steile Straße hinauf, vorbei an der Ilmenquelle und dem Infopunkt der Nationalparkbehörde (zum Thema Bergsport und Naturschutz). Wir folgen der Forststraße geradeaus in den Nationalpark hinein. Nach etwa einem Kilometer gelangen wir an eine Wegkreuzung mit einem größeren Wegweiser und einer Bank zum Ausruhen. Der Weg gabelt sich und wir nehmen rechts den mit einem grünen Punkt markierten Wurzelweg. Gemütlich steigen wir auf dem breiten Waldweg rund 40 Min. stetig bergan. Nach einer Felsenpassage erreichen wir den **Reitsteig** ❷ und biegen auf diesem links ab. Nach 450 m gelangen wir an den Wegweiser »Abzweig Fremdenweg«. An einer alten steinernen Wegsäule folgen wir dem mit einem roten Punkt markierten Weg Richtung »Kuhstall / Lichtenhainer Wasserfall« nach rechts. Mehrere wunder-

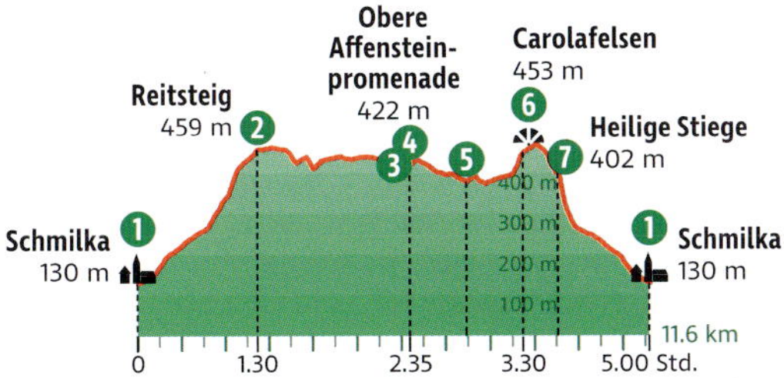

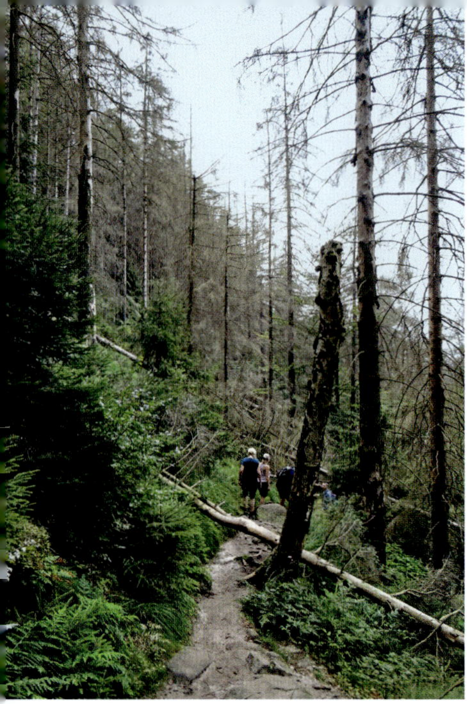

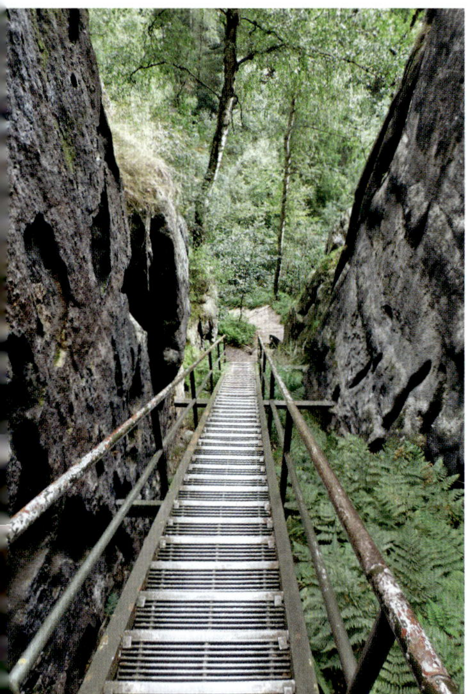

volle Aussichten geben den Blick in die Felsenwelt der Hinteren Sächsischen Schweiz frei. Bereits nach 1 km wechseln wir an einer Weggabelung auf die Markierung grüner Strich in Richtung »Frienstein / Beuthenfall«. Es geht geradeaus weiter und ein paar Stufen hinauf. Es folgt eine wilde Wegpassage, die aufgrund vieler abgestorbener Fichten erhöhte Aufmerksamkeit erfordert. Vereinzelt müssen umgestürzte Bäume überstiegen werden. Etwa eine halbe Stunde später stoßen wir an einem Holzgeländer auf den Abzweig zur Idagrotte am **Frienstein ❸**, die wir nach rechts gehend besuchen können. Anschließend steigen wir am Holzgeländer nach links hinunter zu einer kleinen Quelle mit einem Holzhäuschen. Dort gehen wir rechts weiter. Jetzt heißt es aufpassen, denn etwa 200 Meter weiter, direkt zwischen zwei Wegweisern, beginnt links der Bergpfad **Obere Affensteinpromenade ❹**. Die Bergpfadmarkierung längliches grünes Dreieck ist erst zu sehen, wenn wir dem Pfad schon ein Stück bergan gefolgt sind. Ab jetzt ist immer etwas Aufmerksamkeit erforderlich, um dem richtigen Wegverlauf zu folgen. Nach 50 m leitet uns der grüne Pfeil eine Felsstufe hinauf, wo wir, durch ein Loch im Fels kriechend, in den wohl wildesten Abschnitt unserer Tour gelangen.

Über einen schräg anliegenden Felsblock müssen wir kurz abklettern. Danach verläuft unser Pfad zunächst an den Felsen links weiter und durch den Wald abwärts in eine flache Senke. Dort orientieren wir uns an einem zwei Meter hohen Felsblock leicht

Oben: Obere Affensteinpromenade.
Unten: Heilige Stiege.

nach rechts und treffen auf unserem nach oben führenden Waldpfad auch wieder auf die bekannten grünen Pfeile. Auf dem schmalen, teils etwas verwachsenen Steiglein gehen wir etwa eine halbe Stunde mehr oder weniger ausgesetzt an hohen Felswänden entlang bis zu einer Stelle, wo ein paar Holzstufen nach links hinauf in eine Felsspalte führen. Das ist der Klettersteig Häntzschelstiege, wo oft reger Betrieb herrscht. Wir bleiben auf unserem markierten Bergpfad geradeaus. Gleich darauf sind ein paar Felsblöcke zu überwinden. Das gelingt am besten halbrechts durch eine kleine Höhle mit dreieckigem Einstieg. Gleich hinter der Höhlung haben wir einen fantastischen Blick ❺ auf die hochaufragende Brosinnadel. Noch ein Stück müssen wir an den Felswänden entlang und später über einige kleinere Felsblöcke kraxeln, bevor unser Weg wieder bequemer wird. Nach einer knappen halben Stunde erreichen wir eine Kreuzung mit Wegweiser. Wir folgen der Ausschilderung »Carolafelsen/Großer Winterberg« links aufwärts. Nach 150 m führt uns eine Holztreppe rechts hinauf zum **Carolafelsen ❻**, der eine grandiose Aussicht auf die Schrammsteine und den Falkenstein verspricht. Nach ausgiebiger Rast geht es wieder zurück zum Abzweig an der Holztreppe und dort die Stufen weiter aufwärts Richtung Großer Winterberg. Schon nach einigen Minuten treffen wir auf den umfangreichen Wegweiser »Reitsteig/Abzweig Heilige Stiege«. Wir biegen rechts ab, steigen kurz auf der blauen Markierung abwärts bis zur nächsten Wegkreuzung. Dort wechseln wir auf die gelbe Markierung, die uns über die Heilige Stiege zurück nach Schmilka bringen wird. Wir gehen nach links, genießen eine letzte luftige Aussicht und steigen dann auf den langen und überaus steilen Eisentreppen der **Heiligen Stiege ❼** talwärts. Im Talgrund erreichen wir in etwa 35 Min. unseren Ausgangspunkt in **Schmilka ❶**.

Blick hinüber zum Neuen Wildenstein, wo sich der sehenswerte »Kuhstall« befindet.

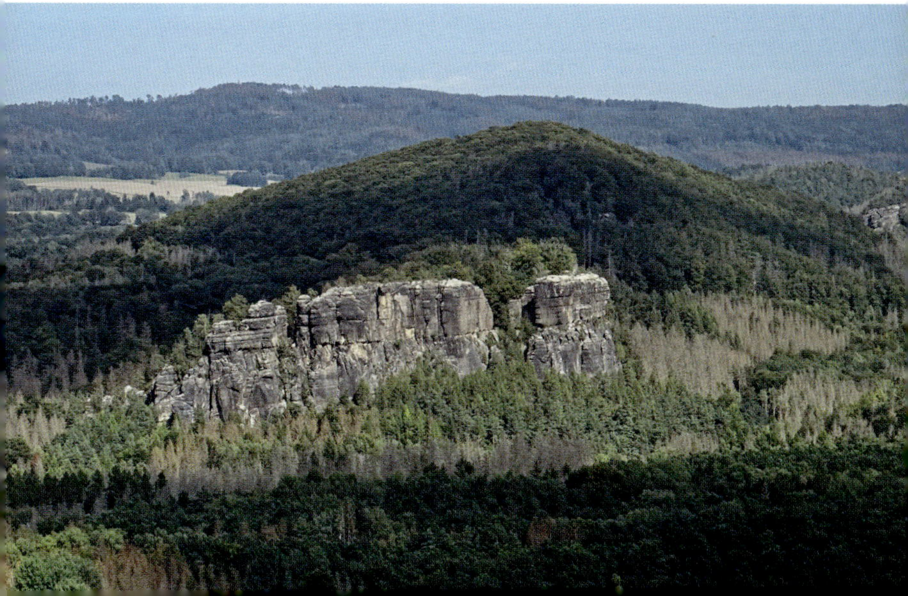

12 Großer Winterberg und Heringsloch

3.00 Std. | 8,7 km | ↗ 470 m | ↘ 380 m

Zu Kipphornaussicht und Quenenwiesen

Die wildromantische Bergwanderung auf markierten Wanderwegen führt auf den 556 Meter hohen Großen Winterberg. Die zweithöchste Erhebung der Sächsischen Schweiz stellt für den Nationalpark Sächsische Schweiz eine Besonderheit dar, denn die aus Basalt bestehende Gipfelkuppe ist von einem der größten Buchenwaldbestände Sachsens überzogen. Durch die speziellen Boden- und Lichtverhältnisse wächst hier eine Krautschicht mit Pflanzen, die wir in den umgebenden Sandsteinfelsen nicht finden. Das fördert eine ungewöhnliche Artenvielfalt. Natürliche Prozesse dürfen im Schutzgebiet weitgehend ungestört durch Eingriffe des Menschen ablaufen. Vom Sturm umgelegte Bäume lassen lichte Stellen entstehen. Pilze an den Stämmen der Bäume läuten den Zerfallsprozess des Holzes ein. Bald besiedeln und zersetzen zahlreiche Lebewesen, wie Spinnentiere, Käfer, Ameisen und andere Insekten, das nur vermeintlich tote Holz und erwecken in ihm neues Leben. In der Folge finden auch größere Tiere, wie Spechte, Uhu, Baummarder oder Eichhörnchen hier Nahrung, Brutraum und Unterschlupf. Auf unserer Wanderung können wir diese neu entstehende Wildnis bereits vielerorts entdecken.

An der Schmilk'schen Mühle ist bereits einiges los.

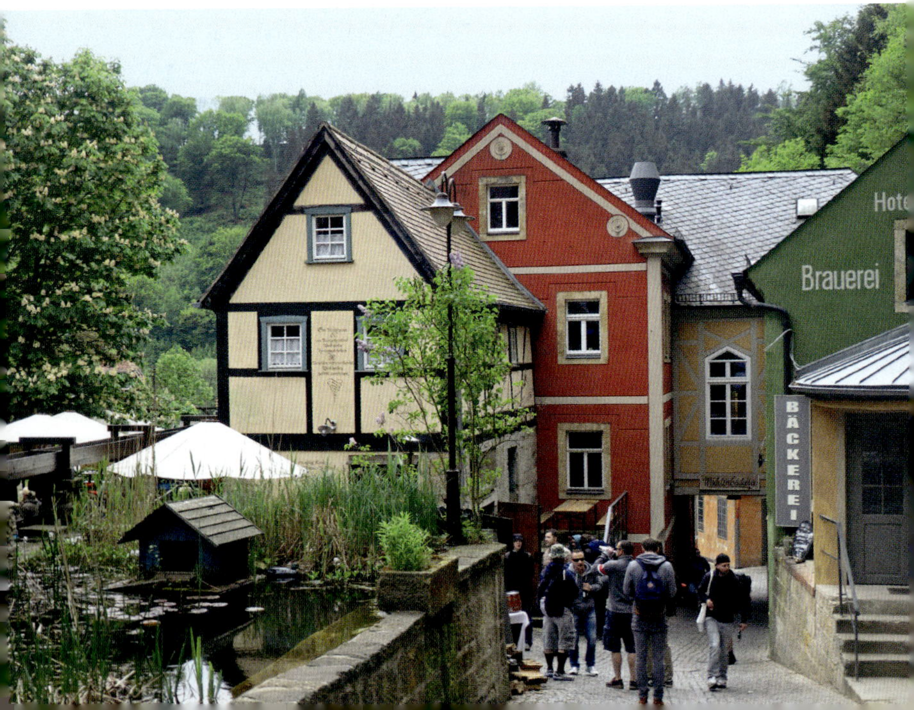

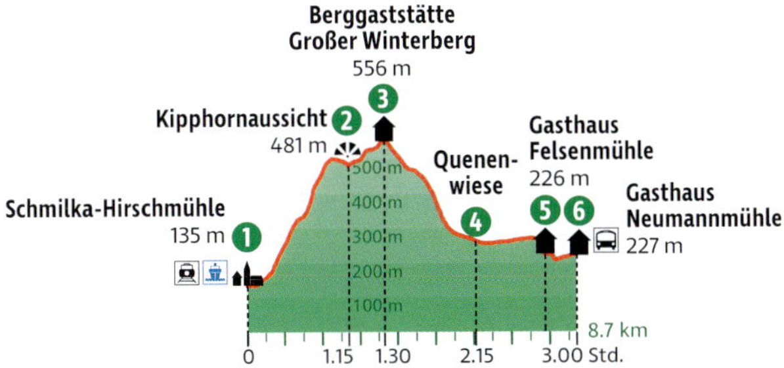

Ausgangspunkt: Schmilka, Fähranleger (GPS: 50.89159N, 14.23029E).
Endpunkt: Neumannmühle (GPS: 50.92360N, 14.28462E).
ÖPNV: Zum P+R-Parkplatz am Nationalpark-Bahnhof Bad Schandau. Von dort mit der S-Bahn bis Schmilka-Hirschmühle und mit der Elbfähre übersetzen. Zurück mit dem Bus Linie 241 nach Bad Schandau, Nationalparkbahnhof.
Anforderungen: Durchweg markierter Wanderweg auf steilen Wegen, die gute Kondition erfordern. Trittsicherheit auf Stufen, Treppen und felsdurchsetzten Steigen erforderlich. Totholzbereiche! Nicht bei starkem Wind!
Einkehr: Berggasthaus Großer Winterberg (derzeit nur mit Imbissbetrieb). Im Kirnitzschtal Gasthäuser Felsenmühle und Neumannmühle sowie weitere 300 m flussaufwärts die urig-rustikale Buschmühle. An allen drei Mühlen befinden sich Bushaltestellen für die Rückfahrt.

Kombinationsmöglichkeiten:
1. Die Kombination mit Tour 17 »Großer Zschand« als Rückweg ergibt eine konditionell anspruchsvolle Rundwanderung mit Einkehrmöglichkeiten im Kirnitzschtal.
2. Wer eine Rundwanderung mit einer Gesamtgehzeit von ca. 4.30 Std. bevorzugt, startet mit Tour 17 »Großer Zschand« im Kirnitzschtal und schließt Tour 12 ab der Kipphornaussicht ② an.

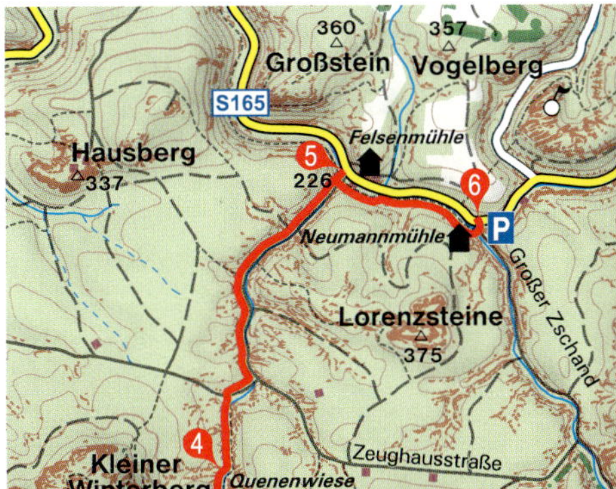

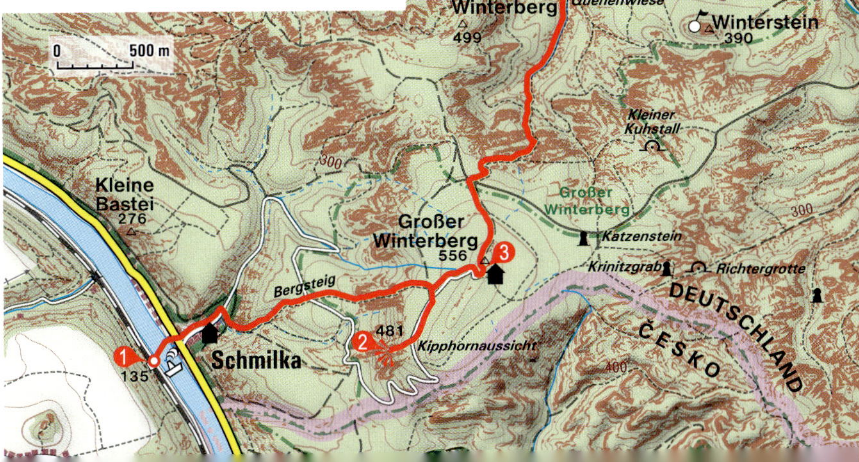

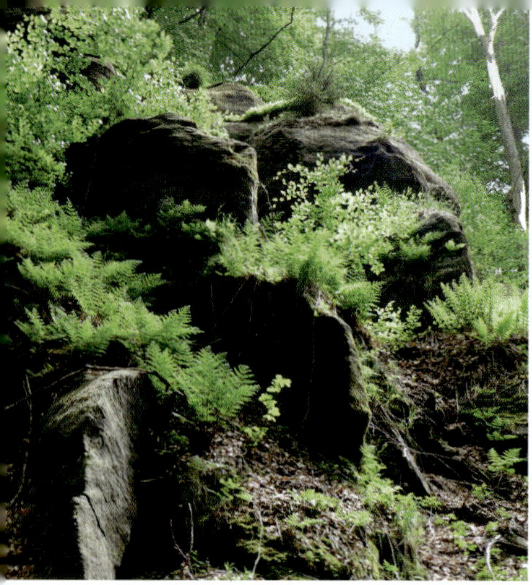

Ein Loch im Blätterdach lässt die Bodenflora sprießen.

Vom Bahnhof **Hirschmühle ❶** setzen wir mit der Fähre nach Schmilka über. Vom Fähranleger gehen wir zur Hauptstraße hinauf, überqueren diese und wandern geradeaus weiter in den malerischen Ort hinein. Vorbei an einem alten Umgebindehaus und durch die historische »Schmilk'sche Mühle« mit seiner Mühlen-Bio-Bäckerei gelangen wir auf der steilen Straße zur Nationalpark-Infostelle am oberen Ortsende. Wir biegen rechts ab und folgen dem grün markierten Bergsteig in Richtung Großen Winterberg. Der Wanderweg führt im Wald sehr steil aufwärts. Bereiche mit abgestorbenen Fichten erfordern etwas Aufmerksamkeit. Zunehmend dominieren jedoch alte hohe Buchen. Weiter oben geht's über Stufen und Treppen durch eine romantische Felsenpassage. Kurz danach, nach insgesamt etwa einer Stunde, quert eine Forststraße namens »Weiberfähre«. Wir biegen rechts ab, verlassen dazu unsere Markierung, um zur grandiosen, rund 400 m entfernten **Kipphornaussicht ❷** zu gelangen. Nach dem anstrengenden Aufstieg finden wir an dieser umfassenden Felsenaussicht Gelegenheit für eine Rast. Das weite Panorama reicht vom böhmischen Elbtal zur Linken, über Hoher Schneeberg, mit 722 Meter höchster Gipfel des Elbsandsteingebirges, Zschirnsteine, Zirkelstein und Kaiserkrone gegenüber, bis zu den sächsischen Tafelbergen und den Schrammsteinen zur Rechten. Von der Aussicht gehen wir auf demselben Weg zurück, können uns nach 5 Min. auf der Forststraße gleich weiter aufwärts halten und treffen kurz danach wieder die grüne Markierung. Sie bringt uns durch hohen Buchenwald in 10 Min. auf den Gipfel des **Großen Winterberges ❸**. Vor dem altehrwürdigen Berggasthaus mit Aussichtsturm befindet sich das »Eishaus«, eine Nationalpark-Infostelle. Wir gehen links am Gasthaus vorbei in Richtung »Heringsloch/ Felsenmühle« und folgen auch für den Rest der Wanderung der Markierung grüner Strich. Rechts am Weg entdecken wir tiefschwarze Felsen. Es ist Basalt, der gut an seiner fünf- bis sechskantigen Säulenform zu erkennen ist. Die gesamte Gipfelkuppe wird von Basalttrümmern bedeckt. Deren Verwitterungsböden lassen am Winterberg den reichen Buchenwald gedeihen, in dessen Krautschicht im zeitigen Frühjahr beispielsweise Buschwindröschen und Hohler Lerchensporn, später Frühlingsblatterbse und Waldmeister, im Sommer unter einem schattigen Blätterdach Springkraut zu finden sind. Gemütlich steigen wir abwärts. An der nächsten Kreuzung treffen wir auf die neu errichtete Wegsäule des alten Fremdenweges. Wir biegen rechts ab, um gleich darauf Richtung »Queenwiesen« nach links ins Heringsloch abzusteigen. In Wanderkarten findet man auch die Bezeichnungen »Quenenwiesen« und »Queenengrund«. Die Ortsbezeichnung geht auf einen Eintrag im Hohnsteiner Amtserbbuch des Jahres 1547 zurück, in welchem »ein reumicht In der queyn« erwähnt wurde. Gemeint war damit eine urbar gemachte Fläche im Wald. Auf einer Karte von 1592, die während der mehrere Jahrzehnte dauernden Ersten Kursächsischen Landesaufnahme erstellt wurde, hielt der Landesvermesser Oeder den Wiesengrund im heutigen Kleinen Zschand bereits als »quene« fest.

Nach wenigen Schritten kommen wir in einen wilden Felsengrund. Mit Moosen und Farnen bewachsene Felsen säumen den Abstieg. Bald darauf kreuzen wir den Königsweg und steigen weiter abwärts. Durch ein kleines Felsentälchen mit einem temporären Bächlein erreichen wir bald die feuchten **Quenenwiesen** **4**. Auf einer Forststraße wandern wir durch das noch tiefer eingeschnittene Felsental Kleiner Zschand in einer halben Stunde ins Kirnitzschtal, wo man im **Gasthaus Felsenmühle** **5** einkehren kann. Das letzte Stück unserer Wanderung verläuft auf dem Flößersteig, der das heutige Sägewerk Felsenmühle oberhalb umgeht. Bereits 60 m vor der Kirnitzschbrücke führen ein paar Stufen nach rechts hinauf in Richtung Neumannmühle, die wir nach einer Viertelstunde erreichen. Gegenüber dem **Gasthaus Neumannmühle** **6** können wir uns die älteste Säge- und Holzschliffmühle des Kirnitzschtals ansehen und in der Schauanlage einiges über die Holzschleiferei und die Papierherstellung erfahren.

Die Neumannmühle im Kirnitzschtal – eine beliebte Einkehr nach der Wandertour.

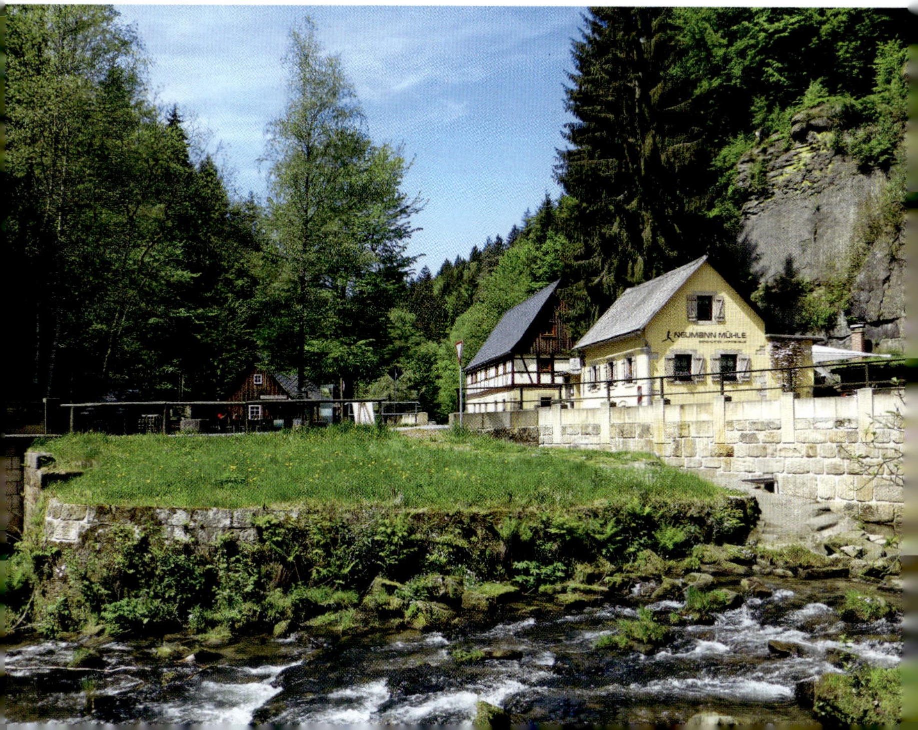

13 Carolafelsen

TOP | 3.45 Std. | 10,2 km | ↗ 430 m | ↘ 430 m

Durch die Wilde Hölle zum Kleinen Winterberg

Als enge, wildromantische Felsschlucht macht die mit Leitern und Eisenklammern gespickte Wilde Hölle ihrem Namen alle Ehre. Der anspruchsvolle und spannende Aufstieg eröffnet unseren Wandertag und führt uns hinauf zum Carolafelsen, der das höchste Felsriff in den Affensteinen darstellt und mit einer atemberaubenden Aussicht auf die weite Felsenwelt aufwartet. Auf dem Rückweg, der uns über den Fremdenweg führt, eröffnet sich dem Wanderer eine neue, völlig andere Perspektive auf den Nationalpark Sächsische Schweiz und seine im Wandel befindliche Natur.

Auf dem Fremdenweg am Kleinen Winterberg.

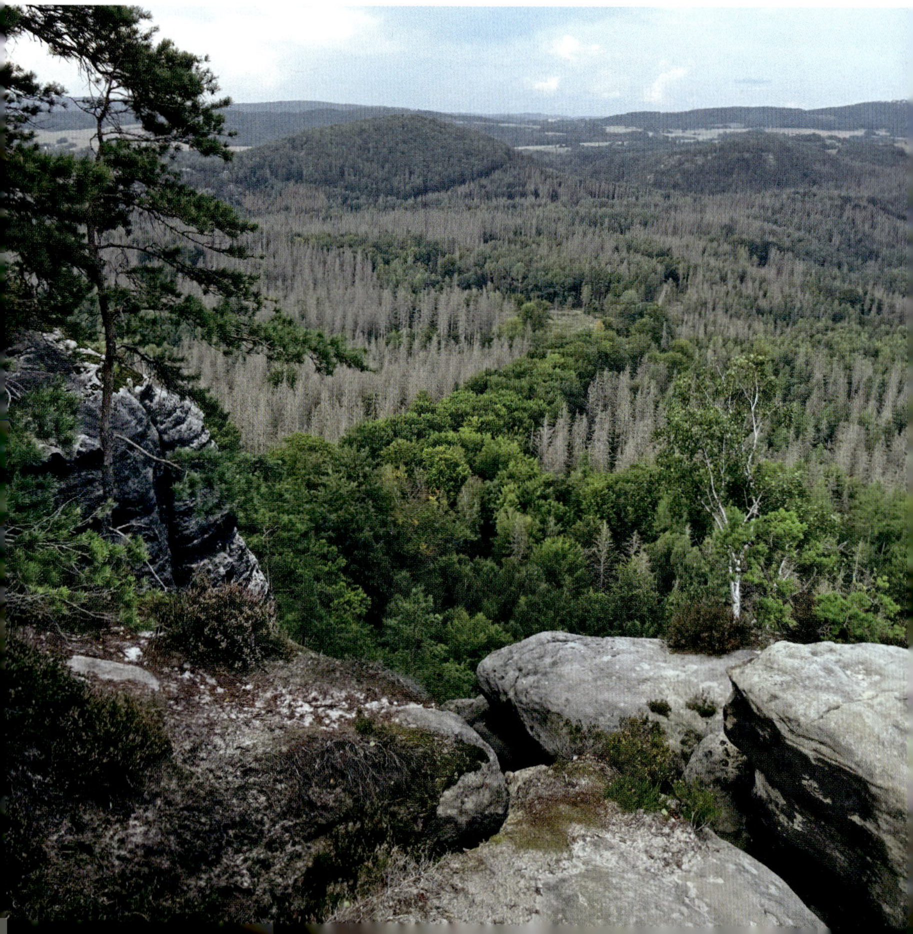

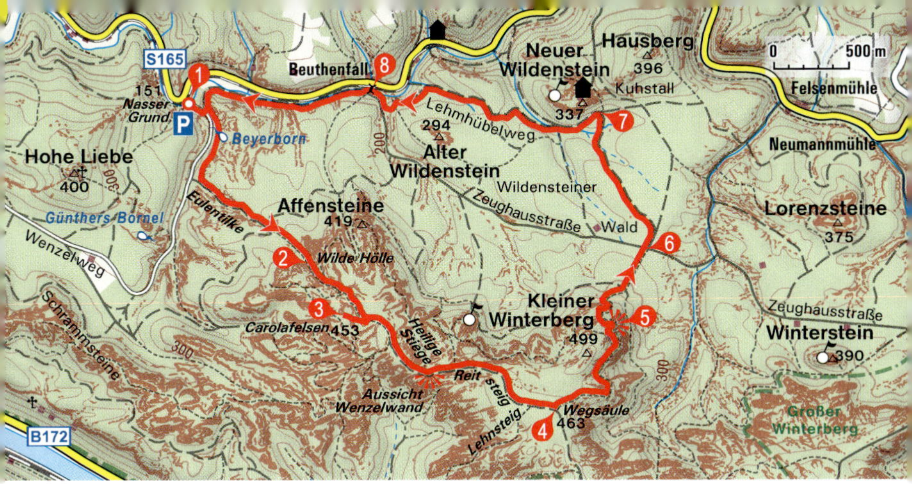

Ausgangspunkt: Parkplatz Nasser Grund im Kirnitzschtal (GPS: N 50.925500, E 14.219600).
Von Pirna auf der B 172 bis Bad Schandau. Im Zentrum direkt nach der Kirche scharf links ins Kirnitzschtal abbiegen und dem Straßenverlauf 6 km folgen.
ÖPNV: Bus (Linie 241) vom Nationalparkbahnhof Bad Schandau bis Nasser Grund oder Kirnitzschtalbahn von Bad Schandau/Kurpark bis Nasser Grund. Von der Haltestelle entlang der Straße etwa 300 m flussabwärts zum Parkplatz.
Anforderungen: Mittelschwere Wanderung auf z. T. schmalen Wegen, teils mit Treppen, Leitern und Eisenklammern, etwas Kondition und unbedingt Trittsicherheit erforderlich.

Einkehr: Unterwegs keine, verschiedene Gaststätten im Kirnitzschtal.
Variante: Abstecher zum Kuhstall, mit Einkehrmöglichkeit (Abstecher von WP 7 ca. 10 Min.).
Hinweise: Wegen beschränkter Anzahl von Parkplätzen im Kirnitzschtal empfiehlt sich eine Anreise mit dem ÖPNV. Wer Bus oder Kirnitzschtalbahn nutzt, kann am Ende der Wanderung dem Flößersteig beliebig weit folgen und findet dann auch Einkehrgelegenheiten im Kirnitzschtal: Lichtenhainer Wasserfall (von WP 8 die Straße ca. 600 m talaufwärts gehen).
Restaurant Forsthaus, vom Tourende 2 km auf dem Flößersteig weiterwandern (zusätzlich 45 Min.).

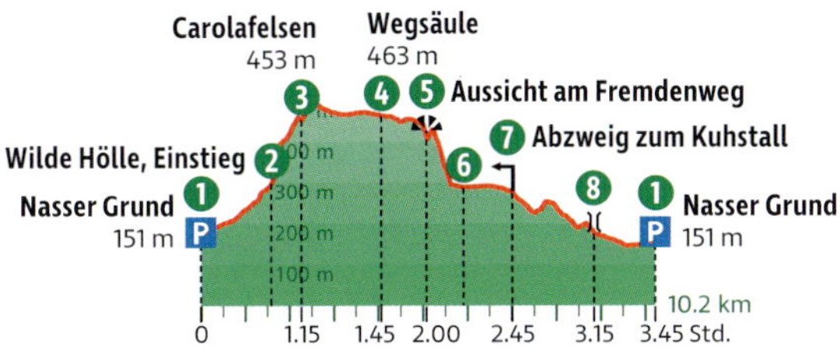

Am Parkplatz **Nasser Grund** 1 folgen wir der Forststraße über die kleine Kirnitzschbrücke geradeaus in den Nassen Grund. Nach etwa 10 Min. erreichen wir den nächsten Abzweig und biegen links in die »Eulentilke« ab. Auf dem Wanderweg gewinnen wir zügig an Höhe. Nach einer Viertelstunde überqueren wir einen breiten Forstweg geradeaus in Richtung »Wilde Hölle«. Der sanft ansteigende Pfad wird zusehends steiler und stei-

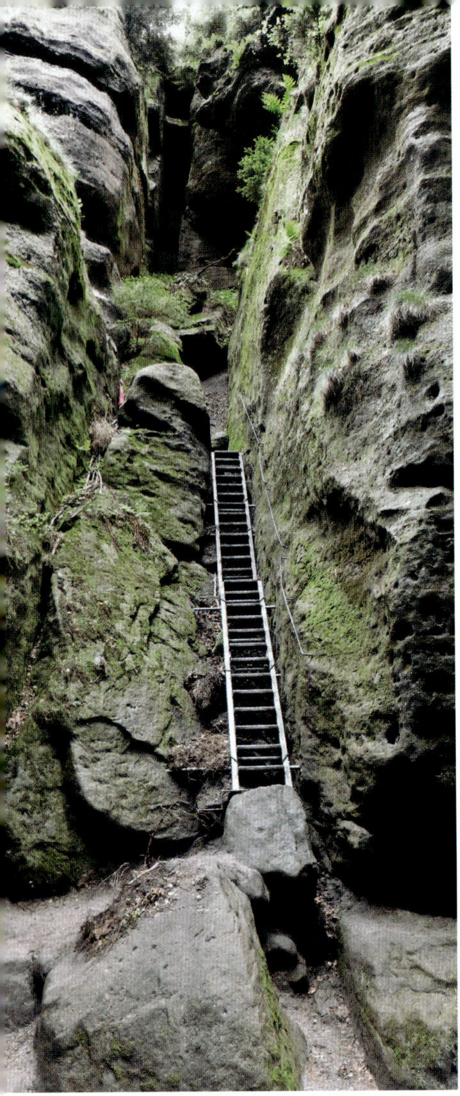

In der Wilden Hölle.

niger. Bald erreichen wir den eigentlichen **Stiegeneinstieg** ❷. Es beginnt mit einer steilen, ausgewaschenen Sandsteintreppe. Über Stahltreppen, Eisenklammern und Leitern steigen wir in der Felsenschlucht nach oben. Nach einiger Zeit gelangen wir an eine Wegkreuzung und wandern geradeaus weiter in Richtung »Carolafelsen – Großer Winterberg«. Wenig später bringt uns eine Holztreppe nach rechts hinauf zur Aussicht auf dem **Carolafelsen** ❸, wo wir mit einem einzigartigen Panorama und einer ersten Rastmöglichkeit belohnt werden. Neben den Schrammsteinen sehen wir den markanten Falkenstein, dahinter in der Ferne den Lilienstein und die Felsen der vorderen Sächsischen Schweiz. Tief unter uns liegt der Große Dom mit dem markanten Gipfel Rohnspitze.

Zurück gehen wir denselben Weg bis zum Abzweig an der Holztreppe und nach rechts weiter aufwärts. Auf dem locker bewaldeten Hochplateau passieren wir nach einigen Minuten eine größere Wegkreuzung mit einem umfangreichen Wegweiser.

Ab hier wandern wir auf dem blau markierten Reitsteig in Richtung Großer Winterberg. Bald erreichen wir die breite Felsenaussicht an der Wenzelwand mit Blick über den Schmilkaer Kessel in das Elbtal. Nach einem Kilometer gehen wir durch eine größere Borkenkäferbefallsfläche. Dort, wo sich schon wieder junge Birken, Fichten, Lärchen und Kiefern mehrere Meter hoch ins Licht recken, gab es 2006/2007 einen ersten größeren Befall. Die Natur »denkt« in anderen Zeiträumen. Heute, über 15 Jahre später, stehen noch immer vereinzelte tote Fichten – rindenlos, vom Sonnenlicht gebleicht und von Spechten angepickt. Irgendwann werden auch sie umfallen und dann nach Jahrzehnten zu Humus zersetzt sein. Ein neuer Lehrpfad lädt ein, mehr zur Waldentwicklung zu erfahren.

Gleich danach, an einer steinernen **Wegsäule** ❹ mit Wegweiser, biegen wir links auf den mit rotem Punkt markierten Wanderweg in Richtung »Kuhstall/Lichtenhainer Wasserfall«

ab. Nach einer Viertelstunde kommen wir zur grandiosen **Aussicht am Fremdenweg** ❺, die einen weiten Blick in den Felskessel des Kleinen Zschand erlaubt. Kurz darauf steigen wir über viele Stufen im Zickzack talwärts. Alte Steinmauern im unteren Teil des schluchtartigen Berghanges zeugen davon, dass der Fremdenweg schon zu Frühzeiten des Tourismus eine viel begangene Route gewesen war.

Unten, an der nächsten Wegkreuzung angekommen, können wir einen kurzen Abstecher zum kurfürstlichen Wappenstein von 1558 unternehmen, der sich etwa 150 m in Richtung Winterstein unter einem hohen Felsüberhang befindet. Dieses recht unscheinbare, aber kulturhistorisch bedeutsame Kleindenkmal erinnert an einen abenteuerlichen Jagdausflug des Kurfürsten August von Sachsen. Wieder zurück an der großen Wegkreuzung folgen wir nun dem Fremdenweg weiter bis zur **Zeughausstraße** ❻.

Wir überqueren die Zeughausstraße und gelangen nach 15 Min. an die Kreuzung am **Abzweig zum Kuhstall** ❼. Wir biegen hier links ab und folgen der Markierung roter Strich in Richtung Beuthenfall. Um etwas einsamer dorthin zu gelangen, nutzen wir am Wegkreuz nach 350 m den unmarkierten, aber ausgeschilderten Lehmhübelweg bzw. Räumichtweg halb links. Er leitet uns in 25 Min. zum Beuthenfall im Kirnitzschtal.

Direkt vor der **Kirnitzschbrücke** ❽ nehmen wir den Lehrpfad Flößersteig nach links. Der idyllische Pfad am Ufer der Kirnitzsch bachabwärts bringt uns in einer knappen halben Stunde zurück zum Ausgangspunkt am **Nassen Grund** ❶.

Atemberaubende Aussicht am Fremdenweg.

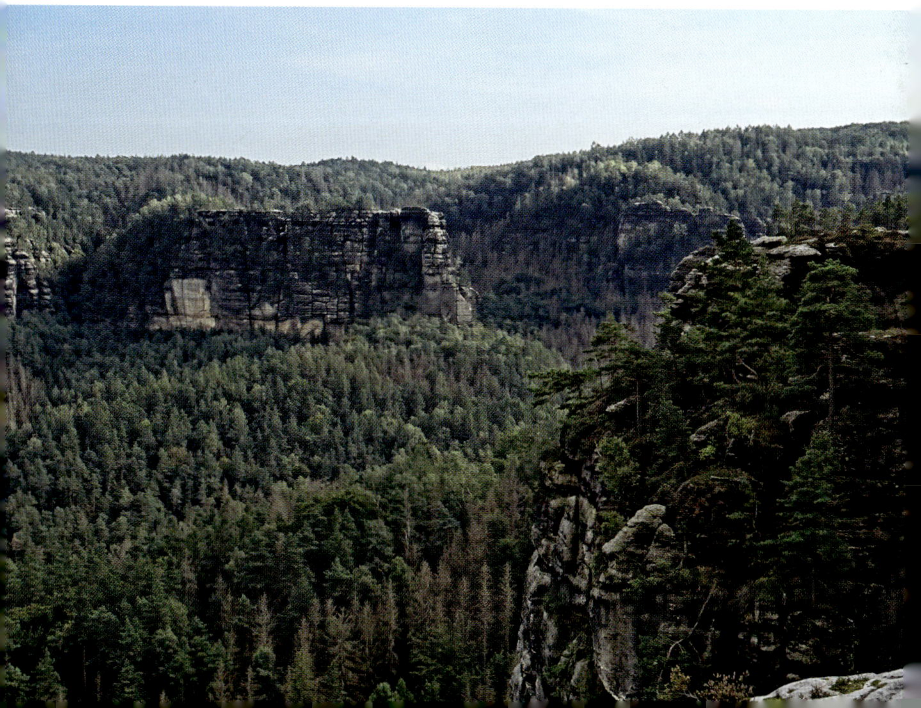

14 Zwillingsstiege und Frienstein

3.45 Std. | 9,8 km | ↗ 490 m | ↘ 490 m

Auf luftigen Kletterstiegen und -pfaden durch die Affensteine

Auf einer schwierigen, luftigen Kletterstiege und wilden Pfaden am Langen Horn in den Affensteinen gelangen wir zum Frienstein. Das volkstümlich als »Vorderes Raubschloss« bezeichnete Felsmassiv trug einst eine mittelalterliche Felsenburg, zu der auch die versteckt gelegene, aussichtsreiche Idagrotte gehörte. Sie ist nur über einen luftigen Pfad erreichbar. In den nordseitigen Wänden und Schluchten der Affensteine ist es deutlich kühler und feuchter als auf den kargen, trockenen Felsenriffen im zweiten Teil der Wanderung. Auf dem Felsengrat hoch über dem Großen Dom krallen sich kleine krumme Kiefern an die Felsen. Im Sommer erblüht das Heidekraut in wundervollem Purpur bis Rosa – übrigens eine wichtige Nahrungsquelle für Schmetterlinge, Hummeln und Bienen.

Dieses Kletter- und Wanderabenteuer richtet sich an konditionsstarke und schwindelfreie Wanderfreunde, die über umfangreiche Erfahrungen im Bewältigen von drahtseillosen Klettersteigen besitzen. Mit einer Portion Vorsicht und gesundem Respekt vor der einzigartigen Felsenwelt steht einem abwechslungsreichen Kraxeltag nichts im Wege.

Auf dem Felsenpfad zur Idagrotte sollte man schwindelfrei sein.

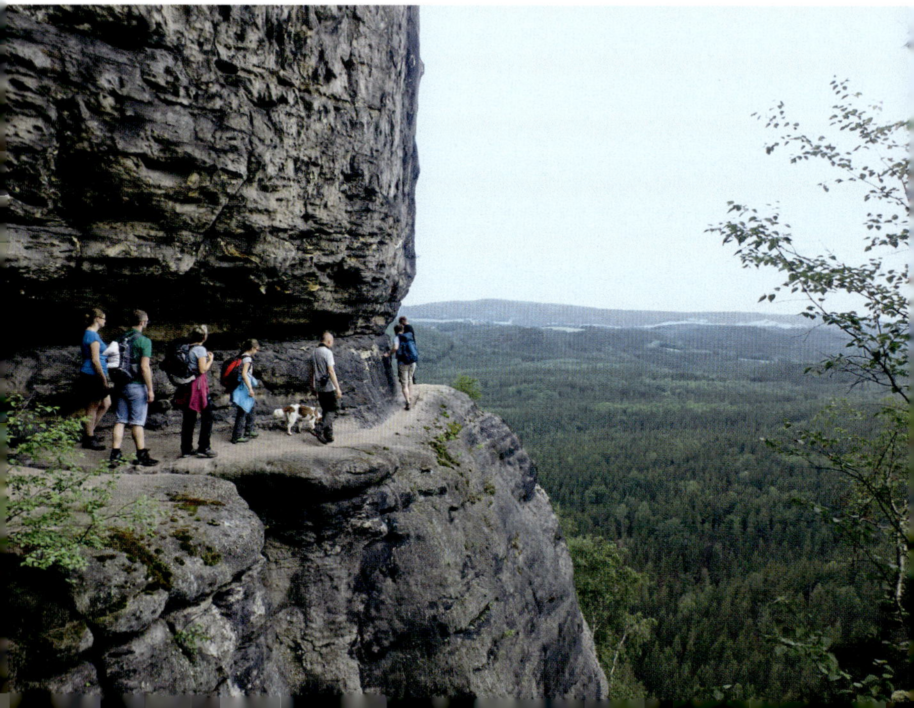

Ausgangspunkt: Beuthenfall (GPS: 50.92670N, 14.23690E), nur wenige Parkplätze.
ÖPNV: Kirnitzschtalbahn, Bus 241.
Anforderungen: Ausgesetzte Berg- und Kletterpfade mit Wurzeln und Steinen, guter Orientierungssinn, luftige Stiegenkletterei an Eisenklammern, die Erfahrungen im Bewältigen von drahtseillosen Klettersteigen voraussetzt. Wer ein Klettersteig-Set nutzen möchte, kann sich nur an den zahlreichen Metallklammern sichern.
Einkehr: Keine.
Hinweise: 1. Wer den Ausstieg der Häntzschelstiege (schwierig!) benutzen möchte, trifft am WP 7 wieder auf unsere Tour.
2. Wer den unmarkierten Abzweig am WP 8 zum Höllengratweg verpasst, kann auch dem Oberen Affensteinweg weiter folgen und durch die Wilde Hölle und die Eulentilke in den Nassen Grund absteigen.

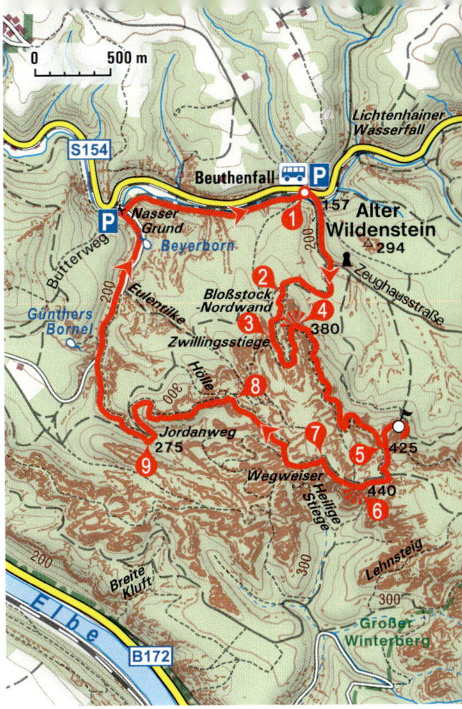

Von der Haltestelle **Beuthenfall 1** überqueren wir die steinerne Kirnitzschbrücke und folgen der Markierung roter Strich Richtung Kleiner Winterberg und Bloßstock. Auf einem befestigten Forstweg erreichen wir nach 25 Min. den Abzweig zum Bloßstock, der vordersten Spitze der Affensteine. Wir nehmen den Waldweg über Stufen zum Fuß der rund 80 m hohen **Bloßstock-Nordwand 2**. Sicherungsringe zeugen von den Taten sächsischer Kletterer. Hier verlassen wir den rot markierten Wanderweg nach rechts, um zur Zwillingsstiege zu gelangen. Die Bergpfadmarkierung längliches grünes Dreieck leitet uns an der gelblichen Westecke des Felsens über kurze Treppen und Stufen bergan. Am Schild »Zugang zur Häntzschelstiege« gehen wir rechts vorbei. Circa 50 m danach folgen wir einem Pfad links aufwärts und stehen nach einigen Stufen vor der **Zwillingsstiege 3**. Einer Leiter gleich ziehen Eisenklammern an der rechten Felswand hinauf. Vorsichtig klettern wir die nicht zu verfehlende, aber luftige Stiege aufwärts, oben durch einen

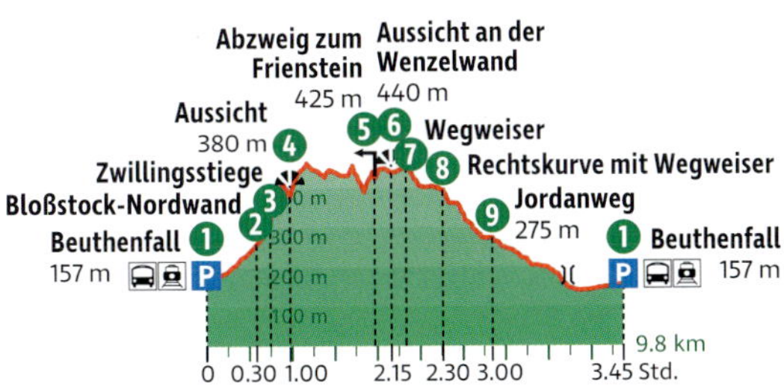

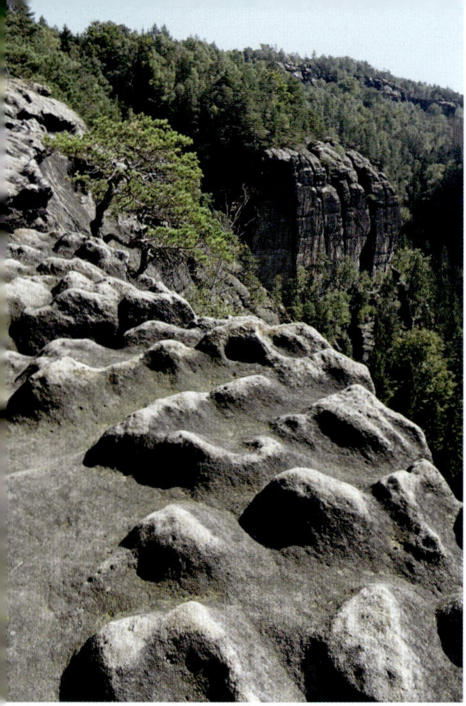

Sandsteinverwitterung.

kurzen Spalt und danach dem oft etwas feuchten Pfad durch Felsblöcke hindurch folgend, bis wir wieder auf einen Querweg stoßen. Es ist die »Obere Affensteinpromenade«, ebenfalls als Bergpfad markiert. Wir biegen nach links ein. Der schmale Pfad bringt uns auf einem Felsband an die nördliche Spitze des Affensteinmassivs, wo uns eine imposante **Aussicht ❹** auf unseren Aufstiegsweg und die gewaltige Brosinnadel erwartet. Um die Ecke müssen wir entweder durch eine kleine Höhlung oder über einen Felsblock klettern. Danach quert die Häntzschelstiege (Tour 15), deren oberen Teil durch eine enge Schlucht viele als »Verlängerung« der Zwillingsstiege nutzen (s. Hinweis). Wir wollen jedoch der Oberen Affensteinpromenade folgen, die recht wild aber ohne größere Höhenunterschiede bis zum Frienstein führt. Auf dem schmalen, teils etwas verwachsenen Steiglein achten wir gut auf die Wegzeichen und wandern etwa eine halbe Stunde mehr oder weniger ausgesetzt an hohen Felswänden entlang bis zu einer Senke, wo wir uns links aufwärts halten. Kurz darauf führt uns der Steig durch ein Loch in einer hohen Felswand und paar Minuten danach gelangen wir an den **Abzweig zum Frienstein ❺** mit dem Friensteinflössel, einer nett gestalteten Wasserstelle. An dieser vorbei links aufwärts unternehmen wir einen Abstecher zum hoch aufragenden Frienstein mit seiner Idagrotte. Das Felsambiente ist beeindruckend. Am Wandfuß nach links gehend, teils über Felsblöcke kletternd, kommen wir in die schattige Nordseite. Über ein schmales, luftiges Felsband kommen wir zur hoch über dem Talgrund liegenden Idagrotte. Der Ausblick auf die weite Waldlandschaft der Hinteren Sächsischen Schweiz ist atemberaubend. Auf demselben Weg geht es zurück zum Friensteinflössel. Dort steigen wir Richtung Reitsteig aufwärts. Wenn wir den breiten, blau markierten Reitsteig nach einigen Minuten erreicht haben, biegen wir nach rechts ab und stehen gleich darauf auf der **Aussicht an der Wenzelwand ❻**, wo es sich lohnt eine Rast einzulegen. Zwischen Felsen hindurch blicken wir über den Schmilkaer Kessel bis ins Böhmische hinein. Über der Wenzelwand ragt der Große Winterberg auf.

Weiter der blauen Markierung nach erreichen wir bald ein Wegedreieck mit **Wegweiser ❼**, wo wir nach links zur Wanderwegkreuzung oberhalb der Heiligen Stiege gelangen. Dort biegen wir auf der gelben Markierung nach rechts Richtung Kl. Dom ab. Bereits nach 100 m verlassen wir diese Markierung an einer Weggabelung nach rechts. Dem unmarkierten

Oberen Affensteinweg folgen wir nun für etwa 10 Min. bis zu einer scharfen **Rechtskurve mit Wegweiser 8**. An dieser Stelle folgen wir einem unscheinbaren Weg geradeaus. Jetzt heißt es gut aufpassen. Schon nach 50 m nehmen wir links haltend einen Waldpfad, der uns zu einem luftigen Felsgrat bringt und auch als Kletterzugang ausgewiesen ist. Auf dem Felsriff wachsen krumme Birken, knorrige Kiefern und flache Heidekrautsträucher. Die Pflanzen nähren sich nur aus einer hauchdünnen Humusauflage, deshalb sollten wir gut auf den Weg achten und nicht wild im Heidekraut und zwischen den Bäumen herumtrampeln. Einige Exemplare sind trotz ihrer geringen Wuchshöhe älter als wir und verdienen schon deshalb Rücksichtnahme und Respekt.

Nach links haben wir einen atemberaubenden Tiefblick auf die beiden Klettergipfel Rohnspitze und Domwächter. Nach der knapp 150 m langen ausgesetzten Passage biegen wir mit dem Pfad nach links ab. Durch eine flache Felsmulde gelangen wir in eine Senke, der wir rechts haltend abwärts durch eine kurze Schlucht folgen. Am Ende des Riffes ist noch eine etwa 2,5 m hohe Wandstufe abzuklettern. Auf dem Waldpfad weiter abwärts erreichen wir nach einigen Minuten einen breiten Wanderweg und halten uns links. Nach 250 m biegen wir scharf rechts in den **Jordanweg 9** ein. Dieser bringt uns in 25 Min. durch den Nassen Grund ins Kirnitzschtal. Auf dem Lehrpfad Flößersteig gehen wir rechts und erreichen nach einer knappen halben Stunde unseren Ausgangspunkt am **Beuthenfall 1**.

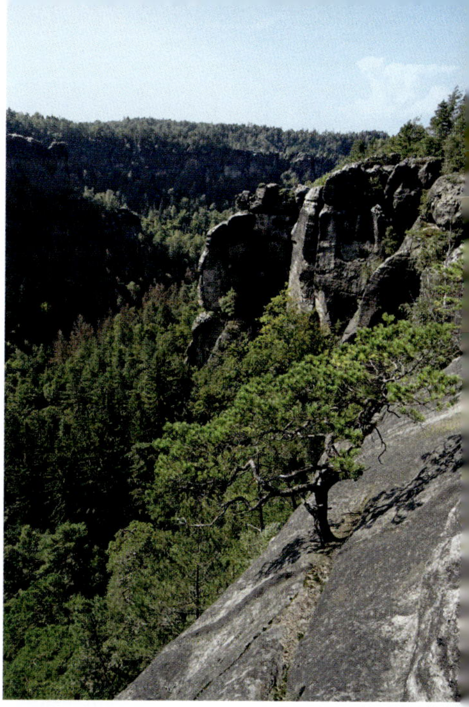

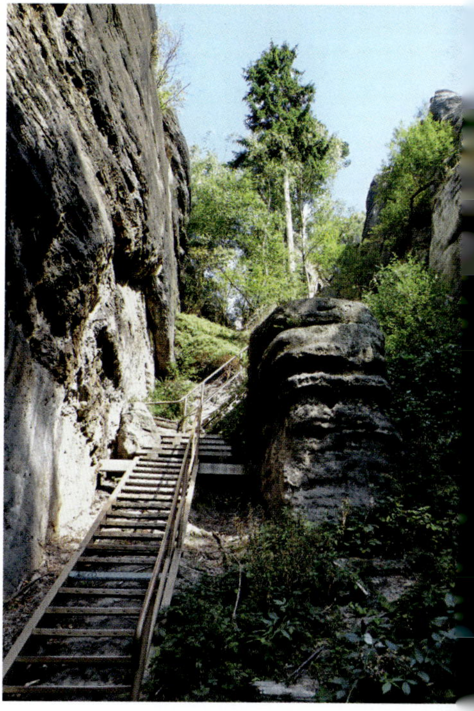

Oben: Riffkiefer über dem Großen Dom.
Unten: Zurückesteig.

15 Über die Häntzschelstiege zur Idagrotte

TOP | 3.15 Std. | 8,6 km | ↗ 420 m | ↘ 420 m

Luftiger Klettersteig inmitten des Nationalparks

Ein besonderes Highlight in den atemberaubenden Affensteinen ist der Aufstieg über die spektakuläre Häntzschelstiege auf das Lange Horn. Im Gegensatz zu allen anderen schwierigen Stiegen der Sächsischen Schweiz wurde sie mit Drahtseilen versehen und gilt somit als zünftiger Klettersteig. Dadurch ist heute das lang gezogene Felsenriff mit dem markanten Bloßstock an seiner nördlichsten Spitze ein beliebtes Ziel für sportliche Abenteurer. Der Tourvorschlag kombiniert diese spannende Kraxelei mit einem weiteren luftigen Highlight, der Idagrotte am Vorderen Raubschloss. Die versteckt gelegene Höhle ist nur über einen ausgesetzten Felsenpfad erreichbar und bietet einen großartigen Ausblick in die wilde Felsenwelt der Hinteren Sächsischen Schweiz.

In der hohen Schlucht der Häntzschelstiege.

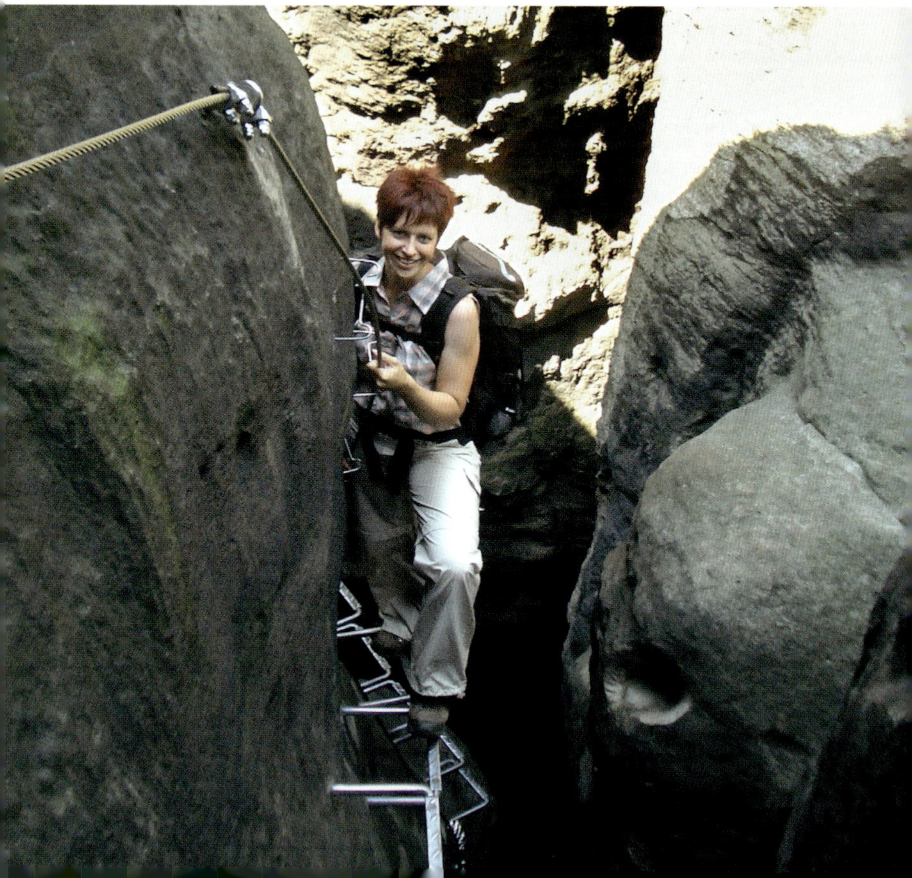

Ausgangspunkt: Parkplatz Nasser Grund im Kirnitzschtal (GPS: N 50.925500, E 14.219600).
ÖPNV: Bus (Linie 241) vom Nationalparkbahnhof Bad Schandau bis Nasser Grund oder Kirnitzschtalbahn von Bad Schandau/Kurpark bis Nasser Grund. Von der Haltestelle entlang der Straße ca. 300 m flussabwärts zum Parkplatz.
Anforderungen: Die Häntzschelstiege ist ein schwieriger, teils luftiger Klettersteig (Schwierigkeit B+/C), der mit Klettersteigausrüstung begangen werden kann, aber bereits etwas Klettersteigerfahrung und eine gewisse Kondition verlangt. Besonders am Ein- und Ausstieg sind kurze Felspassagen ungesichert zu bewältigen! Der Klettersteig und auch der Zugang zur Idagrotte erfordern unbedingt Trittsicherheit und Schwindelfreiheit. Die Route ist überwiegend sehr gut markiert.
Einkehr: Unterwegs keine Einkehr. Es gibt mehrere Gaststätten im Kirnitzschtal.
Variante: Als Notausstieg können wir vor dem zweiten Teil der Häntzschelstiege dem markierten Bergpfad (Obere Affensteinpromenade) nach rechts folgen. Nach ca. 30 Min., an der nächsten, größeren Wegkreuzung, links aufwärts Richtung »Carolafelsen/Großer Winterberg« weiterwandern bis zur Aussicht an der Wenzelwand.
Hinweise: An schönen Wochenenden ist in der Häntzschelstiege mit Wartezeiten zu rechnen.
Vorsicht, Totholzgebiete!

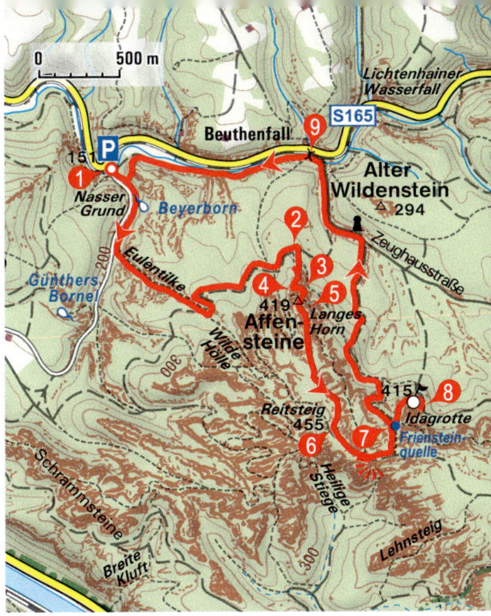

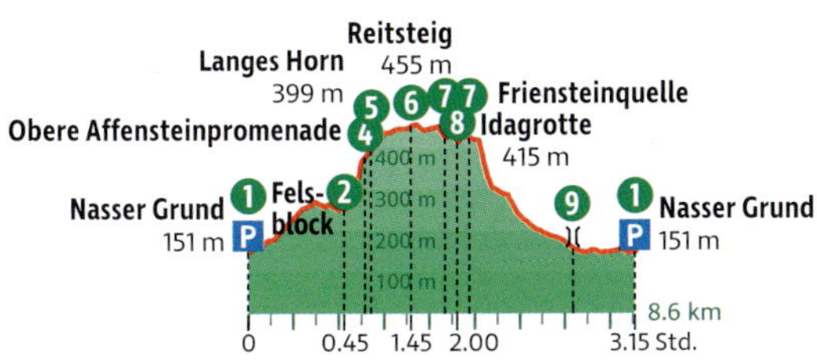

Vom Parkplatz **Nasser Grund** ❶ überqueren wir die kleine Brücke über die fröhlich dahinplätschernde Kirnitzsch und folgen der Forststraße geradeaus in den Nassen Grund. Nach etwa 10 Min. biegen wir links in die »Eulentilke« ab. Auf dem Wanderweg gewinnen wir zügig an Höhe. Nach einer Viertelstunde stoßen wir auf einen breiten Forstweg und biegen abermals links ab. Auf der mit einem grünen Punkt markierten »Unteren Affensteinpromenade« tauchen bald die hoch aufragende Brosinnadel und wenig später der riesige freistehende Bloßstock auf. Die beiden schwierigen Felstürme wurden bereits im Jahre 1899 erstmals von mutigen Kletterern erstiegen! Kurz danach treffen wir an einer Kreuzung mit einem kleinen **Felsblock** ❷ auf einen Wegweiser und biegen rechts ab. Der rote Strich bringt uns nach wenigen Metern unter die imposante, etwa 90 m hohe Bloßstock-Nordwand. Hier folgen wir der Bergpfad-Markierung grünes Dreieck nach rechts. An der gelblichen Westecke des Felsens geht es über einige Stufen und Treppen an den hohen Wänden entlang bergauf. Der Einstieg zur **Häntzschelstiege** ❸ befindet sich in einem Felswinkel, wo bereits Drahtseile und Eisenklammern zu erkennen sind. Die ersten Meter müssen wir frei klettern und dabei kräftig zupacken. Wer hier bereits Nervenflattern bekommt, sollte besser umkehren. An der drahtseilgesicherten Passage können wir uns mittels Klettersteigausrüstung sichern. Es folgt eine spannende, luftige Querung um eine Felskante herum. Danach klettert es sich wieder leichter. Am Ende der Drahtseile gibt es links auf einem großen Felsabsatz eine erste wunderschöne Aussicht zu den Schrammsteinen und in die Hintere Sächsische Schweiz. Danach steigen wir über eine lange Eisenleiter aufwärts und folgen dem Pfad zwischen größeren Felsbrocken hindurch. Dort quert ein grün markierter Bergpfad, die **Obere Affensteinpromenade** ❹. Links haltend ein paar Schritte aufwärts beginnt in einem hohen Felsspalt der zweite Teil der Stiege. Wir müssen uns erstmal einige Meter in den engen Spalt hineinzwängen, bis wir wieder Drahtseil und Eisengriffe erreichen. An ihnen geht es fast senkrecht im dunklen, höhlenartigen Kamin hinauf. Weiter oben wird es wieder heller und ausgesprochen luftig. Es folgt eine Querung einer Schlucht nur auf Tritteisen. Auf der Höhe angekommen erwartet uns ein grandioser Ausblick. Die letzten Meter der Stiege führen nach rechts hinüber zum bewaldeten Massiv. Dabei müssen wir ohne Sicherung über ein paar Felsbuckel kraxeln und mit einem beherzten Schritt eine kleine Schlucht überwinden. Danach ist es geschafft. Nun folgen wir dem idyllischen Felsenpfad über das **Lange Horn** ❺, das markanteste Felsenriff der Affensteine. Nach etwa 25 Min. erreichen wir an einer Absperrung den blau markierten **Reitsteig** ❻ und wandern auf ihm nach links weiter. Nach etwa 10 Min. kommen wir zur Aussicht an der Wenzelwand, die gern als Pausenplatz genutzt wird. Nur 130 m nach der Aussicht biegen wir an einem Wegweiser nach links

Im unteren Teil schon sehr luftig ...

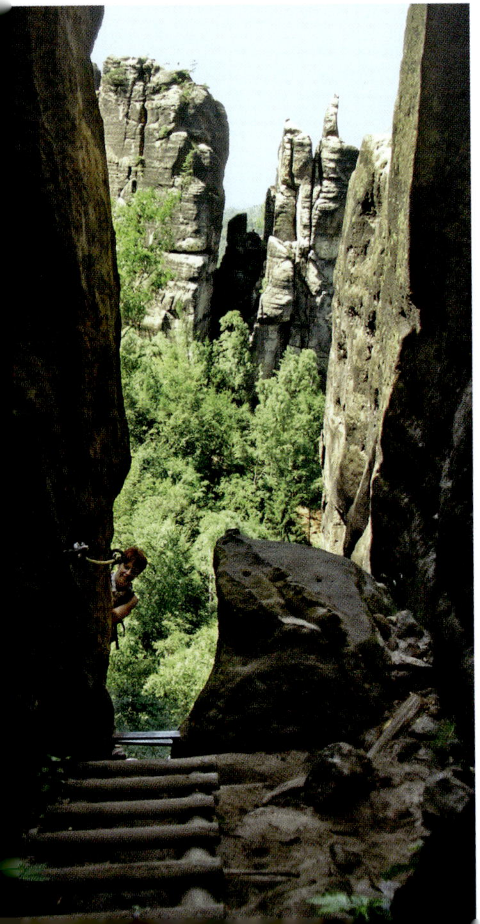

Richtung »Frienstein« ab. Der Weg führt auf einem oft feuchten Felsensteig in einen Grund hinunter. Dort wollen wir noch einen spannenden Abstecher zur Idagrotte am Frienstein unternehmen. An der **Friensteinquelle** **7** gehen wir dazu rechts, auf Stufen den Hang hinauf und auf den hohen Felsen zu. Wir folgen dem ausgeschilderten Pfad links an den Felswänden entlang. In der schattigen Nordostseite steigen wir über einige kleinere Blöcke und durch ein Felsloch und erreichen so ein sehr schmales Felsband, welches uns in schwindelerregender Höhe um die Ostkante herum zur versteckt gelegenen **Idagrotte** **8** bringt. Der Weg ist nicht schwierig, aber extrem luftig! Die Idagrotte bietet einen atemberaubenden Ausblick und war im Mittelalter Teil einer Burganlage auf dem Frienstein, der daher auch »Vorderes Raubschloss« genannt wird. Der Gipfel des Felsens ist allerdings nur Kletterern zugänglich. Wir gehen auf demselben Weg zurück zum Quellenhäuschen der **Friensteinquelle** **7** und folgen nun dem grün markierten Wanderweg in Richtung »Beuthenfall«, welcher nach etwa 200 Metern nach rechts in einen steilen Treppenabstieg mündet. Nach dem etwa zehnminütigem Abstieg erreichen wir einen Querweg, den sogenannten »Königsweg«. Wir gehen links weiter und nach 300 m rechts haltend ins Tal hinunter. Dort folgen wir einer Forststraße nach links bis zur **Kirnitzschbrücke** **9** am Beuthenfall. Vor der Kirnitzschbrücke folgen wir nun der Ausschilderung »Flößersteig (schwierig)« nach links. Dieser Lehrpfad ist für uns Stiegenkletterer jedoch nur ein gemütlicher Wandersteig, der uns durch das Kirnitzschtal zurück zu unserem Ausgangspunkt im **Nassen Grund** **1** bringt.

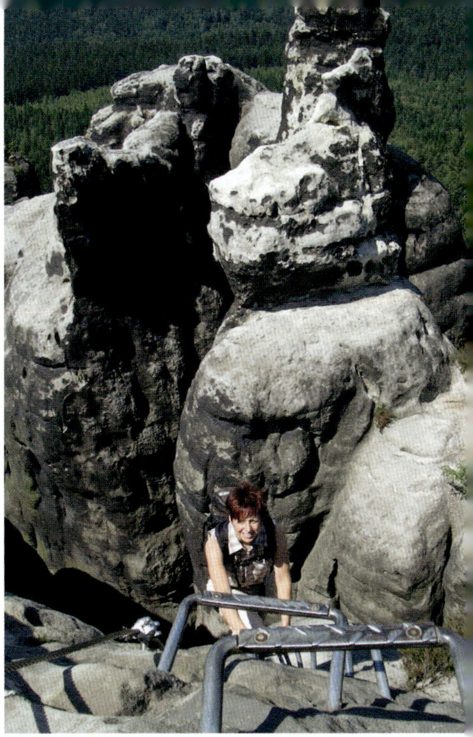

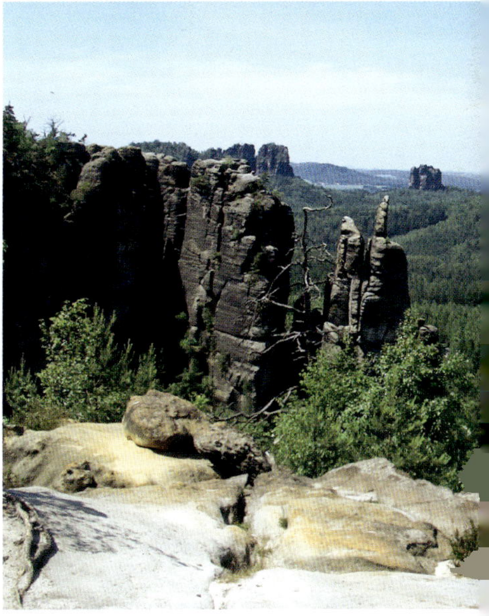

Oben: Klettern mit grandiosem Ausblick.
Unten: Blick auf die Brosinnadel.

16 Goldsteinaussicht und Winterstein

TOP 4.45 Std. 13,5 km ↗530 m ↘530 m

Auf dem Fremdenweg über den Kleinen Winterberg

Der völlig einzeln stehende Winterstein, auch Hinteres Raubschloss genannt, ist unser Tages-Highlight und wohl eines der spektakulärsten Wanderziele der Hinteren Sächsischen Schweiz. Der über 50 Meter hohe Sandsteinklotz fordert trittsichere und schwindelfreie Leute mit einer frei stehenden, luftigen Leiter in einer Felsengrotte heraus. Das breite Gipfelplateau belohnt mit einer wunderbaren Aussicht. In den Fels gehauene Steinstufen, Balkenlager, Zisternen und Mauerreste zeugen davon, dass der Winterstein im Mittelalter zum Schutz der Handelswege zwischen Böhmen und Sachsen als Felsenburg ausgebaut war. Die mittellange Rundwanderung bringt uns über den Roßsteig auf die imposante Goldsteinaussicht, von der wir bei einer zünftigen Rast einen großartigen Blick über den Großen Zschand genießen können. Kulturhistorisch Interessierte können den kleinen Winterbergpavillon besuchen, an dem eine Inschriftenplatte an ein Jagdabenteuer von Kurfürst August von Sachsen erinnert (siehe Tipp).

An der spektakulären Goldsteinaussicht.

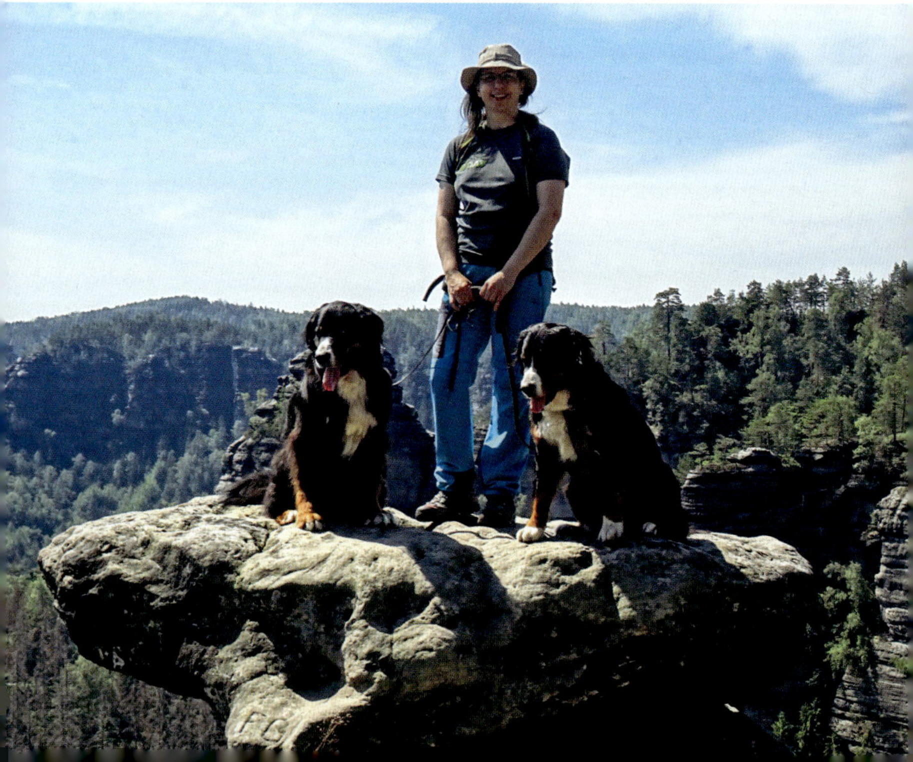

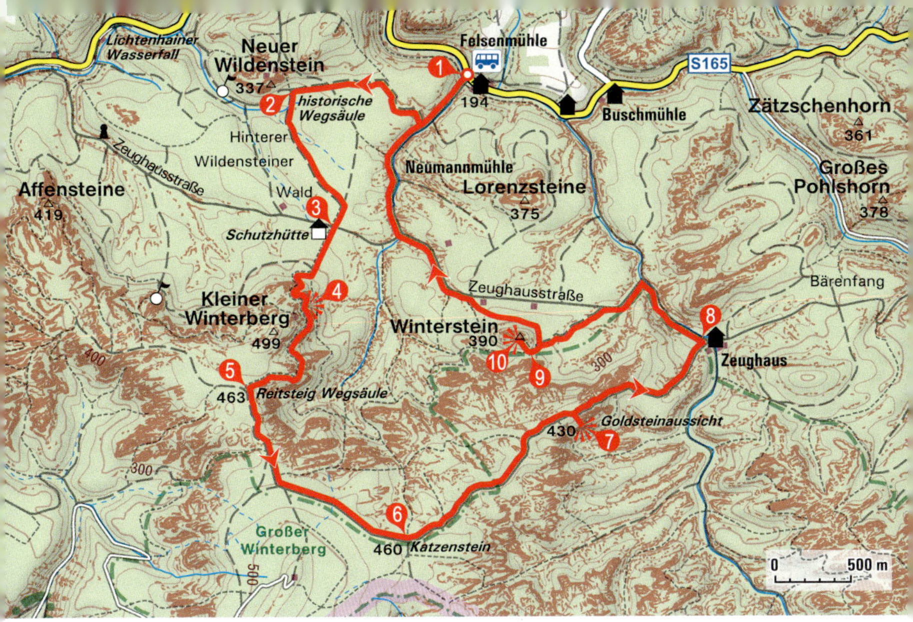

Ausgangspunkt: Felsenmühle, Bushaltestelle (GPS: 50.92570N, 14.27570E). Mit Pkw Parkplatz Neumannmühle (50.92327N, 14.28475E), von dort über den Flößersteig zur Felsenmühle (20 Min., 800 m).
ÖPNV: Bus 241 bis Felsenmühle.
Anforderungen: weite Bergwanderung mit steilen Auf- und Abstiegen, der Aufstieg auf den Winterstein erfordert absolute Schwindelfreiheit und Trittsicherheit.
Einkehr: Zeughaus, (Felsenmühle oder Neumannmühle), Abstecher auf den Großen Winterberg möglich (15 Min., Imbiss).
Varianten: Der Abstieg vom Winterstein kann auch nach rechts über die Buchschlüchte erfolgen, wo aber bisher noch eine erhebliche Gefährdung durch stehendes Totholz besteht.

Winterbergpavillon: Der im Jahr 1818 erbaute Pavillon ist ein Ersatzbau für eine weit früher, wahrscheinlich 1558, errichtete kleine Jagdhütte zur Aufbewahrung diverser Jagduntensilien. Eine Gedenkplatte über dem Eingang erinnert an ein Jagderlebnis von Kurfürst August von Sachsen, bei dem er einen stattlichen Hirsch erlegen konnte.
Zugang über einen Kletterpfad: Von der Aussicht am Fremdenweg ❹ gehen wir einige Meter nach links weiter. An einem auffälligen, 3 m hohen Felsblock am Weg weist uns das schwarze Dreieck (Kletterzugang) den Pfad zum Pavillon hinauf. Vom Pavillon führt auf der Höhe ein Bergpfad (grüner Pfeil) weiter, der zuletzt etwas links haltend nahe der Kreuzung Fremdenweg/Reitsteig ❺ wieder auf unsere Wanderroute trifft. Ca. 10 Min. vom Pavillon.

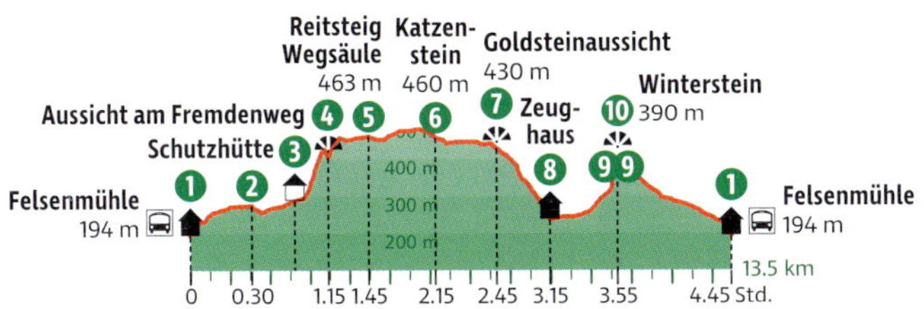

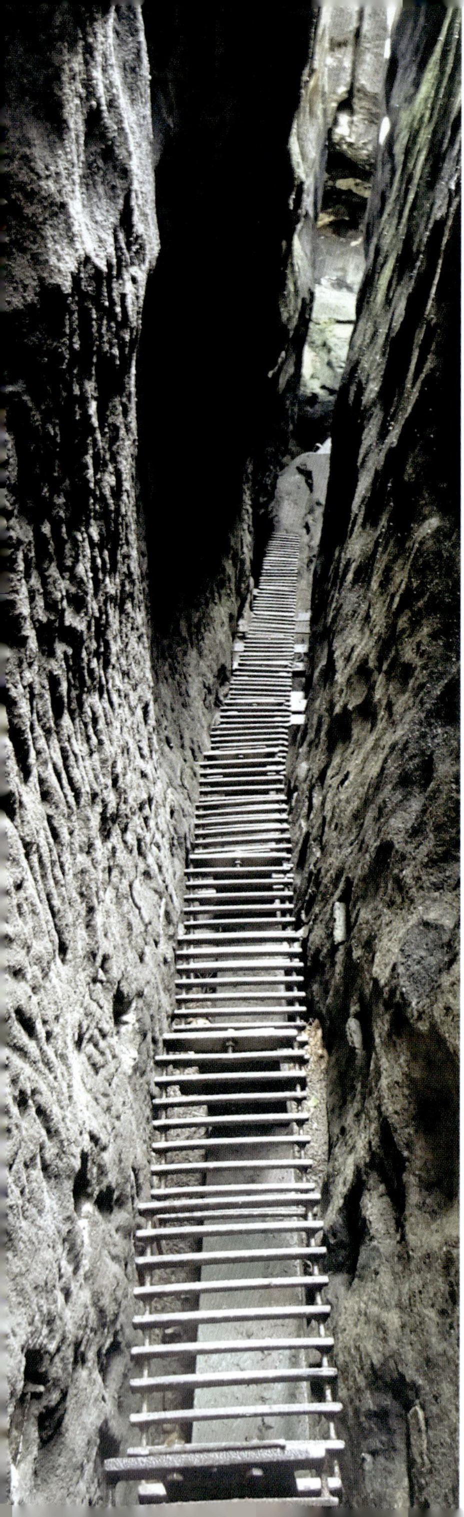

Von der Bushaltestelle an der **Felsenmühle** ❶ überqueren wir die Kirnitzschbrücke und folgen der Markierung roter Strich in Richtung Ferkelschlüchte/Haussteig. Wir wandern in das schluchtartige Sandsteintal hinein. Schon nach 5 Min. geht es rechts in die Ferkelschlüchte. Nach 25 Min. gelangen wir an eine große Wanderwegkreuzung mit einer historischen **Wegsäule** ❷. Wir wechseln auf die Markierung roter Punkt nach links in Richtung Kleiner Winterberg. Fast schnurgerade wandern wir auf dem breiten Weg durch den Wald, der nach 20 Min. an einer kleinen **Schutzhütte** ❸ die Zeughausstraße kreuzt. Danach steigen wir stetig bergan bis wir erneut an eine steinerne Wegsäule kommen. Die Steinsäulen sind historische Wegweiser des Fremdenweges. Ab Ende des 18. Jahrhunderts war der Fremdenweg der touristische Haupterschließungsweg des Elbsandsteingebirges. Auf der Suche nach Inspiration folgten Maler, Dichter und Musiker der Romantik dieser Route vom Lichtenhainer Wasserfall über den Kleinen Winterberg zum Prebischtor. Heute treten wir an dieser Stelle in die Kernzone des Nationalparks ein. Steil führt der Stufensteig über die »Winterbergkehren« bergan. Hoher Buchenwald umgibt uns. Er gehört zu den ältesten und damit wertvollsten Buchenwaldbeständen der Sächsischen Schweiz. Der Kleine Winterberg ist ein schmaler Basaltsporn inmitten des Sandsteinmassivs. In der Krautschicht am Boden zeugen Waldmeister, Zahnwurz, Buschwindröschen und Waldveilchen von der etwas anderen Bodenzusammensetzung.

Im ausgeschlägelten Ausstiegsspalt auf dem »Hinteren Raubschloss«.

Oben angekommen, wenden wir uns nach links, wo sich 100 m entfernt die wunderbare **Aussicht am Fremdenweg** ❹ befindet. Von hier aus können wir den frei stehenden Winterstein, unser Tagesziel, entdecken. Nach Verlassen des Aussichtsplatzes kann man einen Abstecher zum historisch bedeutsamen Pavillon hoch über uns am Gipfel des Winterberges unternehmen (siehe Varianten). Wer nicht über den steilen Hang hinaufkraxeln will, folgt dem aussichtsreichen und bequemen Fremdenweg für 20 Min. bis zur nächsten Wegkreuzung am **Reitsteig** ❺ mit einer weiteren Steinsäule.

Auf dem Reitsteig gehen wir links weiter und stoßen nach einer Viertelstunde auf eine restaurierte Wegsäule. Hier, am Abzweig zum Gipfel des Großen Winterbergs, verlassen wir die klassische Fremdenwegroute und wechseln auf die Markierung grüner Punkt in Richtung Katzenstein, die nun als »Roßsteig« geradeaus weiterführt. Wer möchte, kann natürlich auch einen Abstecher auf den Großen Winterberg unternehmen.

Wenig später erreichen wir den **Katzenstein** ❻, einen markanten Felsen an einem Wegdreieck. Weiter geht es links am Felsen vorbei auf dem nun blau markierten Roßsteig zum Abzweig **Goldsteinaussicht** ❼, den wir nach gut 25 Min. erreichen. Die Aussicht lassen wir uns nicht entgehen, denn sie ist eine der schönsten im Zschandgebiet. Da hier auch der Malerweg verläuft, ist man an diesem schönen Platz selten allein. Wieder zurück am Roßsteig halten wir uns auf ihm rechts weiter. Bald ist das **Zeughaus** ❽ erreicht, das in seinem Biergarten zu einer Rast einlädt.

Vom Zeughaus folgen wir dem roten Strich zum Winterstein. Vorbei an der Nationalpark-Infostelle geht es ein Stück die Zeughausstraße hinunter, mit der wir nach 10 Min. links abbiegen. Bald zweigt unser Aufstieg zum Winterstein links in die Raubsteinschlüchte ab. Hier ist wieder erhöhte Aufmerksamkeit wegen toter Fichten geboten. Schnell ist eine kleine **Passhöhe** ❾ erreicht, wo der »Aufgang zum Winterstein« abzweigt. Wir gehen nach rechts zu dem völlig frei stehenden Felsen, der vom 13. bis etwa 16. Jh. eine umfangreiche Burganlage trug.

Über Eisentreppen und Leitern gelangen wir in eine hohe Höhle mit einer etwa 8 Meter langen, senkrechten Leiter in der Mitte, die zu einem Felsspalt in der Höhlendecke

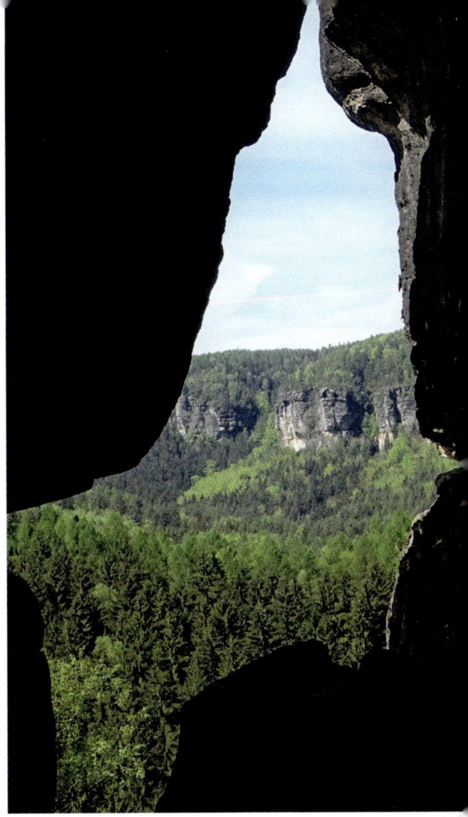

Die große Klufthöhle am Winterstein.

führt. Der luftige Aufstieg ist sehr spektakulär. Für den Weiterweg sollte man schwindelfrei sein und bedenken, dass man über diese Stelle auch wieder hinunterklettern muss! Oben geht es durch einen längeren Querspalt bis auf das Gipfelplateau des **Winterstein** ⑩ hinauf. In den Fels geschlagenen Stufen, Balkenfalzen und die Mauerreste auf dem Gipfel mit einer darunter befindlichen, flachen Höhle erinnern an die Zeit der Felsenburg. Eine Infotafel zeigt, wie das »Hintere Raubschloss« ausgesehen haben könnte.

Der Ausblick von hier oben ist grandios. Wir schauen auf die gegenüberliegenden Bärenfangwände und die Pechofenhörner und hinüber zu den Winterbergspitzen in westlicher Richtung. Weiter nördlich befindet sich der Neue Wildenstein mit dem berühmten »Kuhstall« und rechts davon der Große Lorenzstein. Im Osten ragt der Teichstein auf.

Das große Plateau mit seiner herrlichen Rundsicht bietet sich für eine ausgiebige Rast an. Nach Rückkehr an die unterste Treppe kann man noch links an der Felswand entlang einige Balkenfalze, Spuren eines Wehrganges, entdecken. Zurück an der **Passhöhe** ⑨ steigen wir unseren Aufstiegsweg noch 70 m abwärts (beachte auch Variante unter Hinweise). An einer Gabelung mit Absperrung biegen wir links auf einen breiten, unmarkierten Waldweg ab, der in einem lang gezogenen Linksbogen nördlich um den Winterstein herumführt. Auch hier gibt es einige wenige abgestorbene Fichten bis wir auf eine befestigte Forststraße, die »Zeughausstraße«, stoßen. Auf ihr halten wir uns links. Durch das immer tiefer werdende Sandsteintal erreichen wir nach einer guten halben Stunde die **Felsenmühle** ①, unseren Ausgangspunkt.

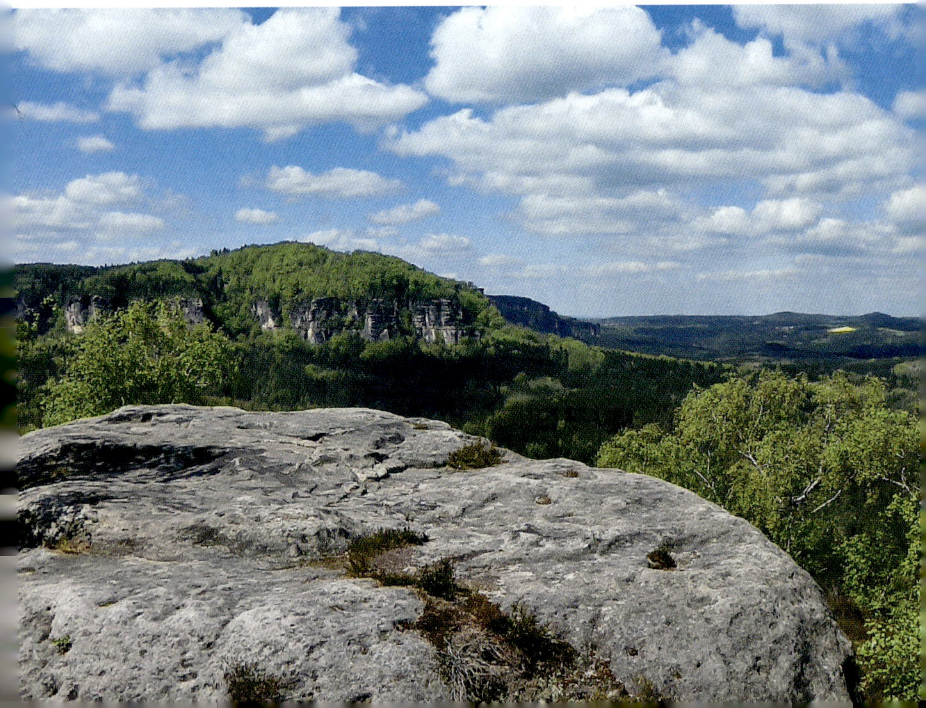

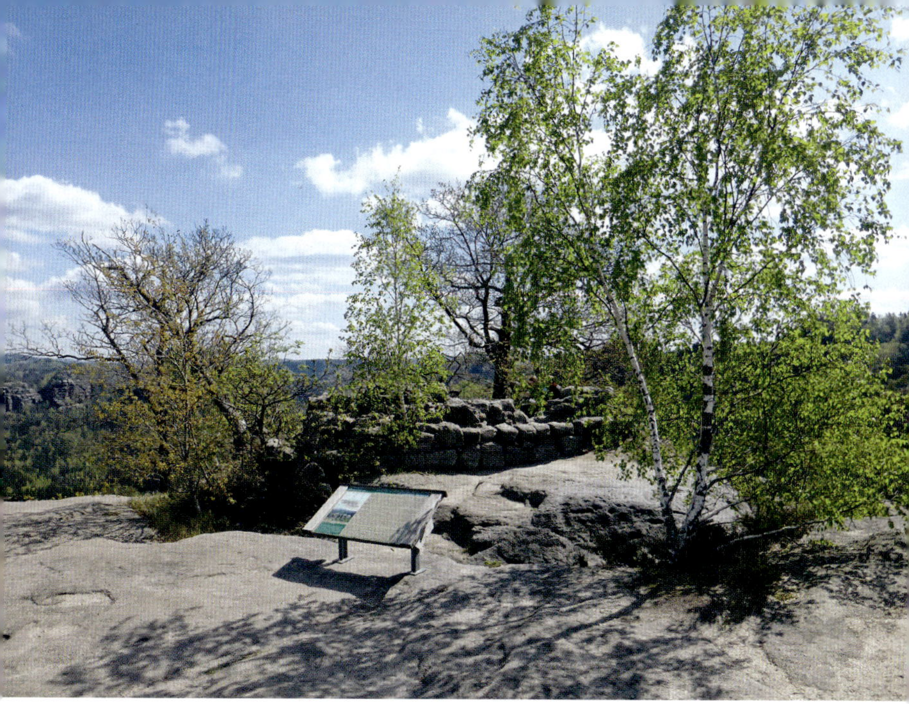

Oben: Reste der mittelalterlichen Burganlage auf dem Gipfel des Winterstein.
Unten: Wer es bis hinauf geschafft hat, wird mit einem grandiosen Panorama belohnt.

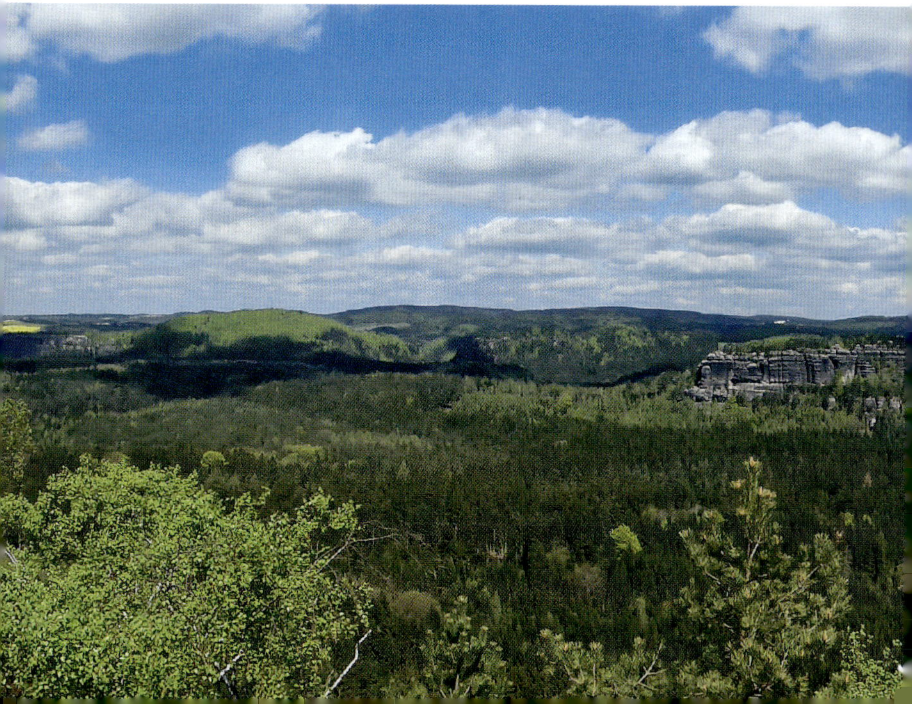

17 Großer Zschand

4.00 Std. | 11,6 km | ↗ 550 m | ↘ 650 m

Durch die Richterschlüchte zur Kipphornaussicht

Auf dieser Streckenwanderung aus dem Kirnitzschtal zur Kipphornaussicht genießen wir zunächst Einsamkeit und Stille in den mit Felsen und Schluchten durchzogenen Wäldern des Großen Zschand. Wir besuchen die versteckt gelegene Richtergrotte, ein mächtiger Felsüberhang, wo es im Sommer herrlich kühl ist und in frostigen Wintern lange Eiszapfen wachsen. Später beeindruckt die weite Aussicht über das Elbtal auf die Ebenheiten mit ihren großen Tafelbergen. Am Großen Winterberg erwartet uns einer der größten Buchenwaldbestände Sachsens. Im Grenzgebiet zu Tschechien durchwandern wir ein vielfältiges Waldökosystem. Moose, Flechten und Farne in verschiedenen Farbnuancen, junge und alte Laub- und Nadelbäume, trockene und feuchte Bereiche zaubern zu jeder Jahreszeit ein anderes Bild. Wer sich Zeit nimmt und aufmerksam schaut, kann vielleicht auch einen der tierischen Waldbewohner beobachten.

Der Wanderweg führt durch das Gelände der urigen Buschmühle hindurch.

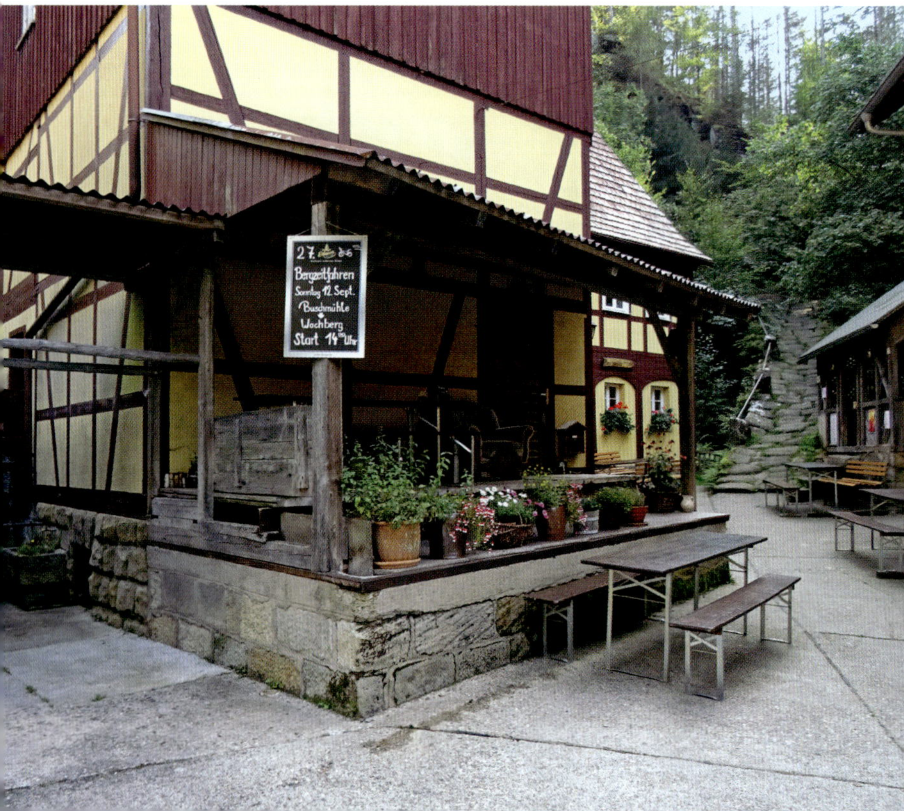

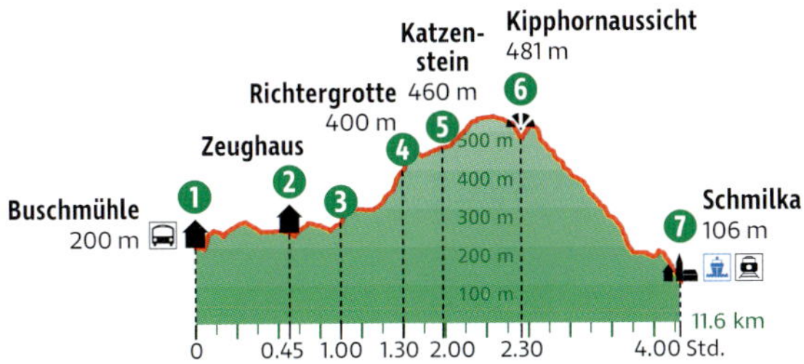

Ausgangspunkt: Buschmühle.
Endpunkt: Schmilka.
ÖPNV: Zum P+R-Parkplatz am Nationalpark-Bahnhof Bad Schandau. Von dort mit dem Bus Linie 241 bis Buschmühle. Zurück in Schmilka mit der Fähre übersetzen und mit der S-Bahn bis Bad Schandau, Nationalparkbahnhof. Vom großen Parkplatz in Schmilka fahren auch Busse nach Bad Schandau.
Anforderungen: Überwiegend bequeme Wanderwege. Viele Höhenmeter im Auf- und Abstieg erfordern gute Kondition. Vorsicht, Totholzgebiete!
Einkehr: Zeughaus, Abstecher zum Berggasthaus Großer Winterberg (derzeit nur eingeschränkter Imbissbetrieb), in Schmilka mehrere Gasthäuser.
Tipps: 1. Die Tour lässt sich mit Tour 12 »Großer Winterberg und Heringsloch« im Anschluss zu einer wunderschönen Rundwanderung verbinden (Gehzeit insgesamt ca. 4.30 Std. mit Übergang bei der Kipphornaussicht 6.
2. Von Schmilka aus startend ergibt die Kombination aus Tour 12 (hin) und Tour 17 (zurück) eine konditionell anspruchsvolle Rundwanderung mit Einkehrmöglichkeiten im Kirnitzschtal.

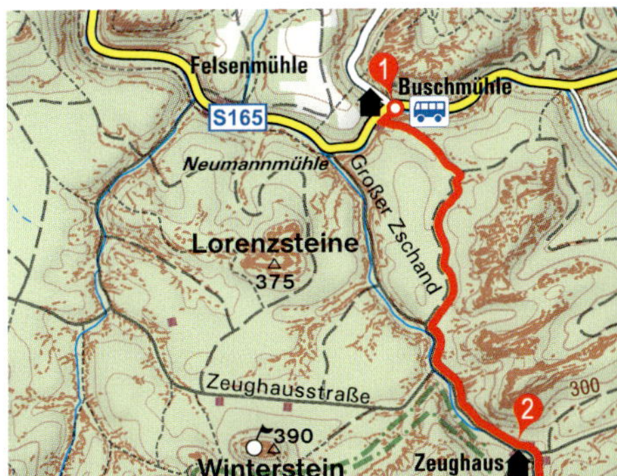

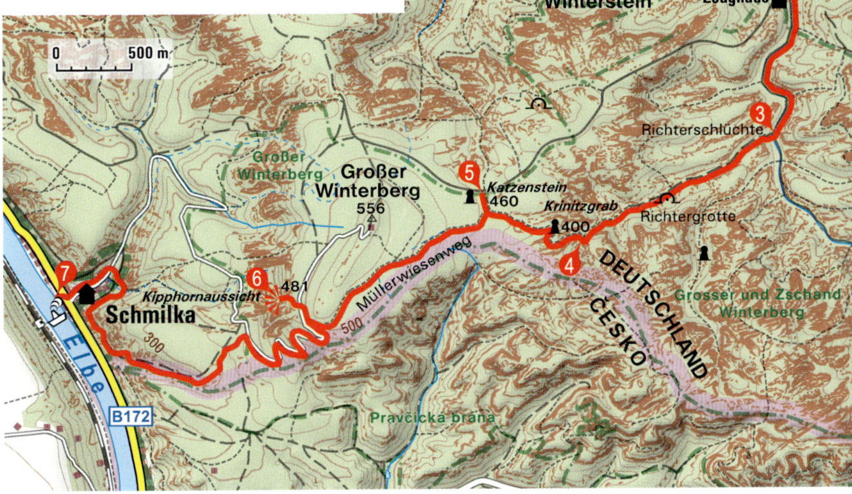

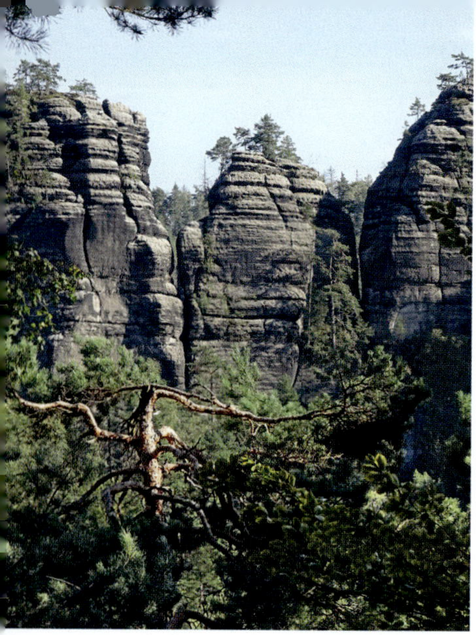

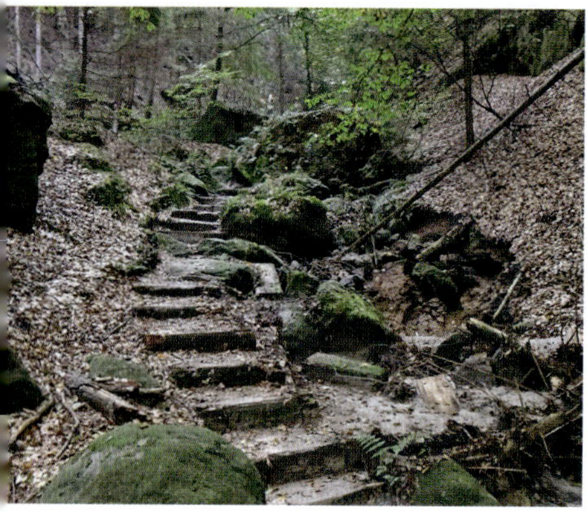

Oben: Einzigartige Sandsteinriffe im Zschandgebiet.
Unten: Treppe in den Richterschlüchten.

Wir starten unsere Wanderung an der Bushaltestelle **Buschmühle ①**. Zunächst überqueren wir die Kirnitzsch und steigen neben der rustikalen Mühlenwirtschaft über einen steilen, mit Sandsteinquadern gepflasterten Weg aufwärts. Durch Hohlfelds Graben erreichen wir den Forstweg Flügel E, dem wir nach rechts folgen. Ausblicke in den weiten Felskessel vor dem Großen Winterberg im Hintergrund begleiten uns, bevor wir auf die Zschandstraße stoßen, die uns nach links zum **Zeughaus ②** bringt. Einst für die Aufbewahrung jagdlicher Utensilien errichtet, gibt es hier heute eine Gastwirtschaft, deren Biergarten zu einer ersten Rast einlädt. Vor dem Zeughaus befindet sich die Nationalpark-Infostelle Zeughaus, die eine kleine Ausstellung bereithält. Gegenüber auf einer Wiese befindet sich, hinter Bäumen und Büschen etwas versteckt gelegen, ein hübsches Umgebindehaus, an dem die Filmserie »Der Ranger« gedreht wurde. Am ersten Wegweiser nach der Gastwirtschaft gehen wir geradeaus vorbei. Etwa 15 Meter weiter, am nächsten Wegweiser, nehmen wir den Fahrweg im Talgrund mit der Markierung grüner Punkt in Richtung »Richterschlüchte/Gr. Winterberg«. Der Große Zschand ist ein insgesamt 6 km langes Trockental in der Hinteren Sächsischen Schweiz. Durch die hier vorherrschenden Bedingungen hat der Wald schon seit längerem mit Borkenkäfern zu kämpfen. Nach 20 Min. biegen wir mit der Markierung in die **Richterschlüchte ③** ein. Hier befindet sich eine Schutzhütte mit Infotafeln. Während am Weg im Zschand zur Verkehrssicherung abgestorbene Fichten in einem breiten Streifen gefällt wurden, stehen nun in den Steilhängen der Schlüchte noch viele tote Fichten. Vorsicht!

Durch die zunehmend wilder werdende Schlucht erreichen wir nach einer halben Stunde die etwas düster wirkende **Richtergrotte ④**, die sich etwas links des Weges befindet. Hier können wir kurz rasten und die Szenerie auf uns wirken lassen. Wir steigen weiter aufwärts und passieren das Krinitzgrab. Der Stein erinnert an den jungen Studenten Gotthard Krinitz, der hier 1908 unter mysteriösen Umständen zu Tode kam. Wenig später gelangen wir an eine lichte Kreuzung mit dem markanten **Katzenstein ❺**. Davor wenden wir uns nach links und nehmen den gelb markierten Müllerwiesenweg in Richtung Schmilka.

Nach einer Viertelstunde besteht die Möglichkeit zu einem Abstecher zum Berggasthaus auf dem Gipfel des Großen Winterberges (blauer Strich, hin und zurück 25 Min.) Wir bleiben jedoch auf dem stillen »Müllerwiesenweg« und ihm geradeaus durch die buchenbewachsene Bergflanke des Basaltberges bis zu einer befestigten Forststraße. Schräg gegenüber führt uns ein unmarkierter Pfad zur beeindruckenden **Kipphornaussicht ❻**, die mit einem grandiosen Panorama aufwartet. Ein Tisch und Bänke laden hier zum Ausruhen und Schauen ein. Rechts sehen wir über dem gewaltigen Schmilkaer Kessel die Schrammsteinkette. In der Ferne ragen die sächsischen Tafelberge über dem Elbtal auf. Vor uns stehen Zirkelstein und Kaiserkrone, dahinter die beiden Zschirnsteine und der Hohe Schneeberg, mit 722 Meter höchster Gipfel des Elbsandsteingebirges. Links erkennen wir den böhmischen Elbcanyon. Von der Aussicht gehen wir wieder zur Forststraße zurück und auf ihr rechts, weiter der gelben Markierung folgend. Nach fünf Spitzkehren zweigt unser Weg links ab. Kurz darauf gabelt sich der Weg und die gelbe Markierung ist etwas schwer zu erkennen. Wir folgen dem mittleren Weg. Auf dem Grenzweg erhaschen wir immer wieder einen Blick auf die Elbe und bald auf das kleine Örtchen Schmilka. Oberhalb der Häuser geht es auf einem Fahrweg herum. Wo der Malerweg quert, steigen wir eine Sandsteintreppe hinunter. Am Kiosk an der »Alten Schule« mit der wasserreichen Ilmenquelle können wir verschnaufen. Auf der steilen Straße talwärts gelangen wir anschließend an der historischen »Schmilk'schen Mühle« vorbei, die Bundesstraße überquerend, zur Fähre **Schmilka ❼**, die uns zur S-Bahn-Station auf der anderen Elbseite bringt.

Hoch über Elbtal und Schmilkaer Kessel reicht der Blick bis zum Lilienstein.

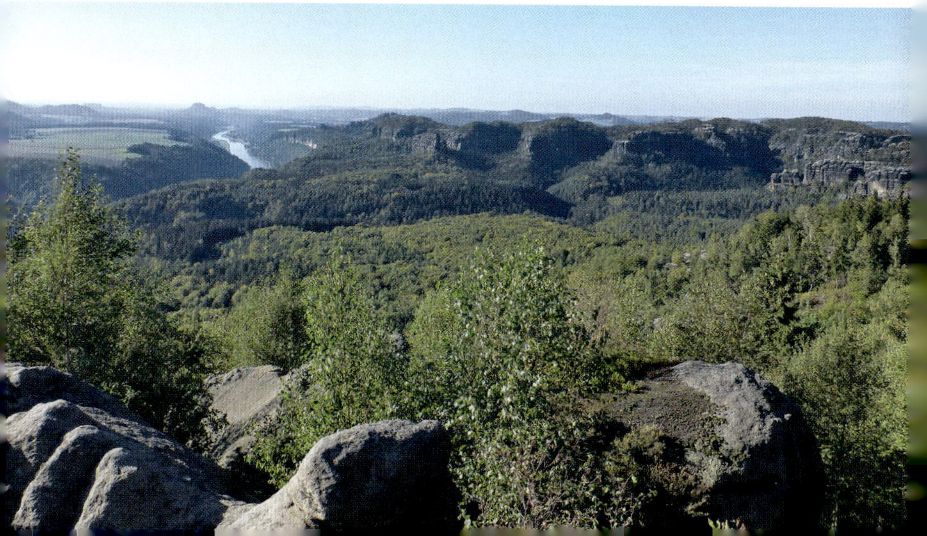

18 Neuer Wildenstein und Großstein

4.30 Std. | 14,8 km | ↗ 520 m | ↘ 520 m

Rundwanderung zu Kuhstallhöhle und Großsteinaussicht

Der Kuhstall auf dem Neuen Wildenstein und der Lichtenhainer Wasserfall gehören seit Ende des 19. Jahrhunderts zu den touristischen Hauptattraktionen der Sächsischen Schweiz. Wer morgens zeitig zum gewaltigen Felsentor aufbricht, wird auf dem verschlafenen Gipfel noch bei andächtiger Ruhe die schmale Himmelsleiter, die Spuren einer mittelalterlichen Burganlage und das versteckte Schneiderloch erkunden können.

Wer nicht so früh unterwegs ist, kann dann spätestens auf der luftigen Aussicht des einsamen Großsteins, die Seele baumeln lassen. Hoch über der Felsenmühle reicht der Blick über das tief eingeschnittene Kirnitzschtal und die bewaldeten Felsmassive der Hinteren Sächsischen Schweiz bis nach Böhmen. Mit weiteren fantastischen Ausblicken von der Hügellandschaft zwischen Ottendorf und Lichtenhain auf das Felsenpanorama der Schramm- und Affensteine vollenden wir diese insgesamt unschwierige Rundtour, die zudem einige Einkehrmöglichkeiten bietet.

In der Kuhstallhöhle auf dem Neuen Wildenstein.

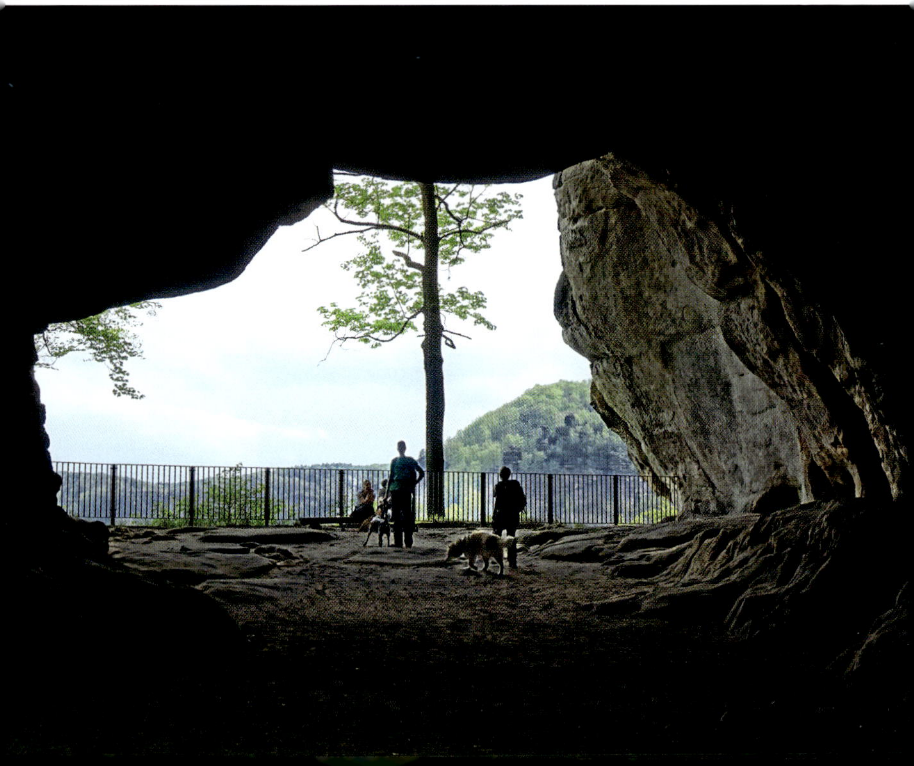

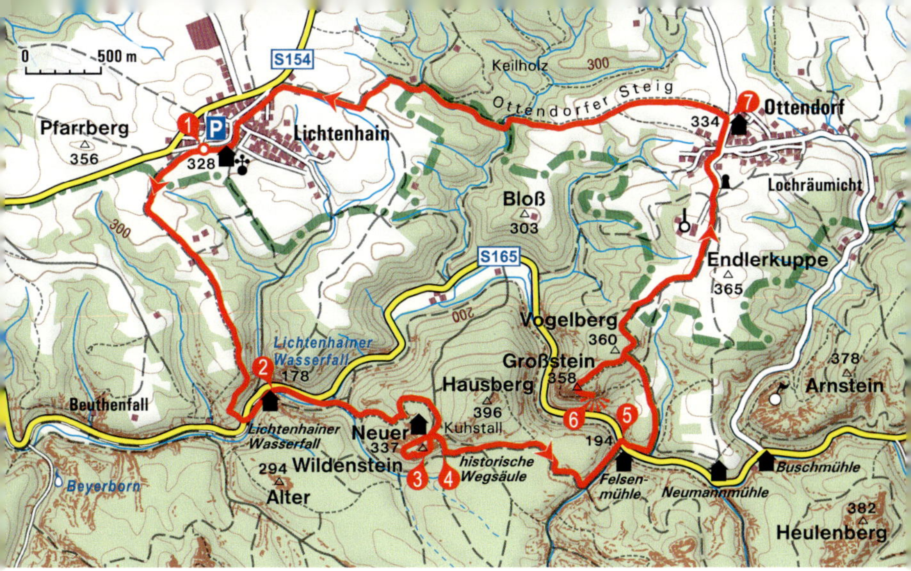

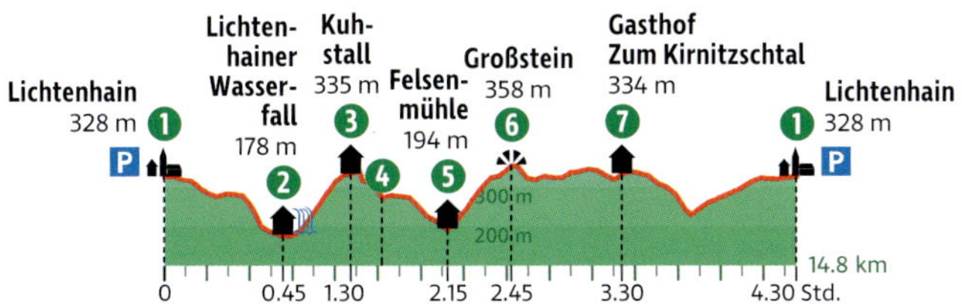

Ausgangspunkt: Lichtenhain, Parkplatz unweit des Friedhofs (GPS: 50.94360N, 14.23580E).
ÖPNV: Bus-Linie 260 bis Lichtenhain (bei Sebnitz), dann der Ausschilderung zum Berghof Lichtenhain/Lichtenhainer Wasserfall folgen und in Ortsmitte auf dem Platz vor der kleinen gelben Kirche die Hauptstraße nach rechts zum Ausgangspunkt nehmen.
Anforderungen: Am Kuhstall und Großstein felsige Pfade, die etwas Trittsicherheit verlangen, sonst überwiegen breite Wald- und Forstwege. Vorsicht, Totholzpassagen!
Einkehr: Gaststätte Lichtenhainer Wasserfall (www.lichtenhainer-wasserfall.de), Bergwirtschaft Kuhstall (www.elbsandstein.de), Gasthaus Felsenmühle (www.pension-felsenmuehle.de), Ottendorf Gasthof zum Kirnitzschtal, Berghof Lichtenhain (www.berghof.li)
Tipp: Die Wanderung kann auch wunderbar mit einer romantisch beschaulichen Fahrt mit der historischen Kirnitzschtalbahn verbunden werden, die bereits seit über 100 Jahren Ausflügler von Bad Schandau zum Lichtenhainer Wasserfall bringt, alternativ Nutzung der Kirnitzschtal-Bus-Linie 241. Toureinstieg am Lichtenhainer Wasserfall ❷.

An der Einfahrt des **Parkplatzes** ❶ wenden wir uns nach rechts und wandern links am Friedhof vorbei. Wir folgen dem grünen Punkt in Richtung Beuthenfall. Der »Folgenweg«, der zunächst als Teerweg durch Wiesen und Felder führt, wird bald zu einem Wiesenweg. Der Blick fällt vor uns auf die Schrammsteine. Nach einer halben Stunde erreichen

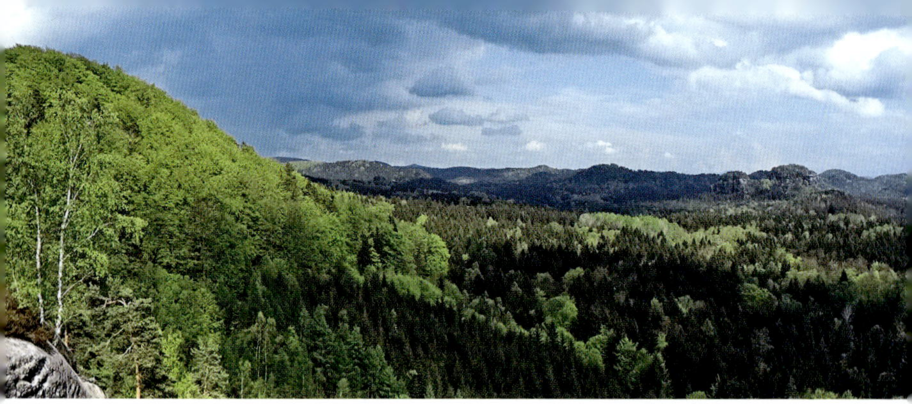

Besonders beeindruckend: die Weite der Hinteren Sächsischen Schweiz.

wir eine stille Waldwiese. Am Ende der Wiese geht es im Wald sehr steil abwärts. Nach etwa 120 Metern Abstieg, nach einem äußerst steilen, mit Baumwurzeln durchsetzten Abschnitt, quert ein unmarkierter Hangweg, dem wir nach links folgen. Unterhalb einer Bergsteigerhütte vorbei gelangen wir im Steilhang hinauf über der Kirnitzsch zum **Lichtenhainer Wasserfall ❷**. Schon 1830 kam man auf die Idee, den Bach in einem kleinen Becken aufzustauen und für Ausflügler gegen

Lichtenhainer Wasserfall.

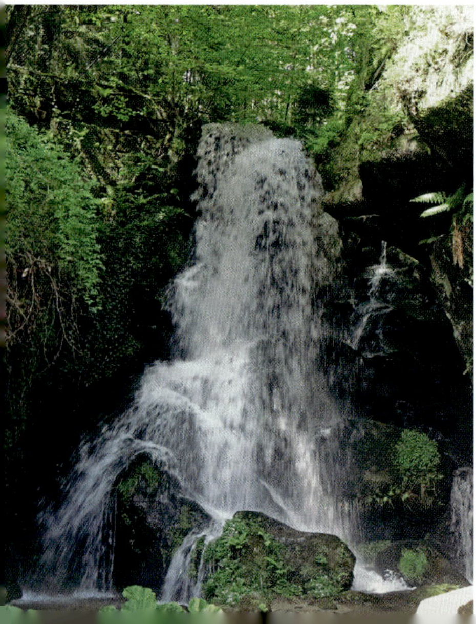

ein Trinkgeld das Wehr zu ziehen. Seit dem Bau der Kirnitzschtalbahn im Jahre 1898 wurde der Wasserfall zum Besuchermagnet. Alle halbe Stunden verwandelte sich der über moosgrüne Felsblöcke herunterplätschernde Bach in einen beeindruckenden Wasserfall. Am 17. Juli 2021 zerstörte ein Unwetter die gesamte Stauanlage. Jetzt sammelt die Wirtin Spenden für den Wiederaufbau.
Von der Endhaltestelle der Kirnitzschtalbahn neben dem Gasthaus nehmen wir den mit rotem Punkt markierten Wanderweg in Richtung Kuhstall. Es geht zunächst über einen kleinen Parkplatz und eine Steinbrücke, danach kurz am Wasser entlang. Bald führt der Weg stetig bergan. Nach einer reichlichen halben Stunde gelangen wir bereits an den **Kuhstall ❸**, eine riesige Felsengrotte, wo sich auch eine Infotafel und ein Gasthaus befinden. Wenn wir das elf Meter hohe Felsentor durchschreiten, eröffnet sich der Blick auf die Felsenlandschaft der Hinteren Sächsischen Schweiz. Alte Inschriften zeugen von früheren Besuchern. Am linken Höhlenrand führt ein Durchgang zur Himmelsleiter. Bevor wir diese hinaufsteigen, sollten wir noch einen Blick um die Ecke werfen. In einer Nische entdecken wir Reste einer mittelalterlichen Burganlage

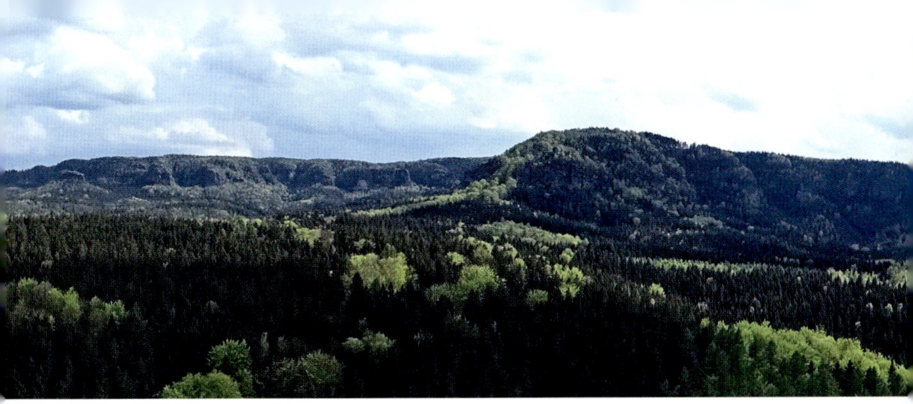

aus dem 14. Jahrhundert. Die erweiterten Felshöhlungen dienten als Unterschlupf. Durch den engen Felsspalt der Himmelsleiter steigen wir auf das Plateau des Neuen Wildensteins hinauf. Auch hier treffen wir auf Spuren der einstigen Felsenburg, wie alte Balkenfalze, Mauerreste, eine Zisterne und steile Sandsteintreppenstufen. Beeindruckend ist der atemberaubende Ausblick von hier oben. In westlicher Richtung steigen wir über Treppen und eine kleine steinerne Brücke hinunter zu einer bewaldeten Fläche zwischen steilen Felsen. Man kann hier zwei schöne Abstecher unternehmen. Links führt ein nur etwa einen Meter hoher Gang mit Geländer zur Räuberhöhle, einer flachen Höhle gleich links am Fels. Ein weiterer Abstecher führt zum Schneiderloch. Die kleine, versteckte Höhle mit einer luftigen Aussicht inmitten einer hohen Felswand kann nur durch einen engen Spalt mit Eisenklammern erklettert werden. Auf bequemem Weg geht es zurück zum Gasthaus und zur Infotafel vor dem Kuhstall. Vom Wegweiser machen wir uns an den stufenreichen Abstieg durch eine kühle Felsenschlucht. Wir folgen dem roten Punkt hinunter zum Fremdenweg. An der großen Wanderwegkreuzung mit einer steinernen **Wegsäule** ❹ wechseln wir auf die Markierung roter Strich und wandern nach links Richtung Felsenmühle weiter. Durch die Ferkelschlüchte erreichen wir in 25 Min. die Pension **Felsenmühle** ❺ im Kirnitzschtal. Rechts von ihr steigen wir nun mit grünem Strich markiert zwischen den Gebäuden aufwärts zum Großstein. Der Aufstieg führt durch einen steilen Wald. Wir halten uns immer links bis wir nach etwa 40 Min. auf der Felsenaussicht auf dem **Großstein** ❻ stehen, 160 Höhenmeter über der Kirnitzsch! Tief unten können wir die Felsenmühle erkennen. Geradezu die Lorenzsteine und weiter links die Felsenwelt über dem Großen Zschand. Dahinter in der Ferne sind bei guter Sicht die Basaltkuppen von Studenec (Kalten-

Auf dem Neuen Wildenstein.

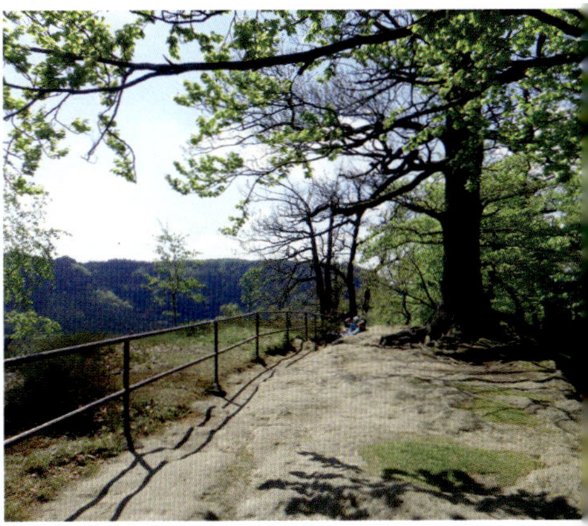

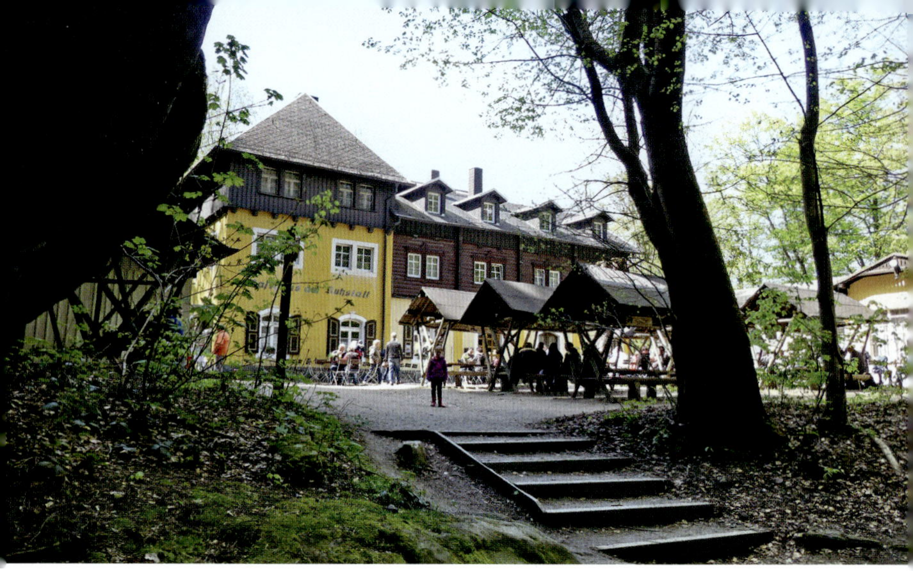

Bergwirtschaft Kuhstall.

berg), Raumberg und Jedlová (Tannenberg) zu entdecken. Rechts fällt unser Blick auf die dunklen Felsen der Affensteine mit dem markanten Bloßstock und auf die Schrammsteine dahinter.

Vom Großstein gehen wir zunächst den gleichen Weg zurück. Nach 5 Min. gehen wir an einem Abzweig weiter geradeaus in Richtung Ottendorf. Mit der grünen Wegmarkierung verlassen wir bald darauf den Wald und gehen über sanfte, hügelige Wiesen bis zum Dorf. Ein verfallenes Anwesen auf einer bewaldeten Kuppe zieht unsere Aufmerksamkeit auf sich. Das ehemalige Jugenderholungsheim Endlerkuppe wurde 1928/29 erbaut und bot Platz für 160 Arbeiterkinder. Das architektonisch durchaus interessante Gebäudeensemble mit einem tempelartig vorgezogenen Haupthaus mit zwei Seitenflügeln, großem Festsaal und einem Aussichtsturm mit verglastem Windfang besitzt eine wechselvolle Geschichte. Ab 1933 diente es als Heim des Bunds Deutscher Mädel, nach 1946 wurde es SED-Parteischule und nach der politischen Wende 1989 kam es in Treuhandeigentum und verfällt seitdem zusehends.

Wir gehen gerade durch das Dorf bis zum Gasthof **Zum Kirnitzschtal ❼**. Direkt dahinter biegen wir links ab und lassen uns nun von der Markierung grüner Punkt nach Lichtenhain leiten. Nach 250 m gibt es einen kleinen Rastplatz mit schönem Blick über die Hügel auf die Schrammsteinkette. Weiter geht es über Wiesen und Felder, dann in den Wald und hinunter ins Knechtsbachtal zu einer Wegkreuzung. Auf einem befestigten Forstweg geht es jetzt wieder aufwärts. Nach 600 m aufpassen, denn unsere Markierung zweigt nach links ab. Wenig später gelangen wir an einen befestigten Feldweg, der uns nach rechts ins Dorf Lichtenhain bringt. Am Dorfplatz befindet sich die kleine gelbe Dorfkirche und daneben der Berghof Lichtenhain, der in seinem südseitigen Gebäude eine schöne Einkehrmöglichkeit bietet. Vom Dorfplatz die Hauptstraße weiter erreichen wir unseren **Ausgangspunkt ❶**.

Pohlshörner, Teichstein, Arnstein und Kleinstein

19

5.00 Std. | 15,2 km | ↗ 780 m | ↘ 780 m

TOP

Stille Aussichten über Großem Zschand und Kirnitzschtal

Auf dieser »Fünf-Steine-Tour« erwarten den Wanderer malerische Ausblicke und ein altes Raubritternest inmitten der weiten Wald-Fels-Landschaft des hinteren Nationalparks.

Schon zu Beginn geben die beiden einsamen Pohlshörner den Blick frei auf unser zauberhaftes Tagesziel, die große Kleinsteinhöhle, zweitgrößtes Felsentor der Sächsischen Schweiz. Der aussichtsreiche Teichstein lockt mit einem luftigen Tiefblick in den Großen Zschand und einem mit Ketten und Eisenklammern gesicherten Bergsteig. Nach einer Stärkung in der rustikalen Buschmühle, eine der ältesten Mühlen des Kirnitzschtals, kraxeln wir steil hinauf auf den Arnstein, der einen tollen Ausblick auf die fernen Affensteine ermöglicht. Steintreppen, Balkenlager, Felszeichnungen und eine große Zisterne zeugen von einer mittelalterlichen Felsenburg, die im 15. Jahrhundert bestand. Ein beschaulicher Wanderweg bringt uns schließlich über Felder, Streuobstwiesen und durch lichte Buchen-Mischwälder zum Kleinstein, dessen romantischer Aussichtsplatz in der Höhle vom berühmten Maler Ludwig Richter bereits im Jahre 1820 in einem Kupferstich verewigt wurde.

Luftiger Ausblick vom Teichstein über den Großen Zschand.

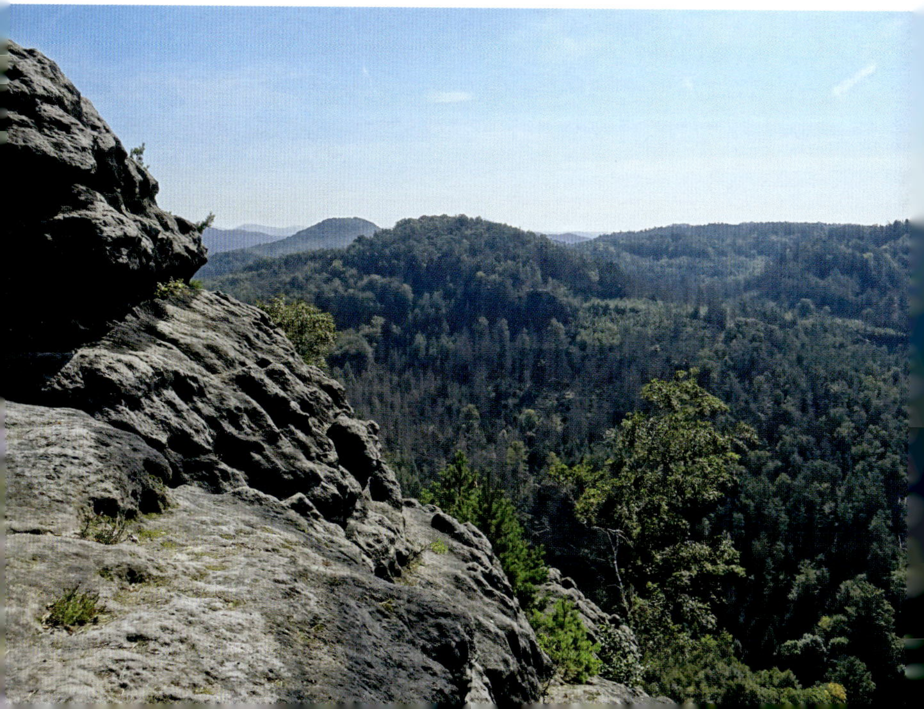

Ausgangspunkt: Parkplatz »Sturmbauers Eck« an der Kirnitzschtalstraße (GPS: N 50.928527, E14.314252).
ÖPNV: Bus (Linie 241) bis »Sturmbauer's Eck«.
Anforderungen: Lange Wanderung mit großen Höhenunterschieden auf zumeist guten Wanderwegen und Felsensteigen. Die Gipfel Teichstein und Arnstein verlangen Trittsicherheit und Schwindelfreiheit.

Einkehr: Gastwirtschaft Buschmühle www.die-buschmuehle.de, alternativ ca. 300 m entfernt Gasthaus Neumannmühle, www.saechsische-schweiz.com
Hinweis: Die Route führt durch Totholzgebiete mit Gefahr von Baumstürzen. Die Wege werden passierbar gehalten. Da sie sich teils in schwer zugänglichem Steilgelände befinden, erfolgt aber keine spezielle Verkehrssicherung!

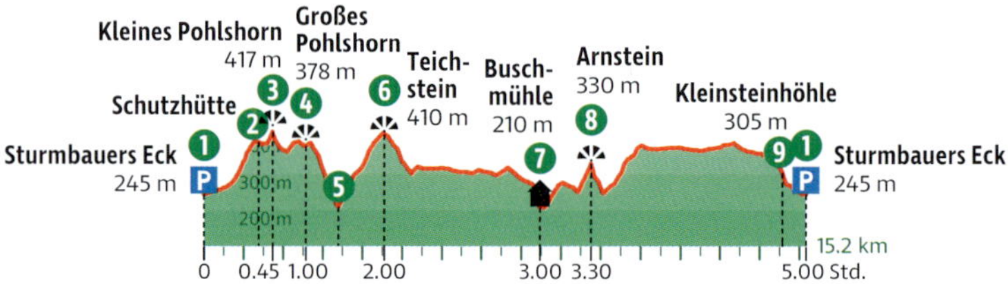

Vom Parkplatz **Sturmbauers Eck ❶** an der Kirnitzschtalstraße folgen wir der Malerweg-Ausschilderung bis zum Teichstein. Zunächst gehen wir an der Straße entlang talaufwärts. Nach knapp 10 Min. biegen wir nach rechts in Richtung »Großes Pohlshorn/Zeughaus« ab. Nun auch grün markiert geht es durch die Mühlschlüchte auf eine mit hohen Buchen bewachsene Anhöhe. An einer kleinen **Schutzhütte ❷** vorbei gelangen wir bald an den Wegweiser zum Kleinen Pohlshorn. Der kurze Abstecher auf den einsamen, naturbelassenen Gipfel des **Kleinen Pohlshorn ❸** ist etwas für echte Naturfreunde. Von einem kleinen Fel-

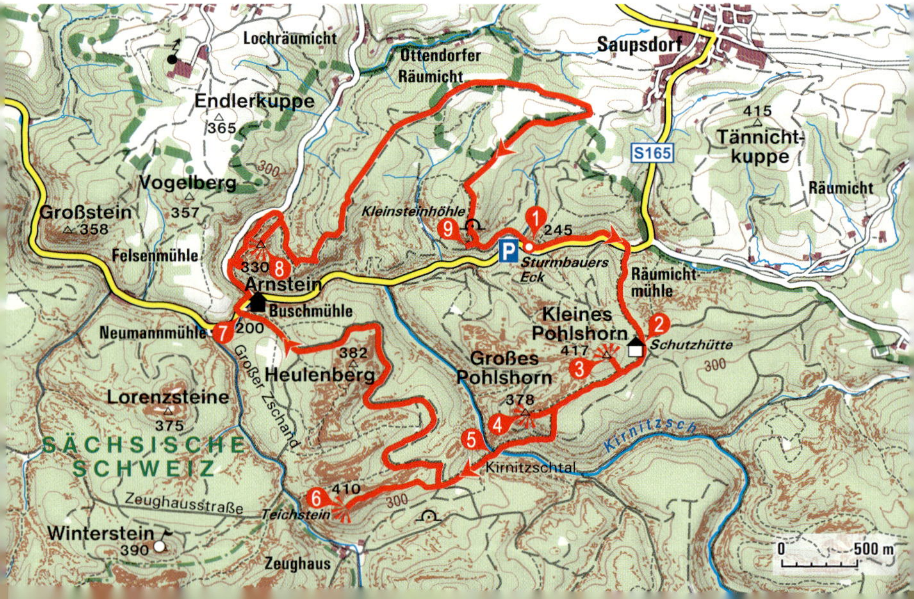

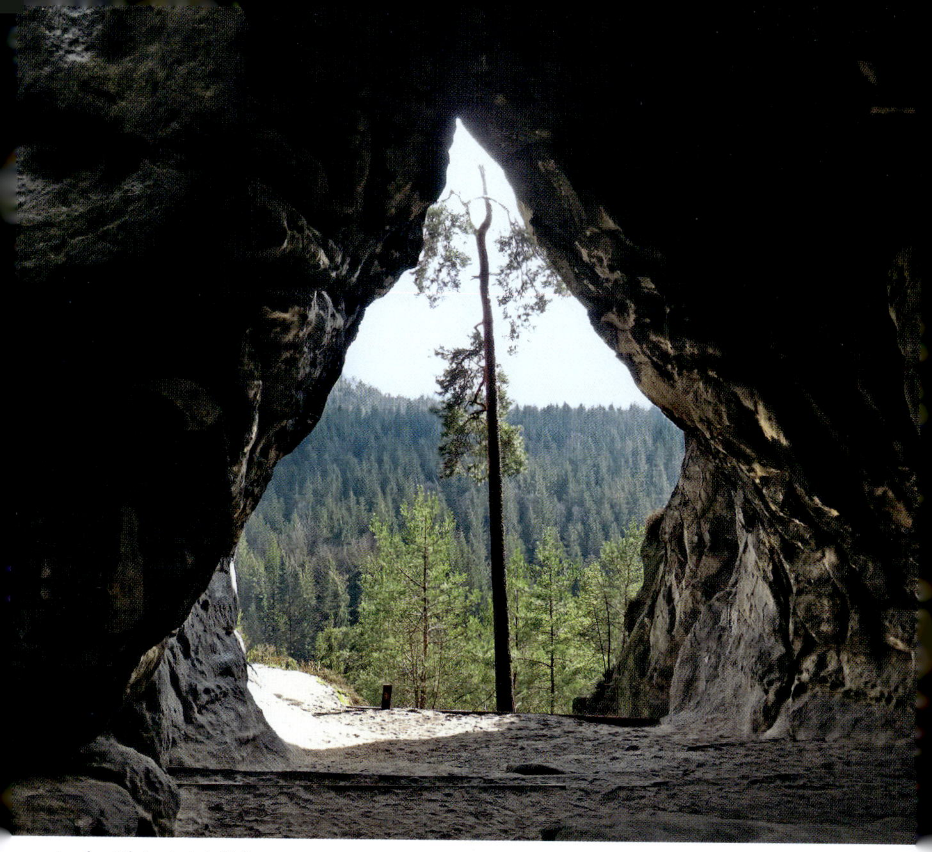

In der Kleinsteinhöhle.

sen, der mit 417 m der höchste Punkt unserer Wanderung ist, haben wir bereits eine erste, tolle Aussicht auf die weiten Wälder der hinteren Sächsischen Schweiz. Zurück am Hauptweg folgen wir dem markierten Weg auf gleicher Höhe bleibend weiter bis zu dem Aussichtsfelsen auf dem **Großen Pohlshorn ❹**. Der Blick auf die wilden, bewaldeten Felsberge ist von hier noch beeindruckender. Links erhebt sich der hohe, mit Buchen bewachsene Raumberg, ein Basaltkegel. Geradezu sehen wir den markanten Teichstein, unser drittes Gipfelziel. Rechts ist inmitten des Waldes eine große Felswand mit einem riesigen Loch zu entdecken, es ist der Kleinstein. Der markierte Wandersteig leitet uns nun steil und teils über Holzstufen bis ins **Kirnitzschtal ❺** hinunter und auf der anderen Seite als »Dreisteigensteig« wieder hinauf.

Oben angekommen stehen wir an einer größeren Wegkreuzung. Von hier wollen wir einen Abstecher auf den Teichstein unternehmen.

Dazu folgen wir geradeaus einem unmarkierten Waldweg, der sich bald zu einem schmalen Pfad verengt. Mit Hilfe einiger Eisenstufen und in den Fels gehauener Tritte erreichen wir bald die vorderste Spitze des **Teichsteins ❻**, wo uns eine grandiose Aussicht erwartet. Großer Zschand, der auch als »Hinteres Raubschloss« bekannte Win-

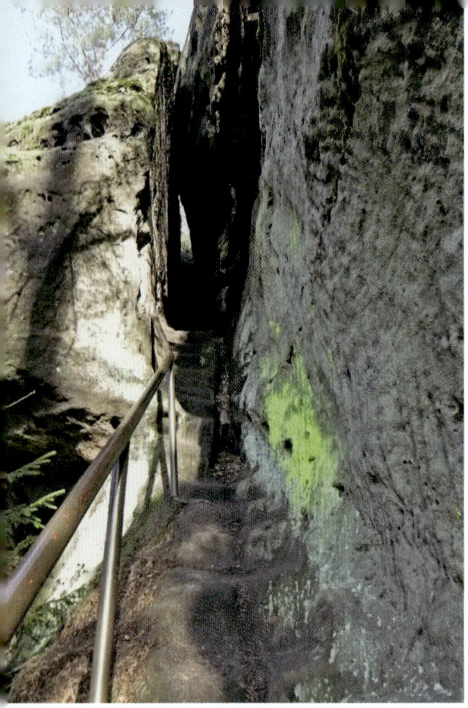

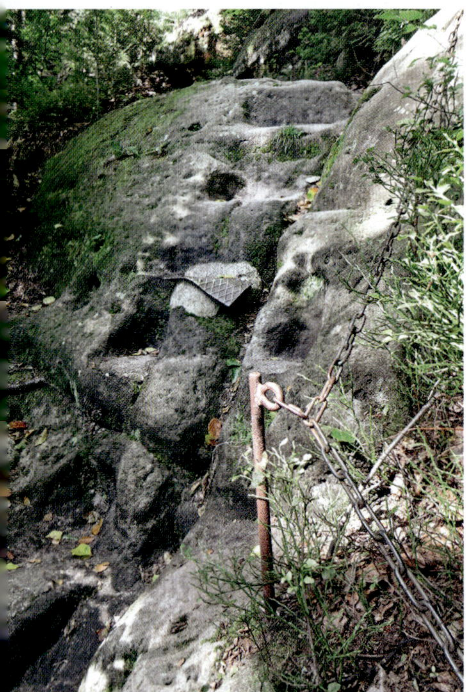

terstein, der Kleine Winterberg und die Affensteine mit dem markanten Bloßstock liegen aufgereiht vor uns. Tief unter uns befindet sich das Alte Zeughaus.

Nachdem wir den grandiosen Ausblick genossen haben, gehen wir bis an die große Wegkreuzung zurück.

Wir biegen nach links in den E-Flügel-Weg ein, der uns zur Buschmühle bringen soll. Etwa eine halbe Stunde lang gehen wir unter hohen Laubbäumen bis zum Abzweig Richtung Buschmühle. Ein Wegweiser leitet uns nach rechts. Auf schmalem Weg geht es bald steil über einen mit großen Sandsteinen gepflasterten Weg direkt zur urigen **Buschmühle** ❼ hinunter. Seit über 400 Jahren steht sie an diesem Platz im Kirnitzschtal. Die Gastwirtschaft lädt zu einer Stärkung ein.

Danach überqueren wir die Kirnitzsch und gehen nach rechts. Wir folgen der gelben Markierung in Richtung Arnstein. Von der Straßenkreuzung geht es auf einem Steiglein zügig bergan und nach circa einer Viertelstunde zweigt nach rechts der Stufensteig in Richtung Arnstein ab. Der eigentliche Aufstieg auf die ehemalige Burgwarte folgt einem mit Geländer gesicherten Band an der Nordwestseite des Felsens. In einem engen Felsspalt geht es über ausgetretene Stufen steil nach oben und auf einer Eisentreppe auf den Gipfel des **Arnsteins** ❽. Die herrliche Aussicht lädt zum Verweilen ein. Eine große Zisterne mit einem Volumen von etwa 20 Kubikmetern sicherte die Wasserversorgung. Am höchsten Felsbereich sind Balkenlager ausgemeißelt, die vermutlich

Felsenstiegen an Arnstein (oben) und Teichstein (unten).

der Befestigung des Bergfrieds dienten. An dessen Südostseite kann man eine alte Strichzeichnung eines Mannes mit Rock ausmachen. Der Arnstein besitzt darüberhinaus noch einige weitere Felszeichnungen aus alten Zeiten. Davon ist ein Gesicht mit Ohren unterhalb der Eisenleiter gut zu erkennen. Beim Abstieg auf gleichem Wege sollten wir vor Verlassen des Felsspaltes noch auf einen kleinen Pfeil an der Felswand achten. Er weist den Zugang zu einem 5 m langen Höhlenraum, der durch den Spalt und über ein ausgesetztes Felsband erreichbar ist. Nach ausgiebiger Erkundung steigen wir wieder zum gelb markierten Wanderweg ab und gehen nach rechts weiter. Der Wanderweg Richtung Saupsdorf steigt immer steiler an. Unterwegs tangieren wir eine Felskante, von der sich ein atemberaubender Tiefblick ins Tal und auf Raumberg und Kaltenberg (Studenec) in der Ferne eröffnet. An der Wanderweggabelung halten wir uns rechts. Buchen bestimmen bald das Bild und weisen uns auf veränderte Bodenverhältnisse hin. Wir befinden uns hier bereits auf Lausitzer Granit. Wenig später verlassen wir den schattigen Wald. Vor uns breitet sich eine Hügellandschaft aus. Für eine knappe Viertelstunde wandern wir über idyllische Wiesen und Felder; bis wir auf einen Wegweiser und die rote Markierung treffen. An dieser Stelle biegen wir scharf rechts ab. Die rote Markierung bringt uns nach 1,5 km auf die Felsenaussichten am Kleinstein. Von hier haben wir noch einmal eine sehr schöne Aussicht über die endlos erscheinenden Wälder und die umliegende Felsenwelt der Affensteine, des Winterberggebietes, auf die Lorenzsteine, Teichstein und Pohlshörner. Über eine Steiganlage geht es nun talwärts. Nach den Steinstufen führt ein Abstecher zur **Kleinsteinhöhle ❾**, einem 10 m hohen, beeindruckenden Felsentor. Ein zauberhaftes Motiv, welches schon die romantischen Maler inspirierte. Beim weiteren Abstieg stoßen wir auf einen breiten Wanderweg, dem wir nach links zu unserem Ausgangspunkt am **Sturmbauers Eck ❶** folgen.

Wilde Szenerie auf dem Großen Pohlshorn.

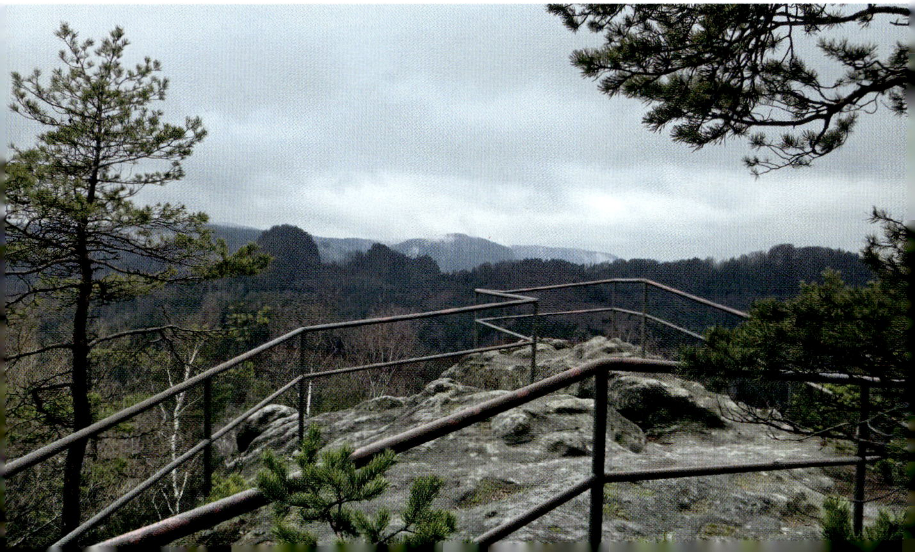

20 Köglerpfad – Nord

4.00 Std. | 12,2 km | ↗ 420 m | ↘ 420 m

Von Krásný Buk über den Wolfsberg nach Zahrady

Der »Köglerova naučná stezka« gilt als der erste Naturlehrpfad in Böhmen und wurde von Rudolf Kögler aus Schönlinde begründet. In seinem Garten in Zahrady erschuf er in den Jahren 1931 bis 1935 ein steinernes Landschaftsrelief aus den verschiedenen heimischen Gesteinen. Dabei kam ihm die Idee, einen 12 Kilometer langen Naturlehrpfad von den Kalköfen (Vápenka) bei Daubitz (Doubice) über das Khaatal bis zum Wolfsberg (Vlčí hora) zu gestalten, der schließlich im Herbst 1941 eröffnet wurde. In den Nachkriegsjahren geriet der Pfad dann aber in Vergessenheit.

Heute lockt uns der 2006 neu konzipierte Rundwanderweg »Köglers Naturpfad« in die überaus abwechslungsreiche Naturlandschaft im Bereich der Lausitzer Überschiebung, wo der Granit des Lausitzer Gebirges auf den Sandstein der Böhmischen Schweiz trifft. Den jetzt 23 Kilometer langen Lehrpfad stellt dieser Führer in 2 Wandervorschlägen vor, um Ausblicke, Sehenswürdigkeiten und Natur in Ruhe genießen zu können. Natürlich können sportlich ambitionierte Wanderer die Strecke auch im Ganzen absolvieren. Die 39 zweisprachigen Informationstafeln bieten Gelegenheit, ganz nebenbei ein paar Worte Tschechisch zu lernen.

Die Rundwanderung in seinem nördlichen Teil ist stark geprägt vom hügeligen Terrain des Lausitzer Granitkomplexes. Aktiver Vulkanismus im Tertiär ließ hier den Basaltkegel »Vlčí hora« entstehen, von dessen Aussichtsturm der Rundumblick bei guter Sicht bis zum Isergebirge und Riesengebirge, zum Jeschken (Ještěd) und zu den Kegelbergen des Böhmischen Mittelgebirges reicht. Neben dem wohl einzigartigen geologische Relief sind die Umgebindehäuser des denkmalgeschützten Dorfes Dlouhý Důl (Langengrund) und des einstigen Wallfahrtsortes Sněžná (Schnauhübel) sowie die Überreste einer im 13. Jahrhundert erbauten Felsenburg weitere kulturhistorisch interessante Höhepunkte.

Wolfsberg (Vlčí hora).

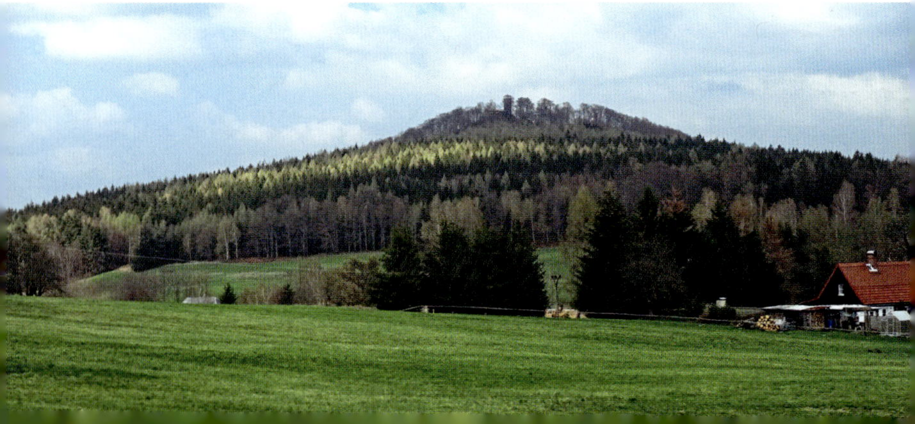

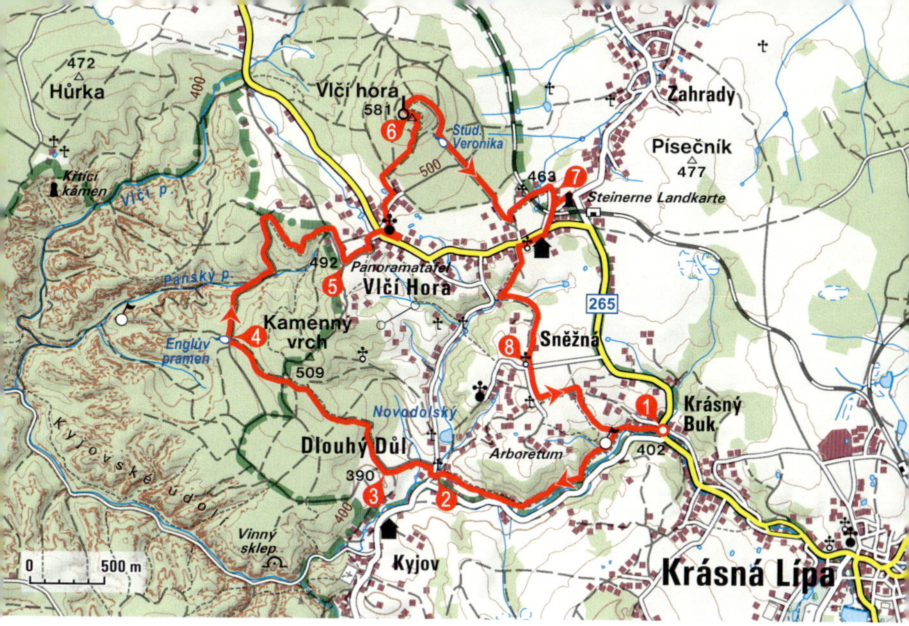

Ausgangspunkt: Krásný Buk (Schönbüchel), kleiner Park 100 m nördlich des Straßenabzweiges nach Kyjov, Parken an der Hauptstraße Krásná Lípa – Zahrady (50.9210000N, 14.4894500E) **ÖPNV:** Mit dem Bus 512405, 407 oder 434 bis »Krásná Lípa, Krásný Buk«, alternativ ist am Wochenende auch die Anreise mit dem Zug bis »Zahrady u Rumburka« möglich (Einstieg bei WP 7) **Anforderungen:** Überwiegend breite Wald- und Wiesenwege, steiler Auf- und Abstieg am Wolfsberg, teils mit groben, spitzen Steinen durchsetzt, bei Nässe oder Laubauflage rutschig. **Einkehr:** Penzion und Restaurace Vlčárna in Zahrady, www.vlcarna.cz; in Kyjov: Kavarna Perla (Café, von WP 2 auf der Straße 200 m in südlicher Richtung), Restaurace Na Fakultě (von WP 2 ca. 750 m in südlicher Richtung). **Hinweis:** Öffnungszeiten Wolfsberg-Turm: Mai – September (täglich 9 – 17 Uhr), Oktober – April (samstags, sonntags von 9 bis 15:30 Uhr), nicht auf den letzten Drücker kommen – am besten vor der Wanderung nochmal auf mapy.cz checken.

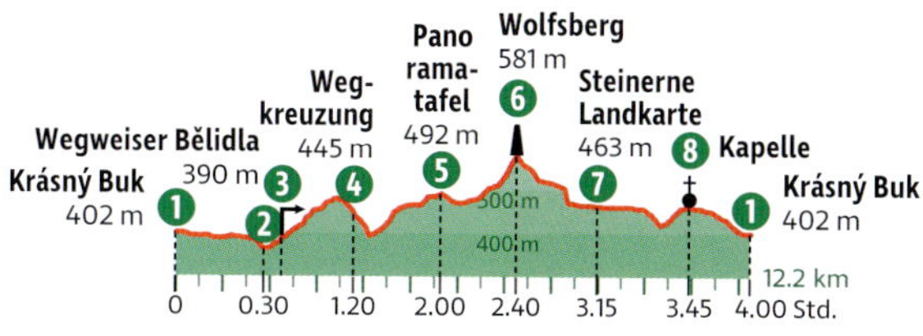

Am Ausgangspunkt in **Krásný Buk 1** (Schönbüchel) befindet sich schräg gegenüber des kleinen Parks ein helles, restauriertes Wegkreuz. Wir folgen den Markierungen roter Strich und Lehrpfad (grüner Schrägstrich) nach links, in westlicher Richtung, in die kleine Nebenstraße hinein und halten uns dann links. Neben einem kleinen Umgebindehäuschen erregt eine hübsche Backsteinvilla (Nr. 83) unsere Aufmerksamkeit. Sie gehör-

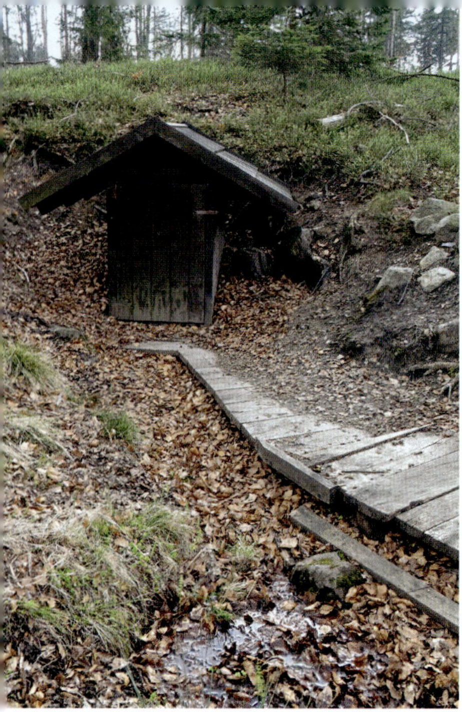

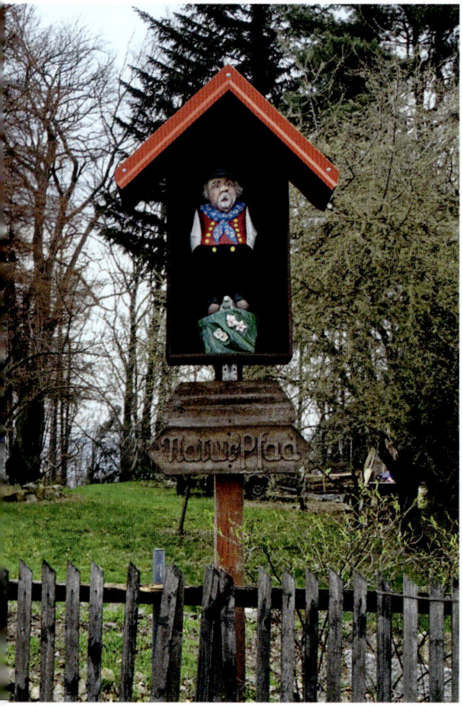

te dem Besitzer des örtlichen Sägewerks Alfred Hieke. Es heißt, dass er das Haus als Firmensitz gebaut habe, aber seiner Frau gefiel es so gut, dass sie es letztlich zum Wohnen nutzten. Kurz darauf passieren wir einen Wegweiser, nun folgen wir dem blau markierten Wanderweg im Tal nach Dlouhý Důl (Langengrund). Dort wo sich das Tal öffnet, gelangen wir in das seit dem Jahr 2005 denkmalgeschützte Dorf, welches durch eine weitläufige, lockere Bebauung gekennzeichnet ist. Hübsche Wochenendgrundstücke mit alten Umgebindehäusern säumen den Weg durch das Tal des Křinice-Baches (Kirnitzsch). Die im volkstümlichen Baustil errichteten Häuser sind trotz Krieg, Vertreibung und sozialistischen Zeiten nahezu vollständig und ursprünglich erhalten. An einer Straßenabzweigung mit einem hübschen **Flurkreuz ❷**, das die Jahreszahl 1800 trägt, wechseln wir auf die gelbe Markierung Richtung Bělidla/Kyjov. Sie führt uns auf einem Fahrweg aus dem Dorf heraus.

Am **Wegweiser Bělidla ❸** stoßen wir auf den Kögler Naturlehrpfad. Sein grüner Schrägstrich leitet uns von nun an über den Wolfsberg (Vlčí Hora) bis zum Ende unserer Tour. Wir nehmen den Wiesenpfad nach rechts in den Wald hinein. Das Waldbild am Kamenný vrch (Steinberg) verändert sich seit einigen Jahren bedingt durch Stürme und Borkenkäferbefall sehr stark. Wir befinden uns jetzt auf der Linie der Lausitzer Überschiebung, wo Granit an Sandstein grenzt. Nach Überschreiten des Höhenzuges können wir uns an weiten Ausblicken über das Sandstein-

Oben: Quelle Englův pramen.
Unten: Liebevoll gestalteter Wegweiser zum Köglerpfad.

eldorado der Böhmischen Schweiz bis zum Rosenberg erfreuen. An der **Wegkreuzung ❹** unweit der Quelle Englův pramen, die über einen hölzernen Steg erreichbar ist, halten wir uns rechts. Oberhalb des Weges entdecken wir die Weinsteine, bei Kletterern beliebte Sandsteinfelsen. Bald führt der Weg ordentlich bergan und schon wechseln wir wieder von der Elbsandsteinscholle zurück in die hügelige Berglandschaft des Lausitzer Granits. Nach einer weiteren Quelle und ein paar Stufen treten wir aus dem Wald heraus und stehen am Ortsrand von Vlčí Hora (Wolfsberg). In der Ferne grüßt uns bereits der namensgebende Berg mit seinem markanten Aussichtsturm. 200 m weiter gibt eine kleine Anhöhe mit einer **Panoramatafel ❺** den Blick auf die Berge des Lužické hory (Lausitzer Gebirge) frei. Vor uns erhebt sich der mächtige Tannenberg (Jedlová) und in der Ferne lässt sich die spitze Kuppe der Lausche erkennen. Auf einem Teerweg gehen wir ins Dorf Vlčí Hora hinunter. An der Hauptstraße passieren wir die Kirche und ein Denkmal für die Opfer des Ersten Weltkrieges. Danach, an der Bushaltestelle, biegt unsere Wanderroute scharf nach links ab und führt an einem Betriebsparkplatz vorbei über eine Wiese. Wieder passieren wir viele Gartengrundstücke mit hübschen Umgebindehäuschen, zwischen denen es nun aus dem Ort herausgeht. Zusammen mit der gelben Markierung steigen wir im Wald steil hinauf zum 19 m hohen Aussichtsturm auf der Spitze des **Wolfsberges ❻**. Der in seinem Inneren liebevoll gestaltete Turm wird vom tschechischen Touristenklub KČT betreut und gewährt uns von seiner verglasten Spitze eine umfassende Rundsicht, die bei klarer Luft bis zum Milleschauer im Böhmischen Mittelgebirge oder zu den Gipfeln des Iser- und Riesengebirges reicht. Auf dem Gipfel treten dunkle Basaltfelsen hervor, gut zu erkennen an der typisch fünfeckigen Säulenform. Aufgrund veränderter Druckverhältnisse nach dem Aufschieben der Granitscholle auf die Sandsteinplatte drangen basaltische Magmen aus der Erdtiefe bis in die obersten Schichten vor und erstarrten. Millionen Jahre andauernde Verwitterung hat bis heute das harte Basaltgestein freigelegt. Der Wolfsberger Basalt ist reich an Magnetit und lenkt deshalb die Kompassnadel deutlich ab.

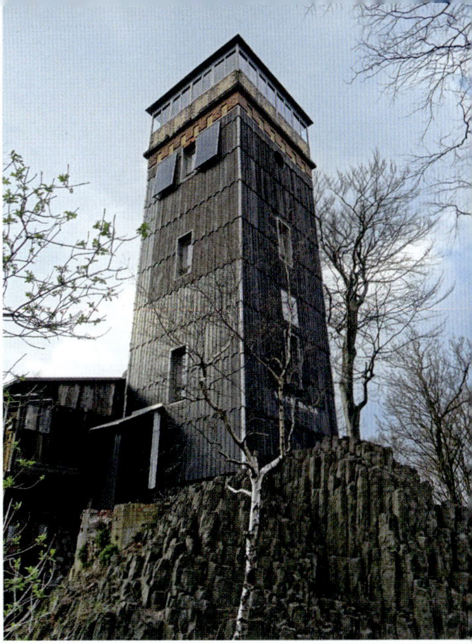

65 Treppenstufen führen im Inneren des Wolfsbergturmes in die verglaste Turmspitze hinauf.

Unser Abstieg führt zunächst über die Nordseite des Berges, biegt aber dann nach 120 m an einem Rastplatz nach rechts ab und bringt uns zum Veronika-Brunnen (Verunčina studánka), einer Schüttquelle am südöstlichen Berghang. Das Wasser sickert bis auf eine undurchlässige Schicht, wo es dann zu Tage tritt. Wir steigen weiter

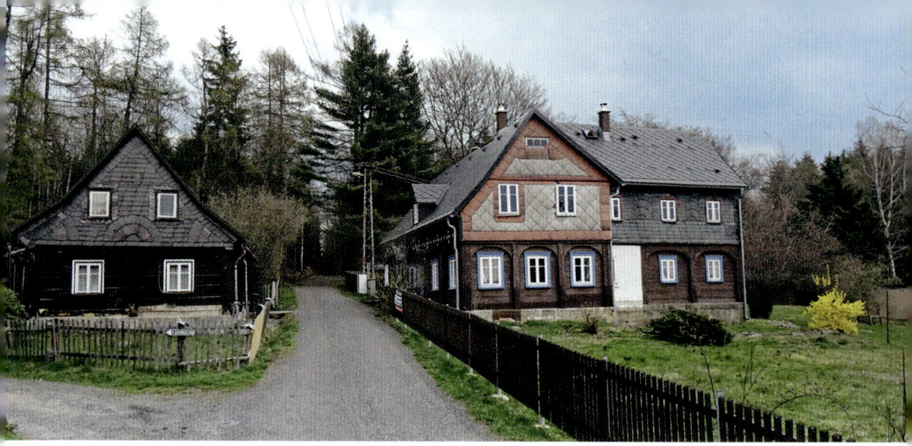

Umgebindehäuser im Dorf Vlči Hora.

auf dem Lehrpfad ab, bis wir ins Dorf Zahrady (Gärten) gelangen. Rudolf Kögler erschuf hier in den Jahren 1931 bis 1935 eine dreidimensionale, **steinerne Landkarte ⑦** aus den verschiedenen Gesteinen der Umgebung, die heute ein Kulturdenkmal ist und besichtigt werden kann. Dabei kam ihm auch die Idee zu einem Naturlehrpfad, den er 1941 eröffnete und selbst Führungen darauf veranstaltete. Eine Bronze- und eine Lehrpfadtafel erinnern hier an ihn. In Zahrady gibt es auch eine kleine Bahnstation, die am Wochenende angefahren wird. Wir folgen weiter dem Köglersteig, der am Gasthaus Vlčárna kurz an der Hauptstraße verläuft und diese nach der Maria-Hilf-Kapelle wieder verlässt. Durch Wiesen und Waldstücke erreichen wir nach 20 Min. eine Anhöhe mit einer Aussichtsbank neben einer kleinen **Kapelle ⑧**, die von einer alten Linde beschattet wird. Vor uns liegt Sněžná (Schnauhübel). In der Ferne schauen Kaltenberg, Rosenberg und bei guter Sicht der Hohe Schneeberg über den umliegenden Wälder hervor. Rechter Hand befindet sich die im Jahre 1732 erbaute Barockkirche der Heiligen Maria Schnee, einst ein beliebter Wallfahrtsort, die wir bei Tour Kögler Süd besuchen können.

Wir wandern geradeaus Richtung Krásný Buk (Schönbüchel) weiter. An der nächsten Kreuzung, wo unser Köglerpfad nach links abbiegt, kann man einen kleinen Abstecher in die Ansiedlung hinein unternehmen. Dort befindet sich nur 250 m entfernt ein alter Paradiesgarten. In dem öffentlich zugänglichen Privatgarten blühen im Frühjahr zwischen den angelegten kleinen Teichen zahlreiche Rhododendren, Azaleen und andere Sträucher und Blumen. Im Herbst beeindruckt die verschiedene Laubfärbung. Seltene Nadelhölzer ergänzen das von Siegfried Fritsche angelegte Arboretum. Nach dem optionalen Abstecher folgen wir dem Köglerpfad weiter, der sich schon 200 m weiter nach rechts wendet und an einem Zaun entlang geradewegs in den Wald führt. Im Wald treffen wir auf eine Schautafel zur Burgruine Schönbüchel / Krásný Buk. Die Reste der einfachen Burg aus dem 13. Jh. kann man über einen Pfad erklimmen. Vom Ringwall führt er uns durch den Burggraben auf einen hohen Erdhügel mit Mauerresten der Hauptburg und des Bergfrieds. Anschließend wandern wir auf dem Waldweg hinunter nach **Krásný Buk ①**, unserem Ausgangspunkt.

Köglerpfad – Süd

21

5.00 Std. | 15,5 km | ↗ 440 m | ↘ 440 m

Von Krásná Lípa über den Maschkenberg ins Khaatal

Unsere kurzweilige Rundwanderung auf dem südlichen Teil des Kögler Naturpfads bringt uns über hügelige Wiesen und durch stille Wälder in die märchenhaften Sandsteinfelsen des Khaatals. Als Highlight erwartet uns ein abwechslungsreicher Felsensteig hoch über dem im Talgrund plätschernden Kirnitzschbach. Auf eisernen Leitern und Treppen bezwingen wir Höhlen und Spalten, liebliche Aussichten und Felstürmchen. Bei Sněžná (Schnauhübel) treffen wir auf die einsam gelegene Barockkirche der Heiligen Maria Schnee, einst eine bedeutende Wallfahrtsstätte, errichtet auf den Überresten einer im 13. Jahrhundert erbauten Felsenburg.

Der »Köglerova naučná stezka« gilt als der erste Naturlehrpfad in Böhmen und führte ursprünglich durch die geologisch vielfältige Region zwischen den Dörfern Daubitz (Doubice) und Wolfsberg (Vlčí Hora). Heute startet der im Jahre 2006 neu konzipierte Weg am »Haus der Böhmischen Schweiz« in Krásná Lípa (Schönlinde), welches eine kleine Ausstellung und ein Infozentrum beherbergt. Dieser Wanderführer stellt den insgesamt 23 Kilometer langen Lehrpfad in zwei Rundwanderungen vor.

Ländliche Idylle bei Dlouhý důl (Langengrund).

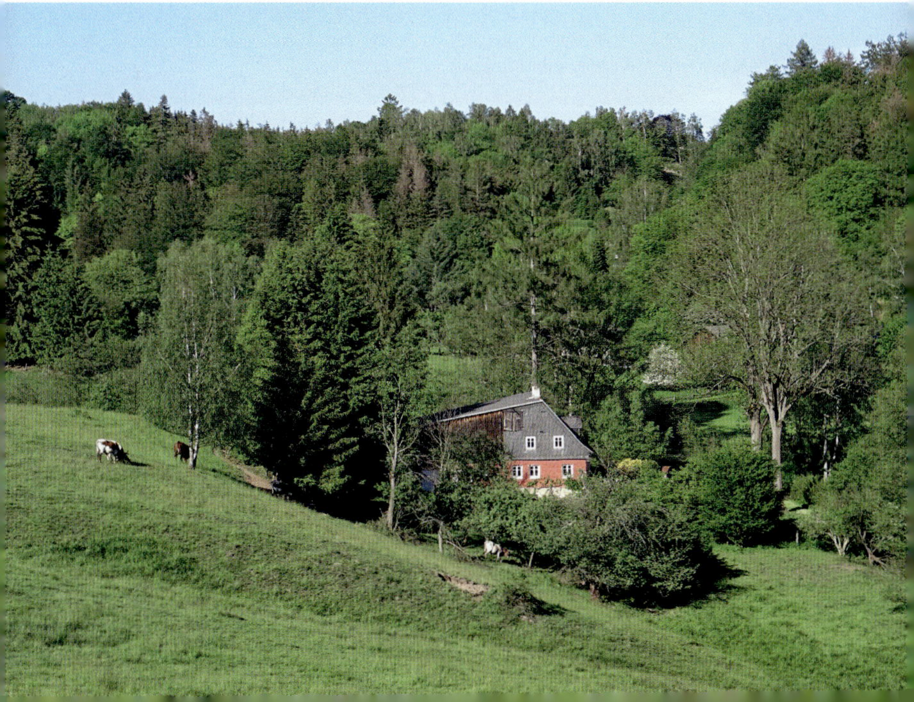

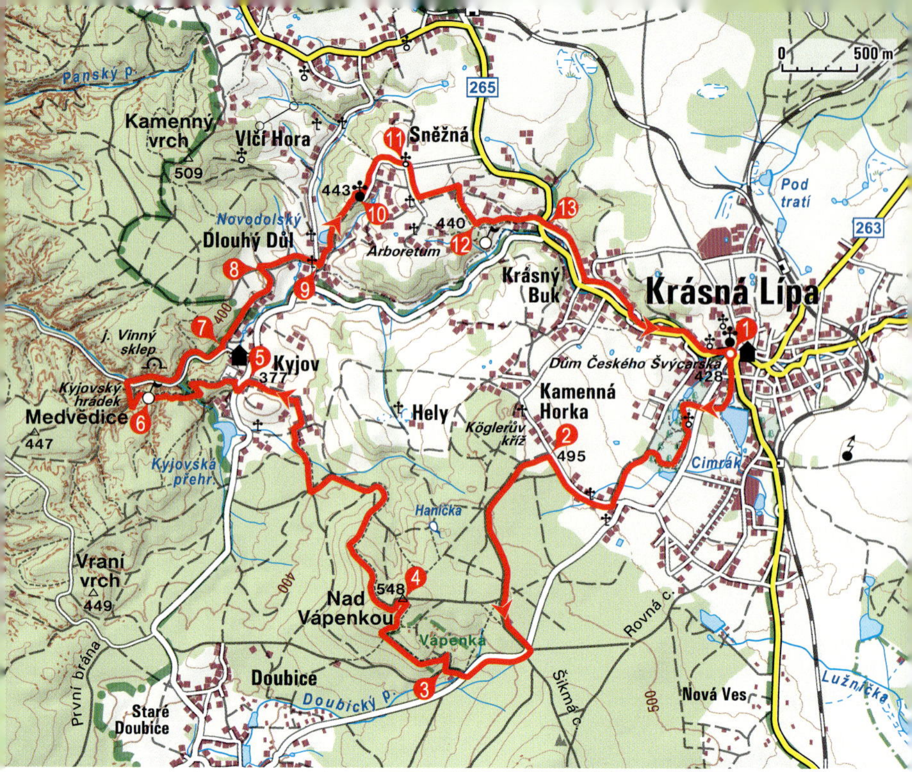

Ausgangspunkt: Krásná Lípa, Dům Českého Švýcarska (Haus der Böhmischen Schweiz), Křinické náměstí 1161/10, dem großen zentralen Platz im Ortszentrum (50.913456N, 14.507516E), Parkplatz vorhanden.
ÖPNV: Bushaltestelle »Krásná Lípa, nám.«, Vom Zugbahnhof 1 km, mit grünem Strich markiert.
Anforderungen: Überwiegend breite Wald- und Wiesenwege, der Felsensteig verlangt Trittsicherheit und Schwindelfreiheit, steiler Aufstieg nach Sněžná , bei Nässe rutschig!
Einkehr: Gaststätte in Kyjov: Restaurace Na Fakultě (10-15 Min. von WP ? Flurkreuz bzw. WP ? Bělidla), Kavárna Perla (Café, von WP ? Jesuskreuz 200 m Richtung Kyjov).
Tipp: Rhododendrongarten in Snezna: öffentlich zugänglicher, nicht eingezäunter Privatgarten mit mehreren Teichen und einem von Siegfried Fritsche angelegten Arboretum. Im Frühjahr blühen zahlreiche Rhododendren, Azaleen und andere Sträucher und Blumen. Im Herbst sind viele verschiedenfarbige Bäume zu sehen (GPS: 50.92045N, 14.47780E).

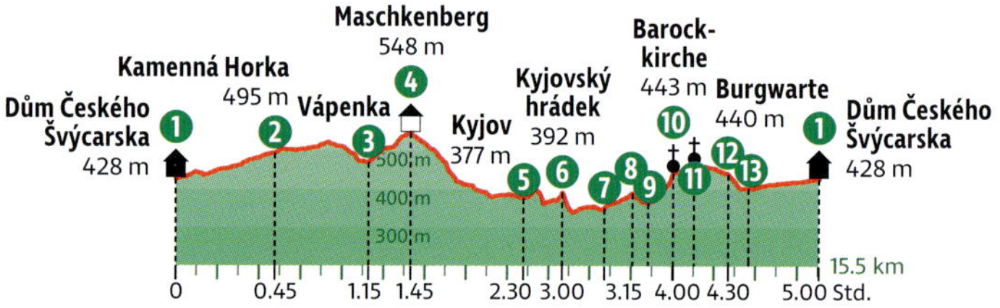

Der Kögler Naturpfad beginnt am überdachten Infopilz direkt neben dem Haus der Böhmischen Schweiz **Dum Ceského Švýcarska ❶**. Die erste der insgesamt 39 Lehrtafeln stimmt uns auf die Tour ein. Am Wegweiser daneben starten wir nach Süden in Richtung Kyjovské hrádek. Die Lehrpfadzeichen (grüner Schrägstrich) führen uns durch den Stadtpark, am Friedhof mit dem Dittrich-Mausoleum vorbei, auf den Hügel der **Kamenná Horka ❷** (Steinhübel). Hier bietet sich ein erster Ausblick über die Berge des Lužické hory (Lausitzer Gebirge). Vom Steinhübel wandern wir im Wald weiter zum Naturreservat **Vápenka ❸** am Maškův vrch (Maschkenberg) unweit von Doubice. Es ist ein besonderer Platz, denn wir stehen hier direkt auf der Störungszone der Lausitzer Überschiebung. Während der Nordteil des Berges aus Lausitzer Granit besteht, treffen wir am Südosthang auf Kalkgestein und südwestlich beginnt bereits das Sandsteingebiet. Auf den einst aus tieferen Erdschichten emporgehobenen Jurakalken gedeiht ein artenreicher Buchen-Mischwald. Einige Buchen sind über 200 Jahre alt und gelten als die ältesten im Lausitzer Gebirge. In der Krautschicht wachsen Maiglöckchen, Waldmeister, Seidelbast, Frühlings-Platterbse, Rippenfarn sowie einige Orchideenarten. Seit 1641 wurde das Kalkgestein abgebaut und in Kalköfen weiterverarbeitet. Die damals angelegten Stollen sind heute ein Überwinterungsgebiet für Fledermäuse und deshalb mit Gittern geschützt. Zehn Fledermausarten konnten hier nachgewiesen werden. In den Felsen verstecken sich Zaun-

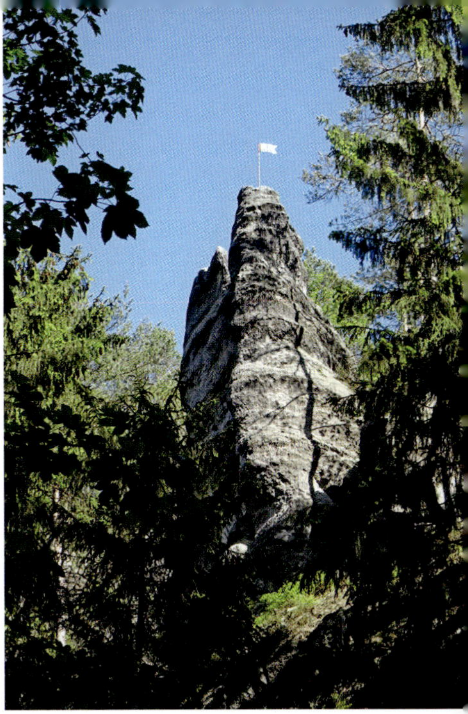

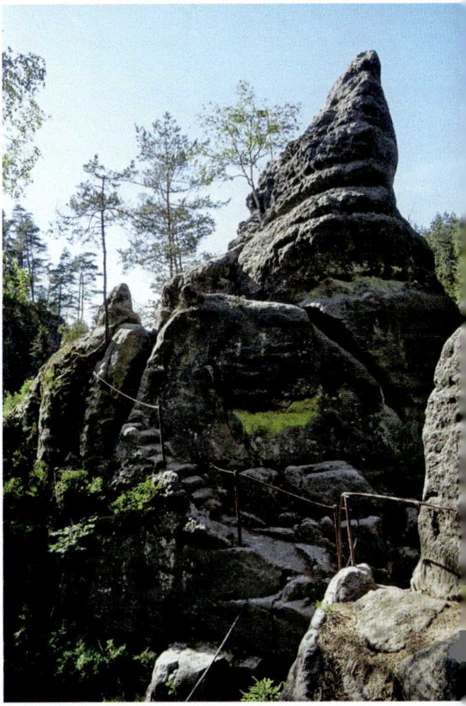

Beide Bilder: Am Fahnelstein im Felsensteig über dem Khaatal.

und Waldeidechse, Erdkröte, Blindschleiche und Siebenschläfer. Wir steigen zum Gipfel des **Maschkenberges** ❹ (Maškův vrch) hinauf, wo es eine Rasthütte gibt. Der markierte Pfad bringt uns nach einer dreiviertel Stunde ins Dorf **Kyjov** ❺ (Khaa). An der Hauptstraße biegen wir links und nach wenigen Metern an der ehemaligen Schule scharf rechts ab. Auf dem alten Friedhof zeugen Grabstätten von der ehemals überwiegend deutschen Besiedlung. Im Wald gelangen wir bald zur Fürst-Kinsky-Höhe (Kinskeho Vyhlidka) und folgen nun einem lieblichen Pfad durch die Felsenwildnis des Khaatals. Im stetigen Auf und Ab geht es über Treppen, Leitern, schmale Bergpfade und an einigen wild verwachsenen Aussichten vorbei zum Felsplateau **Kyjovský hrádek** ❻, einem mittelalterlichen Siedlungsplatz. Ausgrabungsfunde deuten hier auf eine frühere befestigte Ansiedlung aus dem 13.-14.Jh. hin. Etwas weiter haben wir an einer Bank eine romantische Aussicht vom mit Kiefern und Heidekraut bewachsenen Felsenriff über das schluchtartig eingeschnittene Khaatal. Nach dem Aussichtspunkt Fahnelstein steigen wir durch eine dunkle Felsspalte ins feuchtkühle Tal hinunter. Auf einem Fahrweg geht es dann nach rechts und entlang des Křinice-Baches (Kirnitzsch) zum Dorf Kyjov (Khaa) zurück. Wer einkehren möchte, folgt am Abzweig an der **Dixmühle** ❼ dem Radweg noch 200 m zum typisch böhmisch-rustikalen Gasthaus »Na Fakultě«. Der Köglerpfad führt an der ehemaligen Dixmühle über den Bach und auf der Anhöhe oberhalb des Dorfes weiter. Am Wegweiser **Bělidla** ❽, einer Wegkreuzung mitten auf einer Wiese, wollen wir den Köglerpfad zunächst verlassen. (Wer den Rundwanderweg an einem Tag bewältigen möchte, muss an der Kreuzung geradeaus weiterwandern.)

Kirnitzschbach an der Höhle Vinný sklep unterhalb des Felsensteiges.

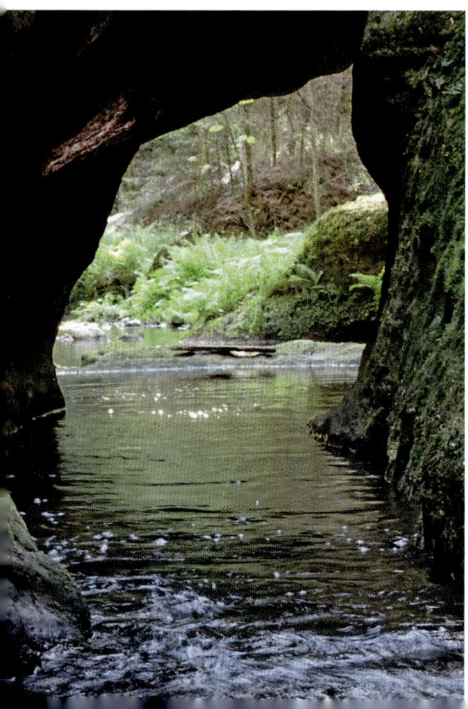

Wir folgen nun dem gelb markierten Wanderweg durch das Dorf Dlouhý důl (Langengrund). Die erste schriftliche Erwähnung des Ortes stammt aus dem Jahr 1720, doch bereits im 16. Jahrhundert wurde das Tal aufgesucht, Wasserreservoirs angelegt und nach Erz gesucht. Seit 2005 ist das Dorf wegen seiner Vielzahl an hübschen Umgebindehäuser denkmalgeschützt. Die weitläufige, lockere Bebauung orientiert sich an den Wegen, Straßen und Wasserläufen. Trotz der nahezu vollständigen Vertreibung der deutschen Bewohner nach dem Zweiten Weltkrieg blieb das kompakte Ensemble der volkstümlichen Häuschen nahezu vollständig und ursprünglich erhalten.

An einem hübschen **Flurkreuz** ❾ aus dem Jahre 1800 biegen wir mit der gelben Markierung scharf links ab. An der nächsten Gabelung geht es links haltend aus dem Dorf hinaus und im Wald steil hinauf nach Sněžná (Schnauhübel). Als erstes begrüßt uns die 1732 erbaute **Barockkirche** ❿ der Heiligen Maria Schnee, einst ein beliebter Wallfahrtsort. Bis zum Zweiten Weltkrieg war sie Ziel vieler Prozessionen. Am 5. August wird das Maria-Schnee-Fest gefeiert. Hinter der Wallfahrtskapelle befinden sich reich verzierte Heiligenstatuen aus Sandstein und auf dem ehemaligen Friedhof elf Grabmäler von Opfern des Ersten Weltkrieges. 2008 war die idyllisch gelegene Kirche sogar ein Drehort im Hollywood-Film »Der Vorleser« gewesen.

Auf der Zufahrtsstraße gelangen wir auf eine Anhöhe mit einer kleinen **Kapelle** ⓫ mit einer uralten Linde. In der Ferne grüßen Rosenberg und Hoher Schneeberg. Der Kögler Naturpfad kommt hier wieder hinzu. Auf ihm wandern wir nun gemeinsam mit der Markierung roter Strich in Richtung Krásný Buk/Krásná Lípa weiter.

Von dem schmalen Fahrweg biegt die Route bereits nach 250 m nach links in einen Weg ein. Schon 200 m weiter wenden wir uns nach rechts. An einem Zaun entlang gehen wir geradewegs auf den Wald zu, wo wir auf eine Schautafel treffen. Die Reste einer einfachen **Burgwarte** ⓬ aus dem 13. Jh. kann man über einen Pfad erklimmen, der vom Ringwall durch den Burggraben auf einen hohen Erdhügel mit Mauerresten der Hauptburg und des Bergfrieds führt. Wahrscheinlich diente die Burg dem Schutz eines Handelsweges. Mehrfach wechselten die Besitzer. Zuletzt machten wohl die Wartenberger als Raubritter von diesem versteckten Platz aus die Gegend unsicher. Worauf die Truppen des Lausitzer Sechsstädtebundes die Burganlage im Jahre 1339 niederbrannte.

Auf einem Waldweg wandern wir weiter hinunter ins Tal von **Krásný Buk** ⓭ (Schönbüchel), einem Ortsteil von Krásná Lípa. Im ausgehenden 19. Jahrhundert entwickelte sich der Ort zu einem bedeutenden Zentrum der Textilindustrie in Nordböhmen. Alte Fabrikgebäude und einige noch erhaltene Fabrikantenvillen aus dieser Zeit säumen unseren Weg, der uns auf kleinen Nebenstraßen in einer knappen halben Stunde zum Haus der Böhmischen Schweiz ❶ in Krásná Lípa zurückbringt.

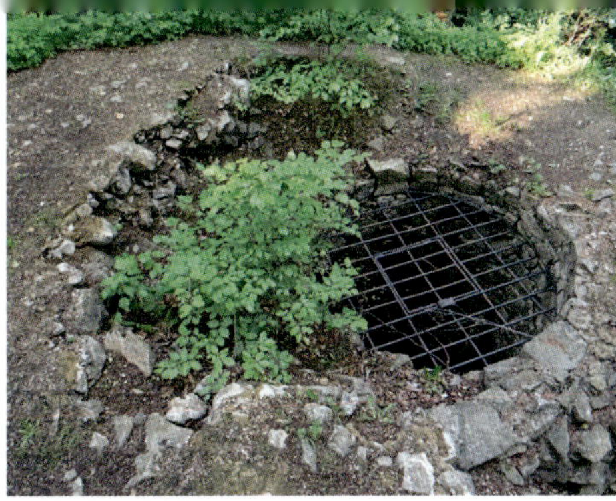

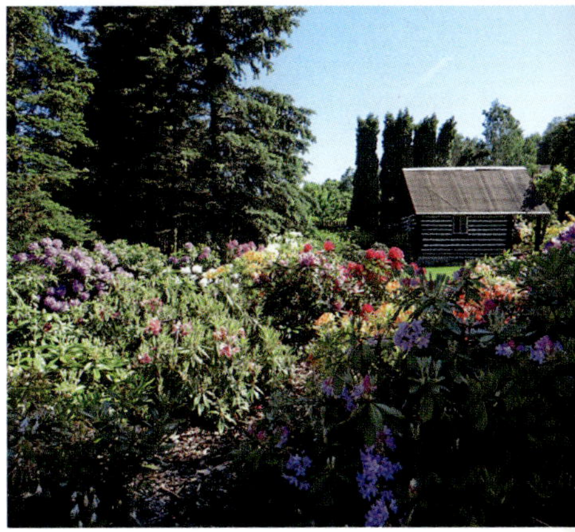

Oben: Reste der Burgwarte Krásný Buk.
Unten: In Kamenná Horka.

22 Enge Stiege

3.00 Std. | 9,6 km | ↗ 270 m | ↘ 270 m

Stiegenkraxelei in der böhmischen Felsenwelt

Mitten im Nationalpark, umgeben von weiten Wäldern und hohen Felswänden, sorgt die berüchtigte »Enge Stiege« (Úzké schody) für einen abenteuerlichen Wandertag mit Nervenkitzel. Mehrere lange Eisenleitern in einem engen Felsspalt bringen uns auf ein wildromantisches Felsenriff hinauf, auf dem sich ein idyllischer Waldpfad durch die mit Heidelbeersträucher und Heidekraut bewachsenen Felsen schlängelt. Wer sich den ausgesetzten Leiternaufstieg nicht zutraut, kann diesen auf einem unschwierigen Treppensteig umgehen. Unweit der Steiganlage befinden sich die Balzhütten, die während der einstigen Auerhahnbalz als Jagdunterkunft der Fürstenfamilie Kinsky dienten. 1906 im Stile Tiroler Jagdschlösser errichtet, waren sie über ein Jahrhundert lang eine beliebte Einkehr für Wanderer, bis ein verheerender Brand im Jahr 2020 zwei der historischen Blockhäuser vernichtete. Das etwas abgelegene, ehemalige Privathaus des Fürsten blieb verschont und lädt heute als Gasthaus zu einer Wanderrast.

Abwechslungsreiche Felsenwelt über der Engen Stiege.

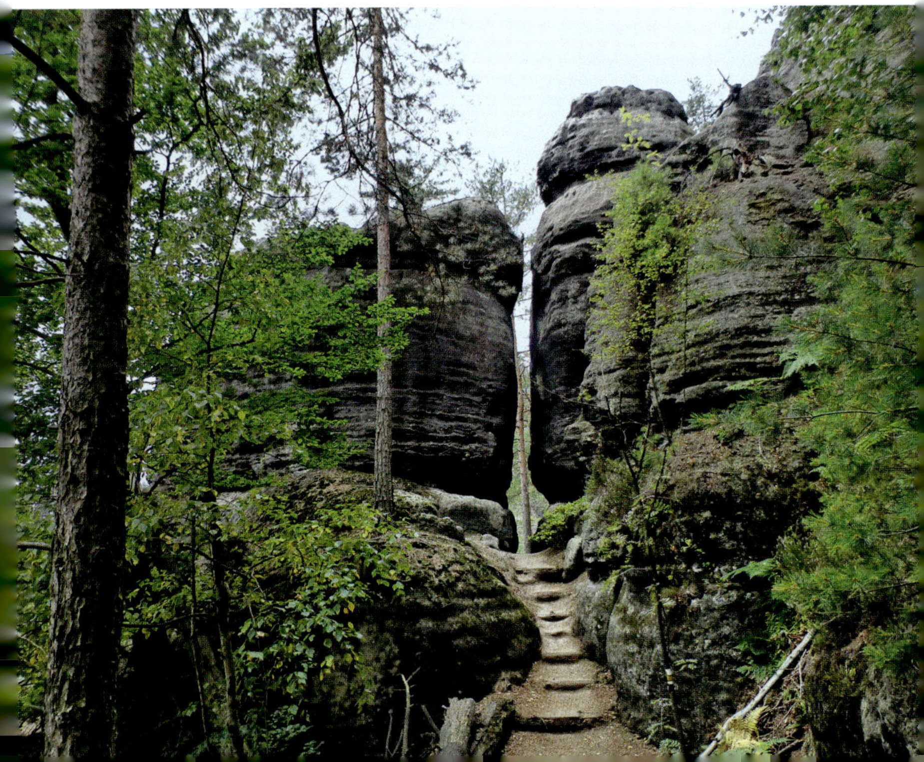

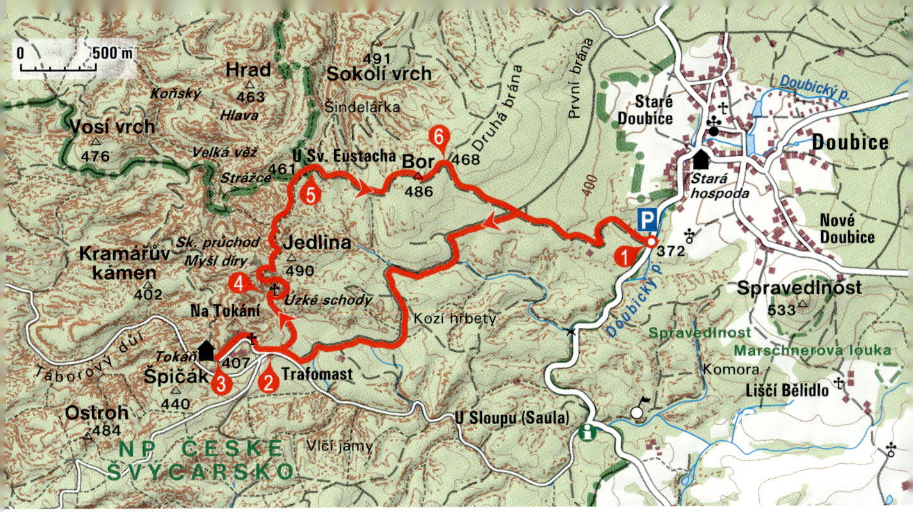

Ausgangspunkt: Waldparkplatz, 800 m südlich von Doubice (50.8837500N, 14.4528000E).
ÖPNV: Mit dem Bus 434 bis »Doubice, ObÚ«, dann gelber Markierung in westlicher Richtung abwärts folgen, nach den Skulpturen links (ca. 1 km).
Anforderungen: Insgesamt leichte Wanderung auf guten Wald- und Forstwegen. Lange, steile Leitern in der Engen Stiege (Úzké schody), Schwindelfreiheit und gute Trittsicherheit erforderlich. Die schwierigen Abschnitte sind auf einem gut steigbaren, steilen Wanderweg unschwierig umgehbar.
Vorsicht, kurze Abschnitte mit abgestorbenen Fichten!
Einkehr: Balzhütte (Chata Tokáň) www.chatatokan.cz
Tipp: Restaurant mit Skulpturenpark in Doubice, www.starahospoda.cz

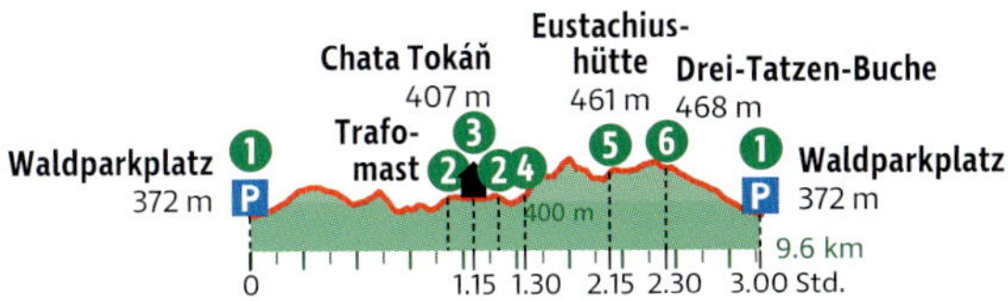

Vom **Waldparkplatz** ❶ südlich von Doubice (Daubitz) wandern wir auf dem gelb markierten Wanderweg aufwärts. Einige vom Borkenkäfer befallene, hohe Fichten stehen am Wegrand. Nach einer Viertelstunde treffen wir auf einen als Radweg Nr. 3076 ausgewiesenen Fahrweg. Wir verlassen hier die gelbe Markierung und folgen dem Radweg nach links. Im steten Auf und Ab erreichen wir durch lichte Waldstücke nach einer reichlichen halben Stunde eine Teerstraße, in die wir nach rechts einbiegen. Kurz darauf halten wir uns hinter einem **Trafomast** ❷ an einer Gabelung rechts. Auf der blauen Markierung sind nach wenigen Minuten die Balzhütten (Na Tokáni) erreicht. Am Ende der Fahrstraße lädt das Haus **Chata Tokáň** ❸ zu einer Einkehr ein. Als Anfang des 20. Jahrhunderts der Zustrom von Ausflüglern zu den schon damals beliebten, im Frühjahr 2020 leider abgebrannten Blockhäusern immer mehr zunahm, ließ Fürst Kinsky für seine Familie dieses hübsch gestal-

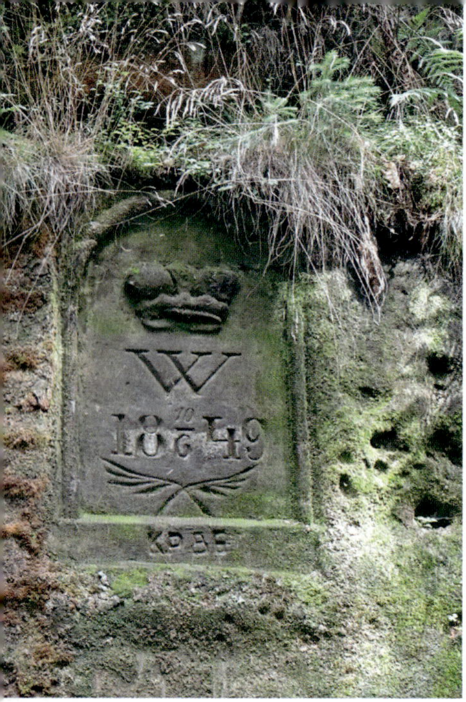

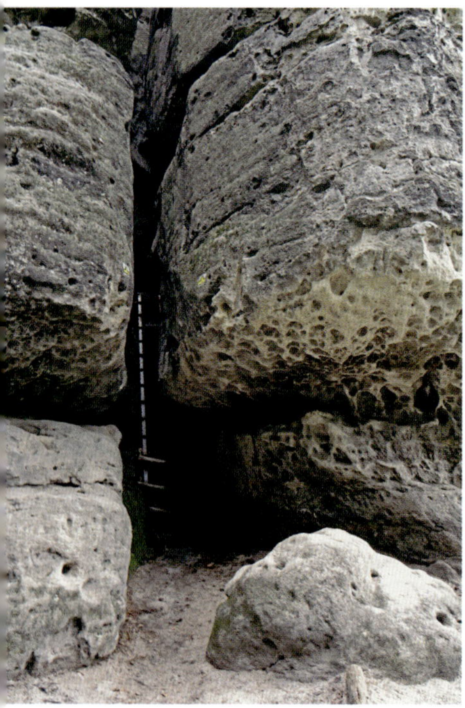

tete Blockhaus erbauen. Oberhalb kann man seinen Blick über die weite Wald-Felsen-Wildnis der Böhmischen Schweiz schweifen lassen.

Um nach der Rast zur Engen Stiege zu gelangen, gehen wir zunächst die Fahrstraße zurück bis zum **Trafomast ❷**, wo wir nach links auf den gelb markierten Waldweg abbiegen. Die gelbe Wegmarkierung wird uns bis zum Tourende leiten. Es geht in einen ruhigen Felsengrund hinein. Neben einem Wegweiser erinnert die in den Sandstein gemeißelte **»Fürsten-Tafel« ❹** mit der Jahreszahl 1849 an einen Besuch der Fürstin Wilhelmine Kinsky.

Hier beginnt die Enge Stiege und wir müssen uns entscheiden, ob wir geradeaus den bequemeren Stufenweg gehen wollen oder rechts die spannende Aufstiegsvariante durch die engen Felsspalten wählen. Die abenteuerliche Variante ist mit gelbem Abstecherzeichen markiert und führt über mehrere lange, schräge Eisenleitern in den verwinkelten Spalten zügig nach oben. Auf einem luftigen Felsenpfad geht es zuletzt durch einen schmalen Durchschlupf. Dahinter kommen beide Wegvarianten wieder zusammen. Weiter aufwärts durchschreiten wir die »Theodorenhalle«, einen kurzen, höhlenartigen Felsengang, den wir über eine kurze Leiter verlassen. Bald stehen wir auf dem mit Heidekraut bewachsenen Felsenriff. Der Wanderweg führt gut markiert auf dem Felsmassiv weiter. Abwechslungsreich schlängelt er sich im stetigen Auf und Ab durch kleine Felsengruppen. Ab der **Eustachiushütte ❺**, wo das Bildnis des Heiligen in einer Eiche hängt, geht es wieder auf

Oben: Fürstentafel.
Unten: Enge Stiege.

breitem Forstweg weiter, der später kurz den Blick auf die Basaltberge des Lausitzer Gebirges freigibt. Nach einer Viertelstunde, wenn die gelbe Markierung rechts abzweigt, steht 40 m entfernt eine sehr alte, dicke Buche mit starken Ästen. Die **»Drei-Tatzen-Buche«** ❻ (Třípackový buk) trägt ein wunderschönes Bildnis der Heiligen Dreifaltigkeit. Ab der Buche ist es nur noch eine halbe Stunde bis wir, zuletzt auf bekanntem Weg, wieder den **Waldparkplatz** ❶ im Tal erreichen.

Die steile Steiganlage führt durch eine schmale Schlucht hinauf.

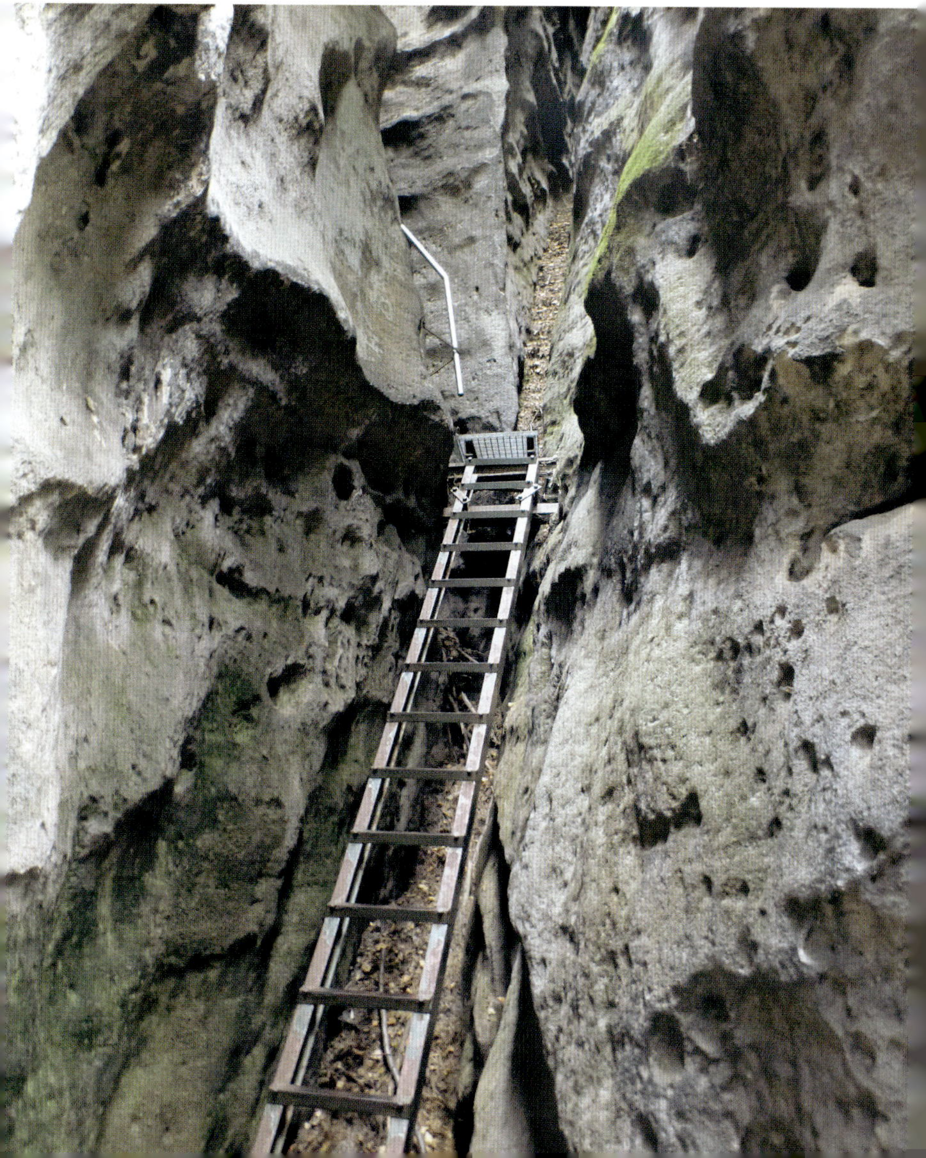

23 Schauenstein und Kleines Prebischtor

TOP | 4.15 Std. | 12,4 km | ↗ 420 m | ↘ 420 m

Über den Hohenleipaer Schlossberg zur mittelalterlichen Felsenburg Schauenstein und auf den Rauschenberg

Vysoká Lípa gehört zu den ältesten Ansiedlungen in der Region und entwickelte sich im 13. und 14. Jahrhundert als Waldhufendorf. Gut erhaltene Umgebindehäuser sind heute denkmalgeschützt und werden liebevoll gepflegt. Vor 600 Jahren war Hohenleipa im Besitz des böhmischen Adelsgeschlechts der Berka von Dubá, die auf einem nahen frei stehenden Felsen eine hölzerne Felsenburg errichteten. Aufgabe war die Überwachung eines bedeutenden, nur 1 Kilometer entfernt gelegenen Handelsweges, der »Böhmerstraße« (Česká silnice). Weil die Berka sich im Zuge zunehmender Verarmung in den folgenden Jahren vermehrt als Raubritter betätigten, verloren sie Mitte des 15. Jh. einen Großteil ihres Besitzes, worauf die Felsenburg an Bedeutung verlor und verfiel. Geblieben sind die zahlreichen Ausmeißelungen, wie Balkenfalze, eine Zisterne und interessante Felszeichnungen als Zeugen dieser Zeit.

Heute erfreut uns ein spannender Aufstieg durch eine Felshöhlung und eine enge Schlucht, welcher mit Hilfe von steilen Leitern gemeistert werden kann. Luftige Brücken und eine großzügige Aussicht – ein echtes Abenteuer!

Am Felsentor Malá Pravčická Brána (Kleines Prebischtor).

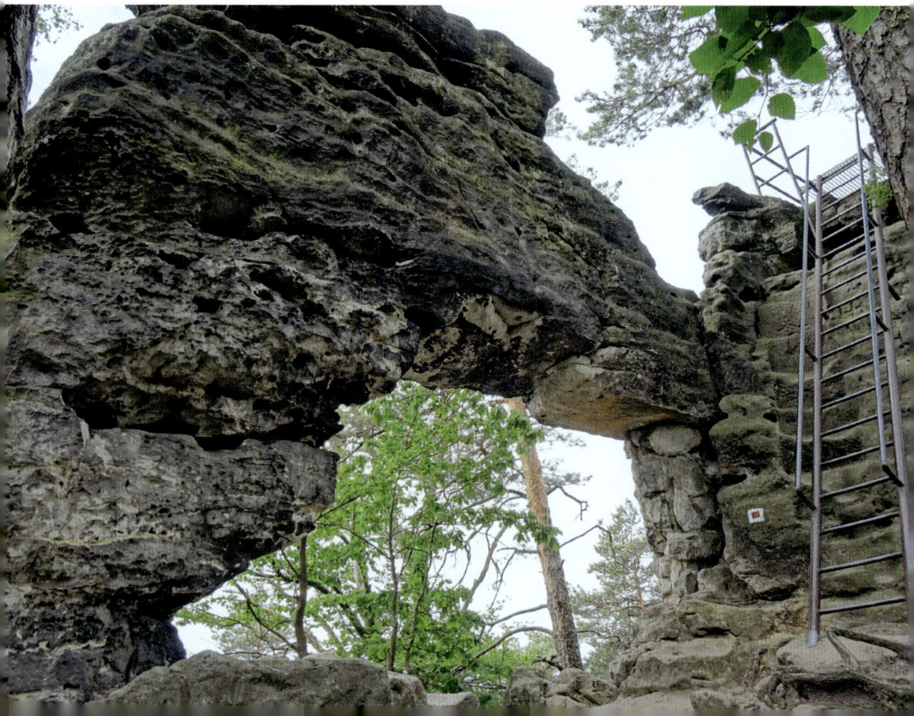

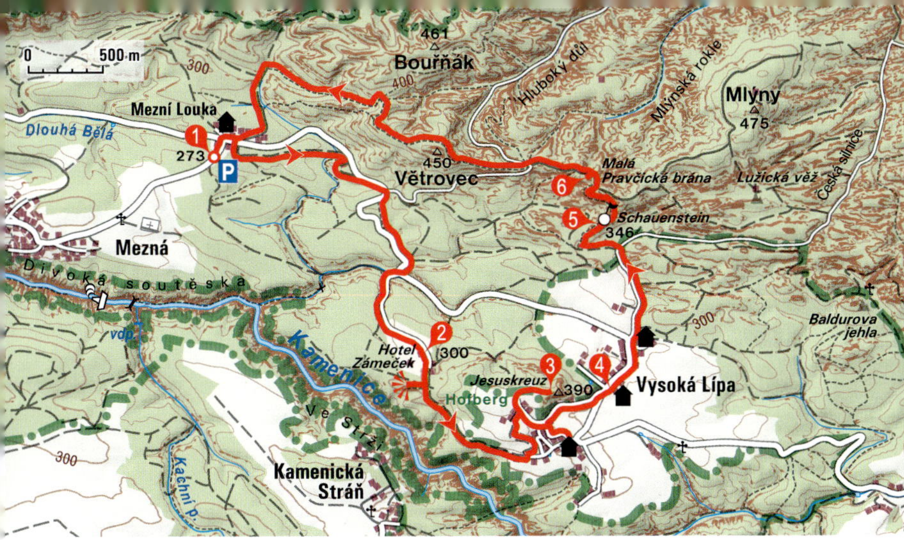

Ausgangspunkt: Parkplatz Rainwiese (Mezní Louka) (GPS: N 50.872705, E14.316447).
ÖPNV: Sächsisch-Böhmischer-Nationalparkexpress (verkehrt von Mai bis November) oder tschechische Bus-Linie 434 bis »Mezní Louka, Hotel«.
Anforderungen: Leichte Wanderung auf guten Wegen und Bergpfaden. Der luftige und teils enge Leiternaufstieg auf die Felsenburg ist optional, dafür ist absolute Schwindelfreiheit erforderlich!
Einkehr: Hotel Zámeček (rustikal), mehrere Gasthäuser in Vysoká Lípa (Hohenleipa): »Penzion Zvoneček« (www.penzionzvonecek.cz), Hotel »Vysoká Lípa« www.hotelvysokalipa.cz,nahe Schlossberg sowie Hotel Kortus hotelkortus.cz, Restaurace »U Loupežáku« (www.uloupezakusweb.webmium.com), Restaurace »U nás« www.pensionunas.cz, im unteren Dorf, Gasthäuser in Mezní Louka.

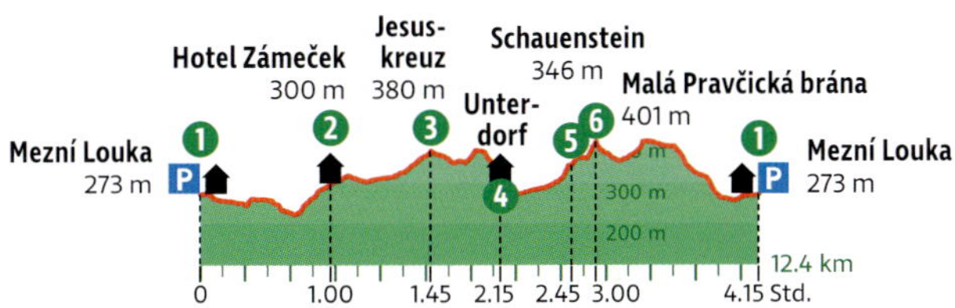

Vom Parkplatz **Mezní Louka** ❶ (Rainwiese) aus gehen wir zur Hauptstraße und am Hotel Mezní Louka nach rechts. Die Markierung blauer Strich leitet uns in Richtung »Dolský mlýn«. Auf der derzeitigen Umgehungsstrecke zum baumsturzgefährdeten Soorgrund wandern wir meist unweit der Straße durch ausgeforstete Waldstücke. Nach einer halben Stunde gelangen wir an den Abzweig zum Hotel Zámeček, ein ehemaliges Jagdschloss, welches sich der Fürst von Clary-Aldringen um 1930 erbauen ließ. Wir folgen dem Zufahrtsweg und der blauen Markierung. Am **Hotel Zámeček** ❷ vorbei geht es wieder in den Wald hinein. Wenig später wandern wir am Abzweig zur Aussicht Vogelstein (Ptačí Kámen) vorbei, die in den letzten Jahren allerdings stark zugewachsen ist. Nach einem halben Kilometer kommen wir auf eine weite Wiese, die uns bald einen guten Blick auf den markanten Rosenberg (Růžák) freigibt. Kurz darauf stoßen wir auf eine kleine Straße und biegen jetzt scharf links ab, um den Zámecký vrch (Hohenleipaer Schlossberg) zu besteigen. Unmarkiert schlendern wir die kurvige Teerstraße entlang der aussichtsreichen Hofbergwiese hinauf zu den Wochenendhäuschen am Rande von Vysoká Lípa (Hohenleipa). Am höchsten Punkt, wo die Straße einen deutlichen Rechtsknick macht, nehmen wir den Weg zwischen den Grundstücken weiter bergan.

Auf der Wiese halten wir uns rechts. Auf dem Gipfel, 391 m, entdecken wir einige Mauerreste und einen verbliebenen Keller, die Überlieferungen nach von einem ehemaligen kleinen Jagdschlösschen der Familie Clary-Aldringen zeugen. Von einer ruhigen Aussichtsbank am **Jesuskreuz** ❸ genießen wir den Blick auf die Dittersbacher Felsen, in die Lausitzer Berge, zum Rosenberg und auf die Häuschen von Hohenleipa. Auf demselben Weg gehen wir zum letzten Haus zurück und folgen dann dem Sträßchen weiter bergab. Am Haus Nr. 3 müssen wir uns entscheiden: Wer gerne einkehren möchte, kann an dieser Stelle geradeaus zur 200 m entfernten »Penzion Zvoneček« hinunter gehen, deren Biergarten vor allem im Sommer zum Verweilen einlädt. Unsere Wanderroute führt jedoch am Haus Nr. 3 gelb markiert nach links weiter.

Einige wunderschön renovierte Umgebindehäuser stehen am Weg. Nach etwa 400 m stoßen wir auf die Hauptstraße und folgen ihr talwärts. Im **Unterdorf** ❹ befinden sich mehrere Gasthäuser an einer Kurve, wo wir die Hauptstraße geradeaus verlassen. Die gelbe Markierung bringt uns zu einem Rastplatz mit Infotafeln. Wir treten wieder in den Nationalpark ein und wechseln auf die rote Markierung, die uns über Šaunštejn, Malá Pravčická brána und Větrovec (Rauschenberg) nach Mezní Louka zurückbringen soll. Ab jetzt heißt es aufpassen, denn wir befinden uns wieder in einem Gebiet erhöhter Baumsturzgefahr.

Der mächtige Rosenberg ist von der Felsenburg Schauenstein gut zu sehen.

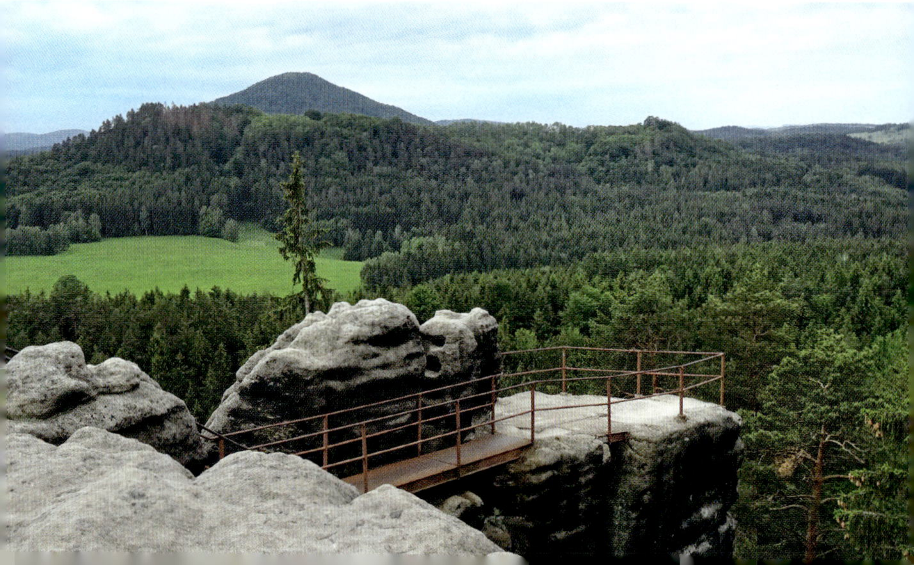

Der Felsen Šaunštejn (Schauenstein) ist nicht weit entfernt. Wir steigen steil aufwärts und stehen nach wenigen Minuten am Einstieg des »Hohenleipaer Raubschlosses«, wie die Felsenburg **Schauenstein ❺** auch genannt wird. Bereits hier entdecken wir zahlreiche Balkenlager, die einen ersten Eindruck vom Aufbau der Burganlage vermitteln. Eine Plakette zeigt die mögliche Gestalt der einstigen Felsenburg. Die im Jahre 2022 frisch sanierte Steiganlage windet sich durch schmale Spalten und über senkrechte Leitern nach oben. Auf dem Gipfel erwarten uns luftige Brücken, die über Felsspalten zur vordersten Aussicht führen. Am höchsten Punkt befinden sich eine imposante runde Zisterne, Reste eines in den Fels gemeißelten Burggebäudes sowie ein etwas tiefer und versteckt gelegener Gang zu einem höhlenartigen Wohnraum. Anhand diverser Balkenlager, Pfostenlöcher und Ausmeißelungen können wir den ungefähren Aufbau der Burg heute noch gut nachvollziehen. Bei guter Sicht haben wir einen grandiosen Rundblick über Rosenberg, Kaltenberg, Marienfelsen, Wilhelminenwand bis hin zu den Bergen des Böhmischen Mittelgebirges und zu Zirkelstein und Zschirnsteinen in der Sächsischen Schweiz. Der Abstieg erfolgt auf demselben Wege.

Unser Weiterweg führt am Wandfuß weiter bergan. Der schmale, mit Stufen gespickte Bergsteig entlang der Felsen bringt uns zu einem befestigten Fahrweg. Wir unternehmen einen kurzen Abstecher hinauf zum bizarren Felsgebilde **Malá Pravčická brána ❻** (Kleines Prebischtor). Das 3,3 m breite und 2,3 m hohe Felsentor ziert eine kleine Aussicht, die wir über eine kurze Eisenleiter erklettern. Zurück am Wanderweg gehen wir nach links weiter. Nach 500 m verlassen wir den Fahrweg an einer Kreuzung geradeaus. Auf dem markierten Pfad wandern wir über den bewaldeten und teils mit Felsen gespickten Rücken des Rauschenberges (Větrovec). Am höchsten Punkt des Gipfels, 50 m abseits des Weges, finden sich noch die Befestigungspunkte eines einstigen Feuerwachhäuschens, das bei Waldbrandgefahr genutzt wurde, sowie Reste ausgeschlägelter Inschriften. Durch den von Windwürfen, Borkenkäfer und forstlichen Maßnahmen arg gebeutelten Bergwald steigen wir in etwa 30 Min. nach Mezní Louka ab. Durch den Zeltplatz hindurch erreichen wir die Hauptstraße am Hotel Mezní Louka und unseren Ausgangspunkt **Mezní Louka ❶**.

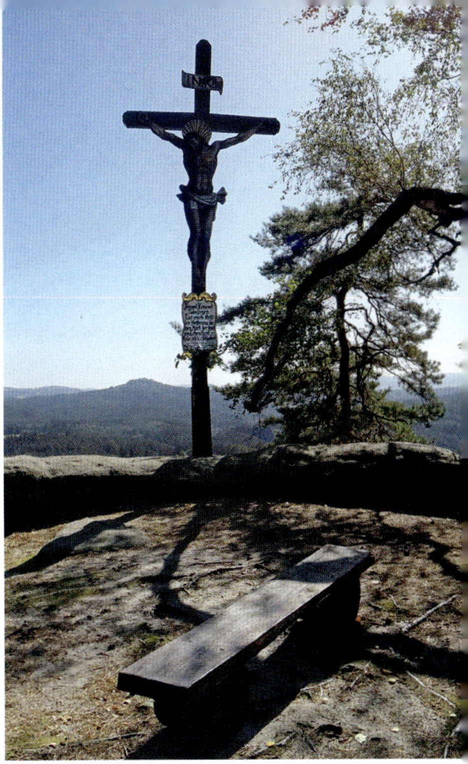

Auf dem Hohenleipaer Schlossberg mit Blick ins Lausitzer Gebirge.

24 Rosenberg, 619 m – der »Tetschner Fujiyama«

4.00 Std. | 11,1 km | ↗ 460 m | ↘ 460 m

Über Hutberg und Natursteig

Unsere Wanderung auf die bewaldete Kuppe des Rosenberges ist zugleich eine Reise durch die Erdgeschichte. Die mit 619 Metern zweithöchste Erhebung des Elbsandsteingebirges zeugt vom tertiären Vulkanismus, als Basaltlava die Elbsandsteinplatte durchdrang. Während unseres Aufstieges durch die steilen Bergflanken sind die typisch fünfeckigen Basaltsäulen mehrmals gut zu sehen.

Die blockreichen Berghänge mit ihrem urwaldähnlichen Baumbestand aus hohen Buchen, Bergahorn, Eschen, Eichen und einigen Bergulmen sind Lebensraum vieler seltener Tier- und Pflanzenarten. Baumhöhlen bieten Unterschlupf für Waldkauz, Schwarz- und Buntspecht oder Siebenschläfer. Auf den nährstoffreichen Böden des formschönen Kegelberges erblühen im Frühjahr mit Buschwindröschen, Waldmeister, Zwiebelzahnwurz oder Berg-Ehrenpreis typische Kräuter eines Buchenwaldes, die wir auf den sauren Sandsteinböden in der Umgebung nur selten finden werden. Bereits seit 1973 steht der Rosenberg als Nationales Naturreservat unter besonderem Schutz und wurde daher konsequenterweise im Jahr 2000 in den Nationalpark Böhmische Schweiz eingegliedert.

Der herbstliche Rosenberg vom Hutberg aus gesehen.

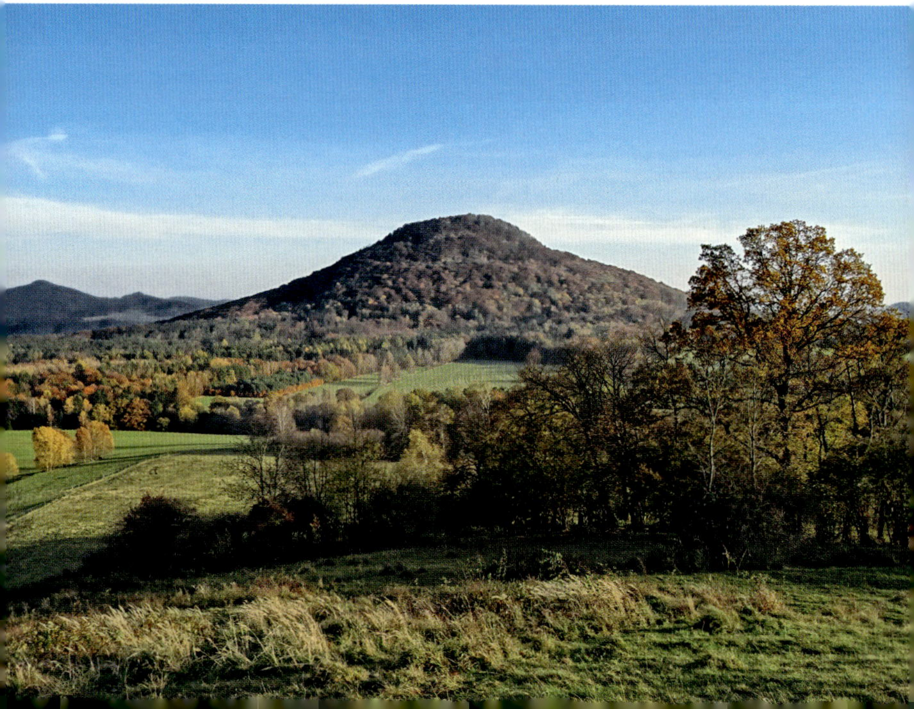

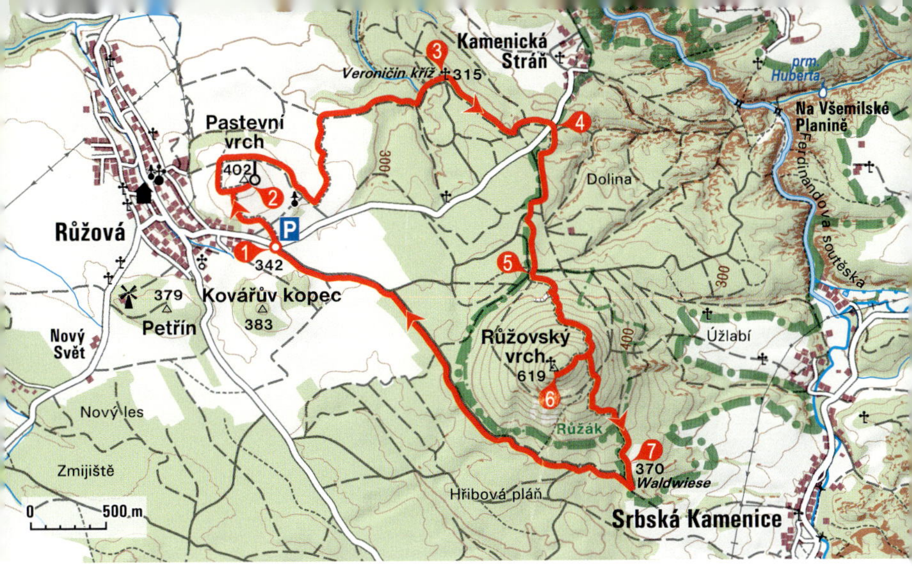

Ausgangspunkt: Wanderparkplatz am Pastevní vrch (Hutberg), am Ortsausgang Růžová Richtung Kamenická Stráň (50.840260N, 14.304580E).
ÖPNV: Bus 432 bis »Růžová, I«. Wir folgen der roten Markierung (örtlicher Rundweg Pastevní stezka) in Richtung »rozhledna Růženka«. Es geht die Nebenstraße neben der Kirche hinauf bis zum Aussichtsberg mit Turm.
Anforderungen: Der steile Auf- und Abstieg auf teils felsigen und gerölligen Steigen am Rosenberg erfordert gute Kondition und Trittsicherheit, bei Nässe oder herbstlichem Laub rutschig. Sonst meist gute Wald- und Wiesenwege.
Einkehr: Unterwegs keine; Gaststätte und Imbiss unweit der Kirche in Růžová
Hinweis: In der unbelaubten Jahreszeit eröffnen sich vom Rosenberg mehrere kleine Ausblicke ins Böhmische Mittelgebirge und auf die Böhmische Schweiz. Im Winter möglicherweise alpine Wegverhältnisse (Vereisung, tiefer Schnee) und erhöhte Schneebruchgefahr (Altbuchen!).

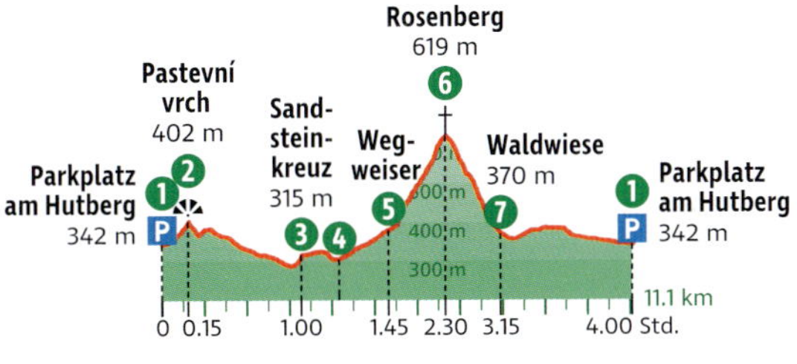

Vom **Parkplatz am Hutberg ❶** lassen wir uns von der grünen Lehrpfadmarkierung leiten. Über einen Wiesenpfad steigen wir zur nahen Aussichtskuppel »rozhledna Růženka« auf dem **Pastevní vrch ❷** (Hutberg) hinauf. Ein ausgezeichneter Rundblick erwartet uns. Südöstlich ragt unser Tagesziel auf. Der markante, mit Buchenwald bewachsene Rosenberg (Růžovský vrch) ragt an manchem Morgen aus einem wilden Nebelmeer auf und wird daher von manch Einheimischen liebevoll

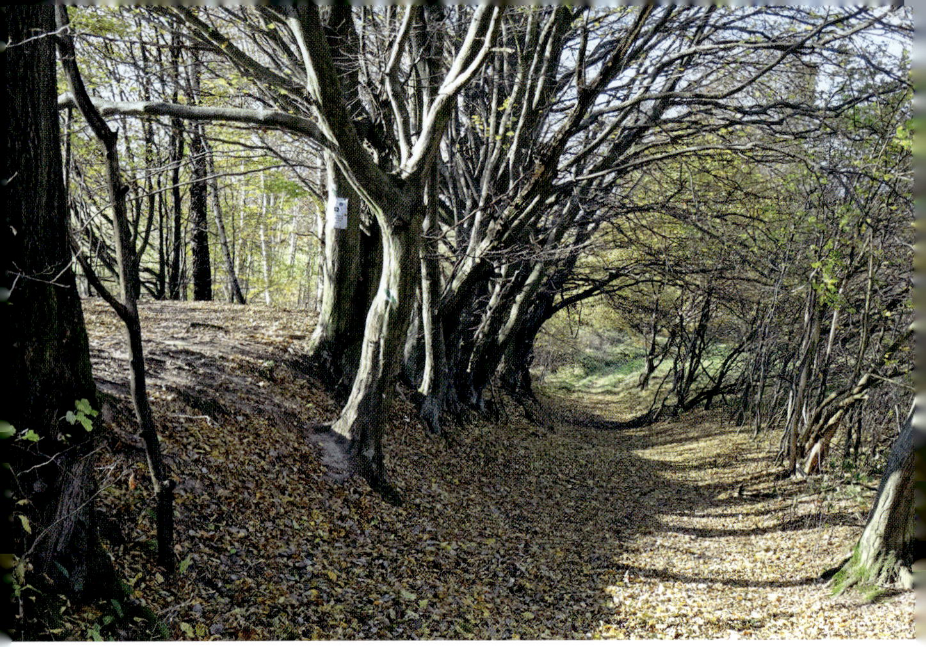

Auf dem Lehrpfad »Naučna stezka Růžova«.

als »Tetschner Fujiyama« bezeichnet. Weiter südlich befinden sich die Gipfel des Böhmischen Mittelgebirges. Im Westen stehen der Hohe Schneeberg und die beiden Zschirnsteine. Nordwestlich befinden sich die sächsischen Tafelberge mit Zirkelstein im Vordergrund und Lilienstein am Horizont. Im Norden und Osten stehen aufgereiht die Felswände und Gipfel der Böhmischen Schweiz.

Nach dieser ersten Aussicht steigen wir einige Schritte ab und folgen dem Lehrpfad »Naučná stezka Růžová« nach rechts weiter. Kurz darauf biegen wir nach rechts in einen Wiesenweg ein. Gemeinsam mit dem »Pastevní stezka« geht es zu einem Wegabzweig unweit des »Glöckchens«. Wir bleiben geradeaus und folgen dem Naturlehrpfad für die nächste dreiviertel Stunde. Zunächst wandern wir über aussichtsreiche Wiesen, später im ausgelichteten Wald in eine Senke hinunter, wo wir uns an der Gabelung links halten. Kurz darauf geht es rechts hinauf zu einer großen Wegkreuzung. Unter einer geschätzt 300 Jahre alten, dicken Kiefer entdecken wir ein massives **Sandsteinkreuz ❸**. Solche Steinkreuze dienten vielerorts als Sühne für verübtes Unrecht oder als Erinnerung an ein Unglück. Das heutige Kreuz ist eine Nachbildung des zerstörten originalen Sühnekreuzes, welches an Veronika Bergert erinnerte, die an dieser Stelle im Jahre 1837 von ihrer neidischen Begleiterin erschlagen wurde. Wir wandern halb rechts weiter, bis wir an eine **Straße ❹** gelangen. Blicken wir nach links, können wir das nahe Dorf Kamenická Stráň (Kamnitzleiten) erkennen, welches für seine gut erhaltenen Umgebindehäuser bekannt ist. Ein kurzer, optionaler Abstecher dorthin lohnt sich für Interessierte. Unsere Wanderung führt jedoch auf der Straße nach rechts weiter. Schon

nach 30 m nehmen wir den blau markierten Weg nach links in den Wald hinein.
Wir achten gut auf die teils etwas spärlich angebrachten Wegzeichen und wandern über Wald- und Forstwege bis zum **Wegweiser 5** »Pod Růžovským vrchem« mit Informationstafel und überdachtem Rastplatz. Hier treten wir ins Naturreservat ein und steigen nun entlang der gelben Markierung geradeaus aufwärts. In Serpentinen führt der schmale Bergpfad durch den alten Buchenwald steil hinauf. Dunkles, bemoostes Basaltgeröll bedeckt die bewaldeten Hänge. Umgestürzte Bäume hinterlassen kleine Lücken im Blätterdach, durch die wir ab und zu einen Ausblick erhaschen können. Fast ganz oben angekommen, weist uns das gelbe Dreieck den richtigen Pfad auf das durchweg bewaldete Gipfelplateau. Ein großes Gipfelkreuz markiert den 619 m hoch gelegenen Gipfelpunkt des **Rosenberges 6** (Růžovský vrch). Im Schatten der Bäume entdecken wir Mauerreste, auf denen es sich gut rasten und die einsame Stille genießen lässt. Zwischen 1881 und 1936 gab es hier oben eine beliebte Bergwirtschaft mit Aussichtsturm. Heute kommen eher Liebhaber wilder Natur hier herauf. Für den Abstieg gehen wir bis zum markierten Wanderweg zurück und folgen diesem nach rechts.
Nach etwa 10–15 Minuten haben wir den steilen Teil des Abstieges geschafft und überschreiten wieder die Reservatsgrenze (roter Farbring, Schild). Nun müssen wir aufmerksam sein. 300 m weiter passieren wir eine kleine **Waldwiese 7**. 50 m danach verlassen wir den markierten Wanderweg und biegen scharf nach rechts in einen gut erkennbaren Waldweg ein. Dieser bringt uns nach einigen Minuten (ca. 350 m) auf einen Forstweg, dem wir nach rechts folgen. Auf dem auch als Radweg gekennzeichneten Weg geht es in lichtem Laubmischwald aufwärts. Nach einer halben Stunde biegen wir auf einen Fahrweg mit gelber Markierung nach links ein und erreichen entlang von Wiesen und Weiden unseren Ausgangspunkt, den **Parkplatz am Hutberg 1**.

Die futuristisch anmutende Aussichtskuppel auf dem Hutberg und das »Glöckchen« unterhalb des Berges.

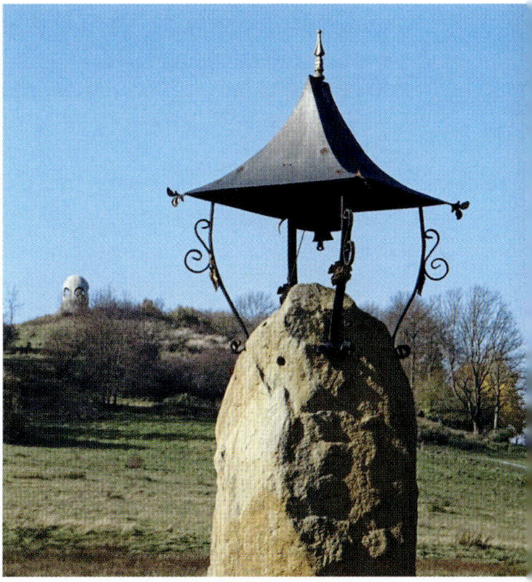

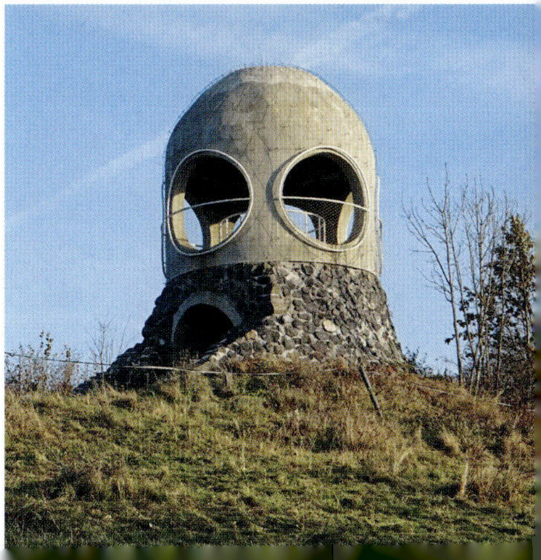

25 Edmundsklamm und Wilde Klamm

4.15 Std. | 14,5 km | ↗ 320 m | ↘ 320 m

Durch wilde Schluchten zum Aussichtsturm in Janov

Wilde Klamm und die Edmundsklamm (auch als Stille Klamm bezeichnet) gehören neben dem Prebischtor, dem Wahrzeichen der Böhmischen Schweiz, zu den bekanntesten und beliebtesten Zielen der Böhmischen Schweiz. Über Jahrmillionen hat sich das Flüsschen Kamnitz (Kamenice) tief in den Sandstein gegraben und eine schmale Felsenschlucht geschaffen, deren spezielles Klima Heimat für zahlreiche Pflanzenarten ist. Nur selten reichen Sonnenstrahlen bis auf den Grund hinunter. Über Stege und durch Tunnel führt ein wildromantischer Weg am Fluss entlang. Die beiden engsten Passagen der Schlucht können nur mit Kähnen befahren werden. Während der Überfahrt erfährt man vom Bootsführer allerlei Sagenhaftes über die Klammen.

Jenseits des Trubels der klassischen Klamm-Prebischtor-Runde geht es anschließend durch stille Wälder zum neuen, modernen Aussichtsturm in Janov (Johnsdorf). In 30 Meter Höhe erwartet uns ein exzellenter Rundblick mit ungewohnter Perspektive auf die Tafelberge der Sächsischen Schweiz sowie auf die Felsen der Böhmischen Schweiz und zu den fernen Bergkuppen des Lausitzer Gebirges. Auf historischen Steigen mit einsamen Felsenaussichten aus der Frühzeit der touristischen Erschließung beschließen wir diesen Wandervorschlag.

Blick vom Elisalexfelsen ins Elbtal bei Hřensko.

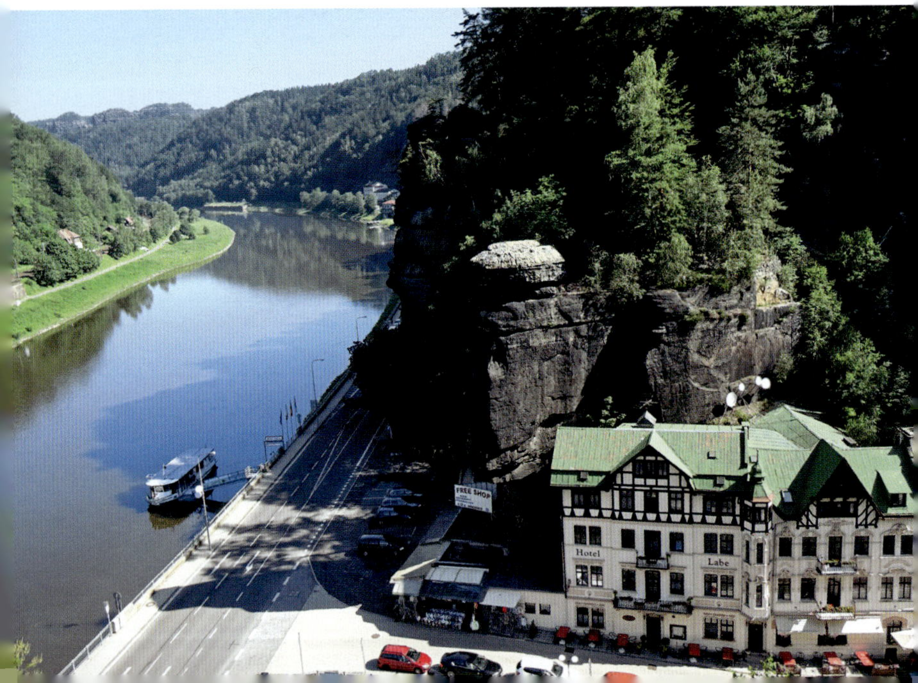

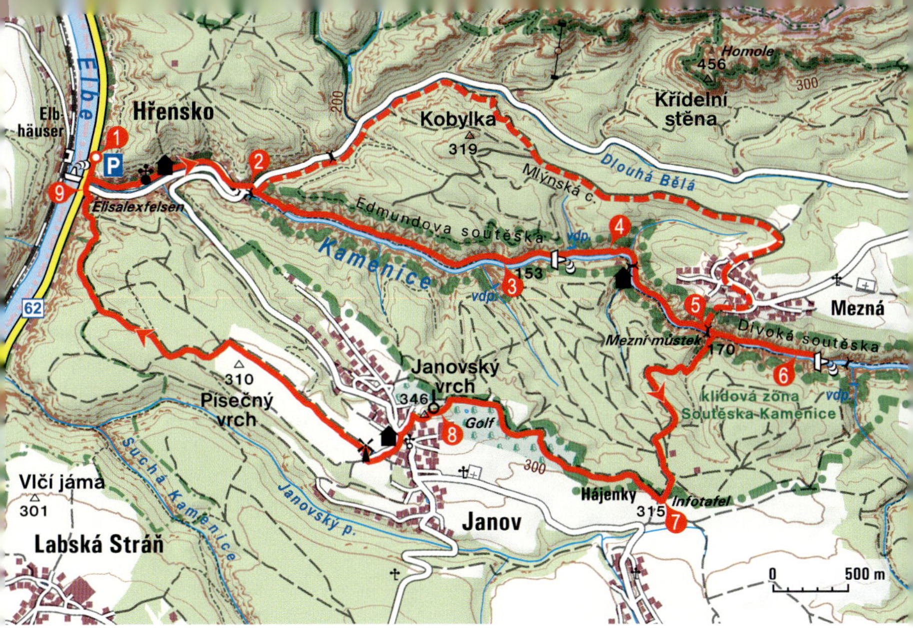

Ausgangspunkt: Parkplatz in Hřensko zwischen Fähre und Tankstelle (50.8767336N, 14.2370742E).
ÖPNV: Mit der S-Bahn bis Schöna und mit Grenzfähre übersetzen, aus Tschechien mit Bus 434 bis »Hřensko, nábř.«.
Anforderungen: Steile, steinige Steige im Auf- und Abstieg, sonst gemütliche Wanderwege.
Einkehr: In Janov: Restaurace U Zeleného stromu, www.uzelenehostromu.cz, 100 m vom Dorfplatz die Straße Richtung Hřensko).
In Hřensko: Restaurace Stará Plynárna, www.staraplynarna.cz, Restaurace U Raka an der Kirche und viele weitere.
Hinweis: In den Ferien oder an den Wochenenden sind die Klammen immer stark frequentiert, daher lohnt es sich, die erste Kahnfahrt zu nehmen. Die Klammen sind von April bis Oktober geöffnet und können in den Wintermonaten nicht passiert werden. Preise und Fährzeiten: herrnskretschen.de
Variante: Wegvariante für den Winter. Von Hřensko rot markiert auf der Straße Richtung »Pravčická brána (Prebischtor)/Mezní Louka« bis zum Abzweig »Tři prameny« (bis hier auch mit Bus 434), rechts auf gelb markiertem Weg nach Mezná hinauf, in Mezná (Stimmersdorf) entlang der grünen Markierung in Richtung Mezní můstek (soutěsky)/Růžová–Hájenky wechseln. Es geht bald einen langen Serpentinensteig steil hinunter in die Klamm zur Brücke Mezní můstek 5.
Vorsicht, die grün markierte Passage Mezná – Hájenky kann im Winter rutschig und die Stufen vereist sein! (5,3 km, 150 Hm, 1.30 Std.).

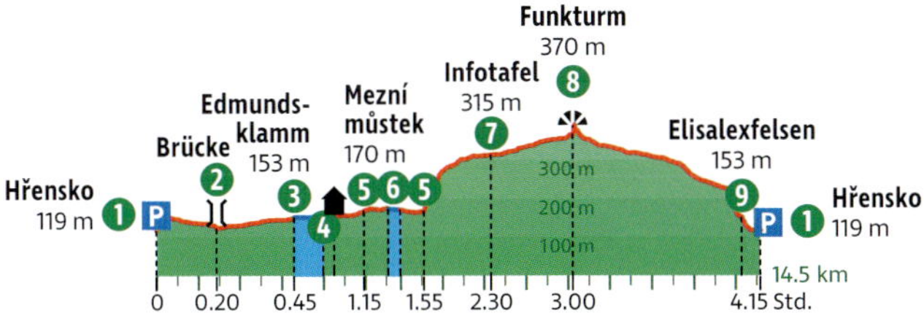

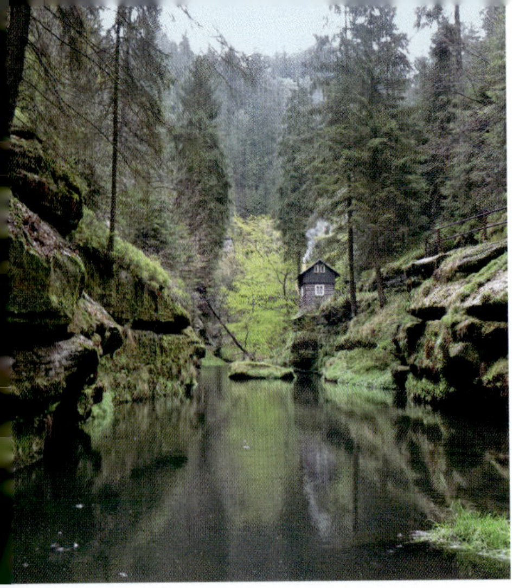

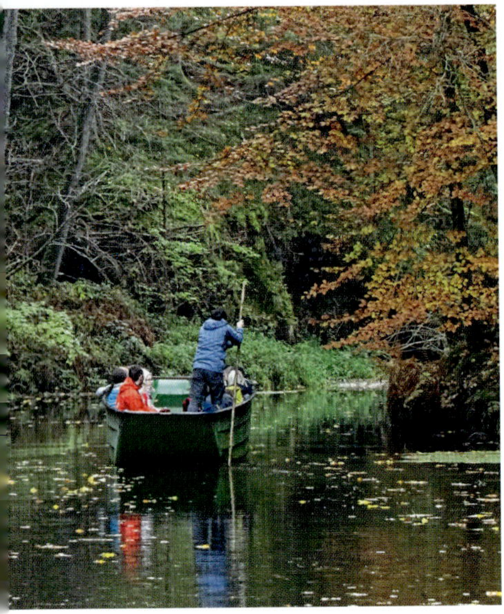

Oben: Die stille Edmundsklamm.
Unten: Kahnfahrt in die Wilde Klamm.

Vom Parkplatz in **Hřensko** ❶ (Herrnskretschen) gehen wir auf dem elbseitigen Fußweg in südlicher Richtung zum Aufgang der Grenzfähre. Wenige Meter weiter, am Hotel Labe, biegen wir vor der Kamenice (Kamnitz) nach links ab. Die schmale Straße führt uns entlang des Flusses durch das Örtchen, welches zu Beginn von Händlerbuden dominiert wird. Die hohen Felswände über den Häusern rücken immer enger zusammen, bis nur noch Fluss und Straße dazwischen passen. Hinter zwei Straßenbrücken zweigt an einem WC und einer Infotafel der Zugang zur Edmundsklamm nach rechts ab. Der gelb markierte Wanderweg Richtung »Edmundova/Divoká soutěska, Mezní můstek« bringt uns über eine kleine **Brücke** ❷ und dann auf einem Felsenweg in die enge Klamm hinein. Für 1,8 km wandern wir nun neben und über dem rauschenden Fluss, bis wir zum Kassenhäuschen am Einstieg der Kahnfahrt durch die **Edmundsklamm** ❸ (Edmundova bzw. Tichá soutěska) gelangen. Es folgt eine kurzweilige, zwanzigminütige Kahnfahrt zum talaufwärts gelegenen **Anleger** ❹, wo es auch eine kleine Gastwirtschaft gibt. Durch Felsgalerien und Tunnel wandern wir nun weiter flussaufwärts, vorbei an der den Wildfluss überspannenden **Mezní můstek** ❺ (Stimmersdorfer Brücke), bis wir nach etwa einer halben Stunde die Bootsstation **Wilde Klamm** ❻ (Divoká soutěska) erreichen. Die Bootsfahrt wird derzeit als Rundtour angeboten, weil der obere Zugang zur Schlucht durch eine Vielzahl abgestorbener Fichten unpassierbar ist. So können wir die wilde Felsenszenerie gleich doppelt lang genießen. Danach kehren wir zur Brücke **Mezní můstek** ❺ zurück und biegen nach links auf den grün markierten Weg Richtung »Růžová/Hájenky« ab. Auf großen Sandsteinpflaster und Treppenstufen steigen wir in einer düsteren, mit Moosen und Farnen bewachsenen Seitenschlucht aufwärts. Diesen Steig nutzten die Bewohner von Stimmersdorf (Mezná) seit dem 16. Jh., um zum sonntäglichen Gottesdienst nach Rosendorf (Růžová) bzw. Arnsdorf (Arnoltice) zu gelangen. Bald erreichen wir ein Hochtälchen, dessen Fichtenbestand derzeit komplett abgestorben und am Zusammenbrechen ist. Steil geht es rechts auf einem neu angelegten, schlichten Pfad über einen freigeschnittenen Hang aufwärts und oben dann auf breitem Weg gemütlicher und ungefährlicher im jungen Mischwald zu einer Wegverzweigung neben einem Grundstück. Hier an der Nationalparkgrenze mit **Infotafel 7** biegen wir nach rechts ab (gelbe Markierung). Der Waldweg bringt uns an den Rand eines Golfplatzes. Geschichtlich Interessierte können hier versteckt im Wald die Kaiserbank (Císařská lavička) entdecken. Dazu geht man vom Nationalparkschild auf dem Wanderweg 20 m zurück und wenige Schritte nach Süden in den Wald hinein. Anlässlich des 60. Thronjubiläums (1848 – 1908) des österreichischen Kaisers Franz Joseph wurde an diesem heute ziemlich verwachsenen Platz eine breite, steinerne Bank mit Jahreszahlen aufgestellt. Auf dem Golfplatz richten wir uns gut nach der gelben Markierung, die uns nach einigen Minuten an den bereits von Weitem sichtbaren, stählernen **Funkturm 8** von Janov (Johnsdorf) führt. 160 Stufen bringen uns auf die Aussichtsplattform in 30 m Höhe, die uns einen weiten Rundblick eröffnet. Im Norden ragen die Felswände des Prebischtor-Gebietes auf, mit der bewaldeten Kuppe des Großen Winterbergs dahinter. Nordwestlich fällt unser Blick auf das Elbtal und die sächsischen Tafelberge. Im Westen erkennen wir die beiden Zschirnsteine und den Hohen Schneeberg mit seinem Steinturm. Weiter südlich schließt sich die Gipfelkette der »Kegelberge« des Böhmischen Mittelgebirges an. Der Rundblick schließt

Am Anlegesteg der Kahnfahrt in die Wilde Klamm.

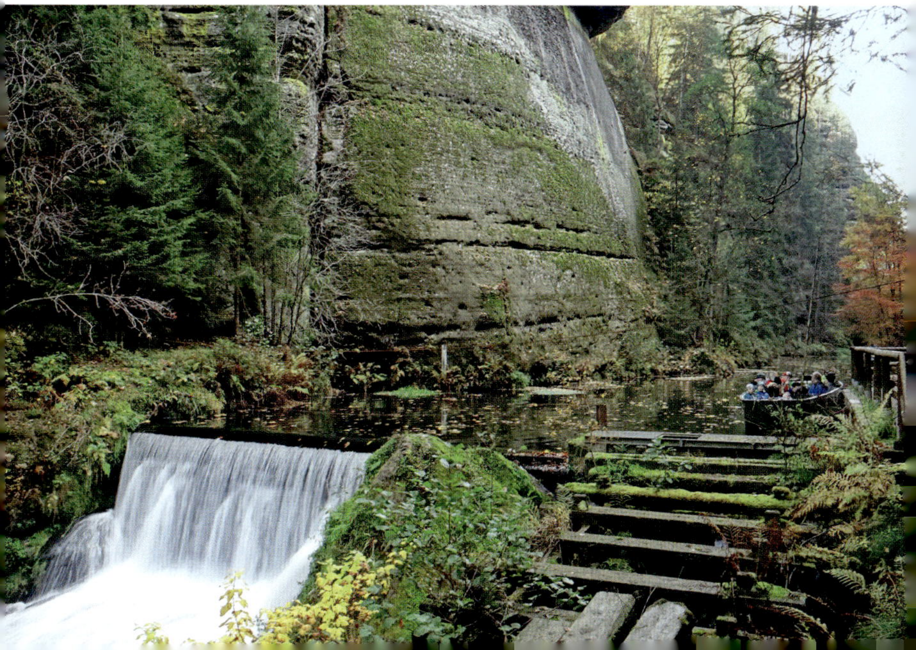

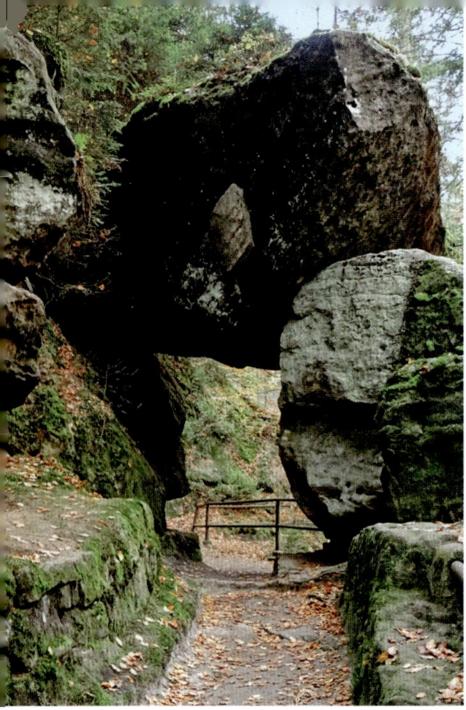

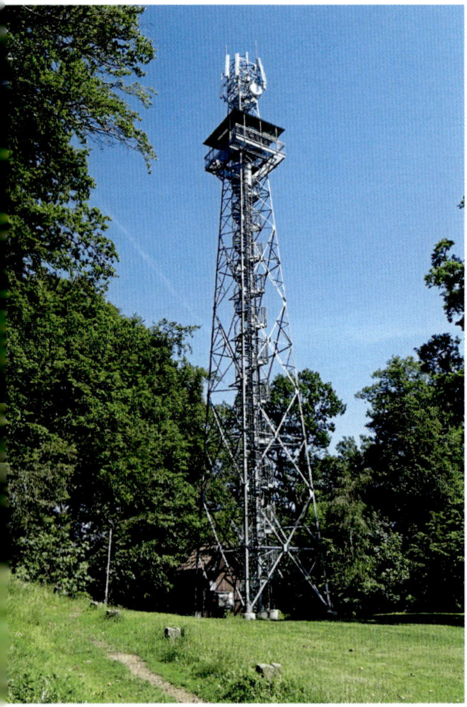

mit dem markanten Rosenberg (Růžovský vrch) und den Gipfeln der Böhmischen Schweiz und des Lausitzer Gebirges am Horizont.
Anschließend folgen wir aufmerksam der gelben Markierung durch das Dorf Janov in Richtung Hřensko. Am Ortsrand passieren wir einen kleinen Teich. Dahinter befindet sich die ehemalige Johnsdorfer Windmühle. Auch wenn sie nicht mehr funktionstüchtig ist, lohnt ein kurzer Abstecher zu dem im Jahr 1844 aus Sandsteinquadern errichteten Gebäude.
Der markierte Wanderweg führt vom Teich geradeaus über eine Wiese und in den Wald hinein. Langsam fällt der Weg ab und trifft nach einer Viertelstunde auf einen Forstweg, dem wir nur 100 m nach rechts folgen und dann nach links verlassen. Der schmale Waldweg bringt uns zuletzt über eine Stiege zu zwei historischen Aussichtspunkten am sogenannten **Elisalexfelsen ❾**. Der Name leitet sich ab von Elisabeth-Alexandra, der Gattin des Fürsten Edmund von Clary-Aldringen, dem Herrschaftsbesitzer und engagierten Erschließer der Prebischtor-Region. Es gab seit etwa 1850 Planungen hoch auf diesem Felsen ein standesgemäßes Schloss erbauen zu lassen. Doch das Projekt der sogenannten »Elisalexburg« war nicht finanzierbar, nur die Namensgebung für diesen Platz blieb bis heute erhalten. Bevor wir ganz absteigen, genießen wir den hübschen Blick auf die Elbe und auf Hřensko im engen Tal der Kamenice. Nach dem Abstieg auf teils etwas verfallenen Stufen und einer eisernen Gittertreppe folgen wir der Hauptstraße nach rechts zu unserem Ausgangspunkt in **Hřensko ❶**.

Oben: Felsentor in der Klamm.
Unten: Aussichtsturm Janov.

Elbeaussicht auf dem Liethenkamm

5.15 Std. | 14,9 km | ↗ 540 m | ↘ 540 m

Stille Täler und luftige Aussichten im Elbe-Canyon

Diese Wanderempfehlung für gehfreudige Naturfreunde führt in den linkselbigen Teil des Elbtal-Canyons von Čertova Voda durch das Tal des Teufelsbaches auf die einsame Elbeaussicht am Liethenkamm. Fast 300 Höhenmeter überwindet hier der Wildbach auf seinem kurzen Weg von seiner wasserreichen Quelle bis zur Mündung in die Elbe. Schon im 16. Jh. gab es an dem beständig rauschenden Bach eine Sägemühle. Sicher war das abgelegene Tal mit seinen hohen, wilden Felsen, in denen das Grollen von Gewitterdonnern widerhallte, damals ein etwas gespenstischer Ort. Zudem war das Befahren der Elbe in diesem Abschnitt schwierig und nicht ganz ungefährlich. Es ist gut möglich, dass die Gegend aus diesen Gründen zu ihrem teuflischen Namen kam. Die Einsamkeit der stillen Wälder, eine Einkehr in der kleinen Ansiedlung Dolní Žleb (Niedergrund), wo ab dem 17. Jahrhundert Sandstein gebrochen wurde, und der wildromantische Gelobtbachwasserfall runden die lange Streckenwanderung ab, die durch Nutzung der S-Bahn auch problemlos verkürzt werden kann.

Der Elbe-Canyon an der Elbeaussicht (Labská vyhlídka).

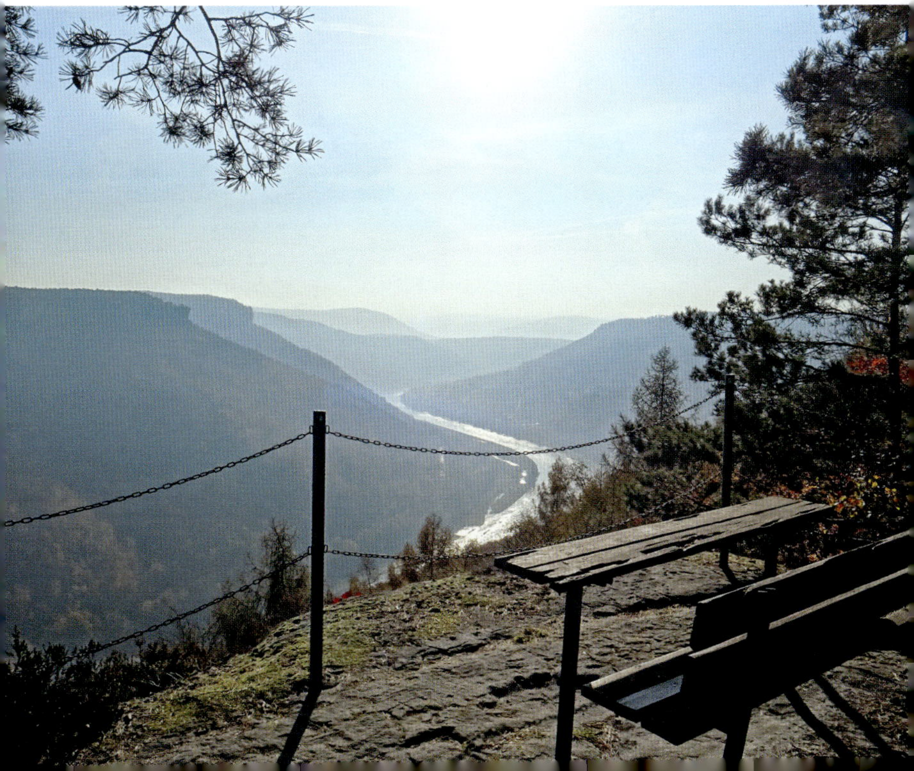

Ausgangspunkt: Čertova Voda, Bahnstation Děčín-Čertova Voda.
Endpunkt: S-Bahn-Station Schöna.
ÖPNV: Zur Bahnstation Děčín-Čertova Vod mit der Nationalparkbahn U28 von Bad Schandau oder Děčín. Rückfahrt von Schöna mit der S-Bahn S1 oder der Nationalparkbahn U28 möglich. Bei Anreise mit dem Pkw am Nationalparkbahnhof Bad Schandau oder in der Nähe des Bahnhofs Děčín parken.

Anforderungen: Steile Auf- und Abstiege erfordern gute Kondition und Trittsicherheit, rutschige Passagen in den steilen Bachtälern, Felsenpfade im Gelobtbachtal und auf dem Forststeig.
Einkehr: Café und Kneipe »U Kosti« www.ukosti.cz, Restaurant »Dolní Grund« www.restaurant-dolni-grund.cz
Hinweise: Vorsicht im Winter, die steilen Passagen an den Bergbächen können vereist und unbegehbar sein!

Der Elbbogen bei Dolní Žleb, darüber Zirkelstein und Schrammsteine.

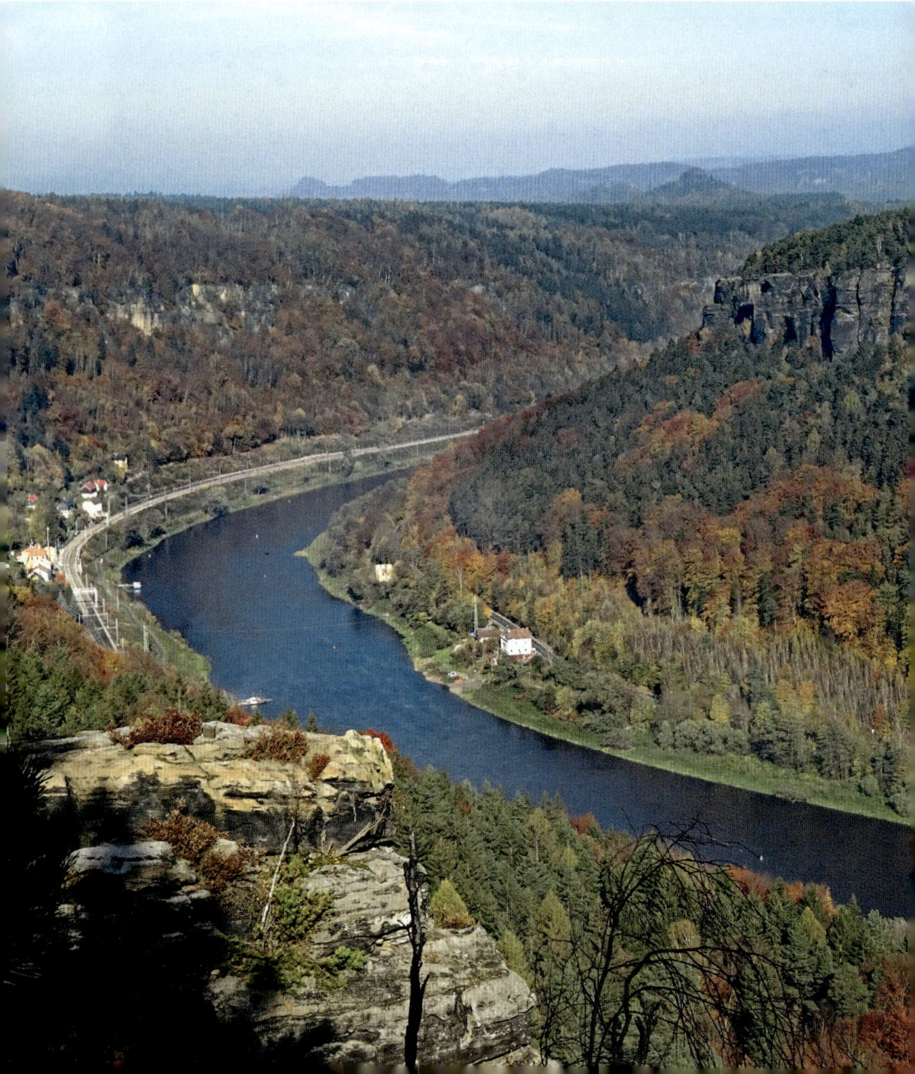

Vom Bahn-Haltepunkt **Děčín-Čertova Voda ❶** gehen wir die schmale Straße hinauf und folgen der gelben Markierung durch die kleine Ansiedlung. Oberhalb des Ortes treffen wir an einer Kreuzung auf die grüne Markierung. Wir folgen dieser auf einem mit großen Sandsteinquadern gepflasterten Weg steil bergan. Unterwegs treffen wir auf die kleine, liebliche Eliška-Quelle und ein Wasserhäuschen, aus dem meist Wasser herausquillt. Wer aufmerksam ist, kann danach auf der rechten Wegseite, einen Stein mit einem eingravierten Kreuz entdecken. An einer Weggabelung folgen wir dem gepflasterten Weg weiter nach rechts und gelangen kurz darauf auf eine befestigte **Forststraße ❷**. Wir gehen in gleicher Richtung weiter, passieren erneut ein Wasserhäuschen und kommen dann an eine größere Gabelung. Auch hier halten wir uns rechts und bleiben für die nächste halbe Stunde diesem Forstweg auf dem sogenannten Liethenkamm treu. Hier und da gibt der Wald den Blick auf das Elbtal frei. Nach einer einfachen Waldarbeiterhütte sollten wir aufpassen, um den Wegweiser zur **Elbeaussicht ❸** (Labská vyhlídka) nicht zu verpassen. Ein kurzer Pfad bringt uns zu einer Bank mit einer tollen Aussicht auf den 250 m tiefer gelegenen Elbestrom. Der schöne Platz mit Blick auf die gegenüber stehenden, etwa 100 m hohen Felswände des Nationalen

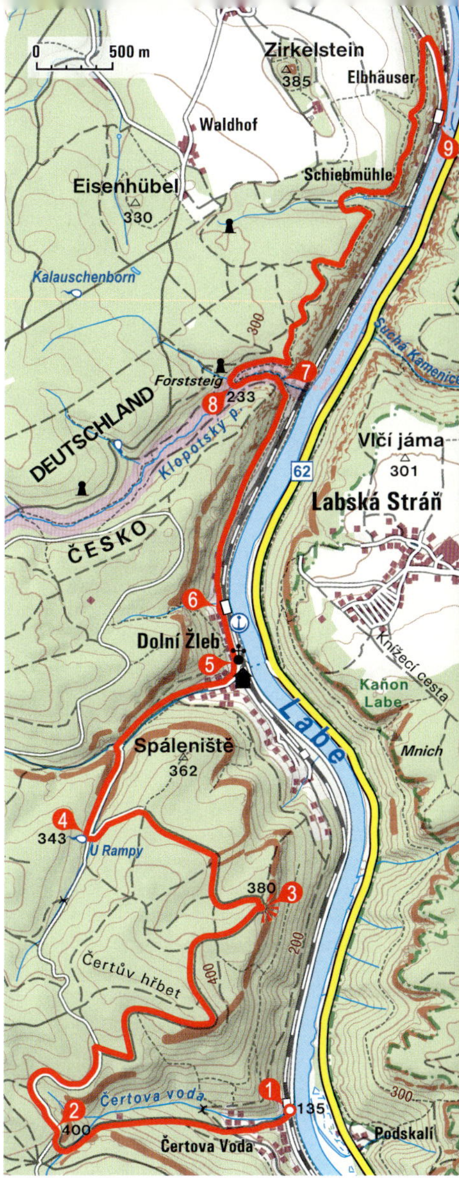

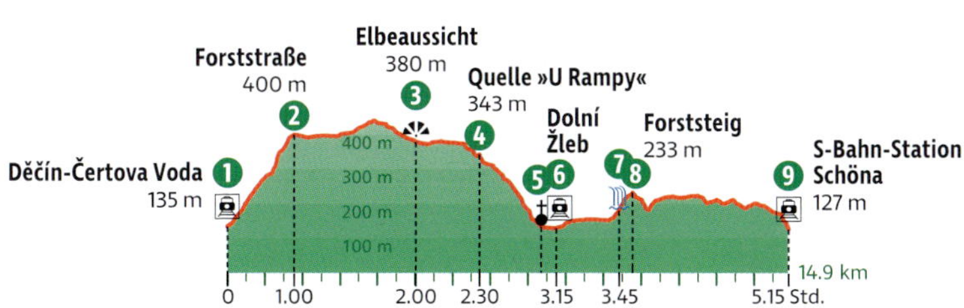

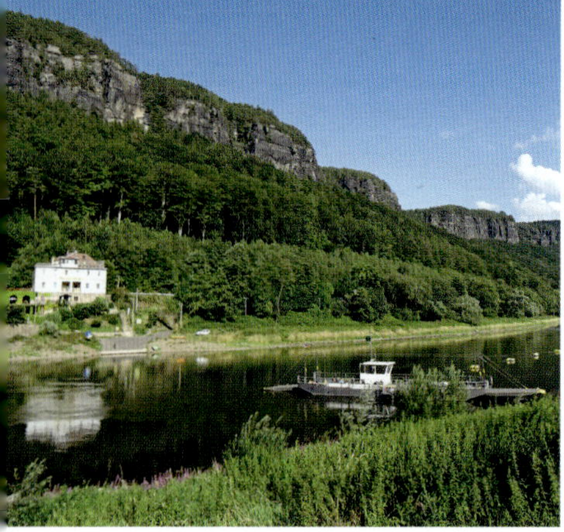

Autofähre Dolní Žleb.

Naturreservats »Kaňon Labe« (Elbe-Canyon) lädt zu einer Rast ein.
Anschließend gehen wir auf dem Forstweg weiter, der uns in 25 Min. in ein Tälchen bringt, wo wir auf eine Forststraße treffen. Die hübsch gestaltete **Quelle »U Rampy« 4** gibt reichlich Wasser. Wir biegen rechts ab. Der Weg senkt sich in ein Felsental. Bald treffen wir auf einen gelb markierten, mit großen Sandsteinquadern gepflasterten Weg, dem wir nach rechts Richtung Dolní Žleb folgen. Begleitet vom rauschenden Dolnožlebský potok (Lehmischbach), der bald zwischen Felsblöcken einen tosenden Wasserfall bildet, geht es immer steiler werdend talwärts. Vorbei an den Ruinen einer ehemaligen Sägemühle und der Klettererkneipe U Kosti erreichen wir Dolní Žleb (Niedergrund). An einer Straßengabelung halten wir uns links und wechseln auf die grüne Markierung Richtung Bahnstation/Klopotský potok. Die Kirche der Heiligen Dreifaltigkeit **5** aus dem Jahr 1830 ist ein spätbarocker Sakralbau mit klassizistischen Elementen. Nach 1945, als die deutschsprachige Bevölkerung vertrieben wurde, begann die Kirche zu verfallen. Heute ist sie ein Kulturdenkmal der Tschechischen Republik, wartet aber dennoch auf ihre Sanierung. Eine örtliche Bürgerinitiative versucht den Verfall aufzuhalten. Nach der Kirche kann man unter der Bahnstrecke hindurch einen Abstecher zum Restaurace Dolní Grund unternehmen, wo man bei einer Einkehr schön auf die Elbe schauen kann.
Wir setzen unseren Weg entlang der grünen Markierung bergseitig an der Bahnlinie fort. Schließlich passieren wir die Bahnstation **Dolní Žleb 6** und wandern etwa eine halbe Stunde auf dem Hangsteig bis wir, einem Steiglein aufwärts folgend, am Staubecken des Gelobtbaches (Klopotský potok) stehen. Es ist ein idyllischer Fleck. Von imposanten Felsen flankiert ergießt sich ein romantischer **Wasserfall 7** in das ehemalige Mühlstaubecken, das sich genau auf der heutigen Staatsgrenze befindet. Nun folgt der wohl schönste und wildeste Wegabschnitt unserer Tour. Rechts vom Wasserfall steigen wir am Gelobtbach aufwärts, dem auch die deutsch-tschechische Grenze folgt. Der Weg wird von steilen, bemoosten Felswänden gesäumt und verläuft teilweise im Bachbett. Wo sich die feucht-kühle Schlucht etwas weitet, stoßen wir auf die Wegmarkierung »gelber Pinselstrich« des Forststeiges. Nun verlassen wir das Gelobtbachtal auf dem **Forststeig 8** nach rechts. Wir lassen uns ab jetzt von den gelben Pinselstrichen leiten. Es geht steil den Hang hinauf und oben auf einem Pfad rechts haltend weiter. Hoch über der Elbe, immer an der Talkante entlang, wandern wir durch ehemalige Sandsteinbrüche. Nach knapp anderthalb Stunden folgen wir noch der Straße zur **S-Bahn-Station Schöna 9** hinunter, wo wir unsere Wanderung beenden.

Špičák (Sattelberg) bei Krásný Les (Schönwald) 27

3.30 Std. | 11,8 km | ↗300 m | ↘300 m

Von Oelsen auf die geschützten Bergwiesen am Sattelberg

Die Landschaft am Übergang des Elbsandsteingebirges zum Osterzgebirge ist geprägt von weiten, hügeligen Bergwiesen, auf denen sich vielseitige und einzigartige Pflanzengesellschaften entwickeln konnten. Heckenstreifen mit Steinrücken, zusammengelesen von Bauern früherer Zeiten, bieten Nistmöglichkeiten und Nahrung für viele Vogelarten und besondere Wachstumsbedingungen für Pflanzen wie Feuerlilie, Bunter Eisenhut oder Türkenbund. Bärwurz, Arnika, Trollblume und Teufelskralle sind auf den kräuterreichen Bergwiesen zu Hause, welche sich mit Feuchtwiesen abwechseln, aus denen kleine Bächlein hinunter ins feucht-kühle Gottleubatal fließen. Tagesziel ist der halb aus Sandstein, halb aus Basalt bestehende Sattelberg mit seinem steinernen Gipfelkreuz, wo der Panoramablick vom Geising im Osterzgebirge über das Gebirgsvorland und die Gipfel der Sächsischen Schweiz bis zum Hohen Schneeberg reicht.

Bis zum bewaldeten Špičák (Sattelberg) ist es nicht mehr weit.

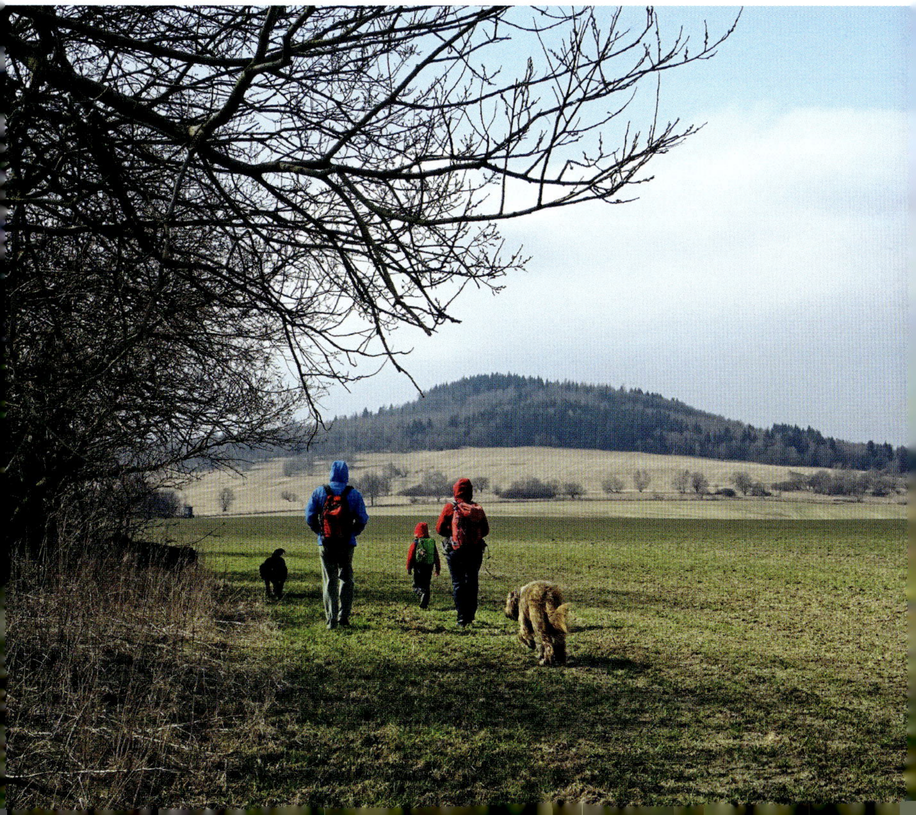

Ausgangspunkt: Parkplatz am südlichen Ortsende von Oelsen (50.8029214N, 13.9282314E).
ÖPNV: Mit Bus 214 bis »Oelsen Wendeplatz«
Anforderungen: Normale Feld-, Wald- und Wiesenwege, am Gipfel ein mit Wurzeln und Steinen durchsetzter Waldpfad, wasserabweisendes Schuhwerk empfehlenswert.
Einkehr: Keine.
Tipp: Feldstecher und Pflanzenbestimmungsbuch mitnehmen – aber bitte bleiben Sie auf den markierten Wanderwegen, um keine Pflanzen zu zertreten.

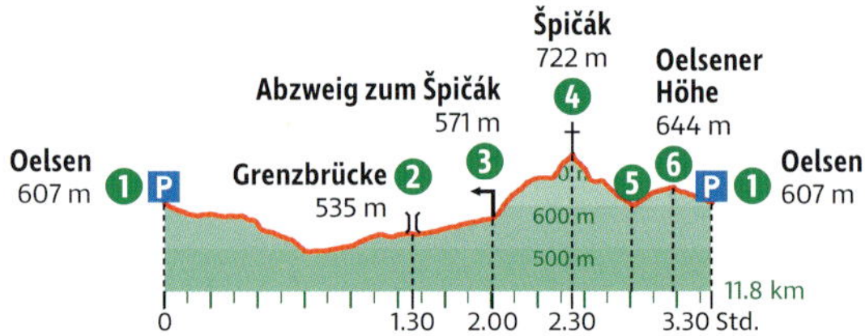

Vom Parkplatz am Ortsende von **Oelsen ❶** gehen wir auf der Straße in nördlicher Richtung zurück. Die gelbe und grüne Markierung leitet uns Richtung Krásný Les in den Oelsengrund. Immer geradeaus, an Bushaltestelle und Zimmerei vorbei, erreichen wir nach knapp 10 Min. eine steinerne Wegsäule. Wir biegen links in den Lappenbuschweg ein, der uns in den Oelsengrund hinunter bringt. Nach 35 Min. erreichen wir die Auewiesen des Gottleuba-Baches. An der Brücke wandern wir entlang der grünen Markierung, die uns nun bis zum Ende unserer Runde führen wird, durch den stillen Grund weiter. Bald entdecken wir neben uns in der Bachmitte die Staatsgrenze. An der verfallenen Meiselmühle vorbei gelangen wir zur Alten Dresden-Teplitzer Poststraße. Wir überqueren die steinerne Bogenbrücke über dem Nasenbach und wandern weiter bis zur **Grenzbrücke ❷**. Über uns verläuft die Autobahn Dresden-Prag, von der nur leise Geräusche ins Tal dringen. Wir folgen der Teerstraße im Tal, vorbei an der bereits 1683 errichteten Thomas-Kapelle. 10 Min. nach Unterquerung der riesigen Autobahnbrücke kommen wir an den **Abzweig zum Špičák ❸**. Wir biegen nun links ab, folgen dem steilen Weg hinauf und unter der Autobahn hindurch. Danach halten wir uns rechts. Auf einem Wiesenweg am Funkmast vorbei wandern wir auf einen

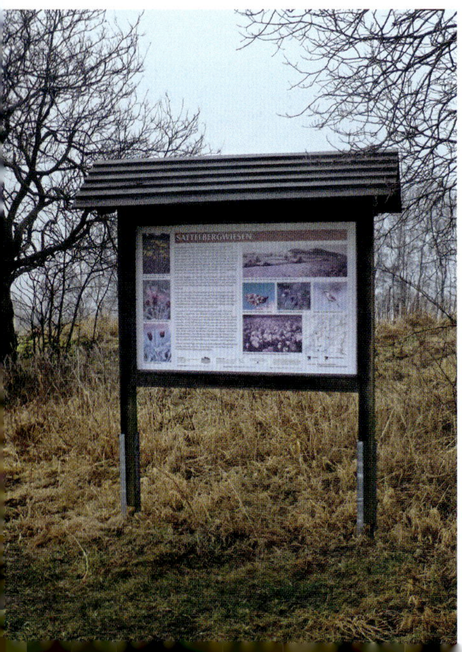

Infotafel zu den geschützten Bergwiesen.

bewaldeten Berg zu. Dort betreten wir das Naturreservat (PR) »Špičák u. Krásného Lesa«. 270 m danach nehmen wir den steilen Aufstiegspfad nach rechts zum Sattelberg-Gipfel (grünes Dreieck). Der Basaltsporn des **Špičák ❹** wird gekrönt von einem neuen, steinernen Gipfelkreuz. Der Vermessungspunkt daneben stammt von der Königlich-Sächsischen Landvermessung um 1890, welche der Erstellung eines ersten exakten Kartenwerks des Königreiches Sachsen diente. Am Aufstieg befand sich Anfang des 20. Jahrhunderts ein kleines Gasthaus, von dem heute nur noch einige Grundmauern zeugen. 150 m südöstlich der Mauerreste gibt es eine weitere, kleine Aussicht von einem Sandsteinfelsen. Es ist ein letzter Rest der Elbsandsteinplatte. Unter der Aussicht befindet sich eine kleine Klufthöhle.

Nach der Gipfelrast steigen wir wieder bis zum Hauptweg zurück und folgen diesem rechts aus dem Wald heraus. Wir gehen nach rechts am Waldrand entlang und folgen nach ziemlich genau 100 m einem kleinen Pfad links durch die Sattelbergwiesen. In größeren Abständen sehen wir hier die grünen Wegmarkierungen, die uns durch die wertvollen, geschützten Bergwiesen und entlang des Grenzstreifens leiten. An einer **Informationstafel ❺** zum »grenzüberschreitenden montanhistorischen Wanderweg Berggießhübel-Krupka« gehen wir links über einen Wiesenweg nordwärts, vorbei am kleinen Aussichtshügel der **Oelsener Höhe ❻**, 644 m, und einem historischen Steinkreuz, einem regional bedeutsamen Kleindenkmal, zurück zum Ausgangspunkt **Oelsen ❼**.

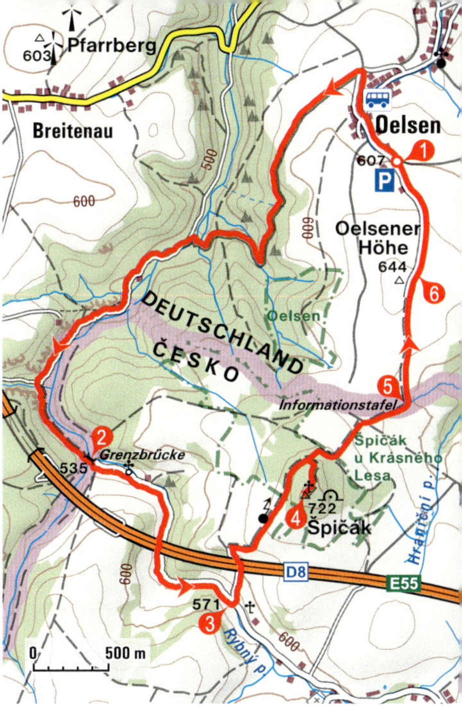

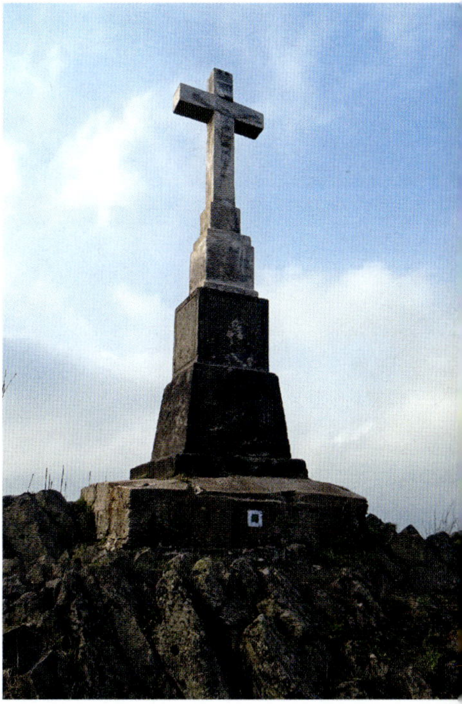

Steinkreuz auf dem Špičák.

28 Forellensteig und Cottaer Spitzberg

4.30 Std. | 14,7 km | ↗ 390 m | ↘ 390 m

Auf Spuren der Steinbrechertradition um Berggießhübel

Der Cottaer Spitzberg ist ein wenig besuchter Aussichtsgipfel am Rand der Sächsischen Schweiz. Zu Unrecht, denn seine fast senkrecht stehenden, dicken Basaltsäulen, die historische Triangulationssäule aus dem Jahr 1865 und der weite Rundblick sollten allein schon Grund genug sein für eine Besteigung. Bis ins 20. Jahrhundert hinein wurde hier in einem kleinen Steinbruch Basalt abgebaut. Heute ist der Berg als Flächennaturdenkmal geschützt. Überhaupt hat die Gegend hier eine lange Bergbautradition. Berggießhübel lebte vom Eisenerz und im nahen Cotta wird noch bis heute Sandstein gebrochen. Auf dem idyllischen Forellensteig durchwandern wir das Gottleubatal, in dessen Hängen schon im Mittelalter für die Mühlen der Umgebung Mahlsteine gefertigt wurden. In den ehemaligen Mühlsteinbrüchen entdecken wir Spuren dieses fast vergessenen Handwerks und genießen die Einsamkeit und Stille eines wenig frequentierten Wandergebietes.

Ein fertig bearbeiteter Mühlstein liegt noch am Wegrand.

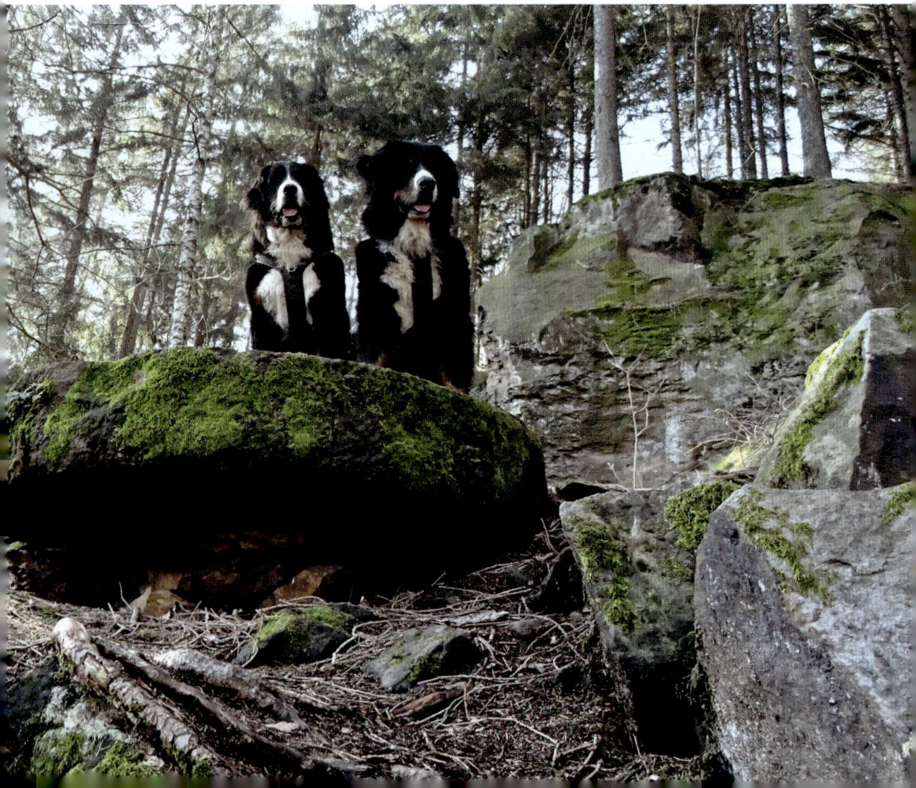

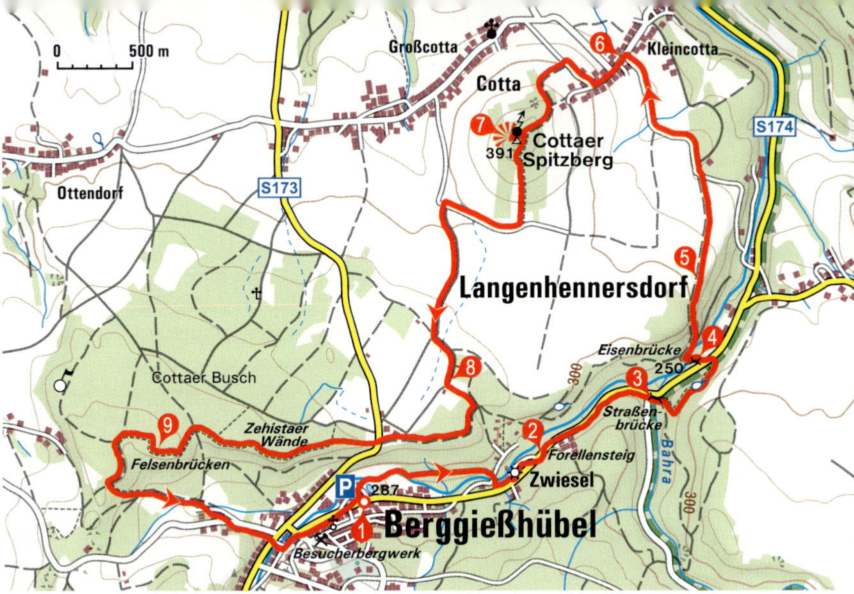

Ausgangspunkt: Parkplatz am Freibad in Berggießhübel (50.87729N, 13.95470E).
ÖPNV: Bus Berggießhübel, An der Ladengalerie (216,219).
Anforderungen: Steinige, wurzelige Pfade, bei Nässe rutschig, sonst überwiegend auf bequemen Wanderwegen und Waldpfaden.
Einkehr: Keine.
Tipp: Besucherbergwerk Marie-Louise-Stolln Berggießhübel, www.marie-louise-stolln.de

Vom großen Parkplatz am Freibad in **Berggießhübel** ❶ gehen wir auf das Freibad zu und dann rechts haltend auf einem schmalen Fußweg weiter. Am Ufer des Gottleuba-Baches gelangen wir zu einer Holzbrücke. Am anderen Ufer biegen wir auf einen Radweg nach rechts ein und folgen ab jetzt der gelben Wegmarkierung. Früher verlief hier die Bahnstrecke Pirna-Gottleuba, wovon noch der Bahnsteig des Haltepunktes »Berggießhübel – Zwiesel« zeugt. Gleich danach, vor den Häusern, zweigt unser Weg nach rechts ab, führt hinunter zum Fluss und dann flussabwärts. Bald wechseln wir über eine Fußgängerbrücke die Uferseite und gehen links auf der kleinen Siedlungsstraße »An der Zwieselmühle« an hübschen Gärten entlang, bis diese auf die Hauptstraße einmündet. Schon 10 m weiter leitet uns die gelbe Markierung wieder in den Wald hinein. Der sogenannte **Forellensteig** ❷ führt nun immer am Ufer

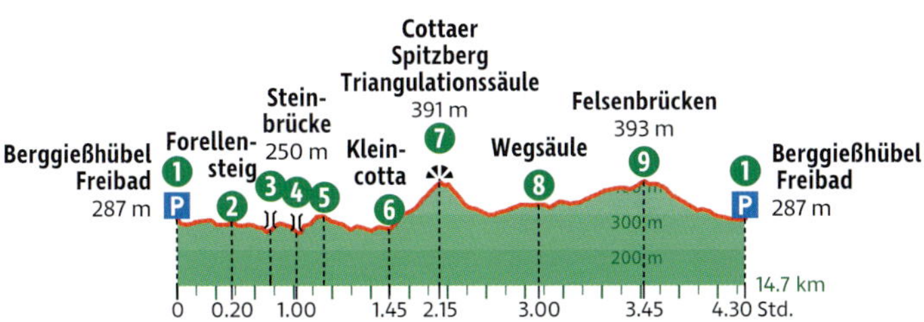

der Gottleuba entlang. Teils liegen große Felsbrocken im Wasser, an denen kleine Wasserfälle rauschen. An einem dieser Felsblöcke kann man Strudeltöpfe entdecken, kreisrunde Vertiefungen und Löcher im Stein.

Nach einem Kilometer führt der schmale Pfad zu einer Straßenkreuzung hinauf. Wir überqueren die **Straßenbrücke** ❸ und die Straße. Zwischen Bushaltestelle und Zufahrt zu einem Parkplatz steigen wir auf einem Pfad steil durch den Wald hinauf. Das Stück ist schlecht markiert. Auf dem ersten Querweg gehen wir links und verlassen jetzt die Markierung. Wir bleiben auf diesem befestigten Forstweg, bis wir nach 300 m wieder auf die Straße treffen. Auf der anderen Straßenseite gehen wir ein paar Schritte zurück. Hinter dem grauen Kasten einer Abwasseranlage folgen wir einem unscheinbaren Pfad hinunter. So gelangen wir zu einem breiten Weg, der neben einer skelettierten Eisenbrücke über eine bewachsene **Steinbrücke** ❹ mit Holzgeländer führt. Wir stehen wieder auf der ehemaligen Bahntrasse der Gottleubabahn, die Anfang der 1970er-Jahre stillgelegt wurde. Die Stahlbrücke erbaute man im Jahre 1928, nachdem die Steinbrücke bei einem flutartigen Hochwasser beschädigt wurde.

Steiler Gipfelaufstieg.

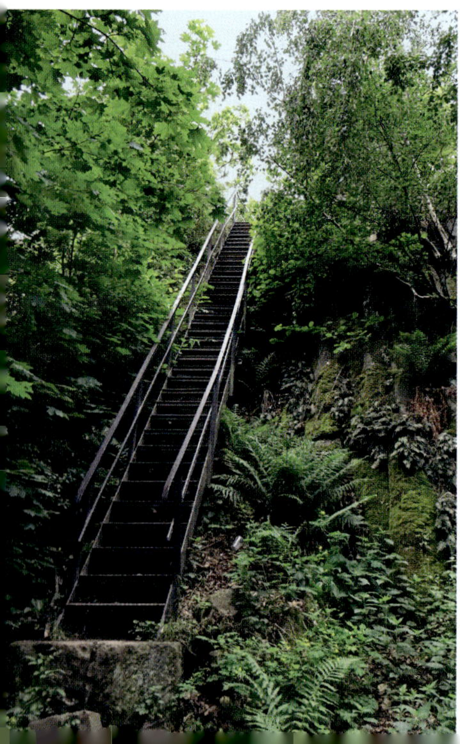

Hier hat sich der Fluss ein tiefes Tal gegraben und ließ damit den Übergang der Sandsteinplatte zum darunterliegenden Markersbacher Granit zu Tage treten. Es ist eine geologisch hochinteressante Stelle: Ein Stück flussabwärts sehen wir eine hohe Felswand aus eben diesem etwas rötlich braunen Gestein. Der oberste graue Felsenwulst besteht jedoch aus Sandstein.

Wir überschreiten die Brücke und biegen dahinter an einem Mast nach rechts in einen schmalen Pfad ab, der steil den Hang hinauf verläuft und oben auf einen Querweg stößt. Auf diesem wenden wir uns nach rechts. Kurz danach gabelt sich der Weg und wir halten uns leicht links aufwärts. Es ist ein alter Steinbrecherweg, der bald zu einem tiefen Hohlweg wird. Teilweise ist das Sandsteinpflaster mit Spuren der Fuhrwagen noch zu erkennen. Tonnenschwere Mühlsteine wurden hier mühevoll transportiert. Dort wo sich nach rechts einige Ausblicke eröffnen, kann man einen solchen großen Mühlstein rechts neben dem Weg liegend entdecken. Wer einige Schritte zu den hohen Felsbrocken am Berghang wagt, wird weitere Spuren des Steinbrecherhandwerks finden. Gut erkennbar sind die tief ausgemeißelten Holzkeilnuten zum

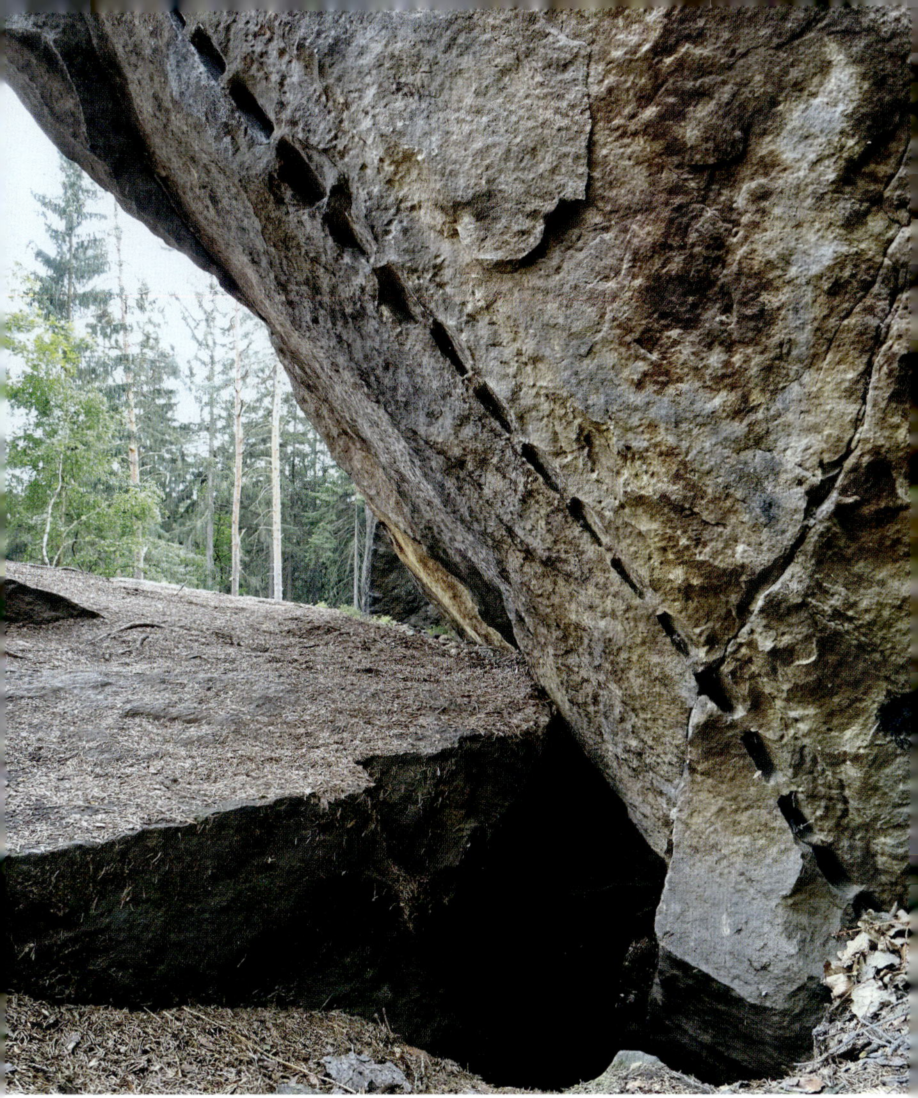

Holzkeilspuren in den Bruchgebieten: in die sauber herausgearbeitete Keilnut wurden trockene Holzkeile eingeschlagen. Mit Wasser wurden diese zum Quellen gebracht und so konnten mit einfachen Mitteln auch sehr große Felsen präzise abgetrennt werden.

Spalten der Sandsteinfelsen. In den letzten Jahren haben Boulderer die Felsen für sich entdeckt, wovon zahlreiche weiße Magnesiaspuren zeugen.

Nach einigen Minuten haben wir den Aufstieg geschafft und gehen am **Waldrand** ❺ nach rechts weiter. In der Ferne sehen wir schon unser nächstes Ziel: den bewaldeten Cottaer Spitzberg mit einem Funkturm daneben. Der Feldweg passiert nach knapp 10 Min. ein paar Gärten. Danach wandern wir geradeaus auf

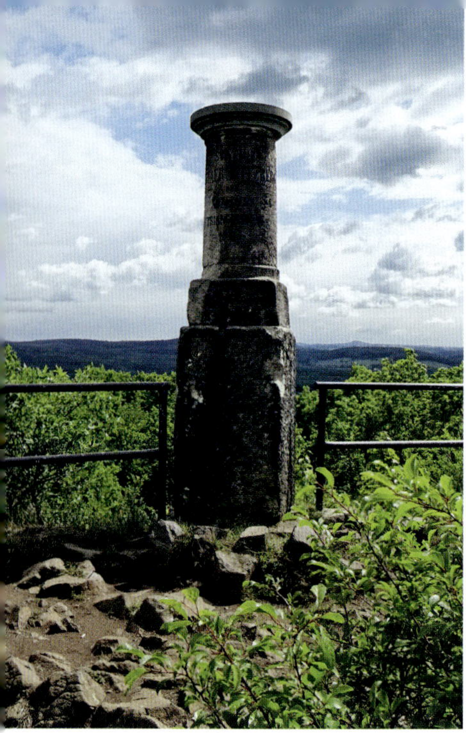

Historische Triangulationssäule auf dem Cottaer Spitzberg.

einer schmalen Straße weiter. Sie bringt uns nach **Kleincotta 6**. In dem hübschen Ortsteil mit einigen alten Bauernhöfen nehmen wir die Dorfstraße nach links und immer geradeaus hinauf.

Nach dem Haus Nr. 4 biegen wir nach rechts ab und erreichen nach 200 m eine Schutzhütte mit Wegweiser. Wir folgen nun der grünen Markierung bis auf den Spitzberg. Dort gehen wir durch ein Eisentor und rechts am Funkmast vorbei. Ein Trampelpfad bringt uns zu einer steilen Eisentreppe, die auf die Bergspitze führt. Mit Kräutern und Büschen bewachsene, kräftige Basaltsäulen flankieren den Aufstieg. Sie zeugen vom tertiären Vulkanismus, der hier Basalt durch die Elbsandsteinscholle dringen ließ. Auf dem Gipfel befindet sich eine **Triangulationssäule 7** aus dem Jahr 1865, die Station Nr. 57 des 1890 fertiggestellten Königlich-Sächsischen Triangulationsnetzes.

Der Rundblick reicht vom Osterzgebirge über die Tafelberge der Sächsischen Schweiz und die Höhenzüge der Lausitz bis nach Pirna und Dresden. Zurück am Eisentor wenden wir uns einige Schritte danach auf dem Wanderweg nach rechts. Die Markierung grüner Strich leitet uns in Richtung »Zwiesel«. Nach einem lang gezogenen Wiesenhang geht es auf einem Feldweg nach rechts und an der nächsten Abzweigung links. Wiesen und Felder, Gehölzstreifen und Wäldchen wechseln sich ab. Kurz vor einem Gewerbegebiet biegen wir an einer steinernen **Wegsäule 8** auf dem Wanderweg nach links ab. 250 m weiter wechseln wir im Wald an einer Wegkreuzung mit Rastbank auf die Markierung grüner Punkt und gehen rechts Richtung Zehistaer Wände. Nach dem Überqueren einer stark befahrenen Straße verläuft unser Wanderweg wieder im Wald. Oberhalb lieblicher Felsen, den Zehistaer Wänden, geht es nun immer geradeaus. Nach reichlich 20 Min. überqueren wir einen Hohlweg mit Wegweiser in Richtung »Felsbrücken«. Wenig später stehen wir an einer romantisch zerklüfteten Felsengruppe, wo man im 19. Jh. sehr schön lustwandeln konnte. Es gab Brücken zu den Felstürmen, die diesem Ort ihren Namen **»Felsenbrücken« 9** gab. Ein paar Stufen und Balkenlager sind noch zu entdecken. Wir folgen dem grünen Punkt am »Steinernen Pilz« vorbei zu einem breiteren Weg, in den wir nach links einbiegen. An der 150 m entfernten Abzweigung wechseln wir auf die Markierung grüner Strich in Richtung Jagdstein. Gleich darauf, an einem Rastplatz mit Wegweiser, halten wir uns auf dem Forstweg links. Bereits nach 300 m biegen wir erneut links ab und wechseln auf die gelbe Markierung Richtung Berggießhübel. Nach 20 Min. erreichen wir an der Kurklinik vorbei den Ort. An der Hauptstraße angekommen, wechseln wir gleich auf die andere Uferseite der Gottleuba und kehren dort nach links am Fluss entlang zu unserem Ausgangspunkt am **Freibad 1** zurück.

Die Felstürmchen waren früher mit romantischen Brücken verbunden.

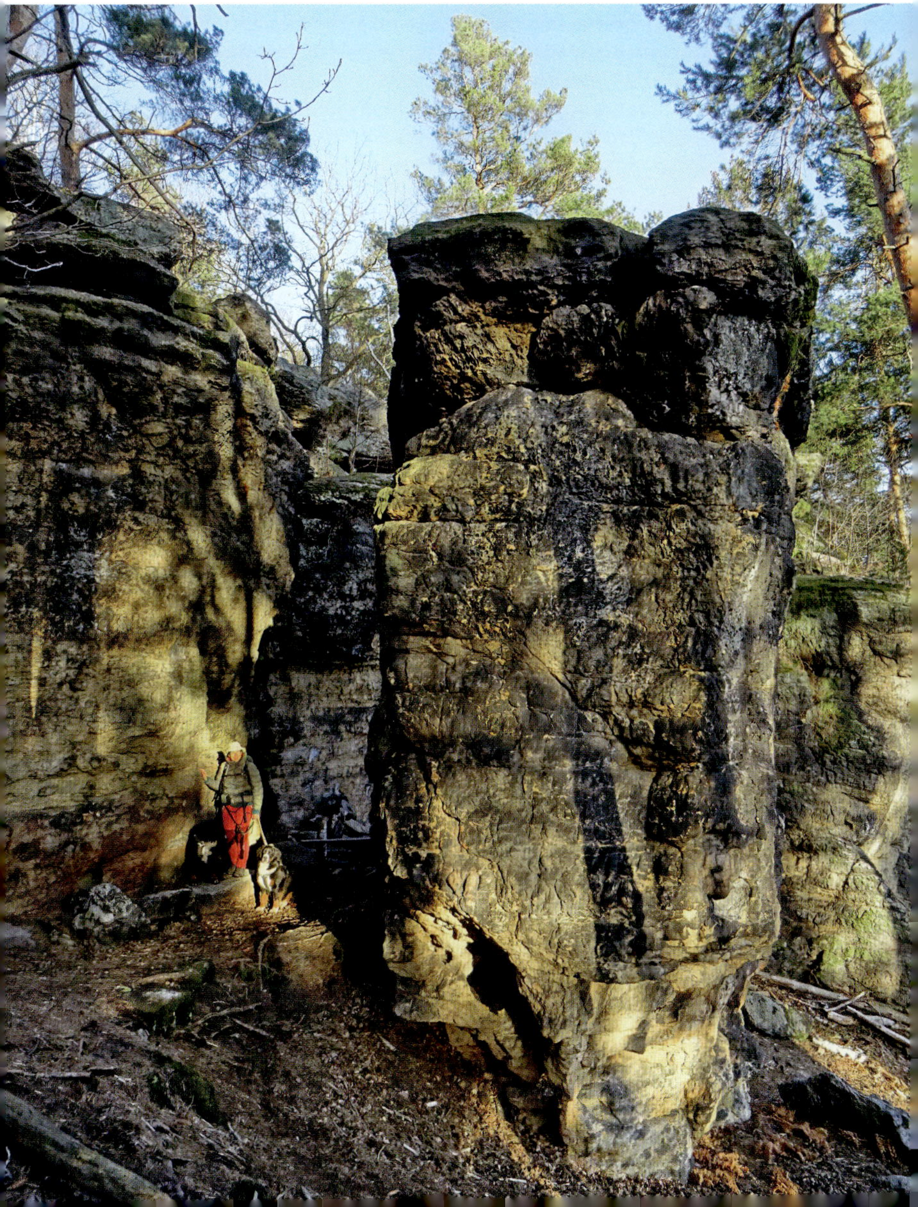

29 Bärensteine und Rauenstein

3.15 Std. | 10,4 km | ↗560 m | ↘560 m

Stiegenkraxelei über drei zerklüftete Tafelberge

Der Große Bärenstein mit seinen hohen Felswänden ist ein wild gebliebener Ort. Auf den naturbelassenen Gipfel führen nur unmarkierte Pfade und Steige hinauf. Spannende Kraxelei verspricht unser Aufstieg durch die zunächst unzugänglich wirkende Riegelhofstiege.

Auf der folgenden abwechslungsreichen Rundwanderung besteigen wir noch zwei weitere Aussichtsberge, wo uns Höhlen, Panoramablicke und eine der schönsten Gratwanderungen der Vorderen Sächsischen Schweiz erwarten.

Ausgangspunkt: S-Bahn-Station Stadt Wehlen im Ortsteil Pötzscha.
Alternativer Toureinsteig auch vom Parkplatz Weißig aus möglich (Einstieg unterhalb WP ⑩, Treppenaufstieg auf den Rauenstein, 10 Min.).
ÖPNV: Es empfiehlt sich die entspannte Anreise mit der S-Bahn, denn am Ausgangspunkt in Pötzscha gibt es nur wenige Parkplätze. Von Stadt Wehlen (Bus 238, Basteikraxler, Parkplatz rechtselbig) kann man mit der Elbfähre nach Pötzscha gelangen.
Anforderungen: Im ersten Teil guter Orientierungssinn gefragt, unmarkierte Stiege mit kurzer, leichter Kletterei, sonst wurzeldurchsetzte Wanderwege mit steilen Treppen, bei Nässe rutschig.
Einkehr: Felsgaststätte Rauenstein, www.fels-rauenstein.de
Tipp: Wer die Kletterstiege nicht absolvieren möchte, kann der Markierung roter Punkt vom Bahnhof direkt zum Kleinen Bärenstein folgen.

Der Rauenstein-Gratweg ist einer der schönsten Höhenwege der Sächsischen Schweiz.

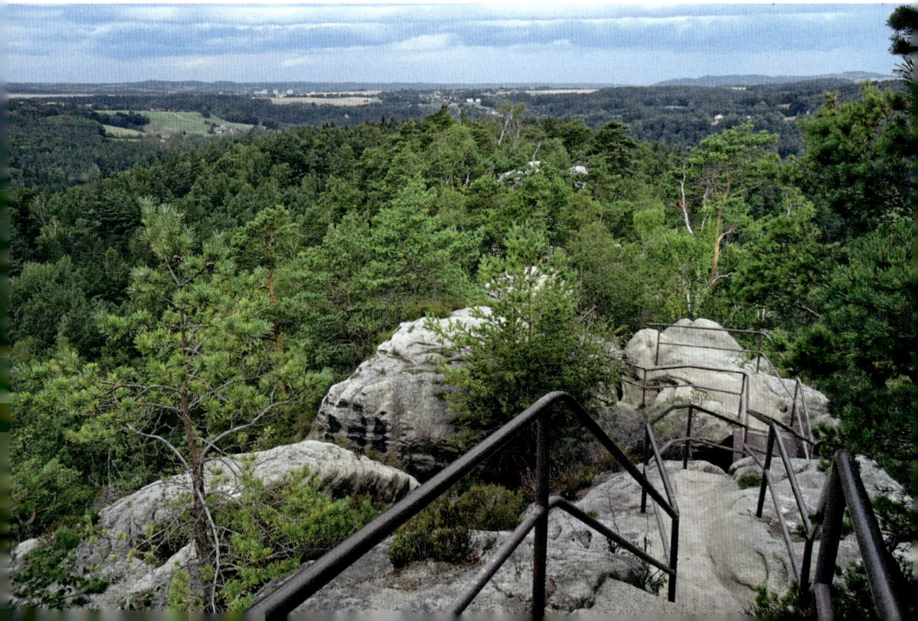

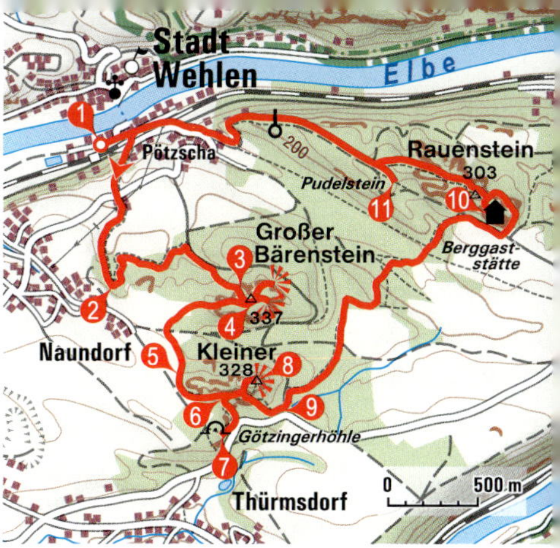

Ab der **S-Bahn-Station Stadt Wehlen** ❶ nehmen wir die Straße rechts der Bahngleise. 50 m nach dem Bahnübergang folgen wir dem mit rotem Punkt markierten Steig in Richtung Naundorf/Bärensteine nach rechts steil hinauf.

Nach Überqueren einer Straße geht es durch eine Wiesensenke und bald in den Wald hinein. An einer **Bank** ❷ stoßen wir auf einen unmarkierten Querweg, dem wir nach links folgen. Immer geradeaus, etwa auf gleicher Höhe bleibend, kommen wir nach etwa 150 m an eine Weide, die wir auf einem schmalen Pfad zwischen den Weidezäunen queren können. Wieder im Wald, halten wir uns an allen Pfadabzweigungen immer leicht links und etwas absteigend bis wir nach wenigen Minuten einen breiten Waldweg erreichen, der von einer auffälligen Reihe hoher Buchen gesäumt wird. Wir biegen rechts ab. Nach 250 m, etwa am Ende der Buchenallee, nehmen wir rechts einen sandigen Pfad durch den Kiefernwald aufwärts in einen Felskessel, den sogenannten **Riegelhof** ❸, hinein. An den hohen Felsen trifft man oft Kletterer. Der Sandpfad leitet uns in den hintersten Felswinkel. Hier wird es für uns spannend, denn in der Riegelhofstiege müssen wir etwas klettern. Durch einen kurzen Spalt und unter einem großen Felsblock hindurch steigen wir in einer blockreichen Felsschlucht steil zur Gipfelfläche des Großen Bärensteins hinauf, wo sich der Steig kurz vor dem südlichen Wandabbruch teilt. Diese **Wegteilung** ❹ merken wir uns. Links geht es auf verwilderten Pfaden zur östlichen Spitze, wo uns ein schöner Blick über die Sächsische Schweiz erwartet. Zurück an der Wegteilung steigen wir in südwestlicher Richtung weiter, also leicht links haltend aufwärts. An einer Felsstufe finden wir einige in den Fels gehauene Treppenstufen, die wir vorsichtig hinaufklettern. Nun bleiben wir auf dem deutlich ausgetretenen Pfad, der immer nahe an den südlichen Wandabstürzen nach Westen führt. Schon nach einigen Minuten gelangen wir auf einen breiteren Weg, dem wir in gleicher Richtung folgen.

Kurz nach einer Schutzhütte überqueren wir einen markierten Wanderweg und steigen einen Wiesenpfad aufwärts. Er leitet uns erst am Feld, dann am Waldrand entlang. Am Wasserhäuschen **»Wasserwerk Naundorf«** ❺ vorbei kommen wir

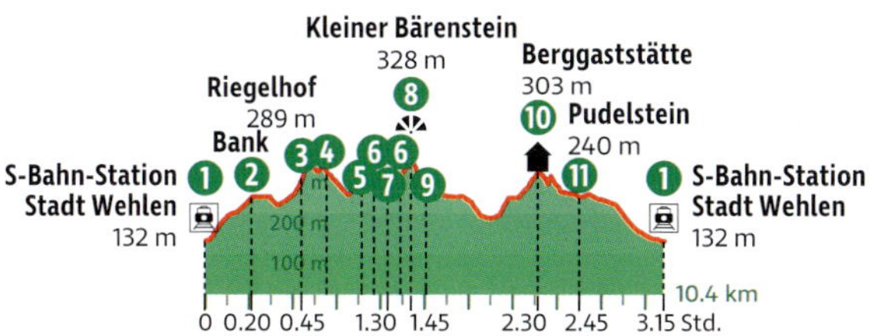

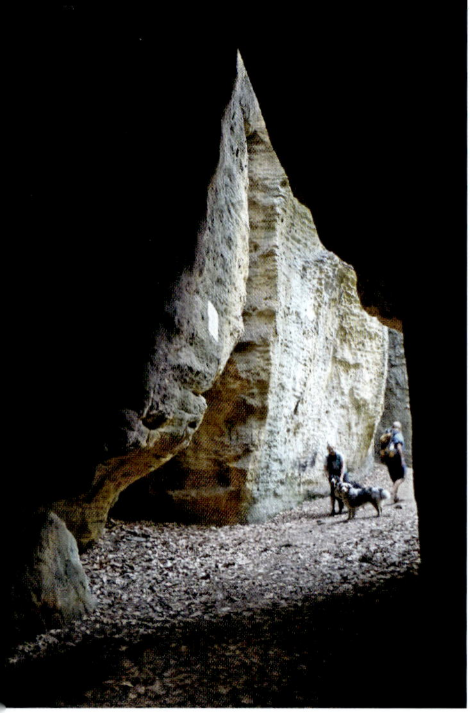

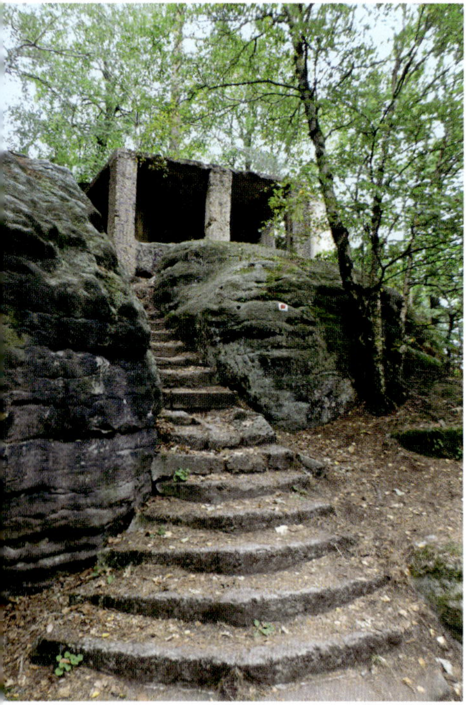

zu einer Weggabelung. Wir halten uns links. Kurz darauf kommt der mit rotem Punkt markierte Wanderweg hinzu. Am nächsten **Wegabzweig** ❻ mit Wegweiser bietet sich ein interessanter Abstecher zur **Götzingerhöhle** ❼ an. Die große Trümmerhöhle wurde nach dem im nahen Struppen geborenen Theologe Wilhelm Leberecht Götzinger (1758–1818) benannt. Ihm verdanken wir die ersten umfassenden heimatkundlichen Beschreibungen des Elbsandsteingebirges. Zurück geht es auf demselben Weg. Wer über guten Orientierungssinn verfügt, kann auch hinter der Höhle auf deutlichem Pfad an einem großen, in den Fels gemeißelten Gedenkkreuz vorbei aufsteigen. Man hält sich oben konsequent rechts und gelangt so an einer kleinen Aussichtsbank vorbei zum bekannten **Wegabzweig** ❻. Vom Wegweiser folgen wir dem roten Punkt bis auf das Gipfelplateau des Kleinen **Bärensteins** ❽. Bis zum Zweiten Weltkrieg gab es hier ein kleines Berggasthaus, dessen Fundamentreste und Stützmauern noch erkennbar sind. Die malerische Aussicht reicht über die gesamte Sächsische Schweiz, über die linkselbigen Tafelberge, den Lilienstein bis zur Bastei. Vom Plateau steigen wir zunächst die Treppenstufen zurück bis zu der Stelle, wo sich der Weg scharf nach rechts wendet. Hier verlassen wir den markierten Weg nach links. Durch eine Felshöhlung, das »Schneiderloch«, gelangen wir auf einem bereits stark ausgewaschenen Steig talwärts bis an eine Straße (Schranke, Wegsäule). Eine ruhige Waldwanderung soll uns nun zum Rauenstein

Oben: Götzingerhöhle.
Unten: Gebäudereste auf dem kleinen Bärenstein.

bringen. Dazu nehmen wir an der **Schranke ❾** den Forstweg nach links und biegen bereits nach 130 m rechts in einen breiten Waldweg ein. Bevor dieser auf ein Feld trifft, halten wir uns etwas links. Kurz darauf biegen wir nach rechts in einen Wanderweg ein, dessen Markierung roter Strich wir wenig später entdecken können. Die Markierung leitet uns in einer knappen halben Stunde zum Aufstieg auf den Rauenstein. Rund 400 Stufen sind hinaufzusteigen. Die rustikale **Berggaststätte ❿** und die luftige Rauenstein-Aussicht lohnen die Mühe. Anschließend folgen wir der gelben Markierung in Richtung Wehlen. Auf dem wohl schönsten Gratweg der Vorderen Sächsischen Schweiz geht es in ständigem Auf und Ab über Treppen, Felsstufen und Brücken. Immer wieder gibt der Felsensteig romantische Ausblicke zu den steilen Wandabbrüchen des Elbtals und auf die beiden Bärensteine frei. Nachdem der Felsensteig wieder in den Wald einsinkt, können wir noch einen Abstecher nach links hinunter zum 100 m entfernten **Pudelstein ⓫** unternehmen. An diesem geologischen Naturdenkmal finden wir neben einer flachen Schichtfugenhöhle auch eine Vielzahl von »Eisenpickeln« vor. Hundertprozentig ist deren Entstehung noch nicht geklärt. Wahrscheinlich sind die rundlichen eisenhaltigen Einschlüsse einst am Meeresboden des Kreidemeeres entstanden. Zuletzt wandern wir noch ein Stück über den bewaldeten Kamm und dann durch die hübschen Häuschen des Ortsteils Pötzscha zum **Ausgangspunkt ❶**.

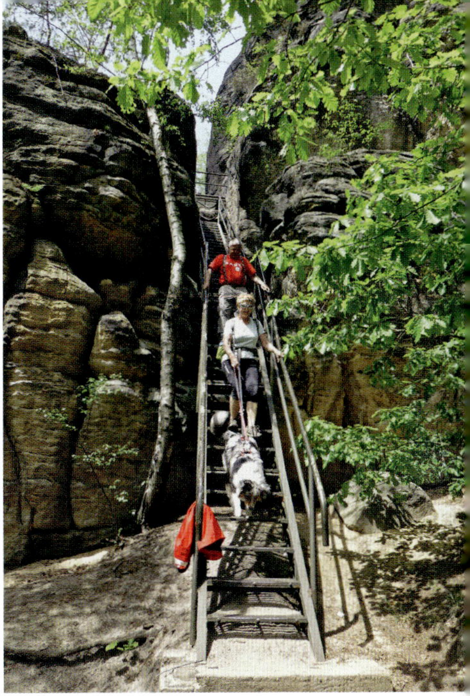

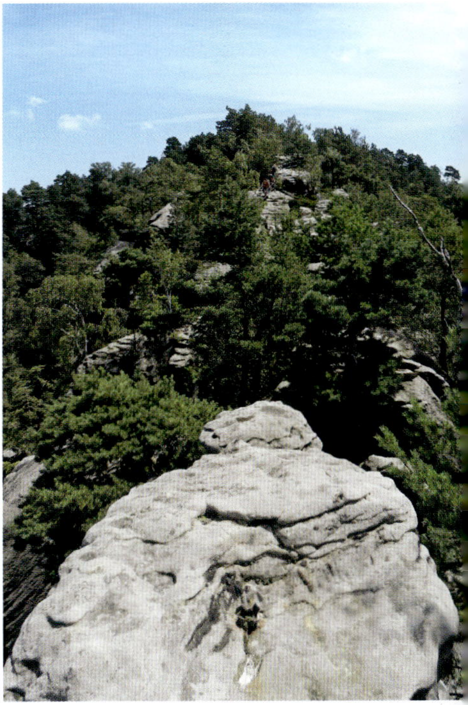

Beide Fotos: Auf dem Rauenstein-Gratweg.

30 Pfaffenstein und Quirl

4.15 Std. | 11,1 km | ↗ 500 m | ↘ 500 m

Zur Barbarine, dem Wahrzeichen der Sächsischen Schweiz

Die sagenumwobene Barbarine, die wohl berühmteste Felsnadel der Sächsischen Schweiz, aber auch das rustikale Berggasthaus mit seinem steinernen Aussichtsturm ziehen schon seit über 100 Jahren Naturfreunde auf den Pfaffenstein. Durch seine tollen Aussichten, spannenden Steiganlagen, wilden Höhlen und Klettergipfel avancierte er zu einem touristischen Ziel erster Klasse. Der aus der Ferne recht kompakt wirkende Tafelberg ist mit vielen tiefen Klüften durchzogen, an deren Enden sich hohe Felstürme und -riffe ausgebildet haben. So findet sich hier eine große Vielfalt an Tieren und Pflanzen. Funde aus der Bronzezeit vor etwa 3000 Jahren auf dem Gipfelplateau sowie ein heute noch gut erkennbarer Schutzwall auf der Westseite zeugen von einer frühen Besiedlung. Zweifellos gehört der Pfaffenstein somit zu den größten und in vielerlei Hinsicht bedeutendsten Tafelbergen der Sächsischen Schweiz. In Verbindung mit dem höhlenreichen Quirl ist dies ein interessanter und lohnender Tourvorschlag auch für uns »Wilde-Wege-Wanderer«.

Über der Stadt Königstein thront die berühmte Festung.

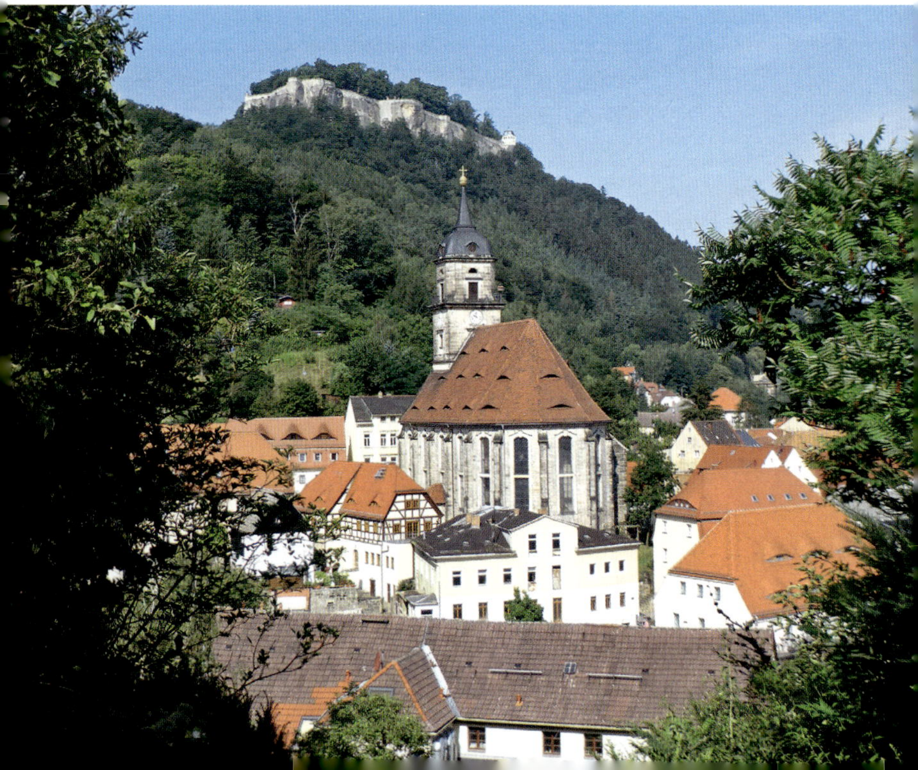

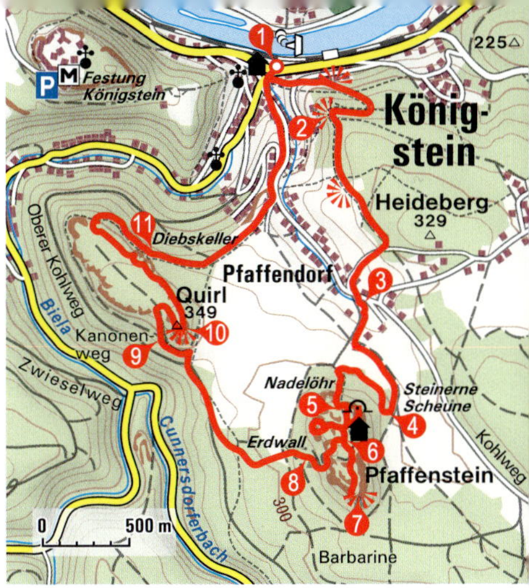

Ausgangspunkt: Königstein, Kreisverkehr (GPS: 50.91874N, 14.07436E).
ÖPNV: Bus, S-Bahn bis Königstein.
Anforderungen: Mittelschwere Wanderung teils auf schmalen Wegen oder Felspfaden, steilen Treppen und Leitern erfordern Kondition und Trittsicherheit
Hinweis: Wer die wilden Höhlen erkunden will, braucht strapazierfähige Bekleidung, die schmutzig werden kann, Stirnlampe und ggf. einen Helm.
Einkehr: Gasthaus »Zum Pfaffenstein« (www.gasthaus-zum-pfaffenstein.de), Tel.: +49 035021 67951. Berggaststätte »Pfaffenstein« (www.pfaffenstein.com), Telefon: +49 35021 59410, auf dem Gipfelplateau, einfach, Fairtrade, Angebot an vegetarischen und veganen Speisen.
Tipp: Wer am Quirl noch die Baumannhöhle erkunden möchte, folgt dem Pfad vom Diebskeller am Wandfuß für 250 m. An einem Biwakplatz geht es links einer am Boden befindlichen, flachen Schichtfugenhöhle durch eine äußerst enge Spalte hinauf in die einige Meter höher gelegene, geräumige Trümmer- und Klufthöhle. Alternativ geht es auch links außen herum zu einem leichteren Zugang zwischen Blocktrümmern (GPS: 50.90694N, 14.06630E).

Vom zentralen Kreisverkehr in **Königstein ❶**, der sich unweit von S-Bahn- und Busbahnhof befindet, folgen wir zunächst der Bielatalstraße am Fluss aufwärts bis zu einem kleinen Platz mit der hübsch restaurierten Kursächsischen Postmeilensäule. Hier biegen wir links in Richtung »Schöne Aussicht/Pfaffendorf« (Markierung grüner Strich) ab. Steile Treppenstufen bringen uns zwischen Gärten zügig den Berghang hinauf. Nach dem Überqueren einer schmalen Straße und weiteren Stufen zweigen wir mit der grünen Markierung in den Wald ab und gelangen bald zur **»Schönen Aussicht« ❷** mit einigen Rastbänken. Von dort wandern wir weiter nach **Pfaffendorf ❸**. Am aussichtsreichen Waldrand treffen wir auf den Malerweg, der uns nach rechts hinunter ins Dorf, am Weltkriegsdenkmal und dem Gasthaus »Zum Pfaffenstein« vorbei zum Pfaffenstein leitet. Rechts steht majestätisch die Festung Königstein. Von der Gaststätte geht es einen Betonplattenweg steil bergan. Nach dem letzten Grundstück

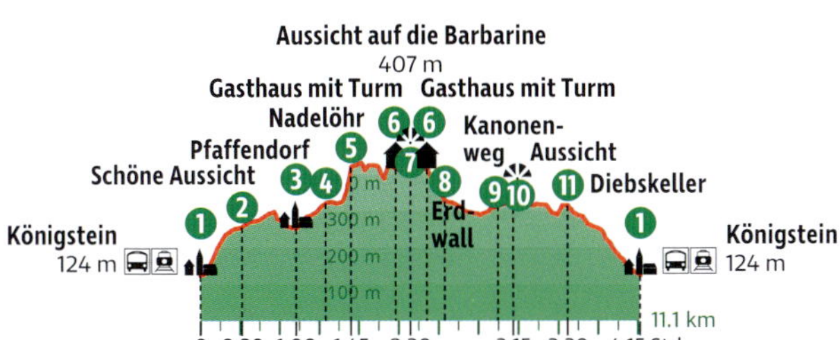

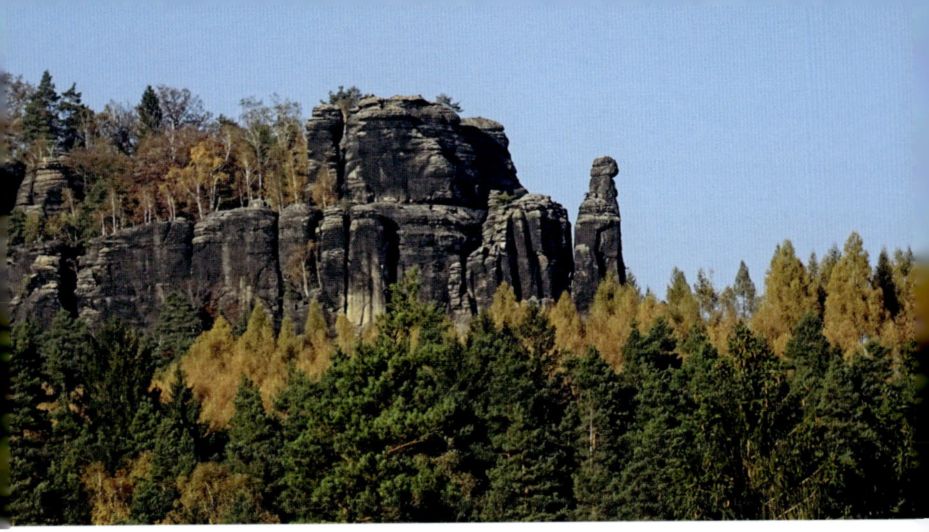

Die sagenumwobene »Barbarine« an der Südspitze des Pfaffensteins.

wenden wir uns nach links, um der **»Steinernen Scheune«** ❹ einen Besuch abzustatten. Der Fahrweg führt an einem Heckenstreifen entlang und in den Wald hinein zu einem Felsen. Der riesige Block hatte sich vor Langem vom Pfaffensteinmassiv gelöst und war bis hierher heruntergestürzt. Talseitig ist dabei eine scheunendachartige Höhle entstanden, die heute gern von Kletterern als Lager genutzt wird. Dahinter informiert eine Hinweistafel über das »Naturschutzgebiet Pfaffenstein«. Vom Fahrweg biegen wir direkt nach der Höhle scharf nach rechts auf einen Waldpfad ab. Dieser führt auf annähernd gleichbleibender Höhe zwischen Felsblöcken durch den Hochwald und passiert nach einigen Minuten eine mit Sandsteinsäulen gerahmte Lichtung. Hier befindet sich ein frei stehender Sandsteinblock mit einer alten, verwitterten Sandsteintreppe. Kurz darauf erreichen wir eine Rasthütte an einem Treppenaufstieg, welcher uns links hinauf über zahlreiche Stufen auf kürzestem Weg auf den Tafelberg führt. Ganz oben geht es durch das **»Nadelöhr«** ❺, einen engen Durchschlupf mit Eisenleiter.

Auf dem Gipfel angekommen können wir nach wenigen Schritten links über einige Felsen zu einem hübschen, felsigen Aussichtsplatz gelangen, ideal zum Verschnaufen mit einem atemberaubenden Blick auf die nahe Festung Königstein. Links davor befindet sich der bewaldete Quirl.

Auf dem Hauptweg weiter stoßen wir alsbald auf einen Abzweig nach links zu einer grandiosen Aussicht. Von dort sehen wir Lilienstein, Gohrisch und Papststein, weiter dahinter die Schrammsteine. Bei guter Sicht ist weiter rechts auch der Rosenberg zu sehen, ein riesiger Basaltkegel und Zeuge der vulkanischen Aktivitäten in der Entstehungsgeschichte des Elbsandsteingebirges.

Zum Besuch der nahen »Goldschmidt-Höhle« gehen wir die Stufen vom Aussichtsplateau wieder hinunter und nehmen rechts einen unscheinbaren Pfad durch eine enge Felsspalte. Über eine Eisentreppe und dann den Geländern folgend erreichen wir in wenigen Minuten die

»Goldschmidt-Höhle«. In der Höhle soll Mitte des 19. Jh. ein Geldfälscher Unterschlupf gefunden haben. Doch es ist nicht die einzige Höhle auf diesem Felsabsatz. Links der großen Felsnische fällt eine weitere spannende, dunkle Spalte auf – eine Durchgangshöhle, die durch ein Abgleiten eines größeren Wandteils entstanden ist. Auf dem Rückweg, kurz vor der Treppe, hat sich solch ein Felsbereich sogar komplett gelöst und ist zusammengebrochen. Unter den Felstrümmern konnte sich dadurch ein flaches Höhlensystem aus Kriechgängen mit mehreren Zugängen bilden.

Auf demselben Wege gehen wir zurück zum Hauptweg und wenden uns nach links. 50 Meter weiter zweigen wir Richtung »Opferkessel« nach rechts ab. Interessante Felsformationen sind entlang des Felsensteigs zu sehen, ob Wal oder Delphin, Karussell oder Rittersitz – der Fantasie sind keine Grenzen gesetzt! An der in den Felsen gemeißelten »Annenbank« vorbei schlängelt sich der Pfad bis zu einer Aussicht mit einem riesigen Wasserbecken, dem »Opferkessel«. Links befindet sich eine weitere kreisrunde Felsmulde, die nach Regen längere Zeit mit Wasser gefüllt ist. Solche wannenartigen Verwitterungsformen sind typisch für die Felsen des Pfaffensteins. Unser Blick streift über die weite Landschaft. In der Ferne sind die Berge des Osterzgebirges auszumachen. Nach Verlassen der Aussicht können wir einen wilden Abstecher zum Felsgebilde »Luftballon« unternehmen. Wir folgen dazu etwa 20 m nach der Aussicht einer unscheinbaren Kluft nach links, die sich bald zu einer längeren, engen Felsspalte vertieft. Wir steigen unschwierig hinab und wenden uns an deren Ende nach rechts. So erreichen wir den »Dom«, einen stillen, ebenen Platz, der von Felsen begrenzt wird. In der mittleren Felsengruppe können wir den steinernen »Heißluftballon« entdecken. Linker Hand führt ein mit Heidekraut gesäumter Pfad an den Wänden weiter in die Südseite, wo wir nach links durch eine Schlucht wieder zu unserer Abstiegsspalte gelangen. Auf bekanntem Pfad geht es zurück zum Hauptweg. Am dortigen Wegweiser halten wir uns rechts hinunter zur **Gaststätte 6** mit ihrem 28 Meter hoch aufragenden Turm, von dem man eine weite Rundsicht über die gesamte Sächsische Schweiz genießen kann. Auch die

Kletterer am Pfaffenstein.

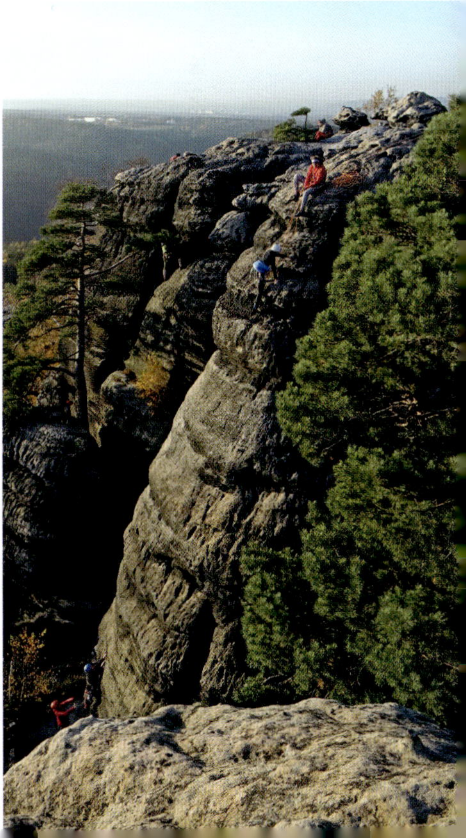

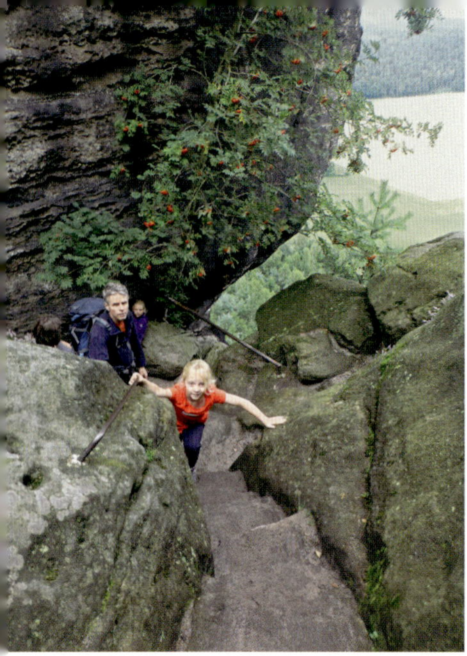

Auf dem verschlungenen Felsensteig zur Barbarine.

kleine Ausstellung zur Geschichte des Pfaffensteins und des sächsischen Felskletterns im Gasthaus ist besuchenswert. Anschließend folgen wir der Ausschilderung zur »Barbarine«, der sagenumwobenen, 43 Meter hohen Felsnadel. Nach einer Senke eröffnet sich ein Tiefblick auf die »Klamotte«. Der etwa 20 Meter hohe Felsquader ist ebenfalls Überbleibsel eines großen Felssturzes. Es geht weiter durch einen großen, engen Felsspalt mit Eisenstufen, wo es oft ein wenig Stau gibt, an einer Aussicht vorbei und über weitere Eisentreppen zuletzt abwärts auf eine große Felsterrasse. Links durch eine Felsenklamm erreichen wir die **Aussicht auf die Barbarine 7**.

Die schlanke Felsnadel gilt als ein Wahrzeichen der Sächsischen Schweiz. Seit ihrer Erstbesteigung im Jahr 1906 war sie viele Jahre ein begehrtes Kletterziel. Heute ist sie ein Naturdenkmal und fürs Klettern gesperrt. Nach mehreren Blitzeinschlägen drohte der Gipfelkopf zu zerbersten, daher erhielt die »Barbarine« eine graue Schutzkappe und eine Halskrause aus Beton, damit wir uns noch lange an ihr erfreuen können.

Die große Felsterrasse bietet sich für ein Picknick an. Nach der Rast wandern wir auf demselben Weg zurück bis zum **Gasthaus 6**. Hier steigen wir links den »Klammweg« hinab, eine beeindruckende Wegpassage durch eine hohe, verwinkelte Felsenklamm mit einem langen Eisenbrückensteg. Die Klamm ist durch das Abbrechen eines riesigen Felsturmes vom Massiv entstanden, was man sehr deutlich an der sich ähnelnden Form der beiden Schluchtwände erkennen kann. Wie ein Fallbeil steckt ein Felsbrocken in der Schlucht. Zuletzt führen viele Steinstufen wieder hinaus ins Freie. Unten entdecken wir eine in den Fels gehauene Bank, hoch oben in der Felswand eine Sandsteinplakette zum Gedenken an Carl Gottlob Jäckel, dem touristischen Erschließer des Pfaffensteins, daneben einige verrostete Ringe, die von den Taten sächsischer Extremkletterer zeugen. Von der Felsenbank einige Stufen hinauf befindet sich die »Kuhstallhöhle«. Durch einen gigantischen Felssturz entstand diese Trümmerhöhle. Hier versteckten sich Einheimische mit ihren Tieren und ihrem Hab und Gut zu kriegerischen Zeiten. Von der Felsenbank halten wir uns auf dem sandsteingepflasterten Weg talwärts. Unter den Felsbrocken rechts des Weges befindet sich die »Bellohöhle«. Nur absolut Bergerfahrene sollten mit Helm und Lampe gerüstet in den dunklen Schlund abklettern. Beim Abstieg auf dem Pflasterweg fällt uns nach zwei deutlichen Wegkurven ein flacher **Erdwall** ❽ auf, der sich rechts und links im Halbrund durch den Wald zieht. Der ursprünglich mehrere Meter hohe Schutzwall wurde in der Bronzezeit aus Steinen, Sand, Erde und Holzpfählen errichtet. Über die ausgeklügelte Bauweise und seine Geschichte informiert einige Meter talwärts eine Informationstafel.

Auf der Markierung roter Punkt gehen wir geradeaus Richtung Quirl weiter. Der Weg stößt nach einer Viertelstunde auf den Forstweg »Kirchleitenstraße« und führt dann rechts aufwärts zum Promenadenweg um den Quirl, auf dem wir scharf links abbiegen. Ein alter Sandsteintrog steht am Wegrand. Kurz danach gabelt sich der Weg. Wir folgen nun dem mit großen Sandsteinquadern gepflasterten Weg, der mit dem gelben Pinselstrich des Forststeiges markiert ist. Der alte, denkmalgeschützte **Kanonenweg** ❾ ist der einzige befahrbare Weg auf das Gipfelplateau und besaß einst eine militärstrategische Bedeutung. Oben nehmen wir den Pfad nach rechts zu einem schönen, ruhigen **Aussichtsplatz** ❿, der einen Blick zurück auf den Pfaffenstein mit Gohrisch und Papststein links und dem Hohen Schneeberg rechts ermöglicht. Danach folgen wir weiter der Forststeigmarkierung am Rand der heute bewaldeten Hochfläche. Sie gilt als größte geschlossene Gipfelfläche aller sächsischer Tafelberge. Bis Mitte des 19. Jh. gab es hier oben sogar Feldwirtschaft. Auf der Nordseite des Quirls steigen wir über einige Stufen wieder hinunter auf die rot markierte Quirlpromenade und biegen auf ihr rechts ab. Entlang einer feuchteren Sandsteinschicht sind verschieden große Höhlungen ausgewittert.

Die größte davon, der **Diebskeller** ⓫, befindet sich direkt oberhalb am Weg. Mit knapp 30 m Länge und bis zu 4 m Höhe zählt der Diebskeller zu den größten Höhlenräumen der Sächsischen Schweiz. Der steinerne Tisch an seinem Eingang soll für einen Jagdschmaus König August II. gedient haben. In der Nähe gibt es noch weitere Höhlen, von denen Interessierte noch die Baumannhöhle besuchen können (siehe Tipp). Vom Diebskeller lassen wir uns nun von der Ausschilderung des Malerweges Richtung Pfaffendorf und Königstein leiten. Nach dem Pfaffendorfer Sportplatz steigen wir steil ins Tal ab und erreichen nach 20 Min. unseren **Ausgangspunkt** ❶.

Heute trägt die Barbarine eine Halskrause (der Gipfelkopf ist untermauert).

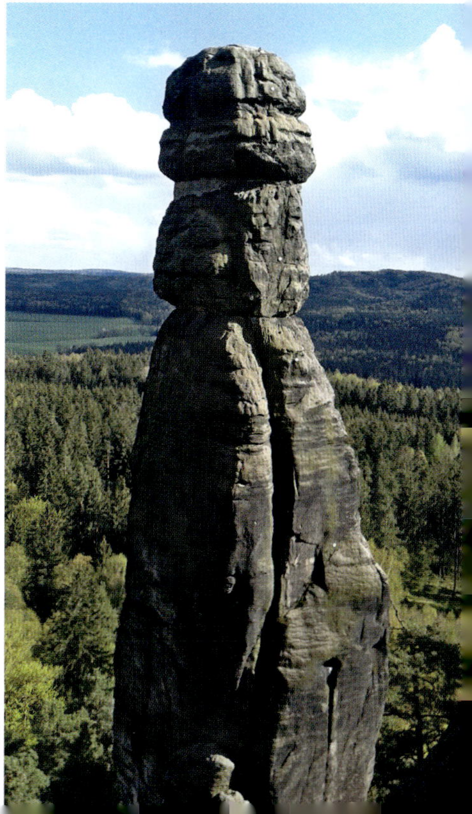

31 Kohlbornstein

4.30 Std. | 13,7 km | ↗ 480 m | ↘ 480 m

Auf wilden Pfaden über den Kleinhennersdorfer Stein und durch die Sandsteinbrüche bei Krippen

Der Kohlbornstein gehört zu den weniger bekannten Tafelbergen der Sächsischen Schweiz. Seine kleine, felsige Aussicht reicht von Papststein und Kleinhennersdorfer Stein im Westen über das Panorama von Ostrauer Höhe, Falkenstein und Schrammsteine bis zu Großem Winterberg, Zirkelstein und Rosenberg im Osten. Unsere Rundwanderung mit landschaftlich reizvollen Ausblicken verläuft einerseits auf einsamen, zum Teil auch wilden Wald- und Steinbrecherpfaden. Andererseits durchwandern wir die Dörfer Papstdorf und Kleinhennersdorf mit ihren hübschen Fachwerkhäusern.

Aufstieg von Krippen auf einer alten Steinbrecherstiege.

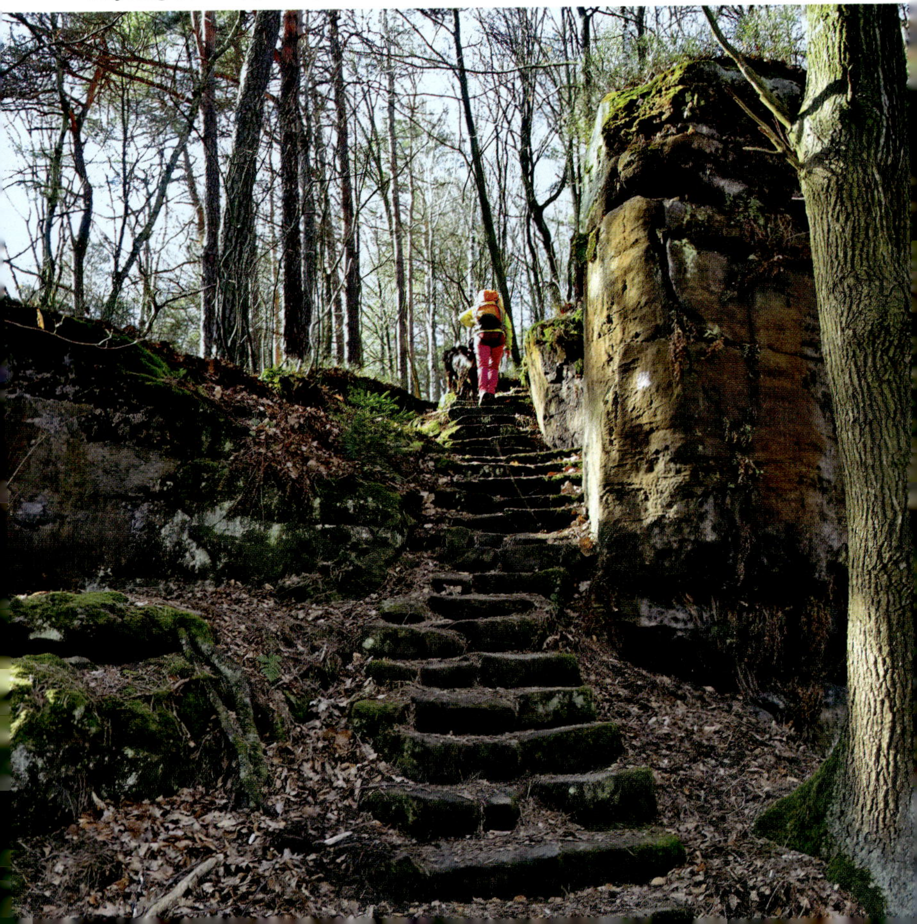

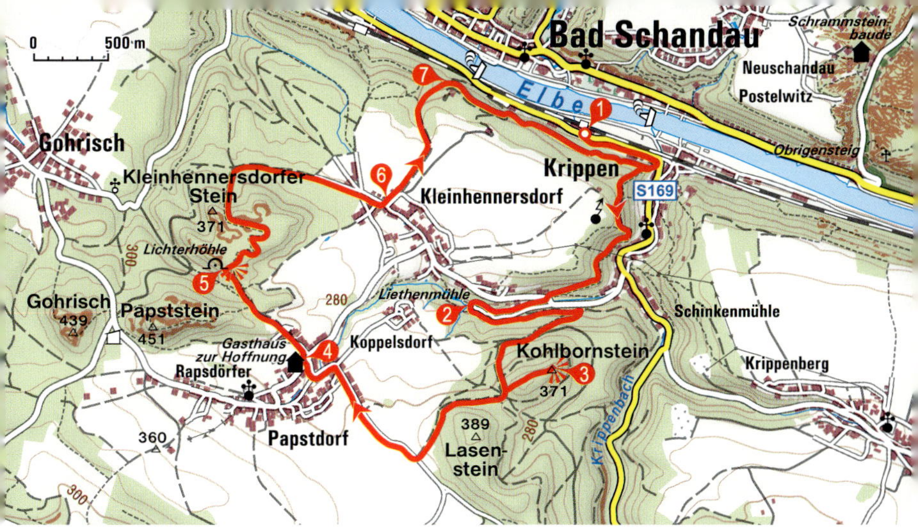

Ausgangspunkt: Bahnhof Krippen, S-Bahn-Station Krippen. In Krippen gibt es nur wenige Parkplätze. Alternativ empfiehlt sich die Nutzung des P+R-Parkplatzes am Nationalparkbahnhof Bad Schandau.

ÖPNV: Die Tour ist aus dem Elbtal sehr gut mit der S-Bahn erreichbar.

Anforderungen: Im ersten Teil der Wanderung überwiegend gut begehbare Wanderwege. Im zweiten Teil sind Trittsicherheit und ein besonderes Gespür für unmarkierte Pfade notwendig.

Einkehr: Gasthaus Liethenmühle (www.liethenmuehle.de), Gasthaus »Zur Hoffnung« (www.pension-hoffnung.de), Abstecher zum Berggasthaus Papststein möglich (20 Min.), Gasthaus in Krippen.

Hinweis: Wer den Abzweig zu den Steinbrüchen nicht findet, kann den Täppichtsteig bis zur Hauptstraße absteigen und erreicht auf dieser nach rechts in 10 Min. die Bahnstation Krippen oder folgt kurz vor der Straße dem abzweigenden Weg rechts aufwärts zum Abzweig in der Kurve.

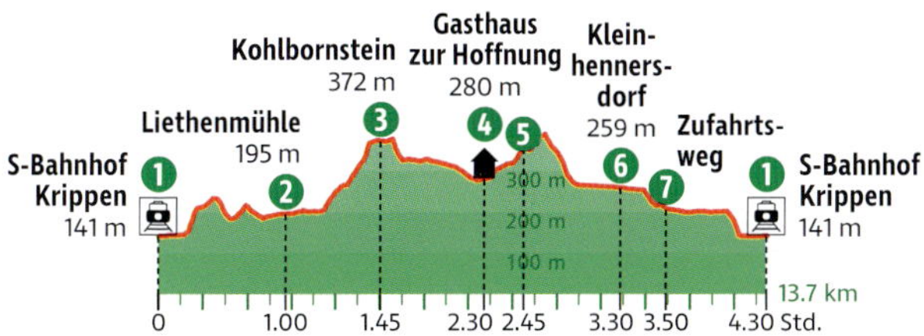

Vom **S-Bahnhof Krippen ①** nehmen wir den Fußweg entlang der Hauptstraße nach Krippen. Wir biegen mit der Hauptstraße nach rechts ab. Nach knapp 100 m folgen wir der Markierung gelber Punkt nach rechts Richtung »Kellerfels/Liethenmühle«. Wenige Meter weiter steigen wir links einen schmalen Steig den Hang hinauf, den in den letzten Jahrhunderten wohl viele Krippener Steinbrecher auf dem Weg zu ihrer harten Arbeit nehmen mussten. Wir halten uns immer geradeaus. Oben zieht sich der Steig an Steinbrüchen vorbei und führt promenadenartig am Berghang entlang. Ein unscheinbarer Gedenkstein erinnert unterwegs

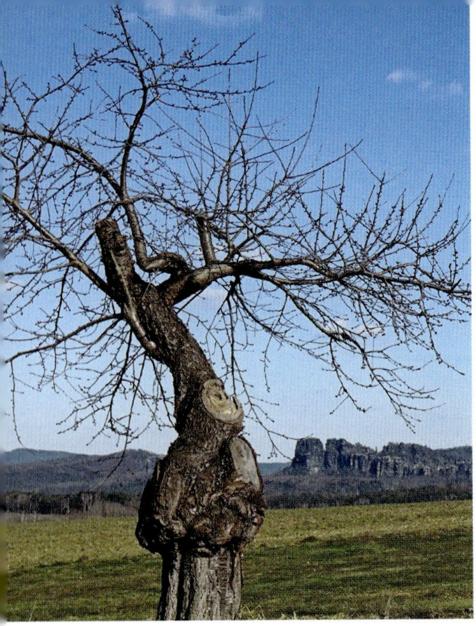

Bei Papstdorf.

an Friedrich August Berthels, einen sächsischen Lehrer, der in Krippen aufwuchs. Er erwarb sich im Laufe seines Lebens durch das Schreiben von Schullehrbüchern und pädagogischer Aufsätze außerordentliche Verdienste bei der Weiterentwicklung des deutschen Volksschulwesens. Ein Stück weiter gelangen wir an eine kleine Aussicht. Eine Gedenktafel erinnert an Friedrich Gottlob Keller, der im 19. Jahrhundert das bis heute übliche Verfahren zur Papierherstellung mittels Holzschliffs entwickelte.

Die gelbe Markierung leitet uns ein kurzes Stück den Hang hinunter und dann rechts weiter. An einer Straße überqueren wir die Brücke und biegen danach nach rechts zur **Liethenmühle ❷** ab. Die 1572 erstmals urkundlich erwähnte Wassermühle ist heute eine idyllisch gelegene Waldgaststätte, die einen kurzen Abstecher lohnt. 150 m vor dem Gasthaus nehmen wir den Weg scharf links hinauf, dem nun auch der Malerweg folgt. Nach wenigen Minuten biegen wir scharf rechts ab und folgen nun der Markierung roter Punkt Richtung Kohlbornstein. Wir wandern stetig bergan, folgen kurz einer Forststraße zu einer Wendeschleife. An deren Ende biegen wir nach links Richtung »ERNA« ab. Der auch als Reitweg gekennzeichnete Weg führt steil bergan und bringt uns zu einer kleinen Sitzgruppe an einer größeren Kreuzung. Hier beginnt der Aufstieg zu unserem ersten Gipfel, dem **Kohlbornstein ❸**. Über Holz- und später ein paar Sandsteinstufen steigen wir hinauf. Oben führt ein schmaler Pfad bis zum Aussichtspunkt am Ende des Felsriffes. Ein toller Blick auf die Schrammsteine und eine Bank belohnen für die Mühen des Aufstieges. Auf demselben Weg geht es wieder zurück bis zum Wegweiser nach der Sitzgruppe an der Wegkreuzung. Dort gehen wir rechts auf gleicher Höhe bleibend weiter. Der unmarkierte Waldweg bringt uns bald aus dem Wald heraus zur Pionierlagerstraße. Auf der schmalen Straße gehen wir nach rechts. Vor uns liegt Papstdorf in einer Senke. Über dem Dorf thront die Papstdorfer Kirche, deren Kirchturm ungewöhnlicherweise nach Osten ausgerichtet ist. Dahinter ragt das Felsmassiv Papststein auf. Im Dorf erreichen wir die Hauptstraße am **Gasthaus zur Hoffnung ❹**. Einige Schritte rechts vom Gasthaus folgen wir der Markierung roter Punkt zum Papststein. Nach einer reichlichen viertel Stunde erreichen wir den Wegweiser im Sattel zwischen Papststein und Kleinhennerdorfer Stein. Von hier wäre ein Abstecher zum aussichtsreichen Berggasthaus auf dem Papststein möglich (ca. 20 Min.).

Am Wegweiser sehen wir einen gelben Pinselstrich, die Markierung des Forststeiges. Wir folgen den gelben Strichen und der Ausschilderung zum Kleinhennersdorfer Stein. Bald geht es auf einem sandigen Weg mit Holzstufen aufwärts. Am Schild »Flächennaturdenkmal« halten wir uns links. Es befinden sich hier drei Höhlen, die durch das Schürfen von feinem Scheuersand entstanden sind. Am Fuß der ersten größeren Felsen findet sich bereits die erste Höhle, die Hampelhöhle. Sie wurde nach dem Sandschürfer benannt, der hier bei seiner Arbeit zu Tode kam. Am Felsmassiv links weiter kommen wir nach circa 50 Metern zum flachen Eingang der riesigen **Lichterhöhle 5**. In früheren Zeiten feierten Wanderer und Bergsteiger in dieser durch den Sandabbau stark erweiterten Höhle so manches Fest, wobei von den vielen Simsen und Absätzen Hunderte Kerzenlichter strahlten. Für die dritte Höhle, die Eishöhle – auch Freundschaftshöhle genannt, ist ein wenig Spürsinn erforderlich. Sie ist an der Nordseite des Hampelhöhlen-Massivs gelegen. Der Kleinhennersdorfer Stein ist stark zerklüftet und viele wilde Pfade, auf denen man sich durchaus verlaufen kann. Daher orientieren wir uns nun an den gelben Markierungen des Forststeiges. Von der Lichterhöhle führt dieser rechts weiter. Durch reichlich Farnkraut schlängelt sich der Pfad an Felswänden entlang. Zwischen den Felsen geht es aufwärts und oben gleich rechts zu einer kleinen Aussicht mit einer romantisch gelegenen Bank. Die Markierungen für den Weiterweg sind hier etwas schwer zu sehen – wir müssen uns im Wald scharf links und bergauf halten. Auf der Höhe des bewaldeten Massivs angekommen, wenden wir uns nach rechts. Die wilde Szenerie des naturbelassenen Riffkiefern-Mischwaldes zieht uns in ihren Bann. An einem Felsblock vorbei führen in den Fels geschlagene Stufen abwärts und

Schrammsteinblick vom Kohlbornstein.

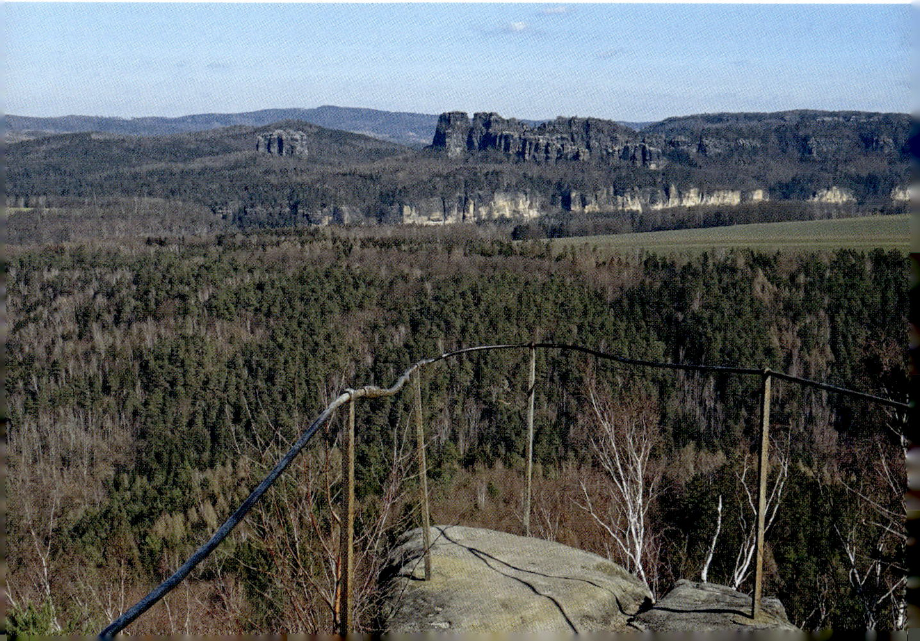

wenig später biegen wir nach links in einen Felsspalt ab. Es geht durch einen stillen, von Felswänden gesäumten Talgrund. Bald führt uns der Steig weiter bergab zu einem breiten Forstweg.

Wir wenden uns nach rechts und folgen dem Weg nach **Kleinhennersdorf ❻**. Dort gehen wir an der ersten Kreuzung geradeaus, bis wir auf die Markierung roter Strich treffen. Wir folgen ihr nach links in Richtung Bad Schandau. Wir wandern durch die Bauerngasse und über den Täppichtsteig aus dem Dorf heraus. Noch einmal bietet sich ein weiter Rundblick. Sobald wir wieder in den Wald eintreten, sollten wir aufmerksam sein, denn wir müssen den »Einstieg« in einen wilden, unmarkierten Steinbrecherpfad finden. Etwa 50 m vor der Stelle, wo der Forststeig von links her auf den Täppichtsteig trifft und rechts ein Wegweiser steht, wollen wir rechts des Weges einem unmarkierten Waldpfad folgen. Oberhalb des Wegweisers ist er durch einen Grenzstein mit der Aufschrift »GK 279« markiert. Der Pfad ist bereits etwas verwachsen. Vorsicht, 100 m nach dem Grenzstein stehen wir unvermittelt an der Oberkante eines alten Kleinsteinbruches! Man kann über verfallene Stufen in ihn hinabsteigen oder noch ein Stück an der Kante weitergehen. Letztlich gelangt man zu einem breiten **Zufahrtsweg ❼**, dem wir nach links folgen. Nach 500 m zweigen wir in einer scharfen Linkskurve nach einer alten Laterne rechts ab. Der erst breite, später immer schmaler werdende Weg bringt uns durch ein altes Steinbruchgebiet. Überall sehen wir die Spuren der Steinbrecher: Grenzmarkierungen, Treppen, Mauern und Steinhaufen. Rechter Hand, etwas ab vom Wege, verstecken sich hinter dem Laub der hohen Bäume die ehemaligen Sandsteinbrüche. Etwa 15 Min. nach dem Abzweig halten wir uns am großen Grenzstein »166« etwas links. Vorbei an alten Steinbruchtreppen erreichen wir den uns bereits bekannten Wegweiser an unserem Aufstiegsweg. Wir steigen die Stufen wieder nach Krippen ab und gehen auf demselben Weg zurück zum **Ausgangspunkt ❶**.

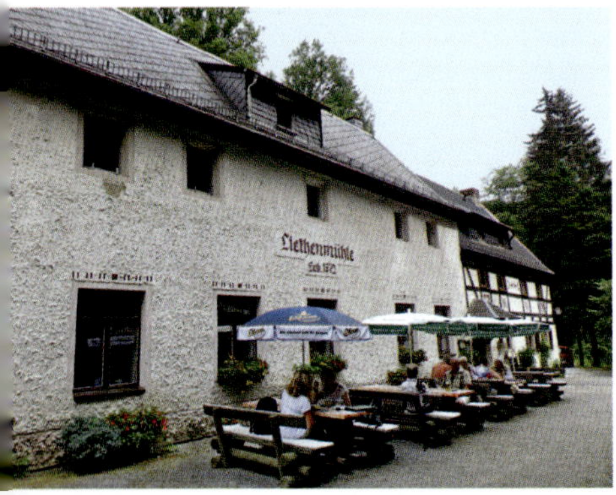

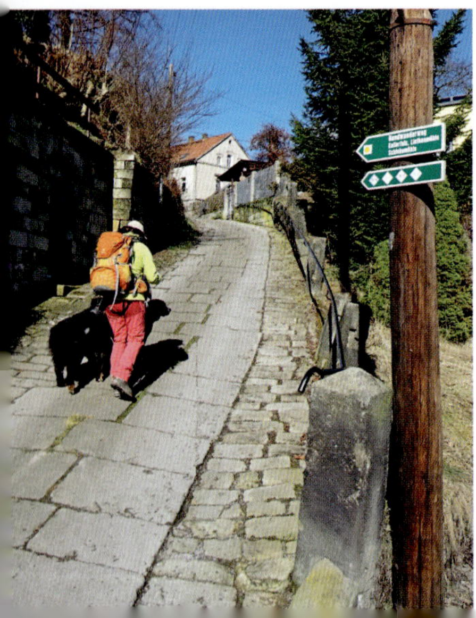

Oben: Liethenmühle.
Unten: Start in Krippen.
Rechte Seite: Bizarre Felsen auf dem Kohlbornstein.

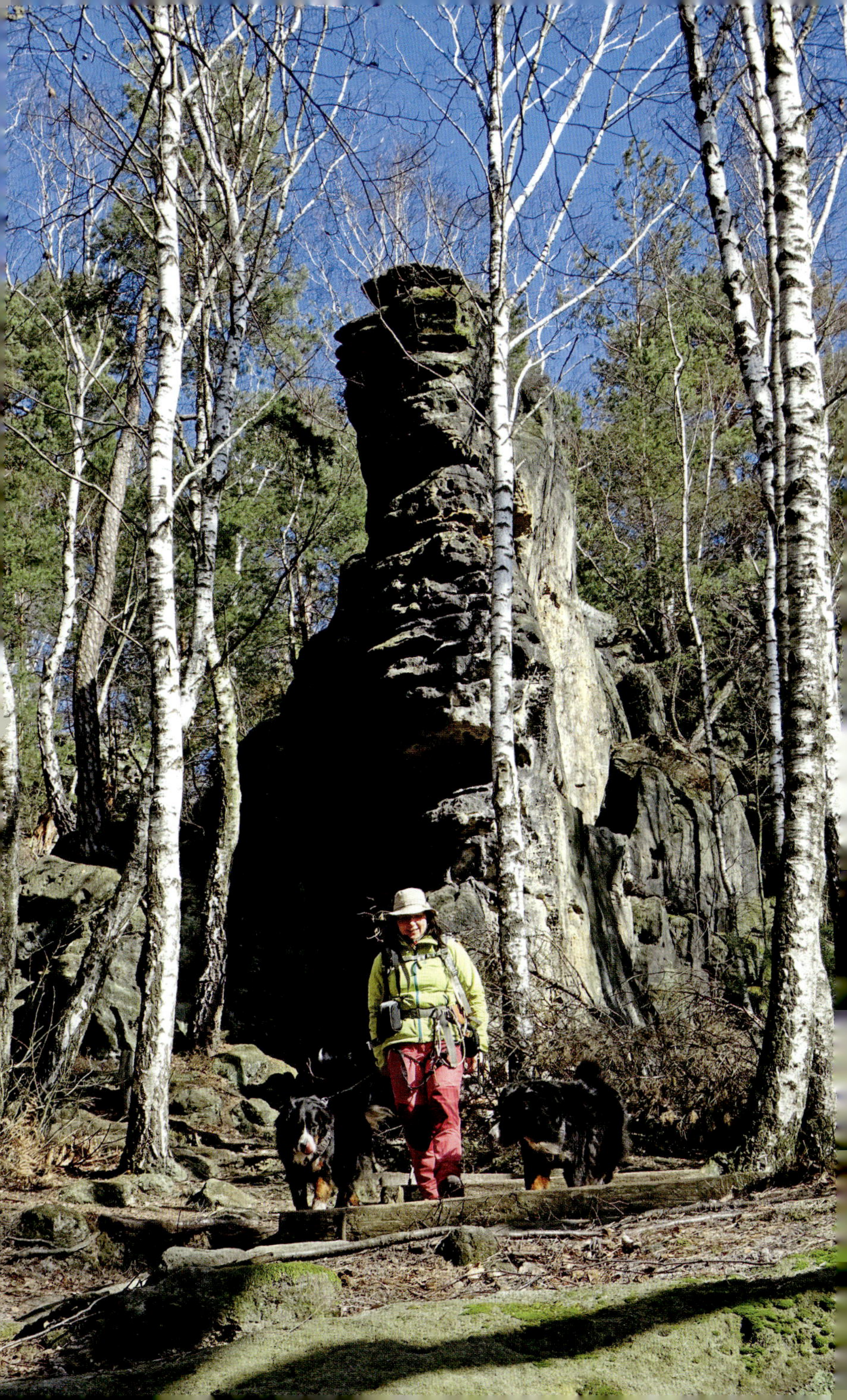

Der Forststeig

Ein Waldtrekkingpfad

Ein über 105 Kilometer langer Waldtrekkingpfad im linkselbigen Teil des Elbsandsteingebirges lädt Naturliebhaber und Wildnisfreunde, die es gern etwas ruhiger und einsamer haben, auf Entdeckungstour ein. Dabei geht es kreuz und quer durch Forstwälder und naturbelassene Waldgesellschaften beidseits der deutsch-tschechischen Grenze, über aussichtsreiche Tafelberge, vorbei an Naturdenkmälern und kulturhistorischen Zeugnissen am Wegrand.

Die Trekkingroute umgeht Ortschaften weiträumig und verläuft fast ausschließlich auf sonst kaum genutzten Pfaden inmitten des Waldes. Der teils üppig wuchernde Unterwuchs im Wald fordert selbst erfahrene Wanderer heraus. Knie- bis hüfthohe Farne, Gräser und Heidelbeersträucher, dorniges Brombeergestrüpp oder querliegendes Bruchholz auf schmalen, mit Wurzeln durchsetzten Waldpfaden wechseln sich mit breiten Forstwegen und Waldschneisen ab.

Der »Forststeig« ist ein Projekt von Sachsenforst in Kooperation mit dem tschechischen Staatsforst Lesy ČR – Trekkingtickets, Forststeigkodex und Neuigkeiten unter:
www.forststeig.de

Trekkingsaison und Übernachten

Von April bis Oktober ist der Forststeig geöffnet. In diesem Zeitraum ist es möglich, in Trekkinghütten, welche einst Waldarbeitern oder Grenzern als Unterkunft dienten, und auf extra angelegten Biwakplätzen zu übernachten. Bezahlt wird mit »Trekking-Tickets«, die vor der Tour erworben werden müssen. Es gibt Komposttoiletten und überdachte Sitzgelegenheiten. Brauchwasser kann Regenwassertanks ent-

Herbst am Taubenteich im Cunnersdorfer Forst.

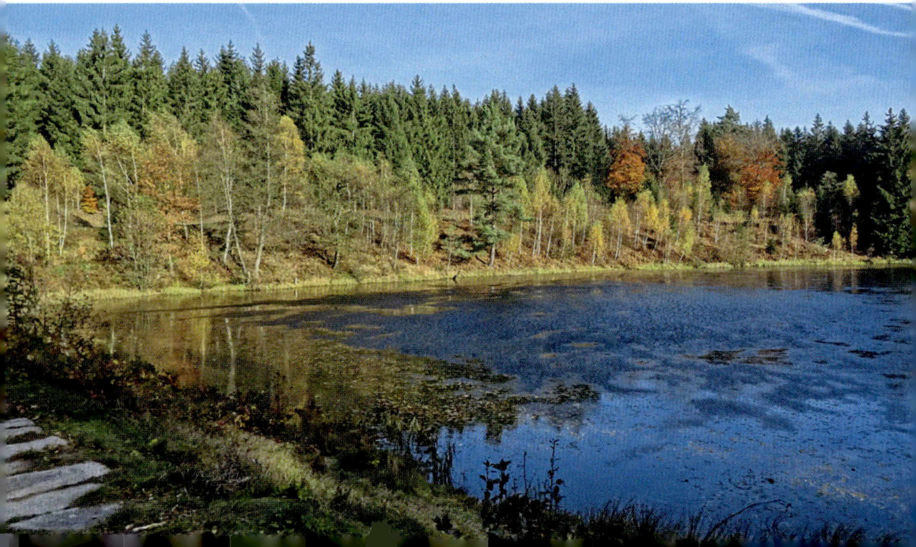

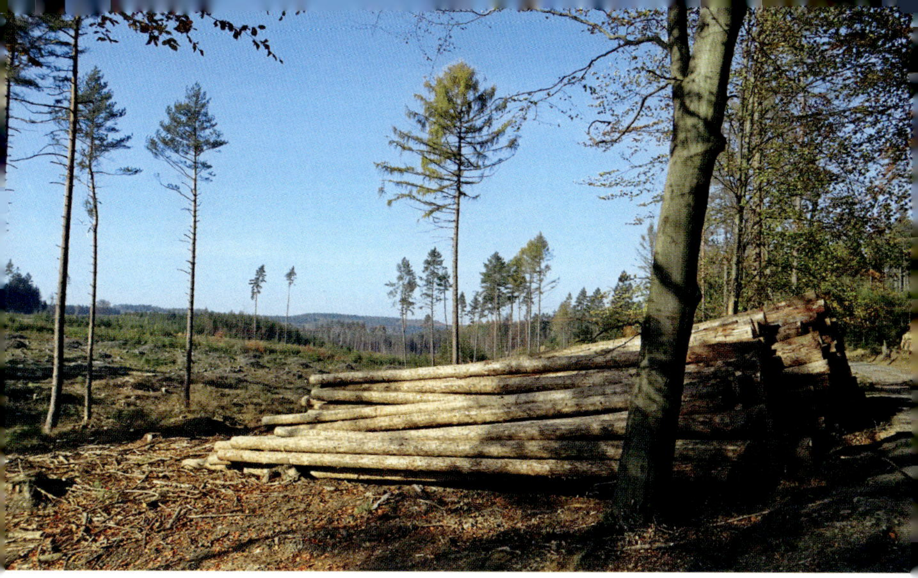

Manchmal stoßen wir auch auf Spuren aktueller Forstarbeiten.

nommen werden, die aber abhängig vom Wetter nicht immer gefüllt sind. Die Trekkinghütten muten dagegen schon luxuriös an. Man hat ein festes Dach über dem Kopf, kann mit Holzöfen heizen und bei Schlechtwetter auch mal seine Sachen trocknen. Darüber hinaus bieten ausgewählte Forststeigpartner, z. B. der Zeltplatz Ostrov oder die Alte Gärtnerei in Gohrisch, Übernachtungsmöglichkeiten an.

Hütten und Biwakplätze

Entlang des Forststeiges gibt es 5 große Trekkinghütten mit je 8 bis 12 Schlafstellen auf Holzgestellen oder auf einem Schlafboden und einem Aufenthaltsraum mit Holzofen. Auf einigen der sechs Biwakplätzen gibt es eine begrenzte Anzahl von Übernachtungsmöglichkeiten ohne Zelt in einer einfachen Biwakhütte.

Übernachtungsticket

»Trekking-Tickets« erwirbt man entweder vor der Tour in einigen Touristinformationen, wie in Bad Schandau, oder auch rechtzeitig (!) über www.forststeig.de, wo übrigens auch eine Liste aller Verkaufsstellen zu finden ist. Ein Ticket kostet derzeit 10 €, Kindertickets je 1 €. Sie werden am Schlafplatz entwertet und bei Kontrollen vorgezeigt. Die Erlöse dienen der Betreuung und Pflege des Forststeiges. Es gibt keine Reservierung, deshalb kann es vorkommen, dass bereits Schlafplätze belegt sind. Darum sind im Führer weitere alternative Übernachtungsplätze angegeben. Da viele am Wochenende anreisen, ist es durchaus eine gute Idee, einfach antizyklisch zu starten, am besten unter der Woche. Wer lieber in Pensionen übernachten möchte, sollte die Hochsaison meiden, da dann viele Quartiere ausgebucht sein können.

Ausrüstung

Eine gute Planung und erprobte Ausrüstung ist essenziell für einen gelungenen Wildnistrekkingurlaub. Packlisten für eine Trekkingtour fin-

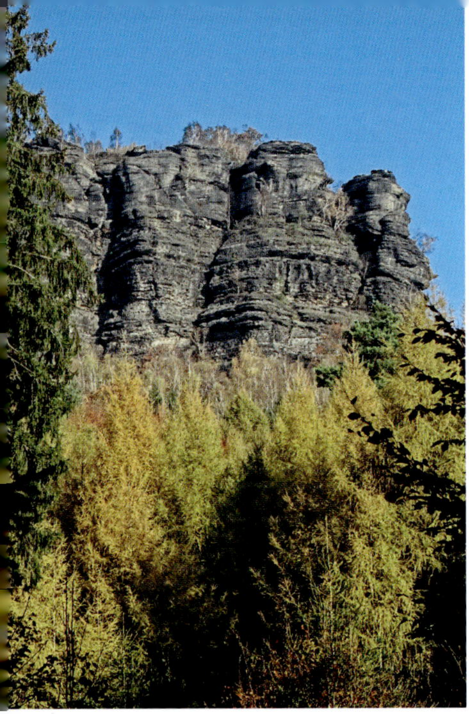

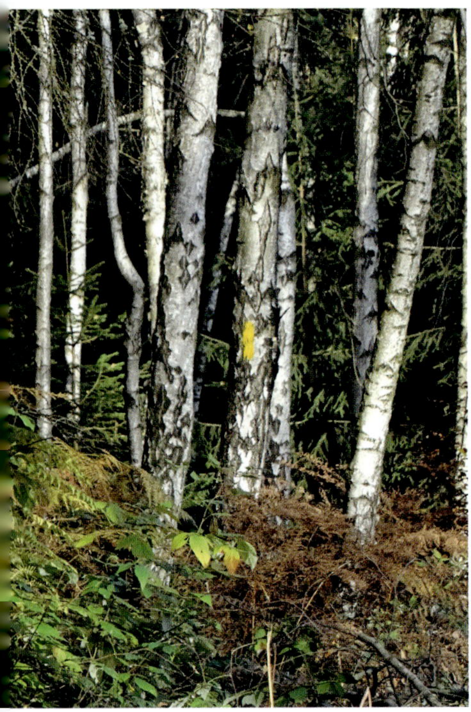

det man im Internet. Der Rucksack sollte nicht mehr als 18 kg wiegen, je nach Konstitution besser etwas weniger. Da muss alles reinpassen, denn wir brauchen freie Hände. Schon zu Hause sollte man Probepacken und eine Runde mit dem vollen Rucksack wandern gehen. Unbedingt benötigen wir Isomatte und Schlafsack, auch in den Hütten. Mit Zelt oder Tarp ist man auf der sicheren Seite. Lebensmittel, Messer, Kocher, Ersatzfeuerzeug und Topf gehören genauso in den Rucksack wie Klopapier, Erste-Hilfe-Pack, Regenschutz, Sonnenmütze und Mücken-/Zeckenmittel. Nachts hilft eine Stirnlampe, den Weg zur Toilette zu finden. Wir benötigen robuste Wanderhosen, eine warme Fleecejacke und leichte Hüttenschuhe. Mit wasserabweisenden Wanderschuhen und einer Regenhose bleiben wir im tropfnassen Farnkraut oder Gras halbwegs trocken. Lebenswichtig ist die Versorgung mit Wasser, von dem wir 2–3 Liter am Tag benötigen. Mehrere Quellen befinden sich an der Strecke im insgesamt eher trockenen Sandsteingebirge. Sehr wichtig ist ein kleiner Trinkbecher, um aus ungefassten Quellen schöpfen zu können. Ein Wassersack mit Trinkschlauch ist praktischer als Trinkflaschen. Quellwasser ist immer sauber. Wasser aus Bächen oder gar aus dem Brauchwassertank muss gefiltert, entkeimt oder abgekocht werden. Wasserentkeimungstabletten sind dafür unkompliziert zu nutzen und sehr leicht. Quellen, Einkaufs- und Einkehrmöglichkeiten werden in der Kurzinfo der einzelnen Etappen aufgeführt.

Oben: Am Zschirnsteinbiwak.
Unten: Forststeigmarkierung.

Tageswanderungen

Wer lieber ohne schweres Gepäck unterwegs ist, kann den Forststeig auch in einzelnen Tagestouren erwandern. Dieser Wanderführer enthält acht einzeln durchführbare Tageswanderungen, die für die Nutzung des ÖPNV optimiert sind und die gesamte Strecke nahezu vollständig abbilden. Dabei wird die jeweilige Strecke ausführlicher beschrieben und auf interessante Dinge am Weg hingewiesen. Zu beachten ist auch hierbei die Wandersaison von April bis Oktober. Außerhalb dieser Zeit können Infotafeln, Wegweiser und Forststeigpfähle abgebaut sein und forstliche Arbeiten im Wald erfolgen.

Praktische Hinweise

Vor der Trekkingtour sollten wir uns über Neuigkeiten auf dem Steig, die Waldbrandgefahr und das bevorstehende Wetter informieren. Beachte, dass sich Streckenverlauf, Hütten, Biwakplätze, Ausstattungen und Leistungen ändern können. Bei Sturm oder Unwetter ist es im Wald gefährlich. Unvorhergesehenes kann die Tagesplanung verändern, daher überlege man sich auch immer mögliche Alternativen und plane so, dass man noch rechtzeitig bei Tageslicht ankommt.

Wir wandern viel durch bewirtschaftete Wälder. Gerade jetzt, wo der Wald durch vermehrte Trockenheit und verstärkten Borkenkäferbefall stark gestresst ist und sich viel verändert, wird es immer mal wieder Passagen geben, die aufgrund von Forstarbeiten schlecht begehbar oder gesperrt sind. Notwendige Umleitungen werden vor Ort ausgeschildert. Forstleute arbeiten am Umbau unserer Wälder in klimaangepasste, artenreiche Mischwälder. Mal entdecken wir frisch gepflanzte Weißtannen, Rotbuchen oder Stieleichen, woanders passieren wir große Holzpolter oder schlammige Fahrspuren eines Harvesters. Fast nebenbei gewinnen wir Einblicke in die Waldarbeit.

Anreise

Anreisen kann man mit den Fernzügen direkt nach Bad Schandau. Von dort verkehrt im Elbtal eine S-Bahn. Mehrere Stellen der Trekkingroute werden in der Saison täglich von Wanderbussen angefahren (Bielatal-Linie 242/245, Steine-Linie 244 und Tisá-Linie 217/219), sodass ein Abkürzen der Wildnistour kein Problem darstellt.

Bergsteiger-Gedenkfelsen bei Ostrov.

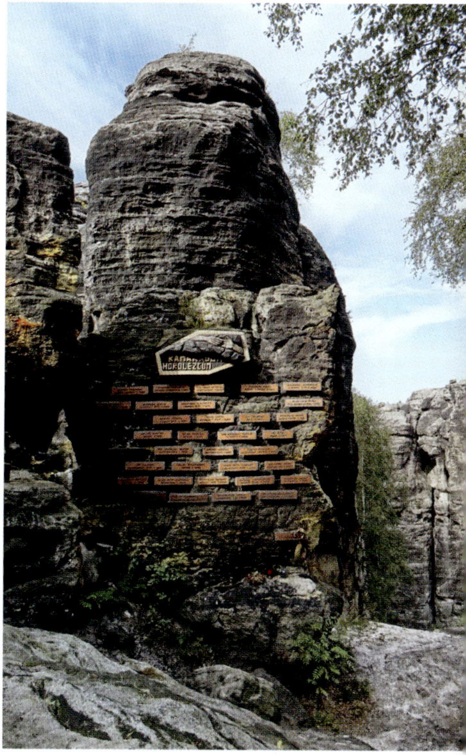

Hütten und Biwaks am Forststeig

Grenzbaude
Die über 100 Jahre alte Grenzhütte ist die größte der Forststeighütten und steht 600 m vom Forststeig entfernt. Sie besitzt 12 Schlafplätze (Schlafboden) und einen Holzofen.

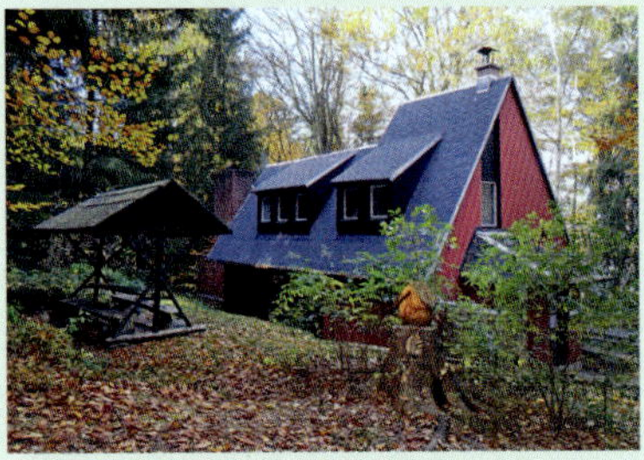

Haselmausbaude
Kleine, gemütliche Trekkinghütte, die vom Forststeig 3 km entfernt ist. Schlafboden für 8 Personen, Holzofen. Von Grenzbaude in 40 Min. auf Forststraße erreichbar.

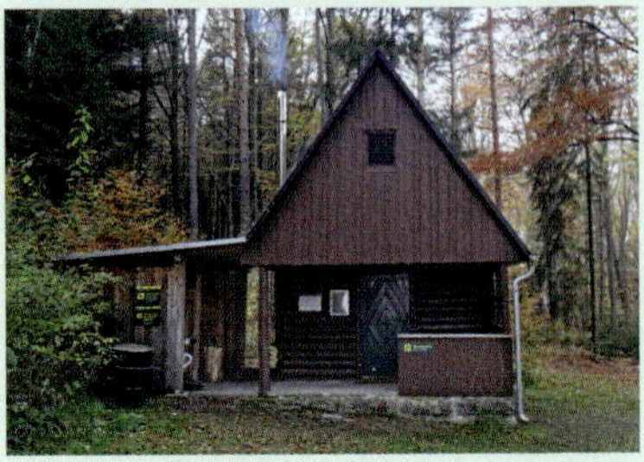

Trekkinghütte Willys Ruh
Einstige Grenz- und Jagdhütte mit 2 Schlafräumen (insgesamt 10 Schlafstellen) und einem urigen Kachelofen. Vom Forststeig 1,4 km bzw. vom Taubenteichbiwak 2,4 km entfernt gelegen.

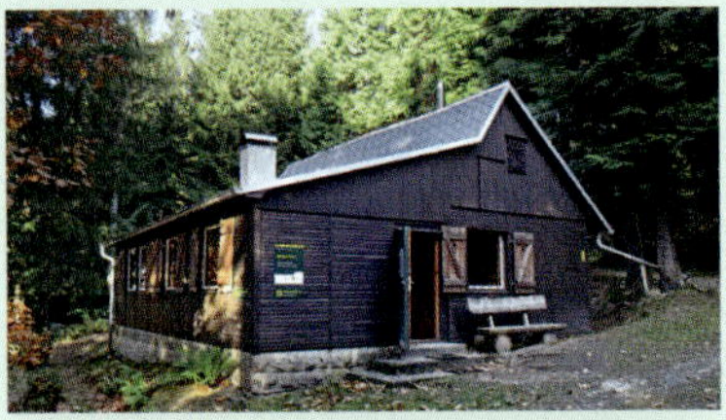

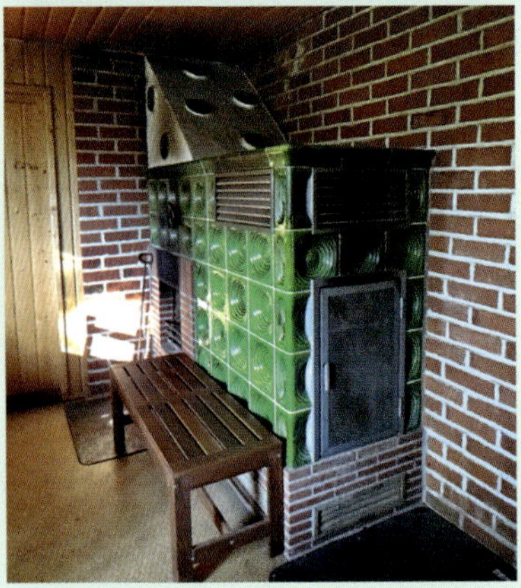

Trekkinghütte »Kamphütte«
Alte Forsthütte mit Holzofen und einem Schlafraum mit 10 Plätzen. Sie steht oberhalb des Bielatals, 100 m vom Forststeig weg.

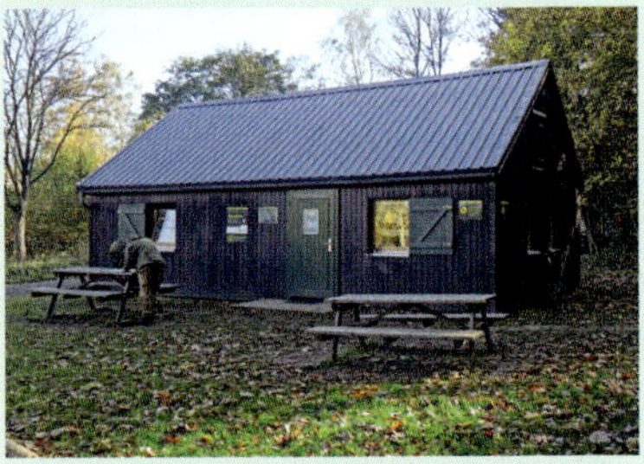

Trekkinghütte »Rotsteinhütte«
Direkt am Forststeig gelegene, alte Jagdhütte mit 12 Schlafplätzen (2 Räume) und Holzofen.

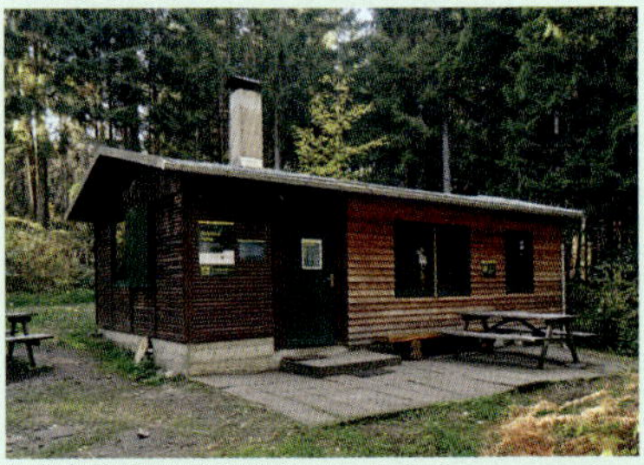

Auf den Biwakplätzen dürfen in der Zeit von 16 bis 10 Uhr bis zu 5 Zwei-Personen-Bergzelte jeweils für nur eine Nacht stehen. Es gilt die Regel: erst Trekkingticket entwerten, dann übernachten! Biwakkodex beachten!
Biwakplätze haben immer eine Schutzhütte oder überdachte Sitzgelegenheit zum Schutz bei Schlechtwetter. Es gibt Holzbänke, eine Komposttoilette sowie Regenwassertanks mit Brauchwasser. An eigens präparierten Stellen darf ein mitgebrachter Kocher benutzt werden. Für einige Biwakplätze haben Architekturstudenten der TU Dresden futuristisch anmutende Biwakhütten entworfen und gebaut, sodass hier auch mal ohne Zeltaufbau geschlafen werden kann.

Zschirnsteinbiwak
Auf einer kleinen Lichtung unterhalb vom Zschirnstein gelegen. Zudem kann man in einer speziell mit 2 Etagen designten Biwakhütte schlafen.

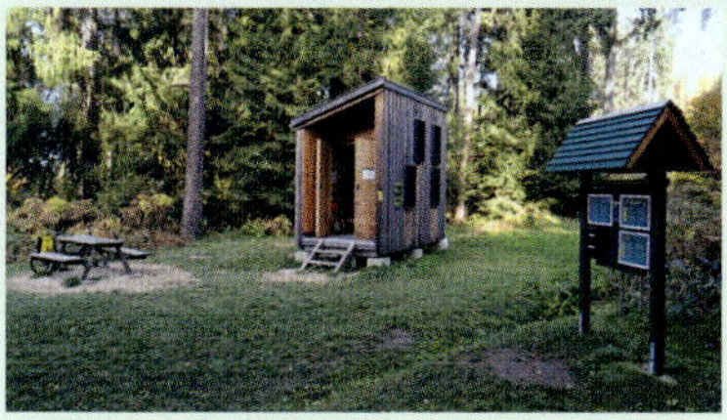

Taubenteichbiwak
Der Biwakplatz mit einer Schutz- und einer rustikalen Biwakhütte liegt etwa 500 m vom Forststeig entfernt, direkt an einem See und hat eine genehmigte Feuerstelle – Waldbrandgefahr beachten! Feuerholz und Axt vorhanden. Dazu eine Schutz- und eine rustikale Biwakhütte.

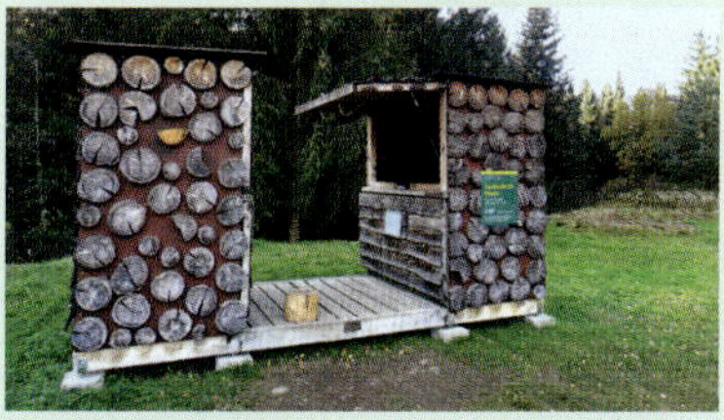

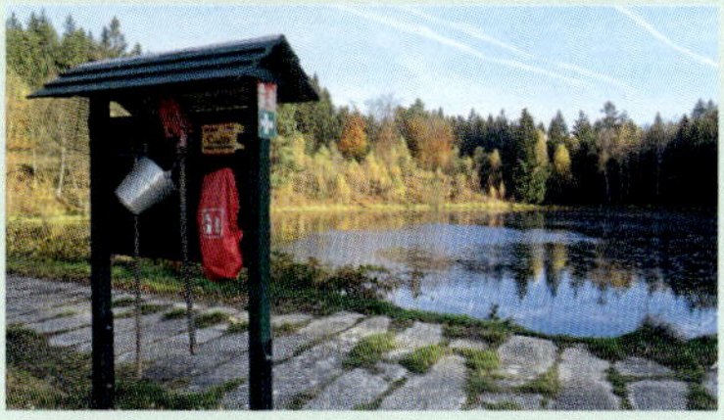

Spitzsteinbiwak
Eine große Schutzhütte mit offenem Fenster bietet zusätzlich Schlafplätze auf 2 Etagen.

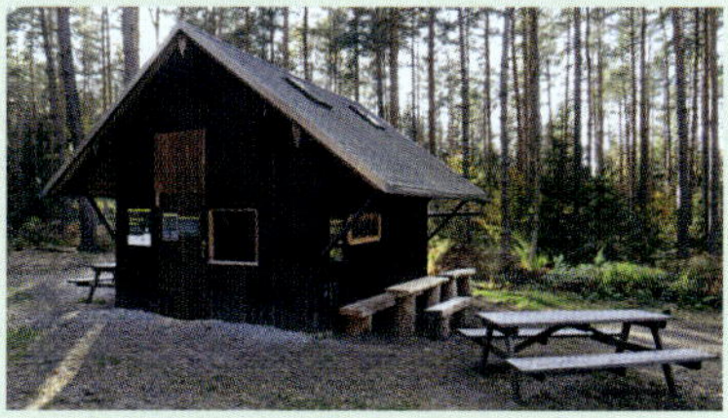

Zehrbornbiwak
Einfacher Platz im Wald im hinteren Bielatal. Eine interessant gestaltete Biwakhütte mit überdachten Sitzplätzen und einem geschützten Schlafboden erweitert das Biwak

Biwakplatz Nikolsdorf
Kleiner Biwakplatz am Rand des Walderlebniszentrums Leupoldishain.

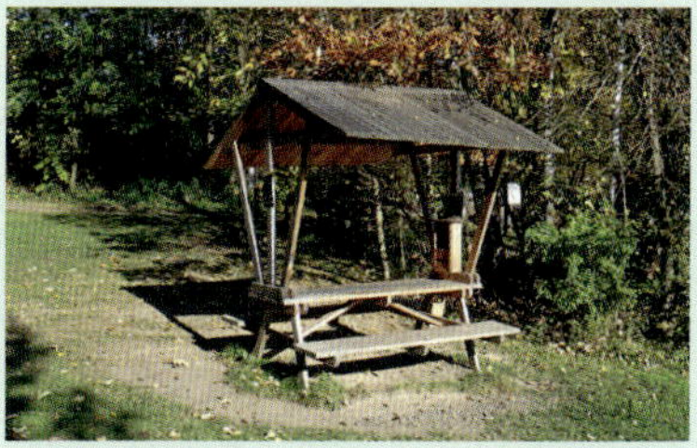

Quirlbiwak
Einfacher Platz im Wald, eine Erweiterung mit einer kleinen Designer-Biwakhütte ist geplant. Letzter siedlungsferner Biwakplatz vor Bad Schandau, danach Übernachtung bei Forststeigpartnern in Gohrisch oder Papstdorf.

32 Forststeig – 7 Tage Waldtrekking

TOP | 7 Tage | 107,8 km | ↗ 2630 m | ↘ 2640 m

Einfach mal weg sein - Weitwandern in der Elbsandstein-Wildnis

Im linkselbigen Elbsandsteingebirge locken große Ebenheiten mit mächtigen Tafelbergen und weite, einsame Wälder mit tief eingeschnittenen Tälern, bizarren Felsen und plätschernden Bächlein. Auf verschlungenen Waldpfaden und Felsensteigen verbindet der sehr gut markierte Forststeig die schönsten Plätze der sächsisch-böhmischen Grenzregion zu einer über 100 Kilometer langen, anspruchsvollen Trekkingroute. Diese bezwingt zwölf aussichtsreiche Tafelberge, darunter auch den Hohen Schneeberg, der mit 723 Metern den höchsten Punkt des Elbsandsteingebirges bildet. Auf großen Strecken ist man fernab der Zivilisation und oft ganz allein unterwegs. Wir wandern mal durch bewirtschaftete, mal durch mehr naturbelassene Waldgebiete. Vielerorts wird der Waldumbau zu stabilerem Mischwald vorangetrieben. Wir sehen unterschiedlichste Baumarten in verschiedenen Altersstufen. Jedes Waldstück hat seinen besonderen Reiz. Gezielte Pflege und Schutz der Waldbestände stehen in Wirtschaftswäldern an erster Stelle. Vom Borkenkäfer befallene oder kranke Bäume werden aktiv entfernt – im Gegensatz zum Nationalparkgebiet rechts der Elbe, wo gemäß dem Motto »Natur Natur sein lassen« große Flächen früheren Forstwaldes einer freien Naturentwicklung überlassen werden. Doch auch entlang des Forststeiges treffen wir auf verschiedene Naturreservate und Flächennaturdenkmale, die besondere Lebensräume, wie Felsen, Teiche, Moore oder Höhlen bewahren und so zum Erhalt einer großen Artenvielfalt, zum Schutz seltener Tier- und Pflanzenarten beitragen.

Freier Blick zum Großen Zschirnstein, dem Gipfelziel der ersten Etappe.

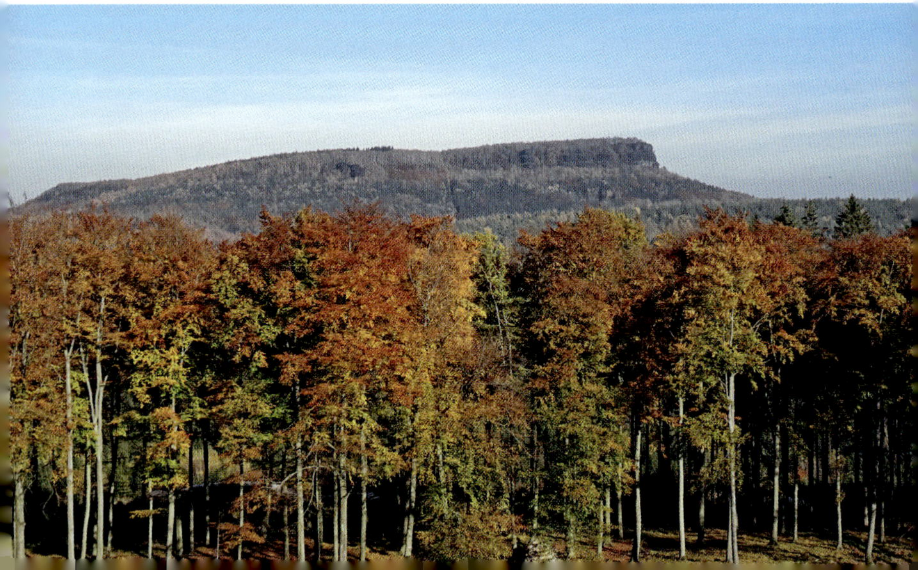

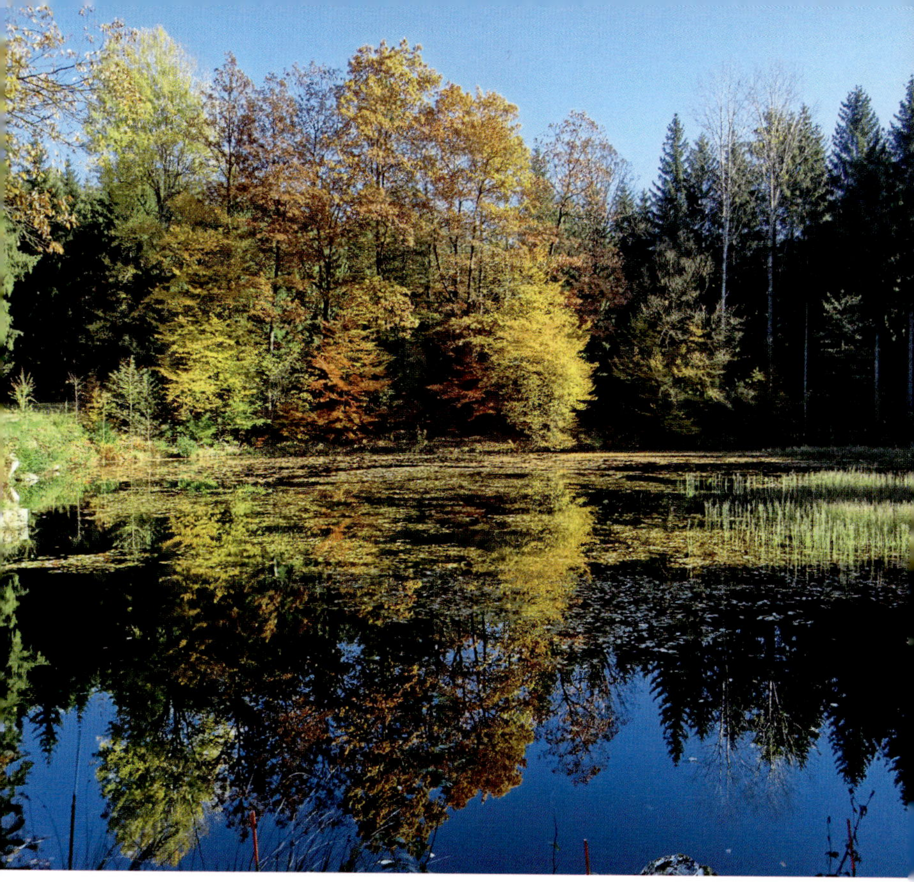

Der Neuteich, ein idyllisch gelegener Stauweiher auf dem Weg zum Lampertstein.

Für Mehrtageswanderer sind von April bis Oktober einfache, mitten im Wald gelegene Trekkinghütten und Biwakplätze geöffnet, für die man vorab Trekkingtickets erwirbt. Im Böhmischen steht ein idyllisch gelegener Campingplatz mit Zeltwiese und Hütten zur Verfügung. Wer komfortablere Unterkünfte bevorzugt, findet diese in kurzer Entfernung zur Route.

Ausgangspunkt: S-Bahn-Station Schöna.
Endpunkt: Nationalparkbahnhof Bad Schandau.
Anforderungen: Anspruchsvolle Trekkingroute auf meist schmalen Waldpfaden, Felsensteigen und naturbelassenen Waldwegen, die auch mal nass und rutschig sein können; seltener auch auf breiten Forstwegen. Trittsicherheit und gute Ausrüstung unbedingt erforderlich. Viele Auf- und Abstiege sind konditionell fordernd, insbesondere mit Gepäck. Schwindelfreiheit und Orientierungssinn sind gelegentlich hilfreich.
Hinweise: Die vorgeschlagenen Etappenlängen können und sollten entsprechend Wetterlage, eigener Erfahrung und Tagesform individuell angepasst werden. Beachte die Infos im Einleitungsteil (ab Seite 172) sowie die weiteren Hinweise bei den detaillierten Wegbeschreibungen für Tageswanderer (Touren 33–40).
Kartentipp: Große Karte der Sächsischen Schweiz 1:30.000 (Rolf Böhm, neueste Auflage mit Forststeigroute).

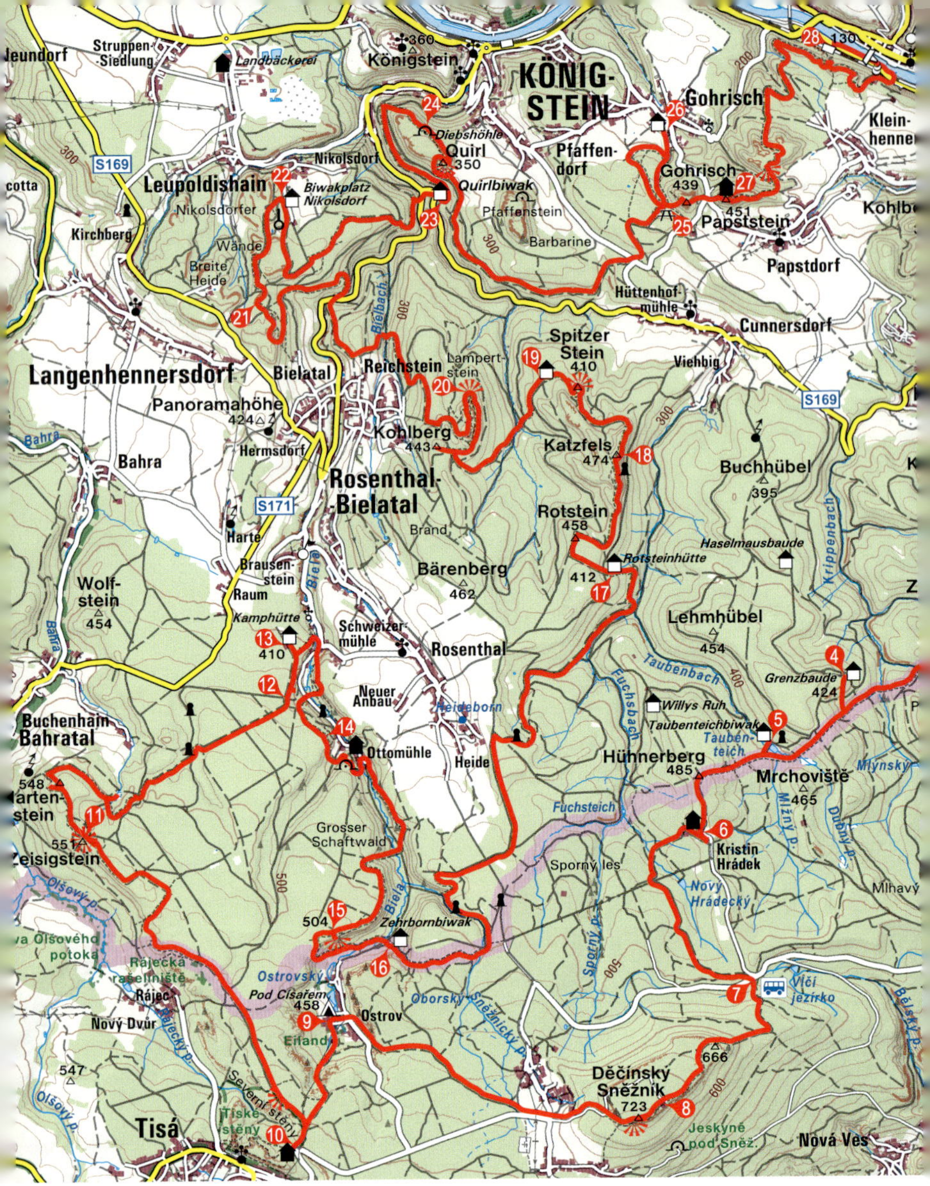
Neundorf
Struppen-Siedlung
Landbäckerei
360
Königstein
KÖNIG-STEIN
Gohrisch
Klein-henner
Diebshöhle
Quirl
350
Pfaffen-dorf
Gohrisch
439
451
Papststein
Kohlberg
S169
Leupoldishain
Nikolsdorf
Biwakplatz Nikolsdorf
Quirlbiwak
Pfaffenstein
Nikolsdorfer
Wände
Kirchberg
Barbarine
Papstdorf
Breite Heide
Hüttenhof-mühle
Cunnersdorf
Bielbach
Spitzer Stein
410
Langenhennersdorf
Bielatal
Reichstein
Lampert-stein
Viehbig
Panoramahöhe
424
Hermsdorf
Kohlberg
443
S169
Bahra
Bahra
Katzfels
474
Buchhübel
395
Rosenthal-Bielatal
S171
Harte
Brand
Rotstein
458
Haselmausbaude
Krippenbach
Braunsenstein
Raum
Biela
Bärenberg
462
Rotsteinhütte
412
Wolfstein
454
Kamphütte
410
Schweizer-mühle
Rosenthal
Lehmhübel
454
Taubenbach
Grenzbaude
424
Neuer Anbau
Heideborn
Willys Ruh
Fuchsbach
Taubenteichbiwak
Taubenteich
Buchenhain Bahratal
Ottomühle
Heide
Hühnerberg
485
Mrchoviště
465
Mlýnský
548
Zeisigstein
551
Grosser Schaftwald
Fuchsteich
Kristin Hrádek
Sporný les
Nový Hrádecký
Mlhavý
Olšový p.
Olšového potoka
504
Zehrbornbiwak
Biela
Sporný p.
Rájecká rašeliniště
Rájec
Ostrovský
Pod Císařem
458
Ostrov
Oborský
Sněžnický p.
Vlčí jezírko
Nový Dvůr
Eiland
666
Bělský p.
547
Olšový p.
Severní stěny
Děčínský Sněžník
723
Tiské stěny
Tisá
Jeskyně pod Sněž.
Nová Ves
1
2
3
4
5
6
7
8
9
10
11
12
13
14
15
16
17
18
19
20
21
22
23
24
25
26
27
28
130
200
300
400
500
600

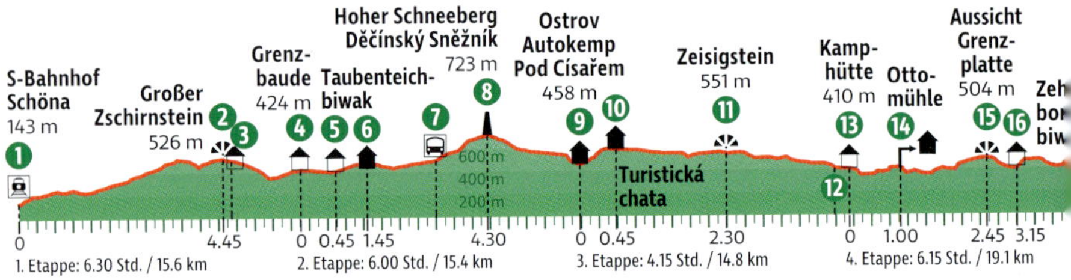
S-Bahnhof Schöna
143 m
Großer Zschirnstein
526 m
Grenz-baude
424 m
Taubenteich-biwak
Hoher Schneeberg Děčínský Sněžník
723 m
Ostrov Autokemp Pod Císařem
458 m
Zeisigstein
551 m
Kamp-hütte
410 m
Otto-mühle
Aussicht Grenz-platte
504 m
Turistická chata
600 m
400 m
200 m
1
2
3
4
5
6
7
8
9
10
11
12
13
14
15
16
0
4.45
0
0.45
1.45
4.30
0
0.45
2.30
0
1.00
2.45
3.15
1. Etappe: 6.30 Std. / 15.6 km
2. Etappe: 6.00 Std. / 15.4 km
3. Etappe: 4.15 Std. / 14.8 km
4. Etappe: 6.15 Std. / 19.1 km

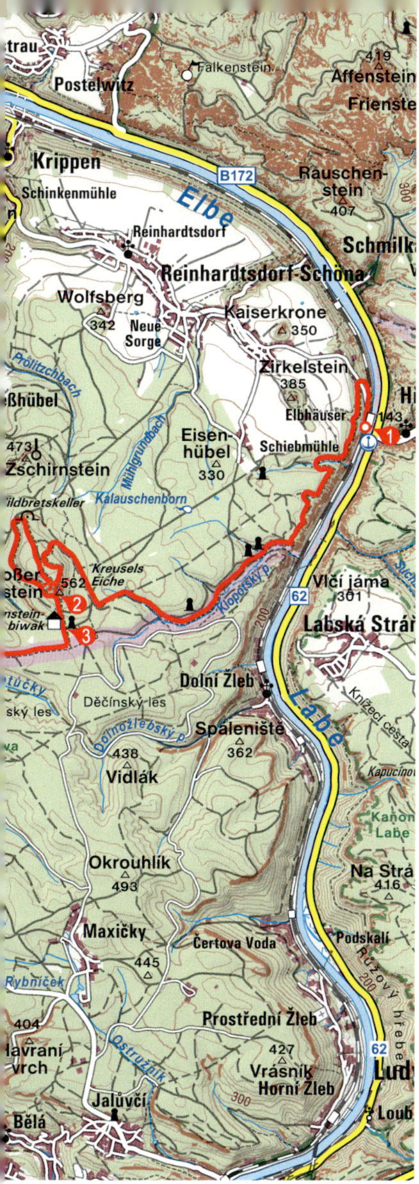
Postelwitz
Falkenstein
419
Affenstein
Krippen
B172
Schinkenmühle
Elbe
Rauschenstein
407
Reinhardtsdorf
Schmilka
Reinhardtsdorf-Schöna
Wolfsberg
342
Neue Sorge
Kaiserkrone
350
Zirkelstein
385
Prölitzbach
Elbhäuser
143
Eisenhübel
330
Schiebmühle
473
Zschirnstein
Mühlgrundbach
Kalauschenborn
Kreusels Eiche
562
Vlčí jáma
301
62
Labská Stráň
Dolní Žleb
Děčínský les
Labe
Knížecí cesta
Spáleniště
362
438
Vidlák
Okrouhlík
493
Na Stráži
416
Maxičky
Čertova Voda
445
Podskalí
Rybníček
Prostřední Žleb
404
427
Vrásník
Horní Žleb
62
Jalůvčí
Bělá

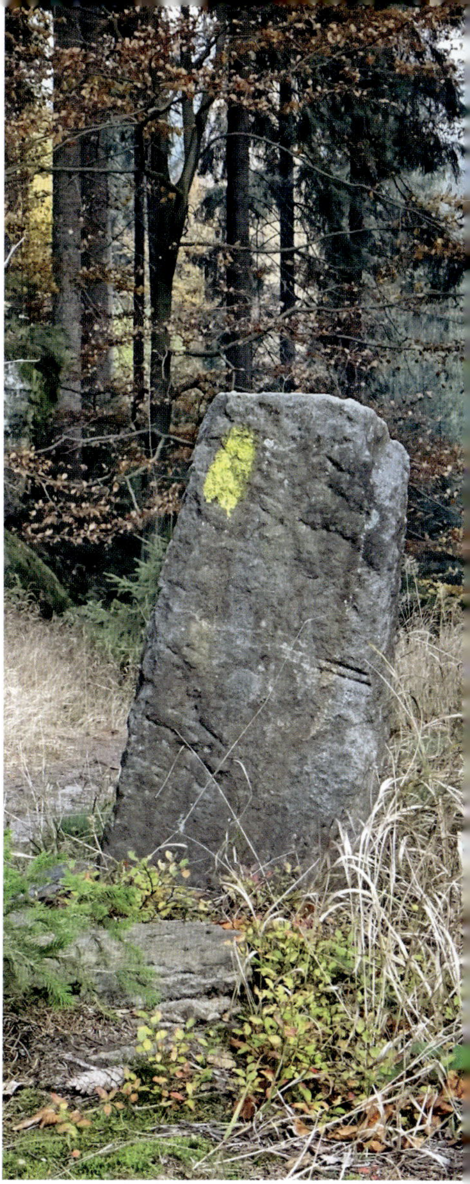

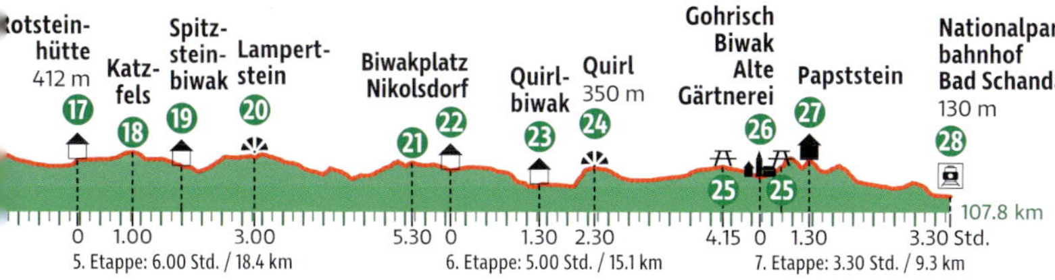
Rotsteinhütte 412 m
Katzfels
Spitzsteinbiwak
Lampertstein
Biwakplatz Nikolsdorf
Quirlbiwak
Quirl 350 m
Gohrisch Biwak Alte Gärtnerei
Papststein
Nationalparkbahnhof Bad Schandau 130 m
17
18
19
20
21
22
23
24
25
26
25
27
28
107.8 km
0
1.00
3.00
5.30
0
1.30
2.30
4.15
0
1.30
3.30 Std.
5. Etappe: 6.00 Std. / 18.4 km
6. Etappe: 5.00 Std. / 15.1 km
7. Etappe: 3.30 Std. / 9.3 km

Etappe 1: Schöna bis Grenzbaude
6.30 Std./15,6 km

Quellen/Wasser: Kleine Quelle nach Überqueren des Schiebbaches unterhalb des Weges (GPS: 50.870600N, 14.226278E); Ziskaquelle (GPS: 50.856118N, 14.204756E); Quelle Studánka Sedmilhářů (GPS: 50.8416039N, 14.1469286E).
Einkaufen: Keine Möglichkeiten.
Einkehr: Keine.
Übernachtung: Grenzbaude ❹ (GPS: 50.84425N, 14.14187E).
Alternative Möglichkeiten am Weg: Dank mehrerer Übernachtungsmöglichkeiten kann die Etappenlänge des ersten Wandertages sehr flexibel geplant und den individuellen Wünschen angepasst werden.
Zschirnsteinbiwak ❸ (GPS: 50.85093N, 14.17760E), ca. 1.30 Std. vor Grenzbaude;
Taubenteichbiwak ❺ (GPS: 50.83568N, 14.11933E), ab Abzweig Grenzbaude ca. 1,5 km weitergehen.
Hotel/Restaurace Kristin Hrádek ❻, www.kristin-hradek.cz
In der Umgebung: Haselmausbaude (GPS: 50.85775N, 14.13170E), von Grenzbaude ca. 2,4 km bzw. 40 Min. auf Forststraße, kleine hübsche Hütte, aber eben recht weit vom Forststeig.
Trekkinghütte Willys Ruh (GPS: 50.84089N, 14.10547E), ca. 2,4 km bzw. 45 Min. vom Taubenteichbiwak.

Vom **S-Bahnhof Schöna** ❶ leitet uns die Route auf alten Steinbrecherwegen an den Elbhängen ins idyllische Gelobtbachtal, in dem die deutsch-tschechische Staatsgrenze verläuft. Am Gelobtbach angekommen, kann man talwärts einen kurzen Abstecher zum hübschen Wasserfall am Gelobtbach-Mühlteich unternehmen. Der Forststeig folgt dem Bachtal aufwärts zur Wegkreuzung am Kriegsweg. Auf guten Waldwegen steigen wir bergan und überqueren am Schechers Kreuz die Forststraße Wiesenweg. Es besteht eine Abkürzungsmöglichkeit zum Zschirnsteinbiwak (Forststraße nach links, 10 Min.). Durch die steile Zschirnstein-Ostflanke erreichen wir über einen luftigen Felsenpfad den Panoramablick an der Südspitze des Tafelberges **Großer Zschirnstein** ❷, von wo wir einen weiten Panoramablick über die Sächsische und Böhmische Schweiz genießen können. Der Abstieg bringt uns durch die Westseite hinunter zum **Zschirnsteinbiwak** ❸. Der Weg führt bald entlang der Grenze durch stille Wälder und den

Ausblick vom Großen Zschirnstein ins Böhmische.

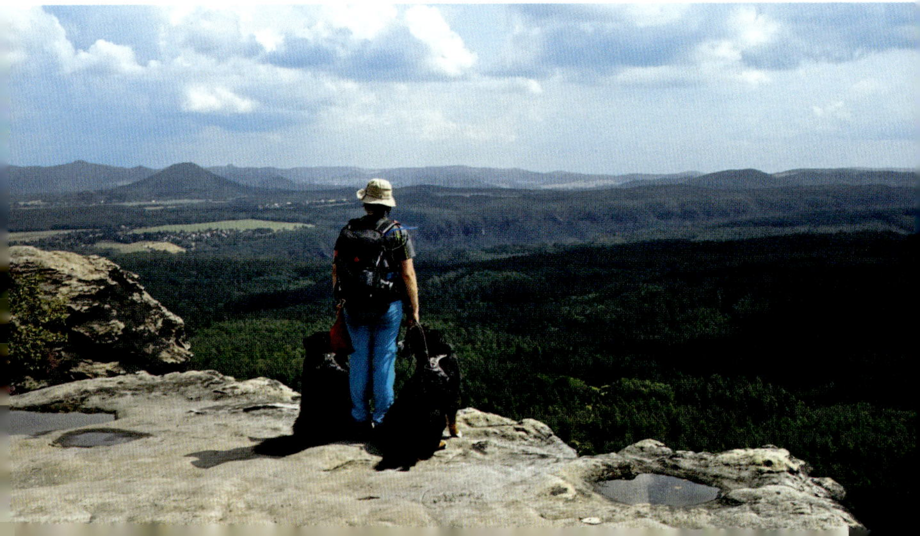

idyllischen Grund des Krippenbaches, vorbei an der Quelle Studánka Sedmilhářů bis zum Grenzstein 8/7, wo der Weg zur 600 m entfernten **Grenzbaude** ❹ abzweigt.

Etappe 2: Grenzbaude bis Ostrov

6.00 Std. / 15,4 km

Quellen/Wasser: Zuflüsse am Taubenteich.

Einkaufen: Einkaufsmöglichkeit in Tisá (GPS: 50.786775N, 14.025970E), ca. 2 km abseits der Route, direkt unterhalb der Tyssaer Wände, von der Kirche der Straße 300 m in westlicher Richtung folgen.

Einkehr: Restaurant Kristin Hrádek ❻, Berggasthaus am Hohen Schneeberg ❽.

Übernachtung: Zeltplatz Ostrov Autokemp pod Císařem ❾ (50.802560N, 14.046550E), www.podcisarem.cz, Zelten, Hütten, Zimmer.
In unmittelbarer Nähe das Hotel Ostrov, www.hotelostrov.com

In der Umgebung: Zimmer in Tisá, von Ostrov 3,3 km, ca. 1.15 Std. (z.B. Penzion Refugio Tisá, www.refugio-cz.webnode.cz, sehr schön).
Zimmer in Sněžník (z. B. Hotel Hřebenová bouda, www.hrebenovabouda.cz; Hotel Švýcarský dům www.svycarsky-dum.cz; Penzion Hraniční bouda, www.hranicnibouda.cz; auf dem Schneeberg das Berggasthaus Pod Rozhlednou, www.723m.cz).

Von der **Grenzbaude** ❹ zurück auf dem Forststeig. Dort wandern wir entlang der deutsch-tschechischen Grenze weiter. Vom Forststeigpfahl unweit des Grenzsteins 9/7 gelangen wir rechts zum Rastplatz beim **Taubenteichbiwak** ❺ am idyllisch gelegenen Taubenteich, einem früheren Flößerteich. Anschließend gehen wir auf der Grenze weiter zum Hühnerberg hinauf, wo wir auf der böhmischen Seite zum Hotel und **Restaurant Kristin Hrádek** ❻ weiterwandern.

In Tschechien leitet uns der grüne Forststeig-Wegweiser die Zufahrtsstraße des Hotels hinunter. Bereits nach 200 Metern folgen wir der Ausschilderung und den Markierungen nach rechts. Auf Forstwegen wandern wir durch abwechslungsreichen Forstwald unterschiedlichen Alters entlang der Senke des Fuchsbaches (Liščí potok). Den Hohen Schneeberg vor Augen erreichen wir nach einer Stunde die **Bushaltestelle** ❼ an der Hauptstraße Sněžník – Děčín. Die Route folgt nun dem grün markierten Wanderweg auf steinigem Pfade auf den Gipfel des **Hohen Schneeberg** ❽ (Děčínský Sněžník, auch Vysoký Sněžník), 723 m, wo ein Berggasthaus zur Einkehr einlädt. Vom steinernen Aussichtsturm bieten sich faszinierende Ausblicke weit nach Böhmen hinein. Vom höchsten Berg des Elbsandsteingebirges wandern wir schließlich rot markiert nach **Ostrov** ❾ (Eiland) im böhmischen Bielatal.

Im »Autokemp pod Císařem« können wir Zelten oder in vorgebuchten Hütten übernachten. Abends kann man die umliegenden Felsen erkunden, die bei Kletterern und Highlinern sehr beliebt sind.

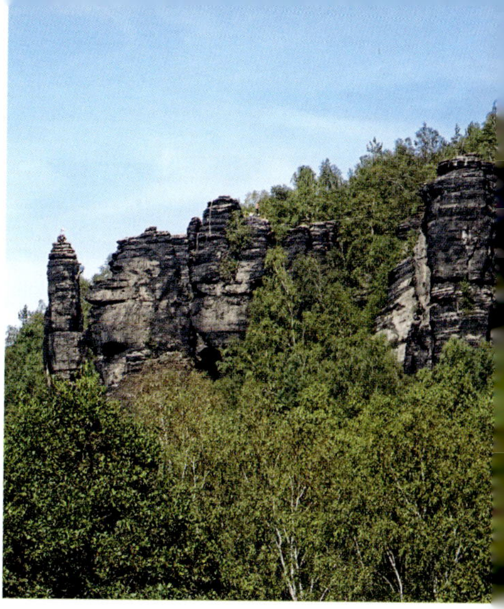

Auch bei Kletterern beliebt, das »Highline Mekka« bei Ostrov.

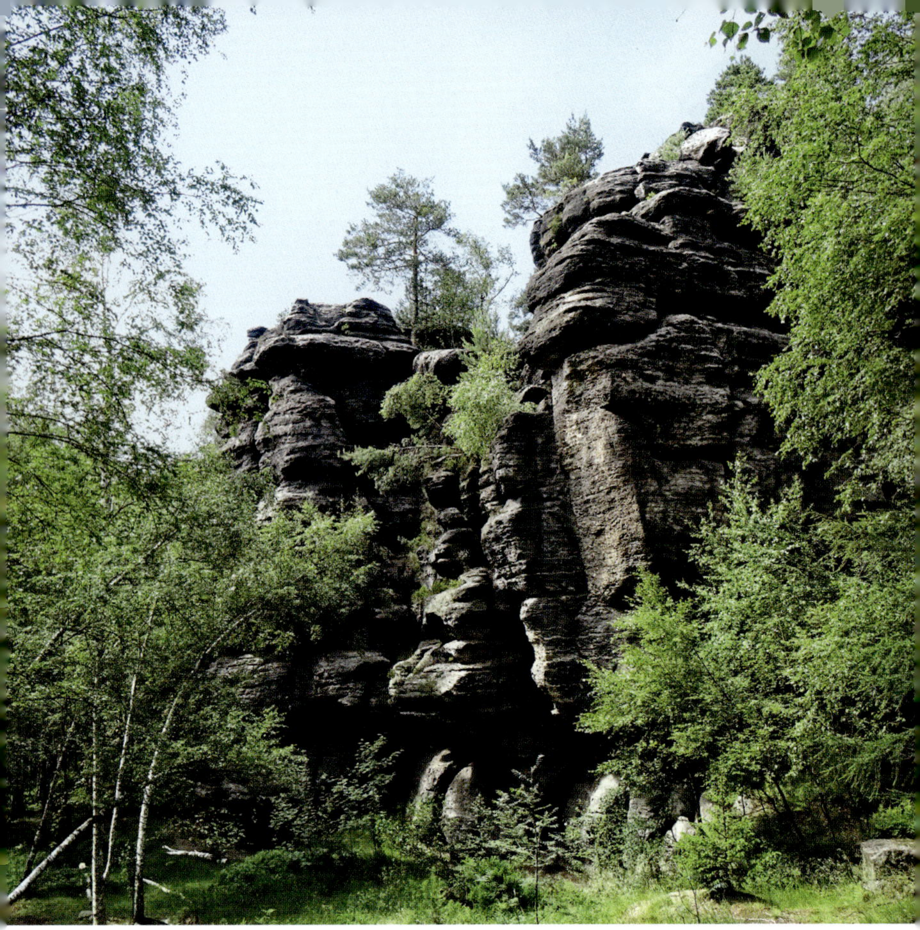

Durch die wilde Felsenwelt von Ostrov.

Etappe 3: Ostrov bis Kamphütte

4.15 Std. / 14,8 km

Quellen/Wasser: Wasser in Ostrov im Autocamp; in Tisá Wasserhahn/Quelle am »Refugio« neben der Kirche; Zulauf des Kochemoores; Sophienquelle (GPS: 50.848220N, 14.0429250E), 700 m vom Tagesziel Kamphütte – im Tal unter der Aussicht Nachbar.

Einkaufen: Einkaufsmöglichkeit in Tisá (GPS: 50.786775N, 14.025970E), ca. 2 km abseits der Route, direkt unterhalb der Tyssaer Wände, von der Kirche der Straße 300 m westlich folgen.

Einkehr: An der Felsenstadt: Restaurace Turistická chata ⑩, Restaurace Refugio Tisá (an der 2. Kasse der Felsenstadt zur Kirche absteigen, sehr angenehm, mit Outdoor-Shop) www.refugio-cz.webnode.cz

Am Ziel: Imbiss »Räuberhütte« unweit der Sophienquelle.

Übernachtung: Trekkinghütte Kamphütte ⑬ (GPS: 50.84751N, 14.03746E).

Alternative Möglichkeiten am Weg: Pension Ottomühle ⑭, www.ottomuehle.de, im Bielatal gelegen, auf dem Forststeig noch ca. 3,5 km bzw. 1.30 Std. weiterwandern. Alternativ ist die Ottomühle auch von der Wegkreuzung Alte Rosenthaler Straße ⑫ mit kurzer Wegvariante erreichbar.

In der Umgebung: Unweit der Ottomühle gibt es auch eine DAV-Hütte für Selbstversorger, www.bielatal-huette.de

Von **Ostrov 9** steigen wir entlang der grünen Markierung durch das Felsgebiet Himmelreich auf. Unterwegs können wir rechts des Weges, über eine Stiege erreichbar, ein Denkmal zur Erinnerung an verunglückte Bergsteiger besuchen. An einer Weggabelung treffen wir auf die gelbe Markierung. Geradeaus befinden sich die **Baude Turistická chata 10** und die Felsenstadt Tiské stěny (Tyssaer Wände) mit einer Unmenge an Felstürmen, Schluchten, Höhlen und Aussichten. Ein Abstecher lohnt sich unbedingt! Das Felsenlabyrinth erkundet man auf einem wild zerklüfteten Rundweg (zusätzlich 4 km). Anschließend folgen wir der gelben Markierung Richtung »Nad Rájcem«. Dort nehmen wir wieder den Grenzpfad an einem Moor und kleinen Felsgipfeln vorbei bis zum **Zeisigstein 11**, 551 m, der einen Blick auf die sanften Hänge des Osterzgebirges freigibt. Durch weite, menschenleere Wälder geht es zum Kochemoor und schließlich durch den Zauschengrund hinauf in den Beutwald. Nachdem wir die **Alte Rosenthaler Straße 12** gekreuzt haben, sollten wir den Abstecher auf den frei stehenden Felsen Sachsenstein nicht verpassen. Eine abenteuerliche Steiganlage bringt uns auf die Aussicht über das Bielatal hinauf. Wenig später erreichen wir die **Kamphütte 13**.

Das 1,5 ha große Flächennaturdenkmal Kochemoor.

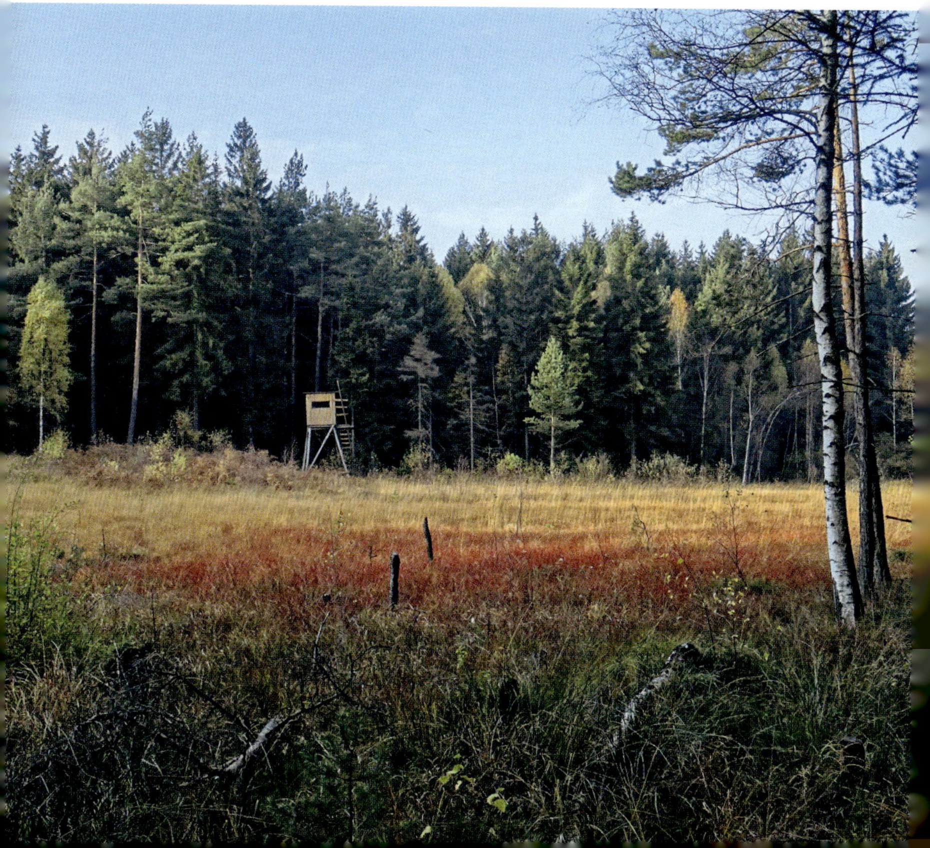

Etappe 4: Kamphütte bis Rotsteinhütte

6.15 Std. / 19,1 km

Quellen/Wasser: Sophienquelle (GPS: 50.84822N, 14.0429250E); Singeborn (GPS: 50.8242247N, 14.0584022E), nach Verlassener Wand; Zehrborn (GPS: 50.8107003N, 14.0503825E), 500 m von Zehrbornbiwak talaufwärts; Kleine Pfadfinder-Quelle ca. 150 m unterhalb der Rotsteinhütte, etwa 30 m neben dem Forststeig, Steinmänner (GPS: 50.856410N, 14.099990E).

Einkaufen: Einkaufszentrum Rosenthal (Minimarkt), Königsteiner Straße 63, Tel.: +49 35 033 71 487, vom Rastplatz mit Aussicht am Sommerhübelweg 1,5 km entfernt.

Einkehr: Gaststätte Ottomühle ⑭, www.ottomuehle.de und Daxensteinbaude in unmittelbarer Nähe. Gaststätten in Ostrov (vom Zehrbornbiwak nur ca. 1,5 km / 30 Min.).

Übernachtung: Trekkinghütte Rotsteinhütte ⑰ (GPS: 50.85606N, 14.09856E).

Alternative Möglichkeiten am Weg: Zehrbornbiwak ⑯ (GPS: 50.81225N, 14.05726E), auf knapp halber Strecke der Etappe 4, vom Biwak sind nur 1,5 km / 30 Min. bis nach Ostrov mit Zeltplatz und Gaststätten. Spitzsteinbiwak ⑲ (GPS: 50.87951N, 14.08551E), ca. 5 km / 1.30 Std. nach der Rotsteinhütte in Etappe 5.

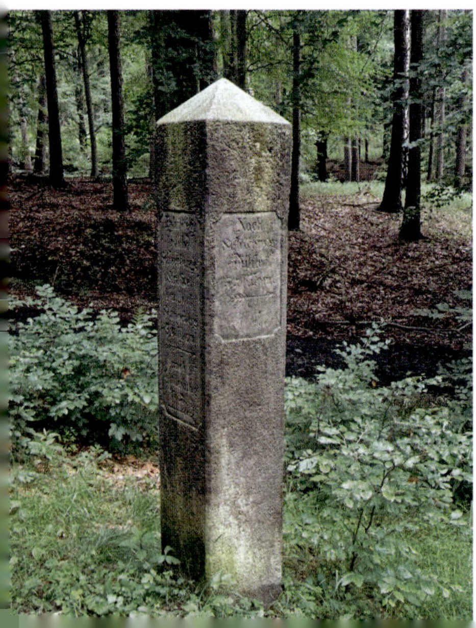

Von der **Kamphütte** ⑬ im Beutwald tauchen wir in die bizarre Felsenwelt des Bielatals ein. Von der Aussicht Nachbar über der Ansiedlung Schweizermühle steigen wir auf einem spannenden Felsensteig ins Tal zur Sophienquelle. Bald wechseln wir die Talseite und schlängeln uns in den Felsen am Abstecher zur Kaiser-Wilhelm-Feste (Aussicht Bielablick) vorbei, durch die Kleine Felsengasse zu den Herkulessäulen, zwei beeindruckenden Felsnadeln und zugleich Wahrzeichen des Bielatals. Erneut steigen wir ab und gegenüber zur Aussicht Johanniswacht wieder auf. Der Forststeig windet sich nun an der Geländekante oberhalb der **Ottomühle** ⑭ entlang (diese liegt in Sichtweite etwas unterhalb). Auf der Forststraße im Glasergrund ist es nicht weit zu den beiden Gaststätten hinunter.

Oberhalb in den Felsen lockt die Bennohöhle zu einem Besuch. Um die geheime Inschrift in der untersten Kammer der Trümmerhöhle zu entdecken, benötigt man eine Taschenlampe. Es geht anschließend zur SBB-Hütte und der Bergwacht hinunter. Wieder wechseln wir die Talseite und besuchen Schwedenhöhle und Eisloch. In diesem finsteren Winkel kann man im Spätfrühling noch auf Schnee treffen. Hinter der Verlassenen Wand passieren wir den Singeborn (im Tal 140 m nach rechts). Anschließend bringt uns der Forststeig zur **Aussicht Grenzplatte** ⑮, die uns den Blick auf das Felsenrund über Ostrov eröffnet. Der Abstieg lässt uns noch einmal den Bielabach überqueren. Am **Zehrbornbiwak** ⑯ folgen wir dem einsamen Grenzweg. An einer historischen Wegsäule

Wegsäule am Abzweig in den Dürrebielegrund.

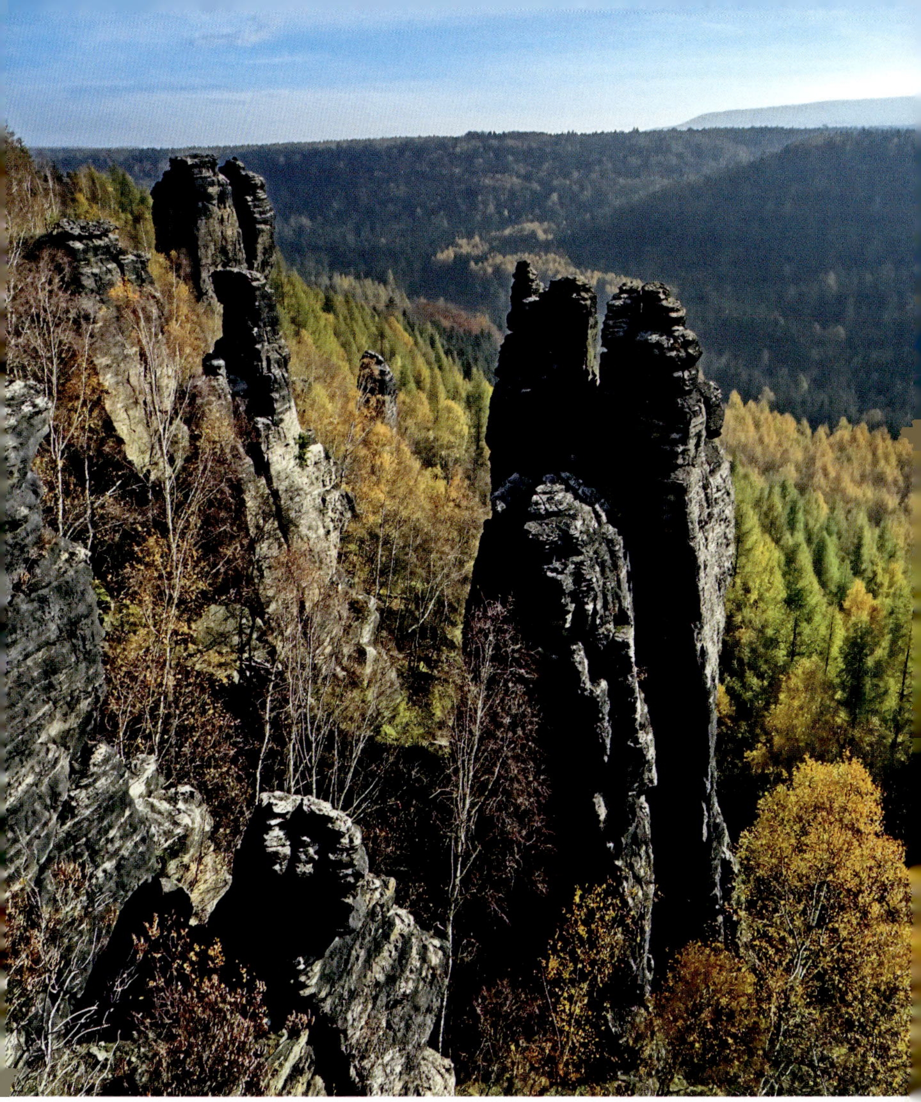

Bizarre Felstürme an der Grenzplatte im hinteren Bielatal.

zweigen wir in den Dürrebielegrund mit seinen hohen, senkrechten Felswänden ab. Nach einem letzten Aufstieg lassen wir das wildromantische Bielatal hinter uns. Stille, weite Waldgebiete nehmen uns auf. Die nächsten 2,5 km wandern wir bequem auf befestigten Forstwegen. Am Schneeberger Kreuz bleiben wir geradeaus und biegen 300 m danach in den Sommerhübelweg ein. Kurz nach einem **Rastplatz mit Aussicht** über das Dorf Rosenthal verlässt der Forststeig den Fahrweg nach rechts und folgt nun wieder verträumten Waldwegen an den Berghängen des Fuchsbachtals bis zur **Rotsteinhütte** ⑰.

Etappe 5: Rotsteinhütte bis Nikolsdorf

6.00 Std. / 18,4 km

Quellen/Wasser: Zulauf Neuteich am Pechweg (GPS: 50.8734690N, 14.0814500E), ca. 900 m / 15 Min. vom Spitzsteinbiwak. Wasserstelle »Tannenborn« an der »Hirschstange« (50.889877N, 14.036339E).

Am Biwak Nikolsdorf gibt es wegen einer Baumaßnahme voraussichtlich bis 2024 kein Trinkwasser.

Einkaufen: In Cunnersdorf die Landbäckerei Schmidt, Filiale Cunnersdorf, Cunnersdorfer Str. 43a, Zugang auf dem Wanderweg mit Markierung gelber Strich, Abzweig vom Forststeig zwischen Signal und Spitzstein, ca. 1,8 km / 35 Min. entfernt. In Leupoldishain, ca. 2,7 km vom Biwakplatz Nikolsdorf entfernt befindet sich das große Café der Landbäckerei Schmidt mit großzügiger Sonnenterrasse, wo man bei angenehmer Atmosphäre Backwaren kaufen, frühstücken oder auch mittagessen kann. Ganz nebenbei ist es möglich, auch einen Blick in die moderne, offene Backstube des 2014 neu errichteten Produktionsgebäudes zu werfen. Leider nur über die Straße Nikolsdorf – Leupoldishain/ Gewerbegebiet erreichbar (2 x 50 Min. oder den Bus nutzen. www.landbaeckerei-schmidt.de

Einkehr: Katzsteinbaude, einfache Einkehr, 1,3 km / 25 Min. vom Rastplatz unterhalb des Signals, Abzweig nach Cunnersdorf/Waldbad absteigen (grüner Punkt, ausgeschildert).

Tipp: Direkt neben der Katzsteinbaude in Cunnersdorf gibt es ein schönes Waldbad.

Die Waldhütte des Spitzsteinbiwaks diente früher als Heulager.

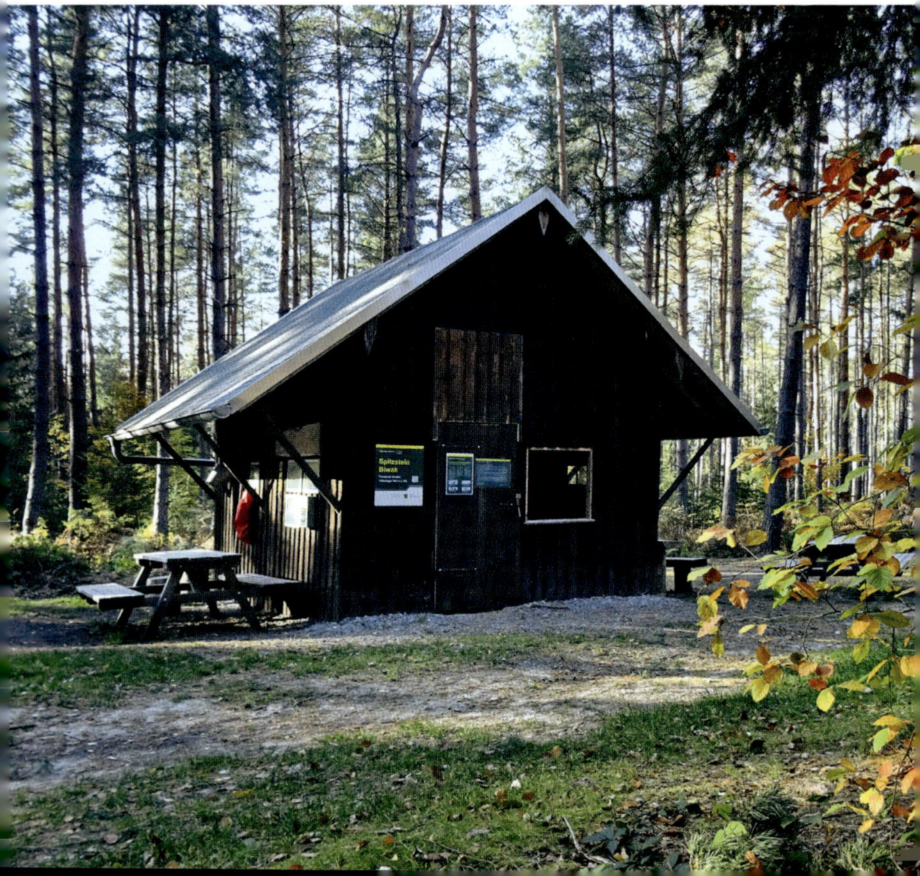

Übernachtung: Biwakplatz Nikolsdorf ㉒ am Walderlebniszentrum (GPS: 50.90144N, 14.03700E); Zeltplatz Nikolsdorf, www.cbm-camping.de (Reservierung erforderlich!).
Alternative Möglichkeiten am Weg: Quirlbiwak ㉓ (GPS: 50.90081N, 14.06720E), im Wegverlauf Etappe 6, ca. weitere 4 km / 1.30 Std.

Von der **Rotsteinhütte** ⑰ wandern wir zum Katzstein, der schöne Ausblicke bietet. In Erinnerung bleiben wird sicher auch der **Katzfels** ⑱, auf den eine lange leiterartige Treppe zur Wetterfahne hinaufführt. An der Nordspitze, dem »Signal«, steigen wir ab. Wenig später lädt der Spitzstein zu einer Besteigung ein und erfreut uns mit seinem Panoramablick. Am **Spitzsteinbiwak** ⑲ vorbei senkt sich der Forststeig ins Tal des Lampertsbaches mit dem kleinen, stillen Neuteich. Danach wandern wir steil bergan und folgen der Promenade in der Ostflanke des lang gezogenen **Lampertsteins** ⑳ bis zu seiner Südspitze. Bei einer Rast genießen wir die gewaltige Aussicht auf die großen Tafelberge. Auf dem wilden Kammweg schwenken wir später nach Westen. Über den steilen Höllochweg und weiter auf verschlungenen Wegen durch den Wald um die Häuser von Bielatal-Reichstein herum gelangen wir weit absteigend bis zur Straße im Tal der Biela. Anschließend geht es anstrengend zur Aussicht auf dem Bernhardstein hinauf. Ein Stück weiter lädt uns das wild zerklüftete und sehr beliebte Felsenlabyrinth zum Erkunden ein. Durch die bizarre Felsenlandschaft der **Nikolsdorfer Wände** ㉑ erreichen wir den **Biwakplatz Nikolsdorf** ㉒ am Walderlebniszentrum des Sachsenforsts.

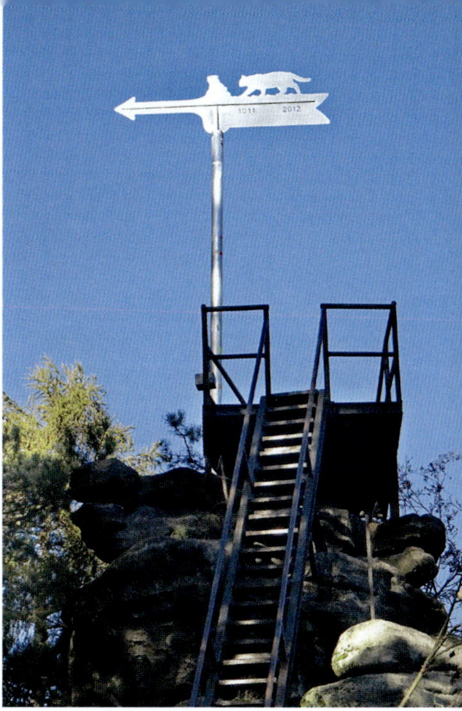

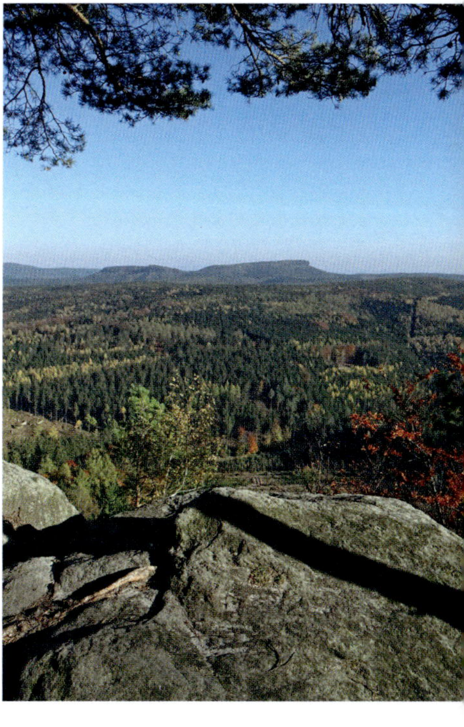

Oben: Katzfels mit Wetterfahne.
Unten: Blick zu den Zschirnsteinen.

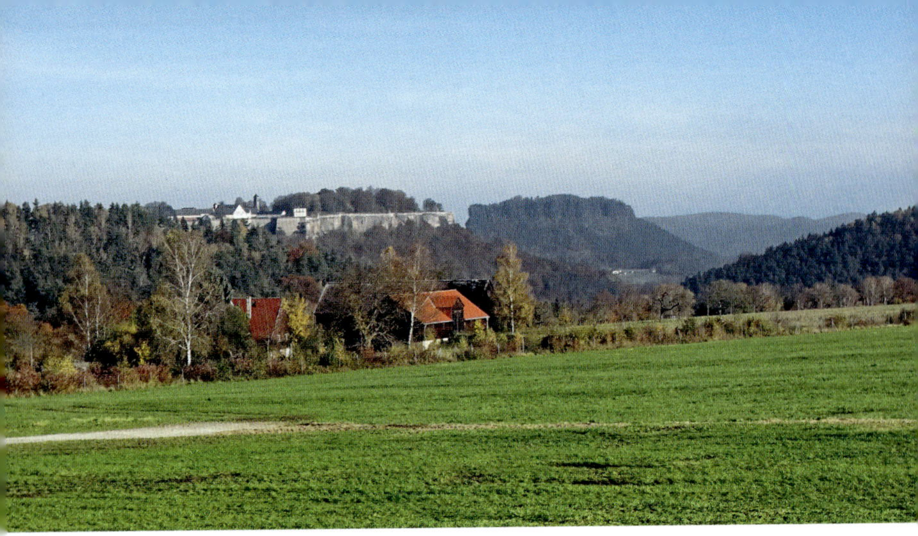

Morgendlicher Blick über Nikolsdorf zu Festung Königstein und Lilienstein.

Etappe 6: Nikolsdorf bis Gohrisch

5.00 Std. / 15,1 km

Quellen/Wasser: Unterwegs keine Quellen.

Einkaufen: Am Quirl kann man über den Malerweg ins Zentrum von Königstein absteigen, ca. 2 km / 40 Min. Touristinfo mit Post, Landbäckerei Schmidt, tolles Kaffeehaus, Mokka-Milch-Eisbar, Edeka-Markt. In Gohrisch Hofladen und Bäckerei. In Papstdorf Bäckerei unterhalb der Kirche.

Einkehr: Am Weg keine, ggf. optionaler Abstecher zum Berggasthaus Pfaffenstein www.pfaffenstein.com.

Übernachtung: Biwak in der Alten Gärtnerei ㉖, privates, sehr hübsches Forststeigbiwak am Ortsrand von Gohrisch, www.urlaub-gohrisch.de

Alternative Möglichkeiten am Weg: Wer gern siedlungsfern übernachten möchte, kann die letzte Nacht im Quirlbiwak ㉓ (GPS: 50.90081N, 14.06720E) verbringen. Nach der Quirlüberschreitung und dem optionalen Abstecher zum Pfaffenstein gelangt man wieder zum Quirlbiwak, in dem man ca. 240 m nach Verlassen der Kirchleitenstraße dem querenden Forstweg (Unterer Kohlweg) 200 m nach rechts folgt. Am nächsten Tag wandert man dann direkt vom Quirlbiwak nach Bad Schandau, ca. 13,5 km / 4.30 Std. Ab dem Quirlbiwak gibt es bis Bad Schandau keine typischen Trekkinghütten oder Biwakplätze mehr, die direkt am Forststeig liegen.

In der Umgebung: Übernachten kann man bei Forststeigpartnern in Gohrisch oder Papstdorf. Z.B. Alter Gutshof Papstdorf, Einzellage auf dem Feld mit schönem Blick auf den Papststein, www.altergutshof-papstdorf.de

Vom **Biwak Nikolsdorf** ㉒ wandern wir an Orten einstigen Uranbergbaus vorbei und ins Tal der Biela hinunter (Bus 242). Beim steilen Aufstieg zum Tafelberg Quirl passieren wir das **Quirlbiwak** ㉓. Ein bequemer Forstweg und ein kurzer kräftiger Anstieg bringen uns über die Quirlpromenade bis auf den Berggipfel **Quirl** ㉔. Wenig später, nach etwa 350 m, kann man über Treppenstufen zur größten Höhle der Sächsischen Schweiz, dem Diebskeller, hinuntersteigen. Vom Plateau des Quirls, auf dem einst sogar Landwirtschaft betrieben wurde, ergeben sich immer wieder Ausblicke auf die nahe Festung Königstein, auf Lilienstein und Pfaffenstein. Auf dem alten Kanonenweg verlassen wir das Quirlplateau. Der Weg ist militärhistorisch interessant, war er doch der einzige Zugang, um mit einem Geschütz auf den flachen Tafelberg zu kommen.

Sehr zu empfehlen ist kurz danach ein **Abstecher zum mächtigen Pfaffenstein** (der nicht Bestandteil der Forststeigroute ist): Dazu folgen wir vom befestigten Forstweg Kirchleitenstraße aus dem Malerweg zum Gipfel. Auf diesem gibt es ein Gasthaus mit steinernem Aussichtsturm, viel Natur, tolle Aussichten und Schluchten sowie die berühmte, 43 m hohe Felsnadel »Barbarine«, zusätzlich ca. 4 km / 2.00 Std.

Wer auf diesen Abstecher verzichtet, folgt noch 200 m der Kirchleitenstraße. Der Forststeig bringt uns dann auf abgeschiedenen Wald- und Forstwegen hoch über dem Tal des Cunnersdorfer Baches zur Straße zwischen Pfaffendorf und Papstdorf (Bus 244). Wir wandern Richtung Gohrisch und treffen an einer größeren Wegkreuzung mit Wegweiser und überdachtem **Rastplatz ㉕** wieder auf den Malerweg. Wir verlassen an dieser Stelle die Trekkingroute.

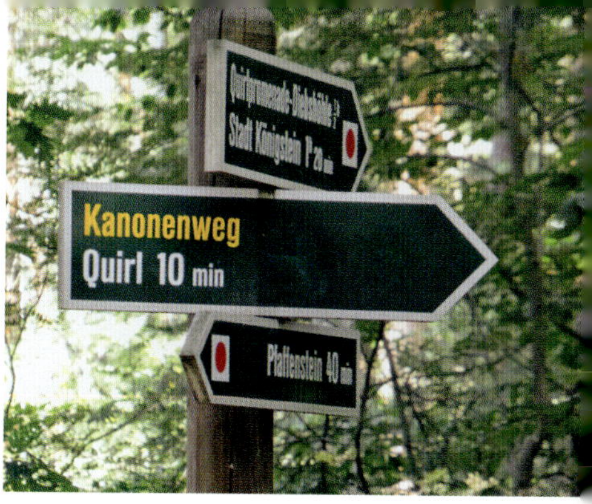

Abstieg vom Quirl.

Der Weiterweg ist abhängig, wo wir übernachten wollen: Nach Papstdorf geht es rechts auf der roten Markierung. Zum Ort Gohrisch mit dem privaten Biwakplatz »Alte Gärtnerei« folgt man am besten dem Malerweg nach links. Am Waldrand gehen wir dann rechts. Die Markierung gelber Punkt bringt uns an Onkel Pauls Ruhe vorbei direkt zum Dorf Gohrisch mit dem **Biwak in der Alten Gärtnerei ㉖**.

Der mächtige Pfaffenstein erhebt sich gegenüber dem Quirl und lädt zu einem Abstecher.

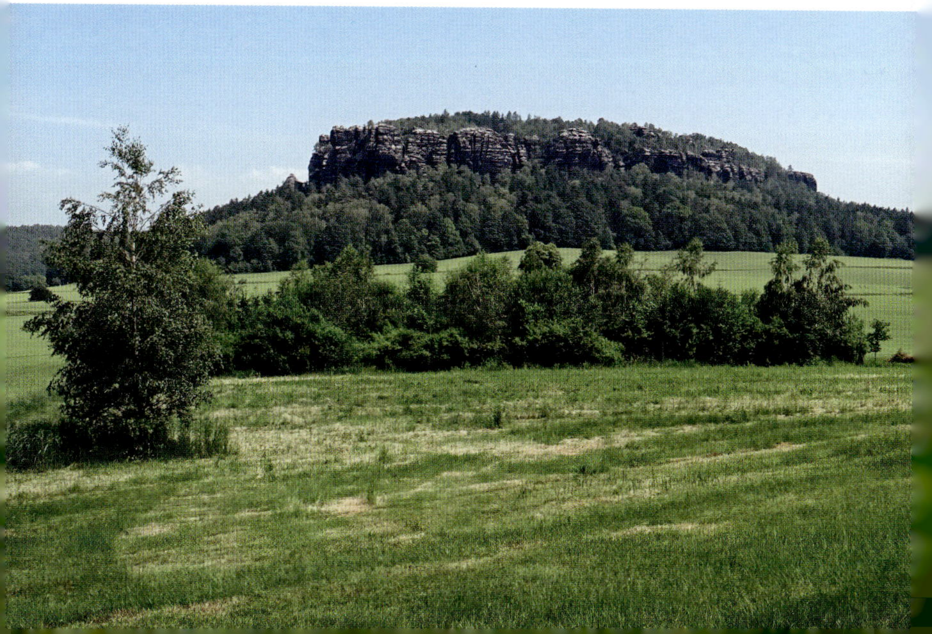

Etappe 7: Gohrisch bis Bad Schandau

3.30 Std. / 9,3 km

Quellen/Wasser: Unterwegs keine Quellen.
Einkaufen: In Gohrisch Hofladen und Bäckerei. In Papstdorf Bäckerei unterhalb der Kirche.
Einkehr: Berggasthaus Papststein 27
www.berggast.de

Nachdem wir uns in der letzten Nacht bei einem Forststeigpartner in Gohrisch oder Papststein bereits ein wenig an die Zivilsation gewöhnen konnten, kehren wir wieder zur Wegkreuzung unter dem Gohrischstein mit dem überdachten **Rastplatz 25** vom Vortag zurück. Vom **Biwak in der Alten Gärtnerei 26** in Gohrisch ist das ganz einfach: Wir verlassen den Ort über den gelb markierten Wiesenweg und folgen dann geradeaus in den Wald der Ausschilderung zum Westaufstieg des Gohrisch. Von der Wegkreuzung bringt uns der Forststeig über eine lange Stufenreihe in den westlichen Felswinkel, wo sich zwei Aufstiegsmöglichkeiten bieten. Rechts einer steinernen Bank zur Erinnerung an den Erschließer des Gohrischsteins führt der normale Weg über kurze Treppen hinauf. Links der Bank gibt es einen etwas versteckten, aber spannenden Leiternaufstieg durch die enge Falkenschlucht (mit großem Rucksack

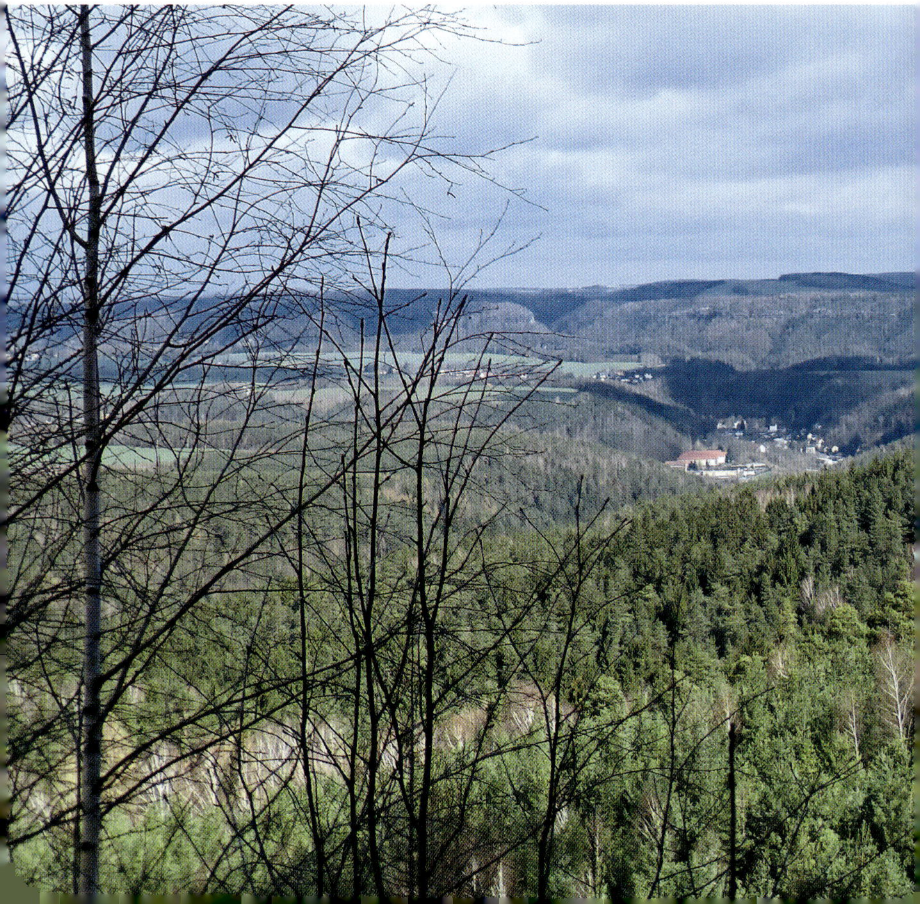

beschwerlich!). Oben gelangen wir nach links zur Wetterfahnen-Aussicht. Von dort gehen wir über den Gipfel zurück. Nach einem kurzen Abstecher zur Schwedenhöhle steigen wir hinter dem Aussichtspavillon wieder über eine Stiege ab. Vorbei am Specksteinstollen erreichen wir den Parkplatz am Papststein (Bus 244). Über viele breite Holzstufen besteigen wir den **Papststein ㉗**. Weite Aussichten in alle Richtungen und ein kleines Berggasthaus laden zum Verweilen ein. Am felsigen Kamm in östlicher Richtung absteigend gelangen wir zum Kleinhennersdorfer Stein mit seinen drei Sandschürferhöhlen. Der Trekkingpfad leitet uns über den wilden, naturbelassenen Tafelberg und durch die schluchtartige »Hölle« zu einem breiten Forstweg. Die letzten anderthalb Stunden wandern wir noch einmal durch stille Wälder bis uns wieder die Geräusche des Elbtals aufnehmen. Über den Täppichtsteig und die Straße im Elbtal erreichen wir den **Nationalparkbahnhof Bad Schandau ㉘**, wo wir die Heimreise antreten oder mit der Fähre in die Stadt übersetzen können.

Die Große Hunskirche am Papststein ist ein beliebtes Kletterziel.

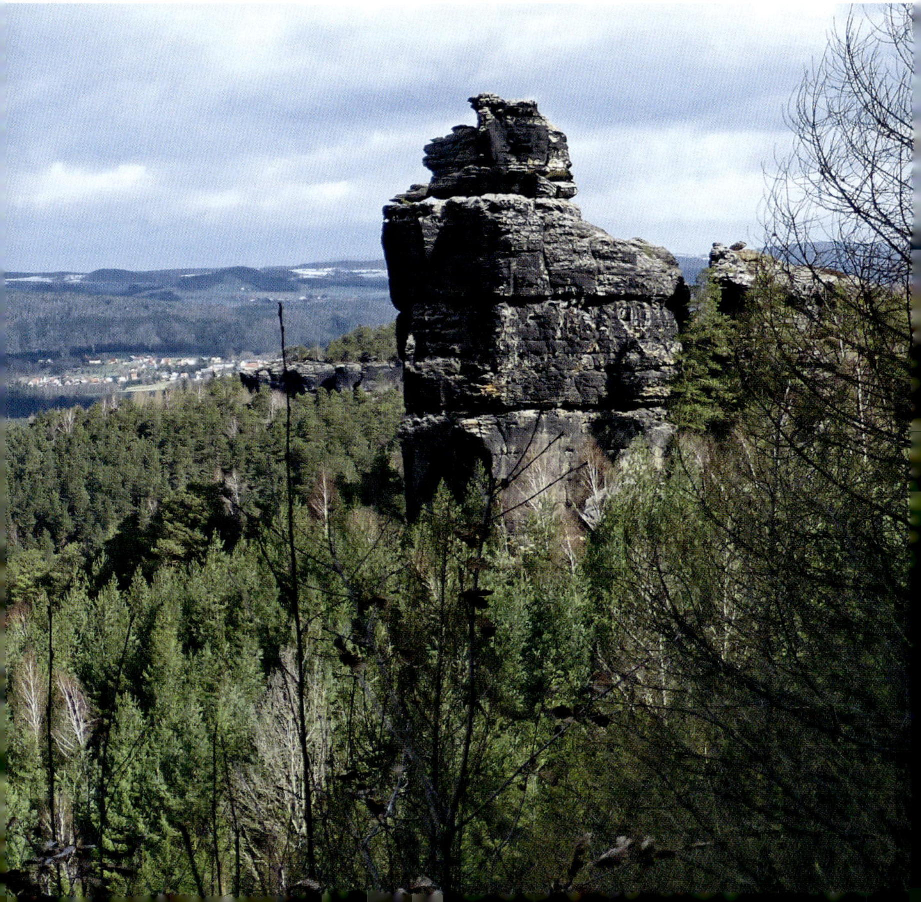

33 Großer Zschirnstein

5.15 Std. | 15,0 km | ↗ 580 m | ↘ 460 m

Von Schöna nach Kleingießhübel

Der Große Zschirnstein ist nicht nur zünftiges Gipfelziel der ersten Forststeigetappe, sondern auch zugleich der höchste Punkt der Sächsischen Schweiz. Die luftige Aussicht an der 80 m hohen Südspitze des Tafelberges bietet einen Panoramablick, der von den Schrammsteinen über den Großen Winterberg und die Böhmische Schweiz bis zum Osterzgebirge reicht. Eine Sandsteinsäule zeugt von der Königlich-Sächsischen Triangulation zur Landesvermessung Sachsens in den Jahren 1862 bis 1890. Abwechslungsreich wandern wir durch die Elbtalhänge ins wilde Gelobtbachtal und weiter in den stillen Wäldern des Grenzgebietes zu Tschechien. Als Tageswanderer haben wir genug Zeit, um auch die wilden Aussichten des Kleinen Zschirnsteins zu besuchen, die landschaftlich reizvolle Ausblicke auf die nördlich gelegenen großen Tafelberge der Sächsischen Schweiz bieten.

Ausgangspunkt: Bahnhof Schöna (50.875772N, 14.234444E). Parken am Nationalparkbahnhof, weiter mit ÖPNV.
Endpunkt: Bushalt Kleingießhübel.
ÖPNV: S-Bahn S1 bis Schöna, Rückfahrt Bus 244 (Wochenende, feiertags) bzw. Bus 251 (werktags) ab Kleingießhübel.
Anforderungen: Höhe des Aufstiegs konditionell fordernd, Trittsicherheit und Schwindelfreiheit in der östlichen Passage kurz vor dem Gipfel (ggf. über Wanderweg roter Punkt vermeidbar).
Einkehr: Keine.

Die Besenheide, auch als »Heidekraut« bekannt, siedelt sich auf kleinsten Humusflecken an. Im Hintergrund der Rosenberg.

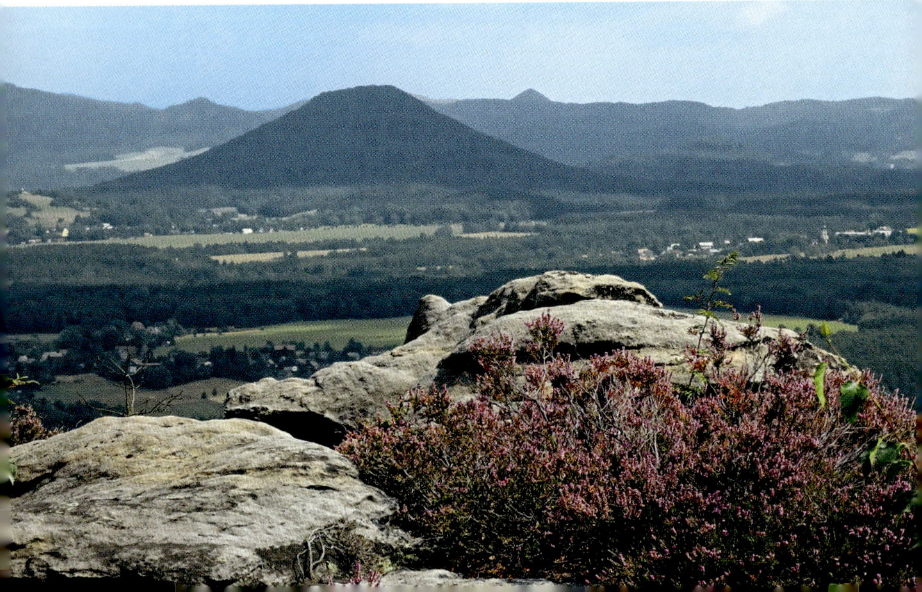

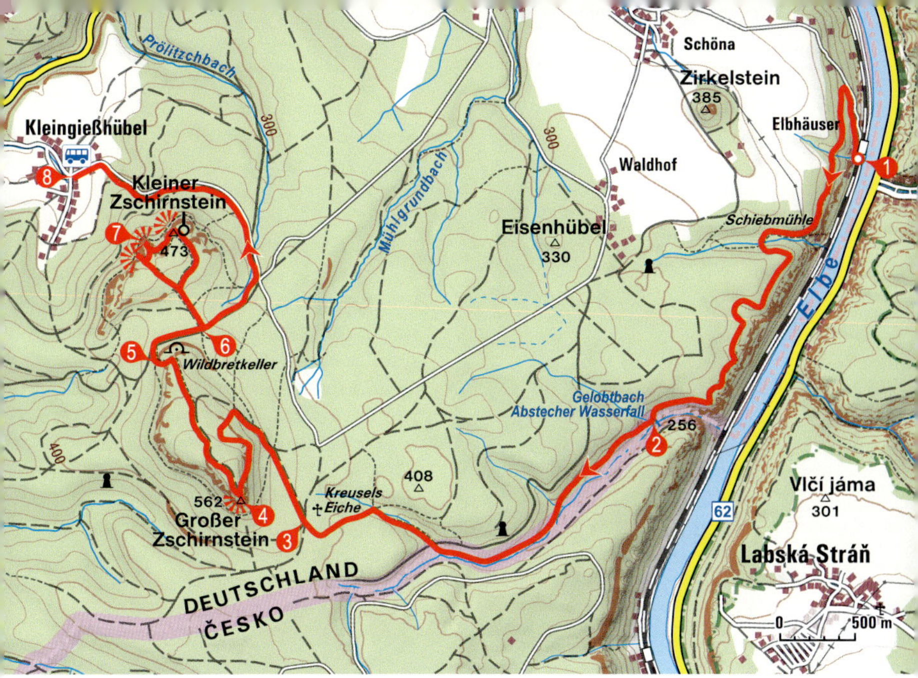

Wir starten unsere Tageswanderung auf der ersten Forststeigetappe an der S-Bahn-Station **Schöna** ❶ und folgen der Ausschilderung des Forststeiges auf dem Zufahrtsweg des Bahnhofes aufwärts. Nach einem halben Kilometer biegen wir an einer Infotafel links ab und folgen dem mit senkrechten gelben Pinselstrichen markierten, bequemen Waldweg. In den steilen Elbhängen passieren wir bald die ersten Felsen. Dort, wo sie glatt und abgebrochen wirken, befinden wir uns in den ehemaligen Teichsteinbrüchen. Man erkennt es auch an den gestuften Felsabsätzen. Ab Mitte des 18. Jahrhunderts dienten sie der Gewinnung von Sandstein. Das recht feste und witterungsbeständige Gestein wurde u.a. für den Bau der Elbbrücken und des Dresdner Hauptbahnhofes eingesetzt. Allerdings stellten die Steinbrüche für die 1851 neu erbaute Bahnstrecke Dresden – Tetschen auch eine gewisse Gefahr dar und wurden daher zu dieser Zeit überwiegend stillgelegt. Wenig später entfernt sich der Weg etwas vom Elbtal und es tauchen einige verfal-

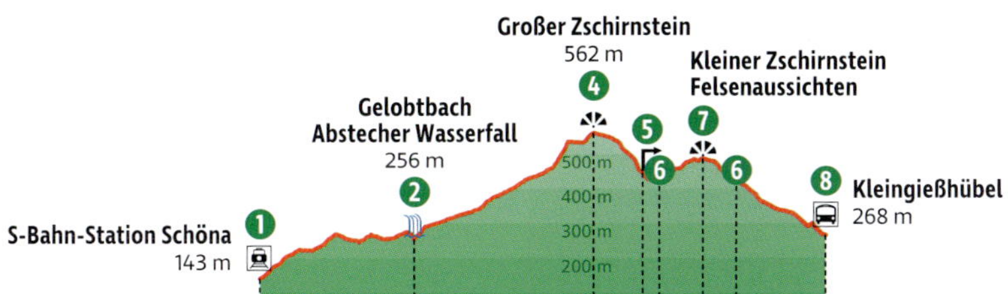

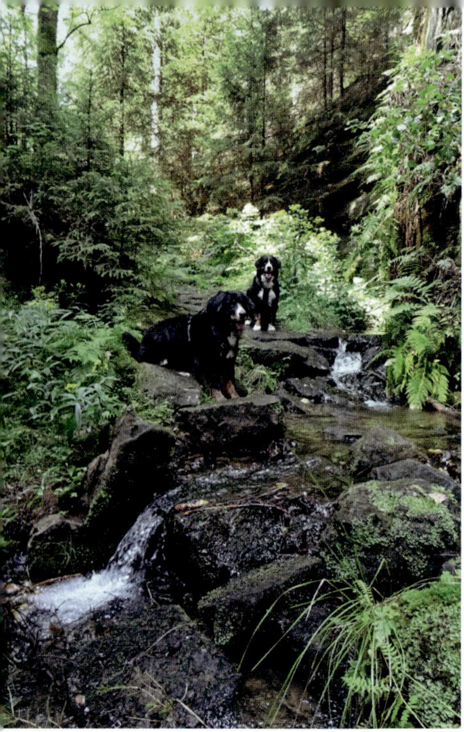

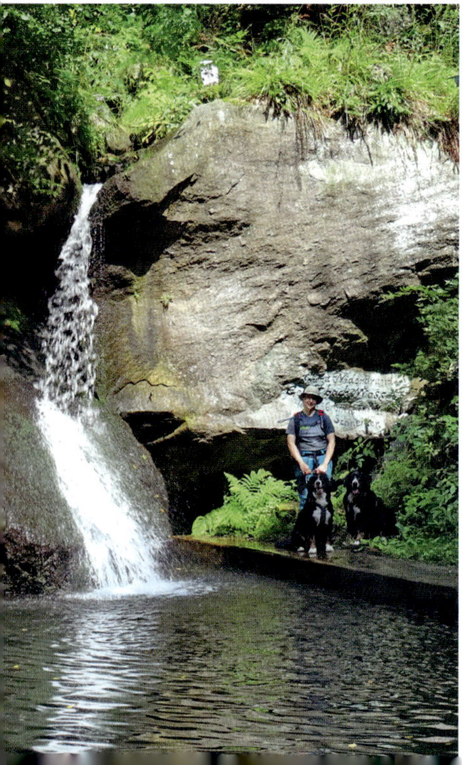

lene Staumauern auf. Das oberste Staubecken ist noch intakt und bildet einen kleinen hübschen Teich. Das Wasser des sogenannten Schiebteiches diente dem Betrieb der einst im Tal liegenden Schiebmühle. 1553 wurde erstmals eine Mühle an dieser Stelle erwähnt. Seit dem 18. Jahrhundert war eine Mahl- und Sägemühle als »Schiebmühle« bekannt. 1853 errichtete man eine große Ölmühle, später eine Flachsspinnerei und im Jahre 1890 eine Malzfabrik, die bis 1990 produzierte. Sie verfiel bald und wurde abgerissen. Der Weg hält sich nun links, über den Schiebbach und eine kleine Quelle hinweg wieder an die Hangkante über der Elbe. Eine Viertelstunde später verlassen wir das Elbtal und wandern in das Gelobtbachtal hinein, wo wir nach einigen steilen Metern abwärts auf den kleinen **Gelobtbach** ❷ und tschechisch-deutsche Grenzsteine treffen. Von dieser Stelle können wir einen Abstecher in den wilden und sehr schönen Teil des Gelobtbachtales unternehmen. Talwärts führt eine enge Felsenschlucht zum etwa 400 m entfernten, idyllisch unter Felswänden gelegenen Mühlteich der Gelobtbachmühle, in den sich ein kleiner hübscher Wasserfall ergießt. Unser Weiterweg führt am Gelobtbach talaufwärts. Kurz darauf stoßen wir auf einen breiteren Wanderweg, wo wir 500 m weiter etwas aufmerksamer sein sollten, denn der Forststeig zweigt recht unvermittelt nach links ab. Noch einmal wandern wir direkt am Grenzbach entlang. Wenig später queren wir einen Fahrweg und wandern nun stetig bergan, immer von einem winzigen Bächlein begleitet.

Oben: Im Gelobtbachtal.
Unten: Am Gelobtbach-Wasserfall.

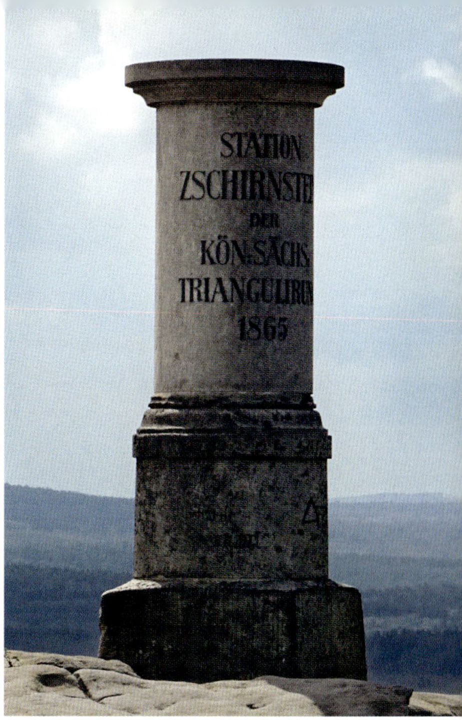

Triangulationssäule auf dem Großen Zschirnstein.

Nach einer knappen halben Stunde erreichen wir einen breiten Forstweg, den Wiesenweg. Wer sich für kulturhistorische Plätze interessiert, sollte hier kurz 20 m nach links gehen. Am linken Wegrand befindet sich das **Schechers Kreuz** ❸, ein halbrunder, behauener Stein mit einem Kreuz und der Jahreszahl 1549. Die Geschichte des Kreuzsteines ist recht rätselbehaftet. Schon 1548 und 1591 wird für diese Stelle im Pirnaer Amtserbbuch bei einer Grenzbeschreibung Kleingießhübler Erbgüter ein »schechers creutz« erwähnt. Es ist die wohl älteste urkundliche Erwähnung eines Steinkreuzes in der Sächsischen Schweiz. Da der Begriff »Schecher« für einen Räuber oder Wegelagerer steht, ist anzunehmen, dass ein solcher hier gerichtet wurde. Die eingeritzte Jahreszahl, an der Schreibweise erkennbar, stammt allerdings nicht aus dieser Zeit, sondern wurde erst später hinzugefügt. Warum die Zahl angebracht wurde, ist nicht bekannt. Lange Zeit wurde der Platz nur als »Kreusels Eiche« beschrieben. Möglicherweise war der ursprünglich erwähnte Stein verloren gegangen und wurde erst in jüngerer Zeit erneuert.

Wir überqueren den breiten Forstweg mit der Forststeigmarkierung. Bald ragen links die dunklen Felsen des Großen Zschirnsteins auf. Nach einigen Minuten kommt der rot markierte Wanderweg hinzu und 400 m weiter biegt der Forststeig nach links ab. Auf einem Waldpfad geht es nun über den Berghang steil hinauf zu einem breiten Weg. Dort biegen wir links ab. Der schmaler werdende Weg bringt uns auf einem teils luftigen Felsband durch die hohe Ostflanke hindurch. Auf einem großen Felsblock mit der eingemeißelten Zahl 54 bietet sich uns ein erster weiter Ausblick. Danach leitet der Pfad auf das mit Birken bewachsene Massiv hinauf. Links haltend erreichen wir auf einem breiten Wanderweg das Gipfelplateau des **Großen Zschirnsteins** ❹ mit einer umfassenden Aussicht. Eine Schutzhütte gewährt Unterschlupf bei unwirtlichem Wetter. Eine Steinsäule, ein Nachbau des Originals aus dem Jahre 1865, erinnert an die große Königlich-Sächsische Triangulation. Eine Informationstafel erläutert die damalige Landesvermessung ausführlich. Umliegende Berge, die dieser Triangulierung dienten, können wir mit Hilfe einer großen Panoramatafel zuordnen.

Linker Hand sehen wir die rundliche Kuppe des Rosenbergs (Růžovský vrch) sowie die Felsen der Böhmischen Schweiz, wo das rote Dach des

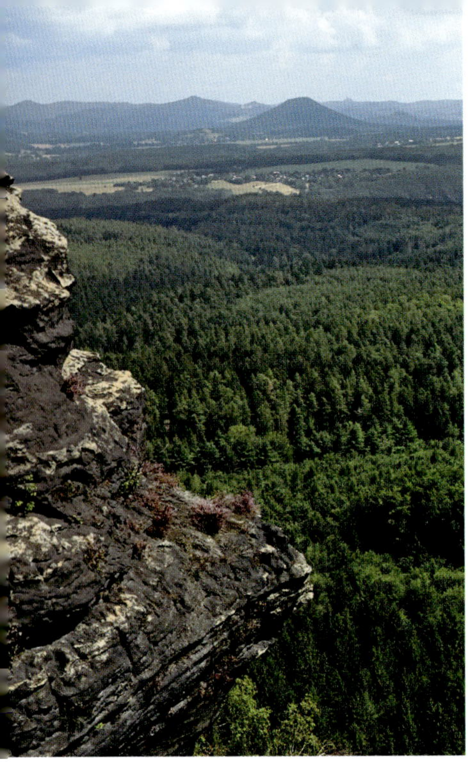

Luftige Ausblicke.

Gasthauses Falkenhorst neben dem Prebischtor zu erkennen ist. Am Horizont dahinter ragen die Gipfel des Lausitzer Gebirges auf. Weiter rechts befindet sich das Böhmische Mittelgebirge. Davor erhebt sich der Hohe Schneeberg (Děčínský Sněžník). Der mächtige Tafelberg ist der höchste Punkt des gesamten Elbsandsteingebirges und Ziel der zweiten Forststeigetappe. Ganz weit rechts sind Pfaffenstein und die Festung Königstein zu entdecken.

Nach der Gipfelrast nehmen wir den breiten Hauptweg zurück. Wir passieren einen ehemaligen Steinbruch, wo Basalt für Straßenschotter gebrochen wurde. Kurz danach geht es vor einem Hohlweg nach links Richtung Kleingießhübel. Gemeinsam mit der Markierung roter Punkt steigen wir weiter abwärts. Am unteren Ende einer steilen **Stufenpassage 5** mit zwei Kehren verlassen wir den Forststeig und gehen rechts weiter zu einem befestigten Forstweg, wo sich die Wildbretkammer befindet. Die Höhle in einem kleinen Felsen diente früher bei königlichen Jagden als kühles Zwischenlager für das erlegte Wild.

Wir wechseln auf die Markierung gelber Punkt Richtung Kleiner Zschirnstein und nehmen den befestigten Fahrweg nach rechts. Nach 300 m bietet sich Gelegenheit für eine Rundtour zu den nördlichen Aussichten des Kleinen Zschirnsteins. Dazu sollten wir noch mindestens anderthalb Stunden Zeit haben bis zur Abfahrt unseres Busses.

Wir biegen dafür am **Abzweig 6** links ab und folgen dem gelb markierten Wanderweg immer geradeaus bis zu einer Gabelung an einem Rastplatz. Am besten gehen wir hier rechts und bleiben immer auf dem breiten Weg, der an einem Häuschen mit Funkmast endet. Mehrere ungesicherte **Felsenaussichten 7** geben dahinter den Blick nach Norden auf die Sächsische Schweiz frei. Der Weiterweg führt einige Meter vor dem Gebäude in westliche Richtung. Der schmale Waldpfad schlängelt sich zu einem weiteren schönen Felsenplatz. Danach halten wir uns weiter links Richtung Süden (nicht die Bergpfade absteigen!). Die hier etwas spärliche Markierung bringt uns wieder am Rastplatz vorbei zum **Abzweig 6** am Fahrweg zurück, auf den wir links einbiegen. In 35 Min. erreichen wir, immer der gelben Markierung folgend, die Bushaltestelle in **Kleingießhübel 8**, wo wir noch einmal einen Blick zurück auf die beeindruckenden Nordwände des Zschirnsteins werfen können.

Hoher Schneeberg (Děčínský Sněžník), 723 m

6.30 Std. | 18,9 km | ↗ 820 m | ↘ 480 m

Von Kleingießhübel nach Sněžník

Unsere Tageswanderung auf der zweiten Etappe des Forststeigs verläuft durch stille, weite Wälder des deutsch-tschechischen Grenzgebietes hinauf auf den Hohen Schneeberg. Mit 723 Metern ist der lang gezogene Tafelberg der höchste Berg des gesamten Elbsandsteingebirges. Seit 1864 ziert ein gemauerter Aussichtsturm sein Gipfelplateau, der einen unvergleichlichen Rundblick auf die umliegende Gebirgswelt und weit nach Böhmen hinein ermöglicht. Seit dem Waldsterben der 1980er-Jahre hat sich hier wieder ein vielfältiger, junger Wald entwickelt, der dem rauen Klima auf dem ausgesetzten Gebirgskamm trotzt. Unterwegs erinnert der angestaute Taubenteich an die Zeit der Flößerei, welche seit etwa dem 16. Jh. den Holzhandel florieren ließ. Der Wasservorrat des Flößerteiches sicherte den Transport von geschlagenen Hölzern auf den Bächen bis zur Elbe.

Felsbrocken auf dem Gipfelplateau des Hohen Schneebergs.

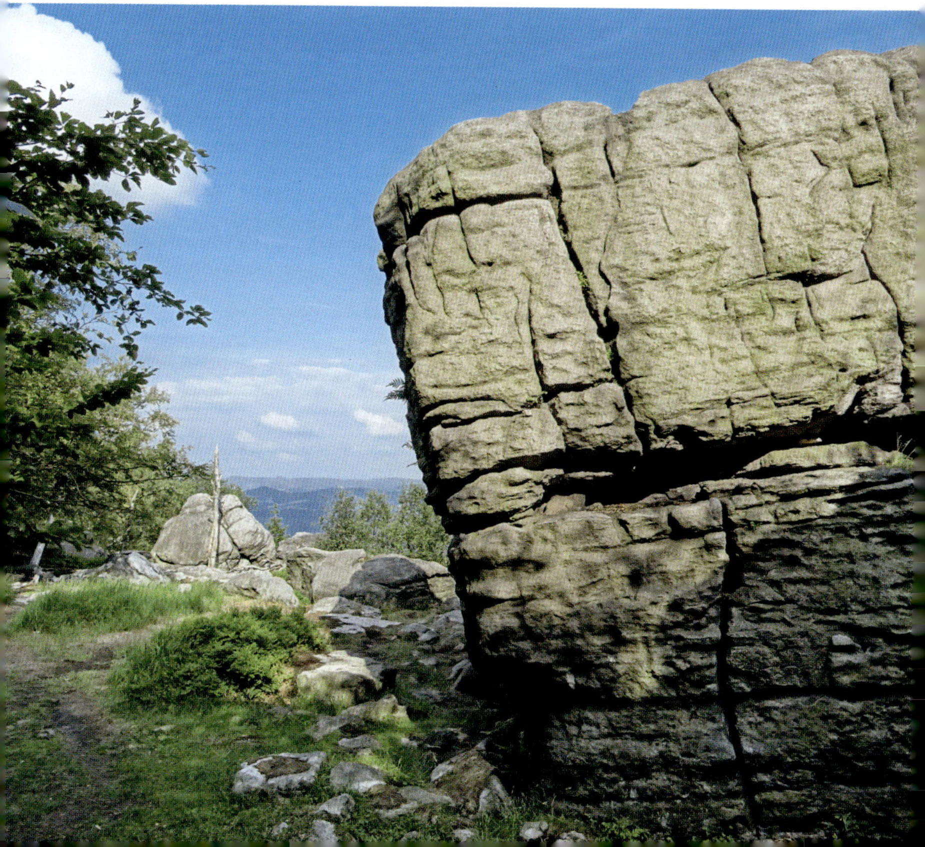

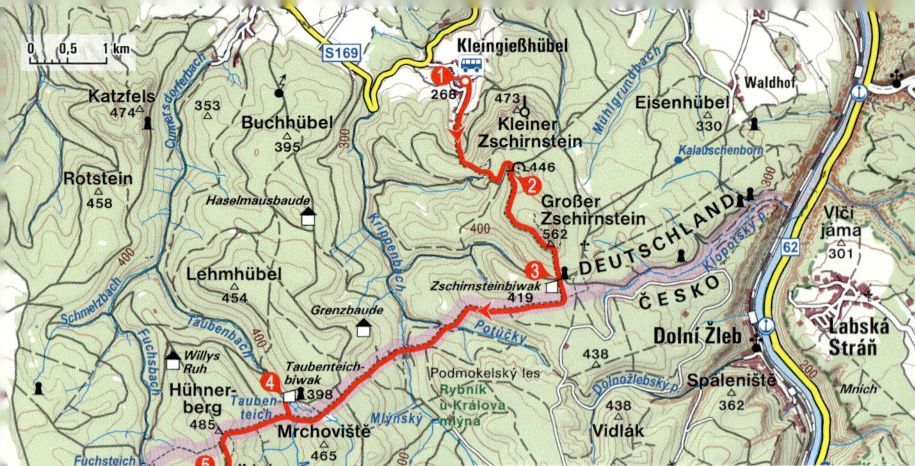
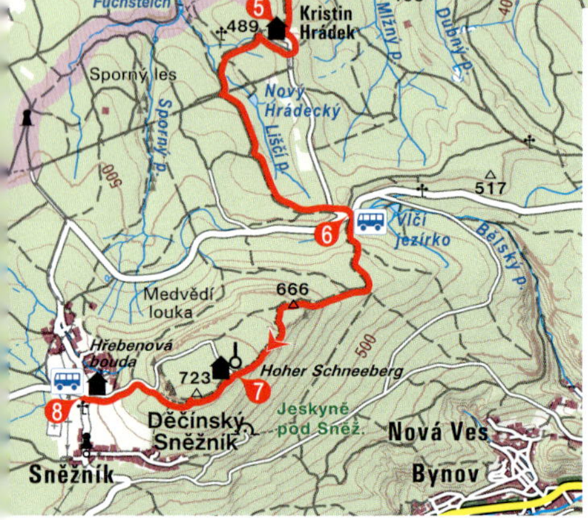

Rückfahrt: Entweder mit dem Fahrradbus (Linie 217) nach Königstein oder Pirna (fährt nur in den Sommermonaten und am Wochenende) oder mit der tschechischen Buslinie 433 von »Jilove, Sněžník, rest. Hraničář« nach »Děčín, hl.nadr.« und von dort mit der Bahn zurück nach Bad Schandau.
Anforderungen: Höhenunterschied und Gesamtlänge konditionell fordernd.
Einkehr: Hotel/Restaurace Kristin Hrádek (www.kristinhradek.cz), Gasthäuser auf dem Hohen Schneeberg (Děčínský Sněžník) sowie in Sněžník (Schneeberg)
Hinweise: In Tschechien Ausschilderung der Forststeigroute nur mit Wegweisern, An- und Abfahrt mit ÖPNV im Vorfeld planen.
Dieser Tourvorschlag endet bereits in Sněžník. Das Forststeig-Teilstück Sněžník – Ostrov – Touristenbaude (7 km 2.00 Std.), welches ausgeschilderten Wanderwegen folgt, wird in diesem Führer nicht separat beschrieben.

Ausgangspunkt: Kleingießhübel.
Endpunkt: Sněžník, Restaurace Hřebenová bouda an der Bushaltestelle »Jílové, Sněžník, rest.Hraničář«.
Parken am Nationalparkbahnhof
ÖPNV: Bus 244 (Wochenende, feiertags) bzw. 251 (werktags) nach »Kleingießhübel, Wendeplatz«.

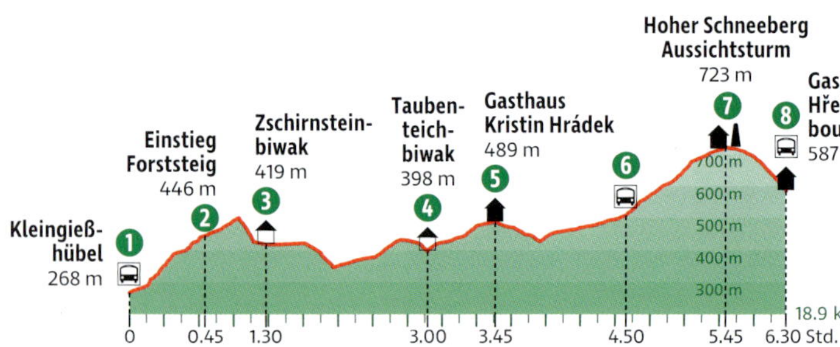

Von der Bushaltestelle in **Kleingießhübel** ❶ nehmen wir den mit einem roten Punkt markierten Wanderweg in Richtung Zschirnstein. Wir gehen auf der Dorfstraße nach Süden. Linker Hand erheben sich die Nordwände des Kleinen Zschirnsteins. Nach einigen Minuten verengt sich die Straße zu einem Weg. Nach den letzten Häusern geht es in den Wald hinein und dann stetig bergan. Erst auf einem steinigen Steig, später auf einer befestigten Forststraße gelangen wir nach einer Dreiviertelstunde zur Wildpretkammer. Die kleine Durchgangshöhle diente einst als kühles Zwischenlager für das bei der königlichen Jagd erlegte Wild. Nun gehen wir rechts den Waldweg hinauf bis wir vor dem Stufenaufstieg zum Zschirnstein stehen. Hier steigen wir in den **Forststeig** ❷ ein. Wir folgen der Markierung gelber Pinselstrich geradeaus und lassen die Treppe links liegen. Der schmale Weg verläuft in der Westseite des Großen Zschirnsteins. Mit großem Aufwand wurde der Weg vor über 120 Jahren angelegt, um an diesem steilen Berghang den Transport des geschlagenen Holzes auf Pferdefuhrwerken zu ermöglichen. Große Sandsteinsäulen dienten der Wegbegrenzung. Heute wandern wir darauf recht bequem dahin. Nach etwa 25 Min. erreichen wir die beeindruckende, rund 80 m hohe Südwand des Tafelbergs. Der Forststeig zweigt von unserem angenehmen Weg nach rechts ab. Wir steigen im Bereich einer Waldschneise auf einem ausgetreten, sehr steilen Pfad den Hang hinunter. Bald wird der Pfad flacher. Kurz bevor wir auf einen breiten Fahrweg, den Gliedenbachweg, treffen, befindet sich rechts das **Zschirnsteinbiwak** ❸. Auf einer kleinen Waldlichtung können Forststeigwanderer in einer kleinen, geräumigen Schutzhütte, die von Architekturstudenten der TU Dresden entworfen und gebaut wurde, übernachten oder daneben zelten. Für uns bietet der schöne Platz Gelegenheit zu einer ersten kurzen Rast.

Anschließend überqueren wir den Fahrweg und folgen der Forststeigmarkierung geradeaus bis zur Grenze. Entlang der Grenzsteine wandern wir nun gute zwei Stunden gemütlich durch die einsamen Grenzwälder nach Westen. Wer möchte kann unterwegs einen 15-minütigen Abstecher zum Kleindenkmal »Murrekreuz« unternehmen. Das Steinkreuz mit dem eingemeißelten Datum 11. Oktober 1653 erinnert an den tödlichen Unfall des Schönaer Försters Murre, der hier vor fast 400 Jahren von einem Ast erschlagen wurde. Zum Stein gelangen wir vom Grenzstein 7/5 auf einem Pfad nach rechts. Nach 150 m biegen wir an einer Wegkreuzung links ab, nach weiteren 100 m entdecken wir das Steinkreuz rechts am Weg, derzeit hinter einem Wildzaun. Zurück geht es auf demselben Weg.

Hotel und Gasthaus Kristin Hrádek.

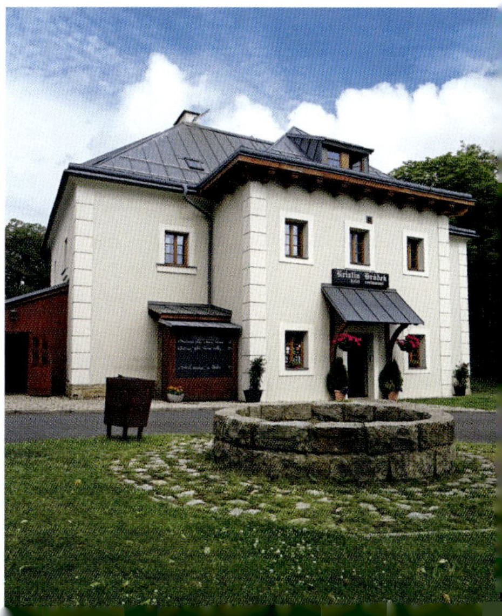

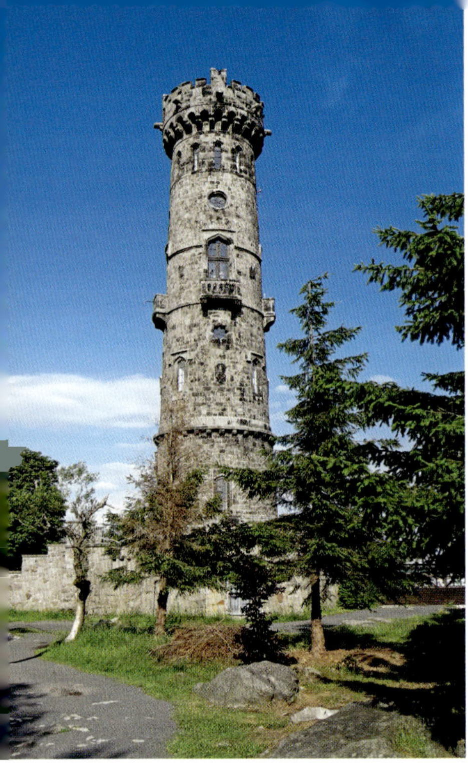

Der 1864 errichtete steinerne Aussichtsturm auf dem Hohen Schneeberg.

Wenig später queren wir eine idyllische Bachaue mit einer ungefassten Quelle rechts des Steiges. Eine Viertelstunde später erwartet uns der nächste Geländeeinschnitt, das Krippenbachtal. Dort können wir nach dem Grenzstein 7/22 an einer Pfadgabelung geradeaus auf eine luftige Felskanzel gelangen, die einen hübschen Blick auf das Tälchen freigibt. Absteigen können wir von der Pfadgabelung mit der Forststeigmarkierung steil durch eine Felsenschlucht hinab. Am Fuß der Felskanzel befindet sich eine in den Fels gehauene Grenzmarkierung. Über Bohlen gehen wir durch die Feuchtwiese und über den Bach. Und schon steigen wir wieder aus dem Tal heraus. Bald darauf passieren wir am Grenzstein Nr. 8 die Quelle (studánka) Sedmilhářů, an der man sauberes Quellwasser aufnehmen kann.

Nicht verpassen sollten wir den Abzweig zum Taubenteich kurz nach einer feuchten Senke. Ein grün-gelber Forststeigpfahl weist mit einem Biwakzeichen den Weg. Der ehemalige Flößerteich gehört besonders an sonnigen Tagen zu den schönsten Plätzen dieser Etappe. Am **Taubenteichbiwak** ❹ finden wir Sitzgelegenheiten für eine Rast. Auch hier befindet sich eine innovativ gestaltete Biwakhütte, die ebenfalls von Dresdner Studenten eigens für den Trekkingpfad entwickelt wurde.

Auf bekanntem Weg kehren wir zum Grenzsteig zurück und auf diesem rechts weiter hinauf auf den Hühnerberg. Etwa am höchsten Punkt verlässt der Forststeig die Grenze und biegt nach links auf tschechisches Gebiet ab. In 10 Min. erreichen wir auf einem Waldweg das Hotel und **Gasthaus Kristin Hrádek** ❺, das auf eine lange Geschichte zurückblicken kann. Graf Johann Josef Anton von Thun-Hohenstein ließ hier auf dieser bewaldeten Erhebung 1734 ein Jagdschlösschen bauen. Er nannte es nach seiner Gattin Maria Christiana, Gräfin von Hohenzollern, Christianaburg. Nach einem Brand wurde es mit mehreren Steingebäuden wieder errichtet. Sie dienten der Jagd und Forstwirtschaft, später verstärkt der Fürstenfamilie als Sommerresidenz. Nach 1945 begann mit der Verstaatlichung und Nutzung als Militärgebiet der Niedergang. Nach der politischen Wende 1990 restaurierten neue Eigentümer die stark vernachlässigten Gebäude und so gibt es heute ein romantisches Hotel mit Gaststätte sowie einem Forsthaus.

Auf tschechischem Gebiet leiten uns nun grüne Forststeig-Wegweiser. Wir gehen die Zufahrtsstraße des Hotels

200 m hinunter und biegen dann gemäß der Ausschilderung rechts ab. Schon nach 5 Min. wendet sich die Route nach links und bringt uns in die Senke des Fuchsbaches (Liščí potok). Nach der Brücke über den Bach gehen wir auf einem der typischen Forstwege etwa eine halbe Stunde nach Süden, immer auf den Hohen Schneeberg zu. Dann steigt der Weg wieder an und mündet zuletzt am Abzweig Kristin Hrádek auf die Straße Sněžník – Děčín, wo sich eine **Bushaltestelle ❻** befindet.

Nach Überqueren der Straße leitet uns die grüne Markierung auf den Děčínský Sněžník (Hoher Schneeberg). Lichter Birkenwald umfängt uns. Je höher wir kommen, umso mehr säumen Felsen den Weg, ringsum wachsen Heidekraut und Heidelbeersträucher. Nach rechts eröffnet sich der Blick zu den großen Tafelbergen der Sächsischen Schweiz. Auf dem Gipfelplateau trotzen Birken, knorrige Kiefern und Lärchen von nicht allzu hohem Wuchs den widrigen Bedingungen - Hitze und Trockenheit im Sommer, eisige Kälte, Schnee und Stürmen im Winter. Nun bietet sich auch links des Weges ein weiter Ausblick auf die Böhmische Schweiz und die Kegelberge des Böhmischen Mittelgebirges. Immer nahe der südöstlichen Felsabstürze gelangen wir, zuletzt durch einige größere Felsbrocken hindurch, zum Berggasthaus des 723 Meter hohen Tafelbergs. Mit der Besteigung des steinernen **Aussichtsturmes ❼** krönen wir unsere lange Tour. Den Schlüssel holt man sich im darunterliegenden Kiosk. Interessant ist, dass der 33 m hohe Turm im Jahre 1864 ursprünglich als Vermessungsturm erbaut wurde. Über der Eingangstür entdecken wir das Wappen der Grafen von Thun, den damaligen Herrschaftsbesitzern. Die tolle Aussicht vom Turm zog schnell die Bewohner der Umgebung und zunehmend auch Touristen an, sodass schon ein Jahr später daneben eine erste kleinere Einkehr errichtet wurde. Für den Abstieg nutzen wir die rote Wegmarkierung in Richtung Sněžník-křižovatka. Der Wanderweg führt noch ein Stück an der aussichtsreichen Hangkante entlang und biegt dann nach 500 m nach links ab. Der steinige Abstiegsweg erfordert ein wenig Aufmerksamkeit. Rechts und links bedecken vom Sandsteinmassiv abgebrochene Felstrümmer den Berghang. Daran tummeln sich oft Boulderer, um schwierigste Kletterzüge zu üben. Auf dem Wanderpfad erreichen wir bald einen Teerweg, auf dem wir zur Bushaltestelle am **Gasthaus Hřebenová bouda ❽**, unserem Tagesziel, gelangen. Rechterhand im Dorf gibt es noch alternative Einkehrmöglichkeiten und eine weitere Bushaltestelle (10 Min.).

Auf diesem ausgewaschenen Weg ist Trittsicherheit gefragt.

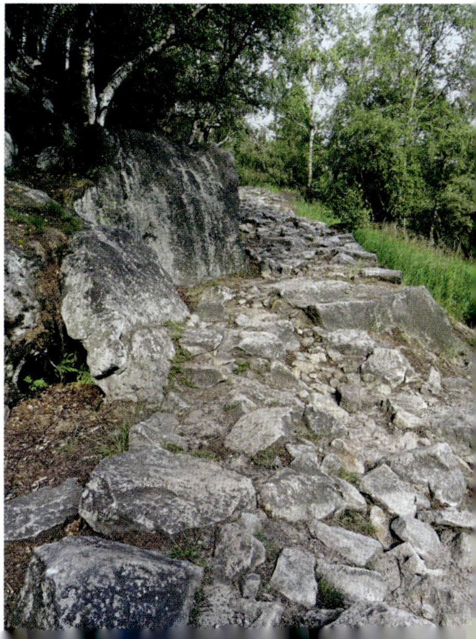

35 Zeisigstein

6.30 Std. | 17,8 km | ↗ 340 m | ↘ 560 m

Tyssaer Felsenstadt und einsame Grenzwälder

In der Tyssaer Felsenstadt, einem überregional bekannten Naturdenkmal im böhmischen Elbsandsteingebirge, bilden auf engstem Raum über 80 Sandsteinfelsen ein faszinierendes Felsenlabyrinth. Die bizarr geformten, sagenumwobenen Felstürme regten von je her die Fantasie der Besucher an und tragen heute bildhafte Namen wie Mumie, Hagerer Doktor, Afrikaturm oder Elefant. Auf dem einstündigen Rundweg erkunden wir Höhlen, Gänge und Durchschlüpfe. Von den ausgesetzten, senkrecht abfallenden Südwänden reicht der Panoramablick vom bewaldeten Osterzgebirge bis zu den rundlichen Basaltkuppen des Böhmischen Mittelgebirges. Unsere Streckenwanderung verläuft anschließend auf der 3. Forststeigetappe, wo es besonders wild und einsam ist. Auf einem abgeschiedenen Grenzsteig oberhalb der Raitzaer Felsen mit kleineren Ausblicken auf die nahen Hänge des Osterzgebirges wandern wir zum Aussichtsfelsen Zeisigstein, der über eine lange Treppe zu erklimmen ist. Zuletzt schlängelt sich die Waldtrekkingroute am Flächennaturdenkmal Kochemoor vorbei, durch den stillen Zauschengrund und den weiten, menschenleeren Beutwald zur Schweizermühle im Bielatal.

Der Forststeig führt auf dem Grenzpfad am Naturreservat Raitzaer Torfmoor vorbei.

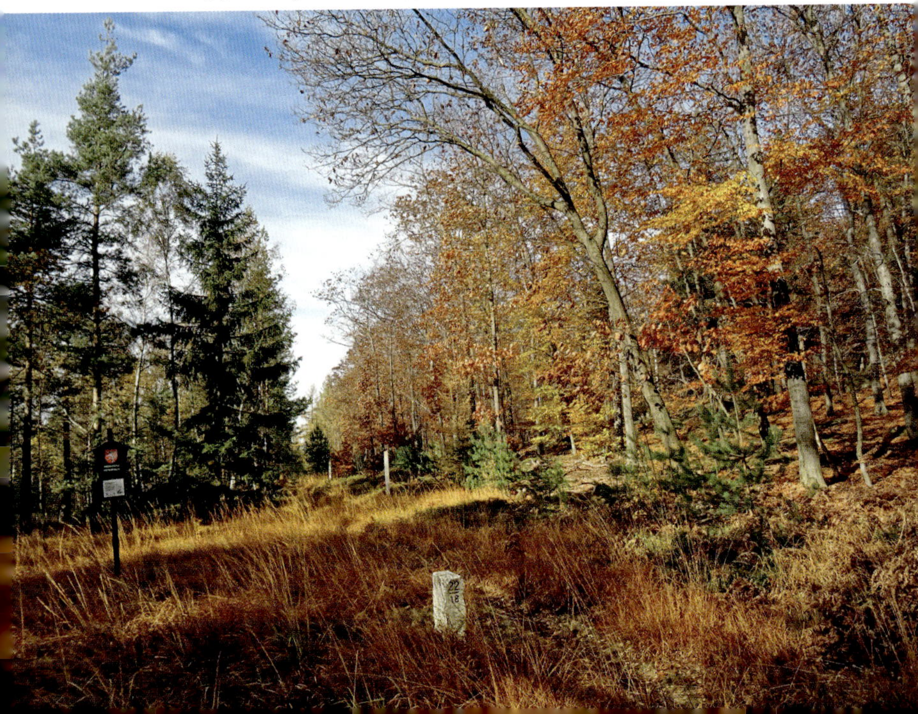

Ausgangspunkt: Tisá, »Tisá, kult.dům«
Endpunkt: Schweizermühle (Bielatal-Rosenthal), Bushaltestelle »Rosenthal, Schweizermühle« Linie 242/245.
ÖPNV: Anfahrt nach Tisá: mit Bus (von Königstein (242) oder Pirna (245) und mit der Fahrradbus-Linie 217 nach »Tisá, kult. dům« (nur in den Sommermonaten und am Wochenende). Alternativ vom Bahnhof »Děčín, hl.nádr.« mit Bus 433. Rückfahrt von Schweizermühle mit Bus 242/245.
Anforderungen: Felsensteige in der Felsenstadt »Tyssaer Wände«, auf dem Forststeig wechseln sich breite Wanderwege und stille, schmale Waldpfade ab.
Einkehr: Restaurace Refugio Tisá am Toureinstieg neben der Kirche, Café und Outdoor-Shop (www.refugio-cz.webnode.cz). Nach der Felsenstadt: Restaurace Turistická chata sowie am Tourende Imbiss »Räuberhütte« unweit der Bushaltestelle Schweizermühle.
Hinweis: Wenn die Kasse in der Felsenstadt geöffnet ist, wird ein kleines Eintrittsgeld verlangt.
Variante: Kurztour (15 km, 5.00 Std.). 300 m nach dem Abzweig Hartenstein, der Markierung gelber Punkt nach links Richtung Hellendorf zur Bushaltestelle »Hellendorf, Dorfplatz« folgen (1,6 km, 25 Min.).

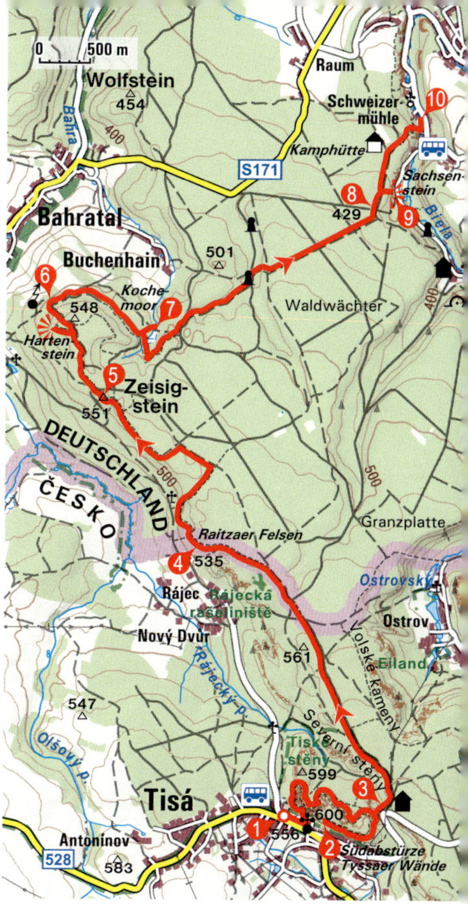

Von der Bushaltestelle **»Tisá, kult. dům«** ❶ nehmen wir für 250 m die Hauptstraße an Gemeindeverwaltung und Feuerwehr vorbei bis zur Kirche. Gleich dahinter steigen wir links den Stufenweg zu den Felswänden hinauf. Zwischen den Felsen angekommen, müssen wir, wie in Tschechien oft üblich, an einem Kassenhäuschen ein kleines Eintrittsgeld entrichten. Der rund 4 km lange Rundweg durch das Felsenlabyrinth ist mit dem grünen Naturlehrpfadzeichen gut markiert und führt über die Großen und Kleinen Steine (Velké/Malé stěny). Wir wollen zuerst die westliche Felsengruppe erkunden. Dazu gehen wir vor der

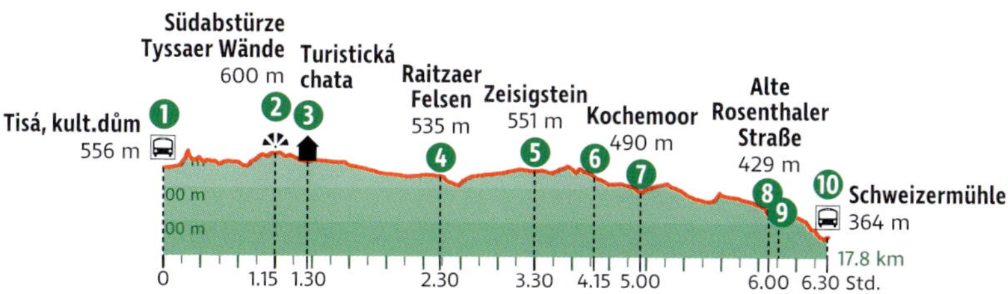

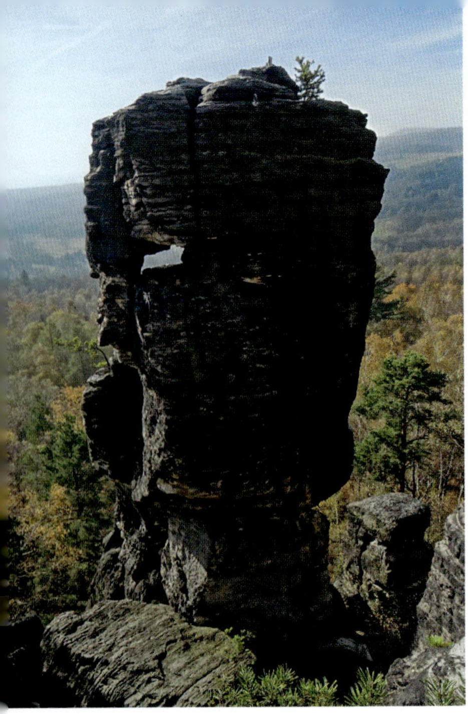

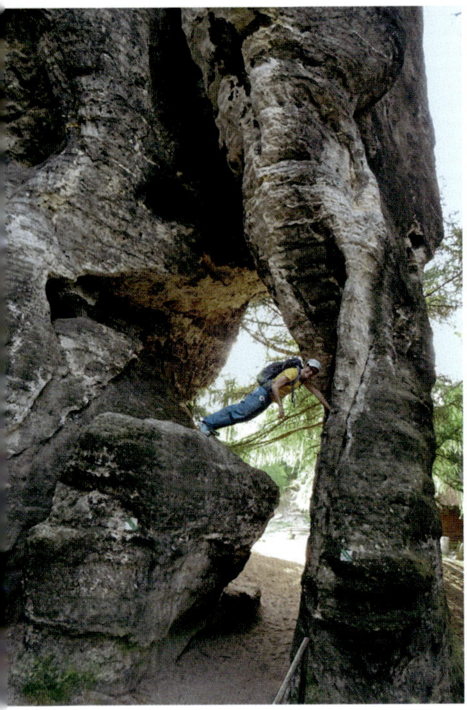

Kassen-Blockhütte links. Gleich hinter dem ersten Felsturm führt uns die Lehrpfadmarkierung links in die Felsen hinein und bald über Treppen auf die »Westliche Aussicht«. Tief unten liegt das Örtchen Tyssa, hinter uns in der Ferne erkennen wir den Hohen Schneeberg mit seinem Aussichtsturm. Anschließend folgen wir der Markierung weiter, eine Felsenschlucht hinunter und dann rechts haltend am Wandfuß der zerklüfteten Felsen entlang. Nach etwa 300 m leiten uns Stufen wieder auf die Wände hinauf und auf der anderen Seite hinab. An mehreren Höhlungen und Durchschlüpfen vorbei gehen wir zurück zur Blockhütte. Dort folgen wir dem Lehrpfad halblinks weiter durch ein Felsentor hindurch. Ruhig schlängelt sich der Weg jetzt durch die schattige Nordseite des Felsenlabyrinths. Zuletzt bringt uns der Rundweg »Große Tyssaer Wände« über eine Eisentreppe auf das Felsmassiv hinauf, wo wir auf den markanten Pilzfelsen treffen.

Am Pilzfelsen gehen wir zunächst rechts (grüner Querstrich) und gelangen so zu den hohen **Südabstürzen ❷**. Es bietet sich eine fantastische Aussicht auf die böhmischen Mittelgebirge. An manchen Tagen herrscht hier oben ein sehr raues Klima. Zerzauste Baumwipfel zeugen vom berühmten »böhmischen Wind", einer besonders im Winterhalbjahr auftretenden Wetterlage.

Haben wir uns satt gesehen, drehen wir am Ende des Gratweges wieder um und gehen zum Pilzfelsen zurück. Dort bleiben wir auf der Höhe

Oben: Raitzaer Felsen.
Unten: Kraxelspaß in den Tyssaer Wänden.

und gelangen geradeaus zur Gaststätte **Turistická chata ❸** (Touristenbaude). Von hier aus nehmen wir den gelb markierten Weg Richtung »Nad Rájcem". Auf dem auch als Radweg (3017) genutzten Wanderweg erreichen wir nach 40 Min. die Grenze. Wir verlassen den breiten Weg geradeaus und folgen der markierten Forststeigroute auf dem Grenzpfad. Links des Grenzweges befindet sich das Reservat Rájecká rašeliniště (Raitzaer Torfmoor). Die Reservatsgrenze ist mit zwei roten Strichen am Baum gekennzeichnet. Geschützt werden zwei direkt oberhalb des Raitzaer Felsmassivs gelegene, kleine Moorgebiete. Bis zu 3 m hohe, als Strauch wachsende Ohr-Weiden, auffällige Wollgräser und flache Sträucher, wie Moos-, Rausch-, Preisel- und Heidelbeere, bilden eine einzigartige Gemeinschaft typischer Moorvegetation.

Etwas später wird es felsiger, und wir gehen direkt an der abschüssigen Hangkante der **Raitzaer Felsen ❹** entlang. Der Grenzstein 23/6 wurde direkt auf einen Sandsteinblock gesetzt. In dieser Passage haben wir einige wilde Ausblicke auf die gegenüberliegenden, sanften Wiesenhänge des Osterzgebirges und auf unter uns aufragende, bizarr geformte Kletterfelsen, erkennbar an den kleinen Gipfelbuchkassetten. Im Tal verläuft die geologische Grenze vom Gneis des Erzgebirges zum Elbsandstein. Wenig später verlässt der Forststeig die Staatsgrenze und passiert noch ein paar letzte Felstürme. Danach müssen wir wieder verstärkt auf die Markierungen und den Pfad achten, der sich durch hohe Farne hindurchwindet. Der folgende Wegabschnitt verläuft in einem lichteren Forstwald auf der Höhe. Oberhalb der zu DDR-Zeiten als Reservat geschützten »Fichtenwände« gelangen wir zum **Zeisigstein ❺**, einem einzeln im Wald stehenden Sandsteinmassiv. Der Aussichtsfelsen ist über eine Treppenanlage leicht zu besteigen. Wir blicken auf die sanfte Hügellandschaft des Osterzgebirges mit seinen typischen Bergwiesen. Im Westen, links von einem Windpark, sind bei guter Sicht die Kuppe des

Kleine Wasserfläche am Nordende des Kochemoores, das auch durch Grundwasser gespeist wird.

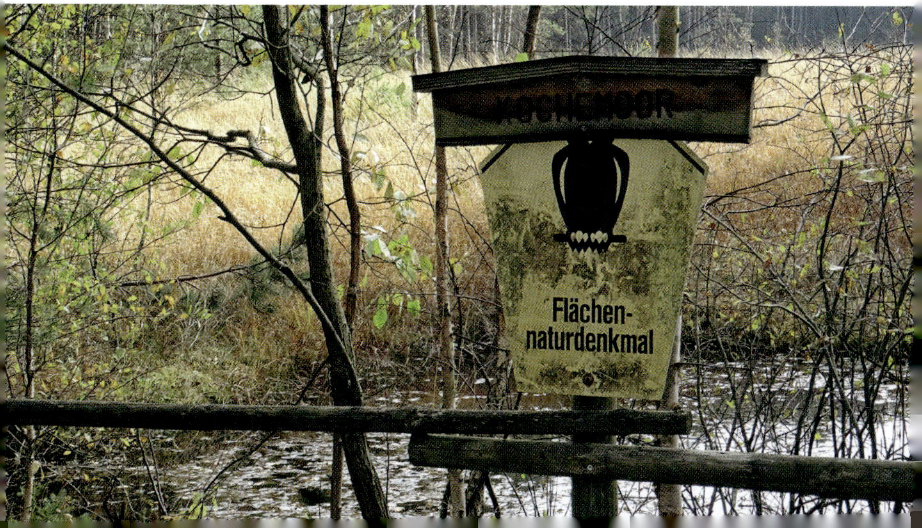

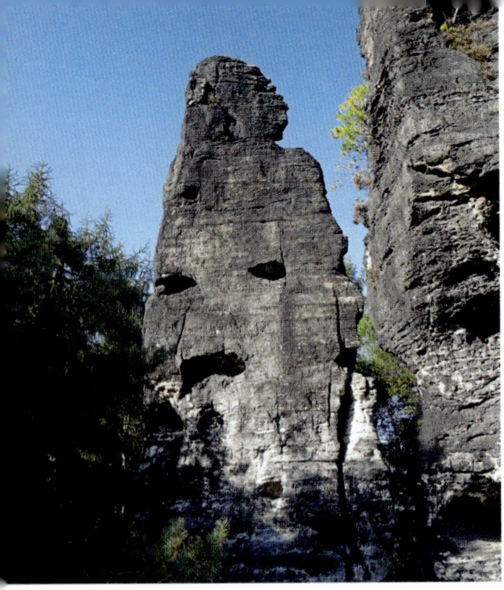

Felsturm »Hagerer Doktor« bei Tisá.

Geisings und der flache Kahleberg sowie der nur 6 km entfernte, bewaldete Špičák (Schönwalder Spitzberg) zu erkennen. Bei den tektonischen Hebungsprozessen, die zur Entstehung des Erzgebirges führten, wurde auch die angrenzende Elbsandsteinplatte mit emporgedrückt. So gehört der Zeisigstein mit einer Höhe von 550,7 m zu den höchsten Punkten der Sächsischen Schweiz, obwohl er kaum aus seiner Umgebung hervorsticht. Unweit des Zeisigsteins befindet sich ein breiter Forstweg mit Wegweiser, Sitzbank und Schutzhütte. Wir folgen dem Forstweg 100 m nach links, dann zweigen wir mit den Forststeigzeichen nach rechts auf einen wilderen Pfad ab. Nach etwa 10 Min. gelangen wir an einen Wegweiser. Man kann einen Abstecher zum 200 m entfernten Hartenstein, einer einsamen Aussichtskanzel unternehmen, die nochmal einen Blick auf das Osterzgebirge und über das Bahratal Richtung Elbtal und Dresdner Fernsehturm freigibt. Wieder zurück am Abzweig treffen wir schon wenige Schritte später auf eine Weggabelung und halten uns mit den Markierungen links. Es geht deutlich abwärts. Nach 300 m besteht die Möglichkeit, die Wanderung abzukürzen und nach Hellendorf abzusteigen ❻ (siehe Variante). Wir wandern jedoch rechts auf einem Waldweg weiter, wo wir mal kurz über die Wiesen nach Markersbach schauen können. Für einen Kilometer gehen wir durch ein abwechslungsreiches Waldgebiet, bis wir auf ein größeres Wegdreieck treffen, wo der Forststeig rechts weiterführt. Geradezu im Wald lässt sich bereits das Flächennaturdenkmal **Kochemoor** ❼ ausmachen. Die Senke ist fast komplett mit Gräsern bewachsen. Man kann vom Wegedreieck aus geradeaus durch einen Fichtenforst zum nördlichen Ende des Moorteiches gelangen (2 Min.). Der unmarkierte Waldweg führt unweit eines Jägerhochsitzes vorbei, von dem aus die Vogelwelt über dem mit Pfeifengras, Binsen und Braun-Seggen bewachsenen Feuchtbiotop beobachtet werden kann. An einigen Stellen ist sogar Wollgras zu sehen. Vielleicht treffen wir auf Libellen oder einen Grasfrosch. In einer kleinen Wasserfläche am Nordende kann man die für Moore so typischen Torfmoose im klaren Wasser entdecken. Nachdem wir zum Wegdreieck zurückgekehrt sind, folgen wir dem Forststeig weiter.

50 m südlich des Wegedreiecks zweigt der Forststeig vom Forstweg ab. Auf einem schmalen Pfad überqueren wir den Zufluss des Moores. Danach geht es einen Berghang hinauf und links durch einen lichtdurchfluteten Kiefern-Birken-Mischwald, der über und über mit kniehohen Heidelbeersträuchern und Heidekraut bewachsen ist. Ein landschaftlich reizvolles Wegstück. Unterwegs

zeugen zwei alte Forstgrenzsteine von der früheren Flurgrenze zum kurfürstlichen Wald. Nach einer Viertelstunde treffen wir auf einen Rastplatz an der Forststraße »Schwert-A-Weg«, auf der wir circa 100 m nach links weitergehen. Dort zweigen wir dann rechts in den Zauschengrund ab. Der Zauschengrundweg mündet nach einer weiteren Viertelstunde in den Diebsgrund. Auffällig sind in diesem stillen Tälchen die bisweilen sehr dicken, hohen Fichten, teils an die 180 Jahre alt. Den Diebsgrund verlassen wir schon nach wenigen Metern wieder. Wir nehmen einen steilen Weg nach rechts über den Hang hinauf und gelangen so in den weiten Beutwald. Es ist ein typischer, regelmäßig mit Schneisen durchzogener Forstwald. Stürme und Borkenkäferbefall forderten in den letzten Jahren intensive, maschinengestützte Eingriffe, um den umgebenden wertvollen Baumbestand zu schützen. In einigen Abschnitten waren bereits vor Jahren Rotbuchen gepflanzt worden, die sich jetzt im Licht gut weiterentwickeln können. Auf anderen Flächen musste komplett neu angepflanzt werden. Etwa 20 Min. wandern wir schnurgeradeaus bis wir auf einen Wanderweg treffen, auf dem wir uns links halten. Wir überqueren kurz darauf die **Alte Rosenthaler Straße ❽**. Wir halten uns auf dem grün und gelb markierten Wanderweg geradeaus. 170 m nach der Kreuzung weist ein Schild nach rechts zum Sachsenstein hin. Der lohnende Abstecher verspricht eine abenteuerliche Besteigung eines freistehenden Felsturmes auf steilen, engen Leitern. Der luftige Ausblick vom **Sachsenstein ❾** auf die Felsenwelt des Bielatals weckt die Vorfreude auf die vierte Forststeig-Etappe. Gegenüber sehen wir die Kaiser-Wilhelm-Feste, einem 1880 errichteten und dem romantischen Zeitgeist entsprechend gestalteten Aussichtspavillon. Zurück auf dem Wanderweg setzen wir unseren Weg fort. An einer Gabelung halten wir uns rechts. Für Forststeigwanderer, die übernachten wollen, befindet sich 100 m links von der Gabelung die Kamphütte. Die gelbe Markierung bringt uns zu einer Felsengruppe, wo wir durch eine Felsspalte den romantischen Aussichtspunkt »Nachbar« erreichen, von dem wir einen schönen Blick auf den Ortsteil Schweizermühle genießen können. Nach der Aussicht ist etwas Aufmerksamkeit geboten. Nach einigen Stufen hinab trennen sich Wanderweg und Forststeig wieder. Die Forststeigzeichen leiten scharf nach rechts. Auf einem schmalen Pfad steigen wir bald über Stufen und Leitern durch eine Höhlung steil hinunter zur überdachten Sophienquelle. Über den Bach gelangen wir zur Straße und zum Imbiss Räuberhütte. Dort vorbei gelangen wir zur Bushaltestelle **Schweizermühle ❿**.

Eisentreppe auf den Zeisigstein.

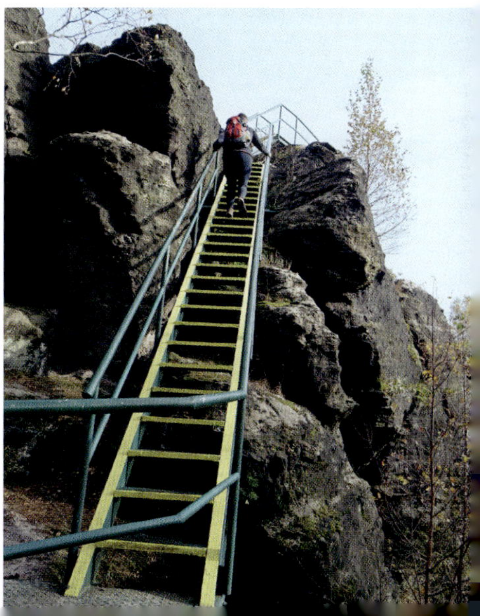

36 Durch das Bielatal

4.45 Std. | 13,6 km | ↗ 550 m | ↘ 440 m

Durch eine bizarre Felsenwelt zur Grenzplatte

Auf unserer Tageswanderung auf der 4. Forststeigetappe tauchen wir ein in eine Welt voller Sandsteintürme und durchwandern das Bielatal in seiner gesamten Länge. Mal auf der rechten, mal auf der linken Talseite besuchen wir atemberaubende Aussichten, wie die Johanniswacht und die Grenzplatte, und beeindruckende Felsnadeln, wie die beiden »Herkulessäulen«, die zu den Wahrzeichen der Sächsischen Schweiz gehören und beliebte Fotomotive darstellen. Sehr beliebt sind die über 240 Klettergipfel, an denen wir bestimmt den einen oder anderen Kletterer entdecken können. Was die wenigsten wissen: Das Tal ist auch reich an Höhlen. Die meisten von ihnen sind schwierig zu durchsteigen und damit Höhlenforschern vorbehalten, die die nötige Kletter- und Seiltechnik gut beherrschen. Doch mit Benno- und Schwedenhöhle liegen zwei interessante Höhlen am Weg, die Mutige ohne Platzangst eigenständig erkunden können. Besonders an heißen Sommertagen ist es am Bachufer der Biela und in den kühlen Höhlen sehr angenehm. Zuletzt lassen wir auf alten Grenzpfaden und abgelegenen Waldwegen noch ein wenig die Seele baumeln.

Naturwunder im Bielatal: die schlanken Herkulessäulen.

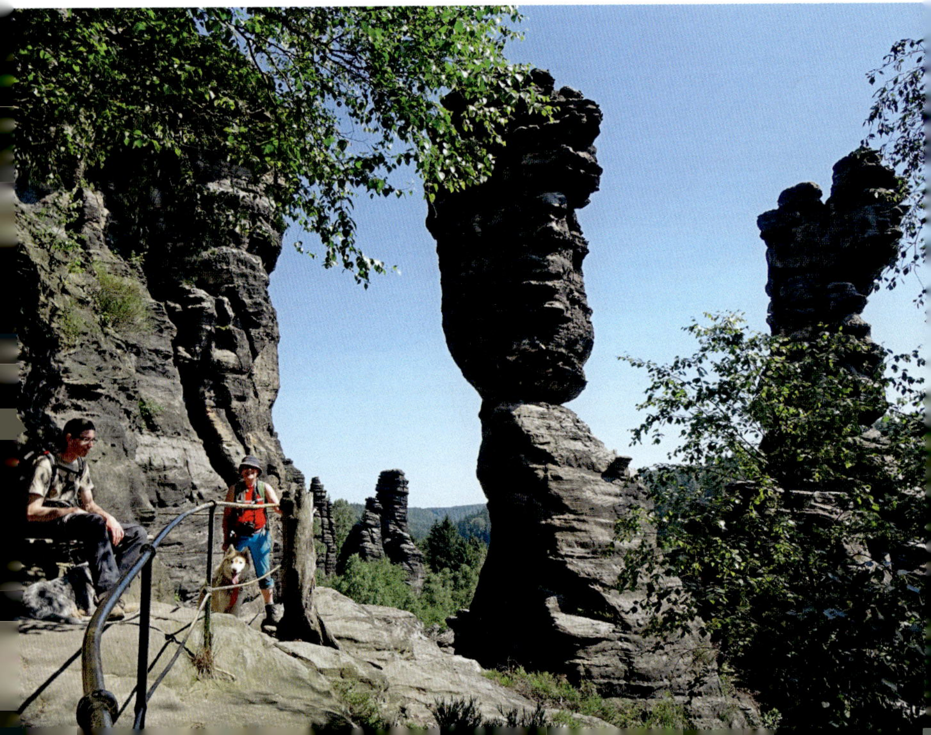

Ausgangspunkt: Bushaltestelle »Schweizermühle, Bielatal-Rosenthal«. Mit Pkw: Parken an Schweizermühle und mit Bus dahin zurück.
Endpunkt: Wegkreuzung »Schneeberger Kreuz«, Bushaltestelle »Fußweg zum Schneeberg«.
ÖPNV: Nutzung der grenzüberschreitenden Buslinien 217 bzw. 242/245, nur im Sommerhalbjahr, außerhalb dieser Zeit Bushaltestelle »Rosenthal Mühlsteig« (vom Endpunkt blauer Strich nach Rosenthal, +2 km).
Anforderungen: Schmale, steinige Steige, später auch mal breite Wanderwege und stille Waldpfade, durch mehrere Auf- und Abstiege konditionell anspruchsvoll. Wer im Bielatal alle sehenswerte Punkte mitnimmt, muss ein wenig mehr Zeit einplanen.
Einkehr: Ottomühle, Gaststätten in Ostrov (1,8 km entfernt).
Hinweis: Stirnlampe für die Höhlen mitnehmen.

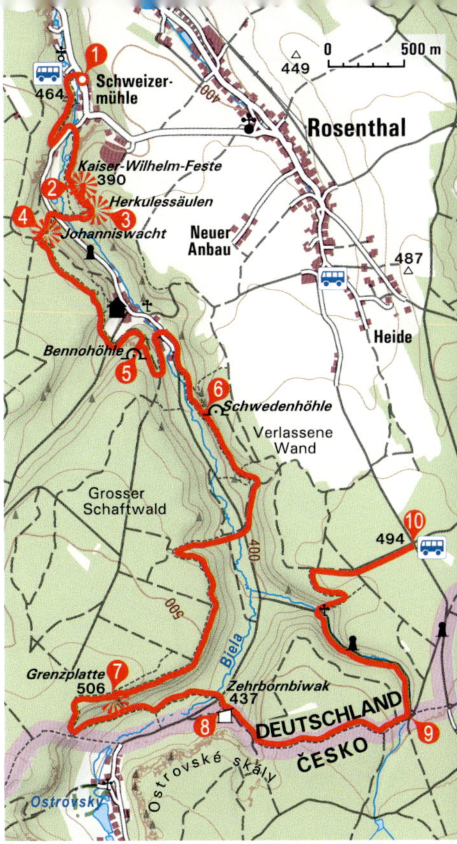

Von Bushaltestelle **Schweizermühle, Bielatal-Rosenthal** ❶ benutzen wir den Wanderpfad, der neben dem Teich über den Biela-Bach und die Wiese führt. Am Waldrand nehmen wir den Wiesenweg nach links. Nach 100 m passieren wir einen Felsen, an dessen Fuß mehrere steinerne Tafeln mit Inschriften auffallen. Die Ansiedlung Schweizermühle war zwischen 1838 und 1912 eine beliebte Wasserheilanstalt und Sommerfrische. Wohlhabende Kurgäste ließen sich als Erinnerung an ihren Aufenthalt Erinnerungstafeln in den Sandstein gravieren. Kurz darauf passieren wir die Sophienquelle. An dieser starken Quelle mit mehreren Wasseraustritten stoßen wir auf den Forststeig mit seiner Markierung gelber Pinselstrich. Wir folgen ihr im Tal geradeaus. In der Blütezeit des Kurbetriebs und des Tourismus waren romantische Plätze sehr beliebt und so erbaute man jenem Zeitgeist entsprechend verschiedene Steiganlagen, befestigte Aussichten und künstliche Ruinen. Ein steinernes Türmchen am Wegrand zeugt von dieser Zeit. Der

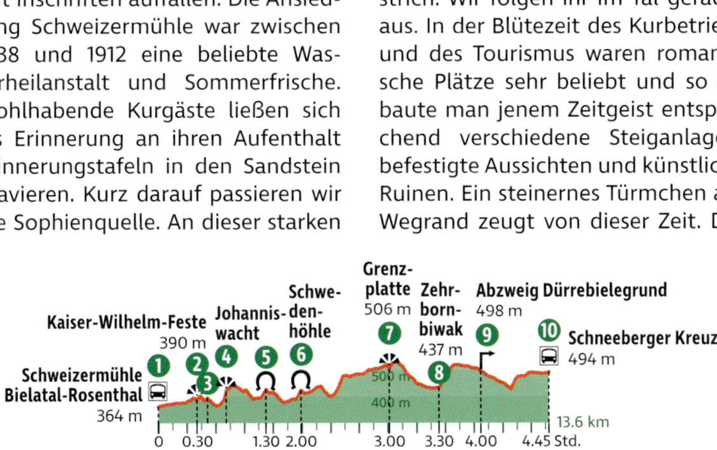

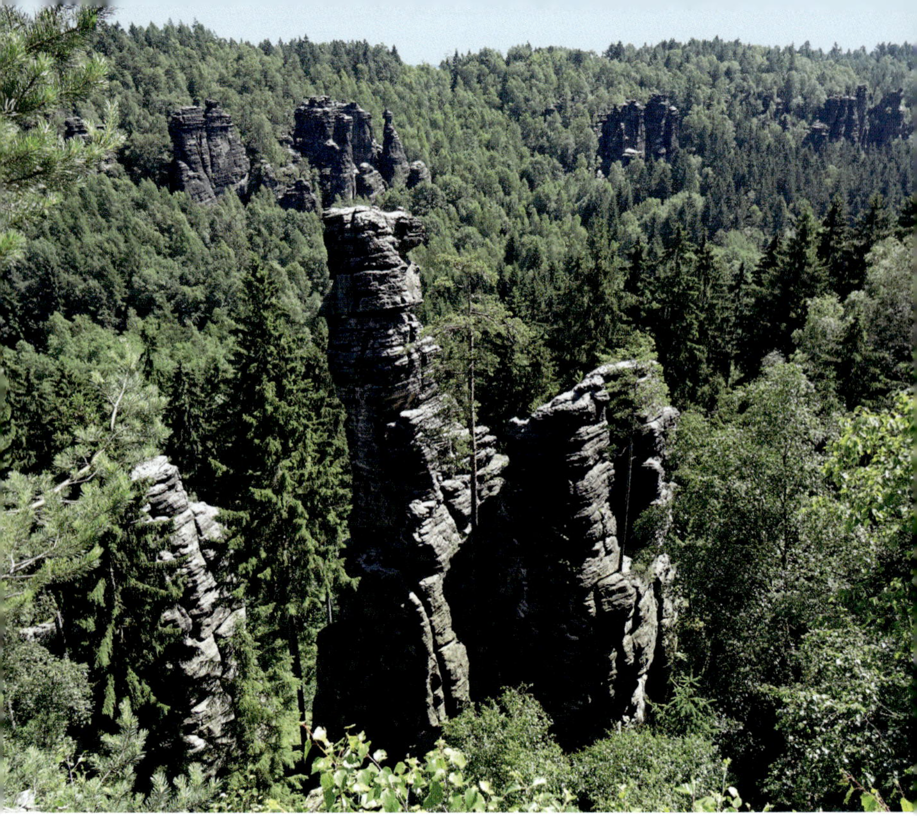

Der über 30 m hohe Kletterfelsen Johanniskegel wurde 1904 erstmals bestiegen.

Forststeig trifft bald auf die Straße und führt ein paar Meter zurück und wechselt die Talseite. Auf einer Brücke überqueren wir die Biela und den ehemaligen Mühlgraben. Unterhalb hoher Felsen passieren wir einen Quellteich und die gefasste Herkulesquelle. In Höhe des Talgrundes befindet sich eine wasserstauende Schicht. Daher ist das Bielatal reich an Quellen, die die Wassereinträge der Ebenheiten oberhalb des Tales über das Grundwasser in die Biela entwässern. Die Biela hat sich über Jahrtausende tief in die Sandsteinplatte hineingefressen und so dieses felsenreiche Tal geschaffen.

An einer Weggabelung steigen wir aufwärts und gelangen an den Abzweig zum »Bielablick". Der Abstecher hinauf zur romantischen **Kaiser-Wilhelm-Feste ❷** ist trotz der zusätzlichen Höhenmeter sehr empfehlenswert, bietet die Felskanzel uns doch einen schönen Ausblick über das Tal. Unsere Wanderung setzen wir im Tal fort. Nach einem klammartigen Felsdurchgang am Kletterfelsen Herkuleskopf biegen wir links in einen Felsspalt ab. Stufen bringen uns durch die Kleine Felsengasse zur Aussicht an den **Herkulessäulen ❸**. Die beiden schlanken Felsnadeln sind begehrte Klettergipfel und Fotomotive. An rund 1100 Klettergipfeln darf in der Sächsischen Schweiz geklettert werden. Grundlage dafür sind die Sächsischen Kletterregeln, die vor 100 Jahren erstmals festgeschrieben wurden und in den wesentlichen Zügen bis heute so geblieben sind. Kletterer dürfen sich nur an natürlichen Griffen und Tritten fortbewegen. Der Seilerste sichert sich mit Hilfe von Schlingen, die über Felszacken gelegt, durch Löcher gefädelt oder in Rissen verklemmt einen Sturz ins Seil aufhalten sollen. Ringe zur Sicherung werden nur sehr sparsam verwendet. Auf dem Gipfel kann man sich im Gipfelbuch verewigen. Diese werden später im Gipfelbucharchiv des Sächsischen Bergsteigerbundes gesammelt. Dort dokumentieren mittlerweile 4000 solcher Bücher die Geschichte und Entwicklung des Sächsischen Kletterns von 1894 bis heute.

Zwischen den beiden Kletterfelsen steigen wir über Stufen abwärts. Am letzten Gipfel der Felsengruppe, dem sogenannten »Schraubenkopf«, biegen wir scharf rechts ab und wandern unterhalb der »Kleinen Herkulessäule«, die von hier unten so gar nicht klein wirkt, in den Talgrund hinunter. Über einen Bohlenweg wechseln wir durch die feuchte Bachaue und steigen auf der anderen Talseite zur **Johanniswacht** ❹ hinauf. Viele Stufen, zuletzt durch einen blockgefüllten Spalt mit Inschriften, bringen uns auf die wunderbare kleine Aussicht hinauf. Vor uns stehen mehrere imposante Felstürme. Auf der gegenüberliegenden Talseite ist der Schraubenkopf, einem steinernen Männlein gleich, gut zu erkennen. Etwas links können wir die Kaiser-Wilhelm-Feste entdecken und in der Ferne sogar die Festung Königstein. Die Aussicht verlassen wir über eine Eisentreppe und halten uns dann im Wald links. Wir folgen kurz dem Wanderweg Kerbensteig und bleiben dann jedoch auf einem Waldweg auf der Höhe. Der Pfad schlängelt sich bald durch einige Felsen abwärts. An einem kleinen Felsblock mit Überhang geht es scharf nach rechts und wieder bergan. Wenig später passieren wir die Felsengruppe der über 30 m hohen Wiesensteine und halten uns danach oberhalb einer Wiese etwas rechts. An der Forststraße im Glasergrund ist es möglich, zur 250 m entfernten Gaststätte Ottomühle zu wandern. Wie überqueren die Forststraße und folgen dem Wandersteig, weiter oberhalb der Wiese in Richtung Bennohöhle. Nach 300 m können wir einen Abstecher zur Höhle unternehmen. Stufen bringen uns direkt zum Eingang der **Bennohöhle** ❺. Eine sagenumwobene, versteckte Inschrift mit der Jahreszahl 1401 lockt uns in die unterste Kammer der geräumigen Trümmerhöhle. Allerdings stammt die Inschrift eher nicht aus dem Mittelalter. An der Schreibweise der Ziffer 4 erkennbar sind die Zahlen und Buchstaben wohl dem 19. Jahrhundert, der Zeit der touristischen Erschließung, zuzuordnen.

Wieder zurück am Hauptweg gehen wir rechts weiter und müssen nach

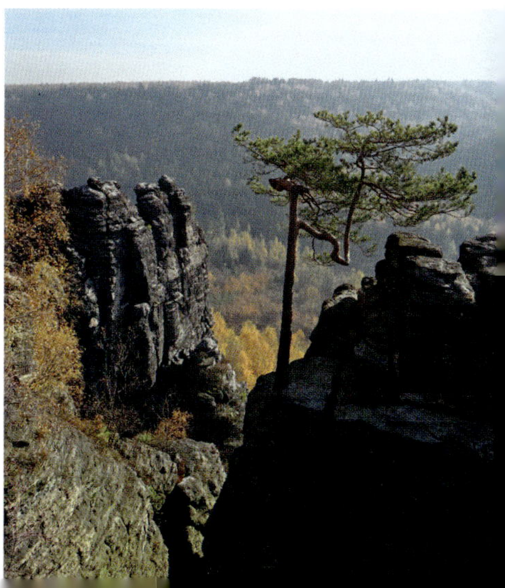

Knorrige Riffkiefer.

200 m aufpassen, denn unsere Trekkingroute biegt scharf nach links ab. Nach einigen Minuten erreichen wir die Straße im Tal, der wir nach rechts folgen. Nach den Hütten des Sächsischen Bergsteigerbundes und der Bergwacht zweigen wir links von der Forststraße Richtung Eisloch und Verlassene Wand ab. Erst kurz am Bach entlang, dann einen Anstieg hinauf, stehen wir bald am Abzweig zu Eisloch und Schwedenhöhle. Treppenstufen leiten uns zu einem hohen Felswinkel. Im Eisloch, dem rechten Felsspalt, kann man oft noch im späten Frühjahr auf Schnee und Eis treffen. Linker Hand versteckt sich in einer Nische der Zugang in die enge **Schwedenhöhle ❻**. Ein verwinkelter Gang führt etwa 20 m in die Klufthöhle hinein, die durch das breite Abrutschen einer Felspartie entstanden ist. Die Höhle ist schon von alters her bekannt und diente in kriegerischen Zeiten als Versteck der Bewohner der Gegend.

An der Johanniswacht.

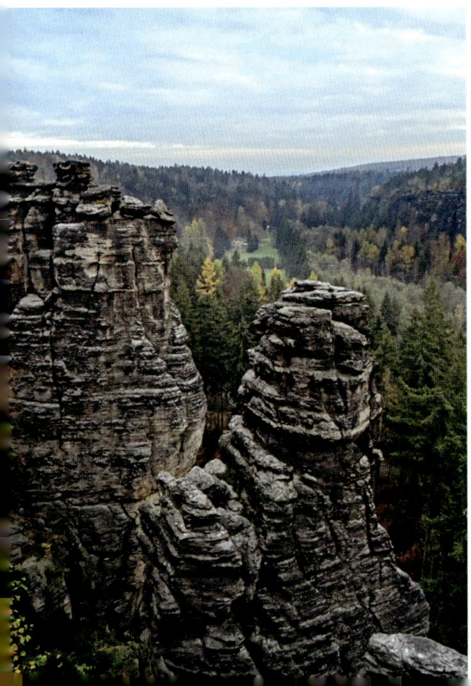

Zurück am Tageslicht steigen wir wieder den steilen Aufstiegsweg hinunter zum Wanderpfad und gehen nach links weiter. Ohne große Höhenunterschiede zu überwinden, führt uns der Pfad am Fuß einiger Felsen vorbei. Wer aufmerksam schaut, kann dort eingemeißelte Zahlen und gekreuzte Schwerter entdecken. Dies sind Forstgrenzzeichen, die Kurfürst Friedrich August der III. Ende des 18. Jahrhunderts anbringen ließ, um die Grenze des kurfürstlichen Waldes dauerhaft zu kennzeichnen. Bald sehen wir vor uns einen hohen Felsgipfel, die Verlassene Wand. Wir gehen zwischen den Felsen hindurch und stoßen auf einen breiten Waldweg, auf dem wir nach rechts absteigen. Wir gelangen wieder an die Forststraße im Tal. Es gibt eine Schutzhütte und rechts, 140 m entfernt, die kleine Quelle »Singeborn«. Erneut fordert uns die Waldtrekkingroute heraus und wechselt die Talseite, um wiederum steil anzusteigen. Oben wenden wir uns nach links. Der Steig windet sich nun immer nahe der Felskante durch einen hübschen Birkenwald bis zur **Grenzplatte ❼**. Das breite Felsplateau bietet einen schönen Blick auf den Talschluss und die Häuser von Ostrov und ist ein sehr beliebter Platz zum Rasten. 250 m nach der Grenzplatte steigen wir nahe der Grenze zu Tschechien zur Biela hinunter. Nach dem Überqueren des Baches stehen wir auf der Forststraße, wo nun die Möglichkeit besteht, einen Abstecher ins böhmische Ostrov zu unternehmen. Dort gibt es 1,8 km entfernt eine Einkehrmöglichkeit. Von der Forststraße steigen wir am **Zehrbornbiwak ❽** vorbei aufwärts. Wir stoßen auf einen einst gepflasterten Hohlweg, von dem wir am Grenzstein Nr. 19 leicht links haltend abbiegen. Es geht an ein paar Felsen vorbei steil bergan und dann immer entlang der Grenze durch ein stilles Waldgebiet. Der oft mit hohem Gras bewachsene Pfad bringt uns nach einem Kilometer an einen Forstweg. Wir gehen nach rechts und stehen nach 100 m an einer **Wegkreuzung ❾** mit einer historischen Wegsäule. Dort biegen wir links in den Dürrebielegrund ab. Im Abstieg begleitet uns die Dürre Biele. Sie fällt im Sommer mitunter trocken, aber im Frühjahr oder nach längeren Regenfällen ist sie ein fröhlich plätscherndes Bächlein, welches kleine Becken und Wasserfälle bildet. Dass die Dürre Biele nach starken Regengüssen auch ungemütlich werden kann, berichten Inschriften an einem Felsblock auf der rechten Wegseite. Gesäumt wird der Grund mit hohen Felswänden. Nach einer deutlichen Linksbiegung zweigen wir mit dem Forststeig scharf nach rechts in einen unscheinbaren Pfad ab. Ein letztes Mal für heute steigen wir steil bergan. Nachdem wir die Felsen passiert haben, führt uns die Forststeigmarkierung nach links. Durch den mit Farnen und Heidekraut durchsetzten Wald wandern wir oberhalb der Hangkante entlang, von wo wir die Felsen des Dürrebielegrundes noch einmal von oben betrachten können. Bald aber wendet sich die Route vom Tal ab. Wir folgen einem breiten Waldweg nach rechts und dann noch ein paar Minuten einem schnurgeraden Forstweg zum **Schneeberger Kreuz ❿**, wo wir im Sommerhalbjahr mit der grenzüberschreitenden Rad- und Wanderbuslinie heimwärts fahren können.

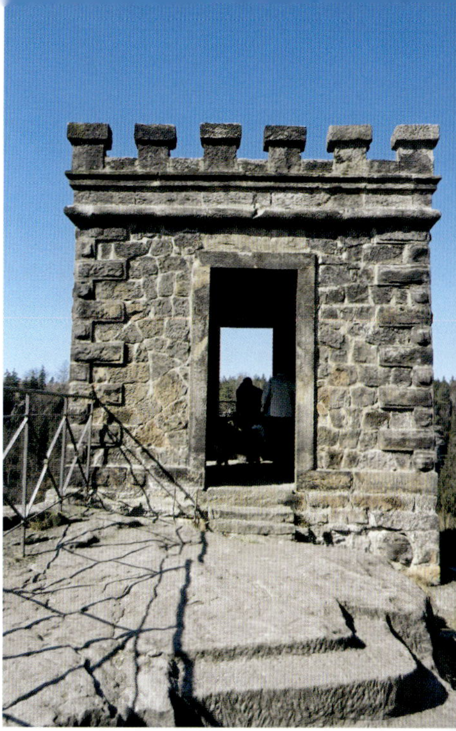

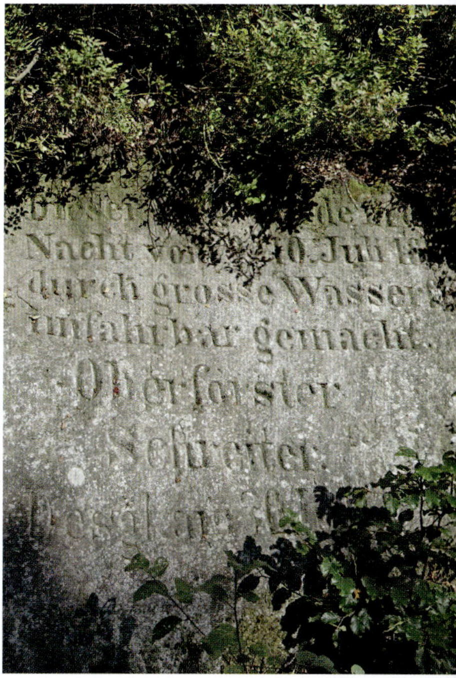

Oben: Kaiser-Wilhelm-Feste am Bielablick.
Unten: Der Hochwasserstein im Dürrebielegrund.

37 Über Rotstein und Katzstein

3.30 Std. | 10,6 km | ↗250 m | ↘400 m

Zur Rotsteinhütte und auf den Katzfels

Auf zünftigen und weniger bekannten Waldpfaden durchwandern wir das weite Waldgebiet zwischen Rosenthal und Cunnersdorf. Ein vielfältiger Forstwald, in dem mit dem Waldumbau begonnen wurde, wechselt sich ab mit einem naturbelassenen Riffkiefern-Birken-Wald auf dem kargen Katzsteinmassiv. Liebliche Aussichten mit Blick auf die großen Tafelberge der Sächsisch-Böhmischen Schweiz würzen die Wanderung. Sicherlich ist die Besteigung des schlanken Katzfelsens mit seiner langen, schmalen Eisentreppe der unbestrittene Höhepunkt der vergleichsweise kurzen Forststeig-Tageswanderung. Eine alte Jagdunterkunft unweit des Rotsteins, die heute auch als Trekkinghütte genutzt wird, bietet die Möglichkeit zu einer bequemen Rast mit Verpflegung aus dem eigenen Rucksack.

Im Katzsteingebiet war vor langer Zeit auch die Wildkatze zu Hause.

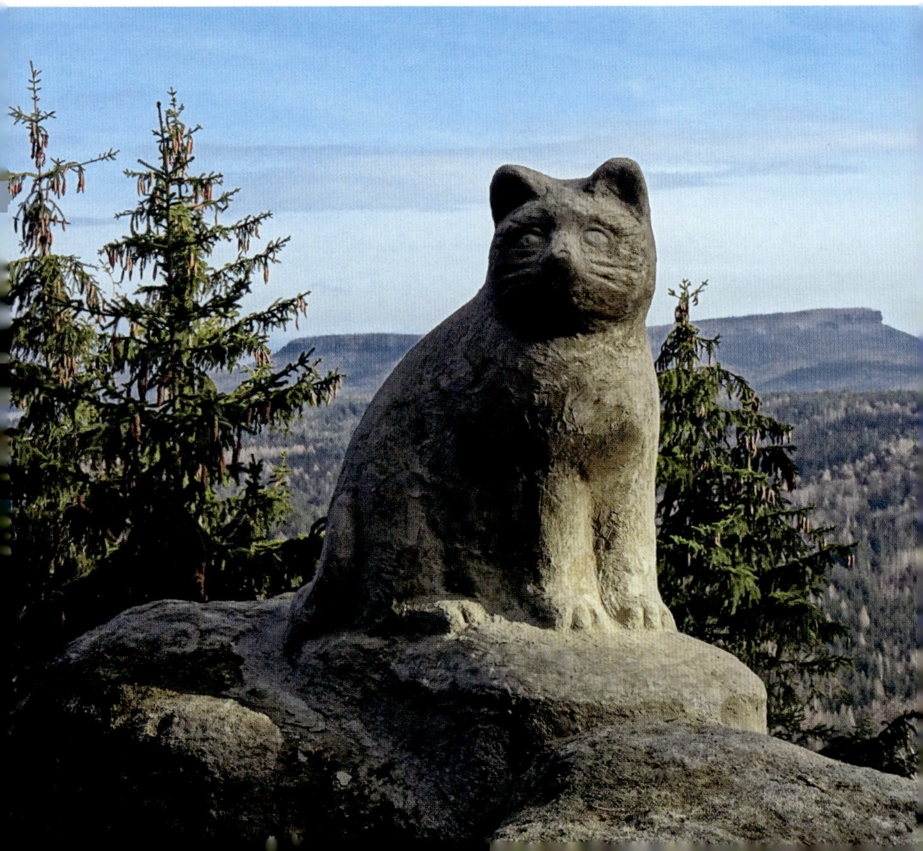

Ausgangspunkt: Rosenthal ab Bushaltestelle »Rosenthal Oberdorf«, Linie 242/245.
Endpunkt: Cunnersdorf, Bushaltestelle »Cunnersdorf Erbgericht«, Linie 244.
Anforderungen: Forststeigtypische Waldpfade, später auch mit Treppen und Steiganlagen erschlossen, gelegentlich auch breite Wanderwege, mehrere überdachte Rastplätze unterwegs.
Einkehr: Unterwegs keine Einkehrmöglichkeit. Am Ende der Tour Landbäckerei Schmidt (Cunnersdorfer Str. 43a, an Bushaltestelle »Cunnersdorf Schmiede«, 5 Min. vom Endpunkt).
Variante: Am Ende der Tour: Katzsteinbaude, www.katzsteinbaude-cunnersdorf.de
Tipp: In Cunnersdorf gibt es ein schönes Waldbad direkt neben der Katzsteinbaude (einfache Zimmer, einfache Einkehr). Beides 1,3 km, 25 Min. vom WP 5 Abzweig nach Cunnersdorf entfernt.

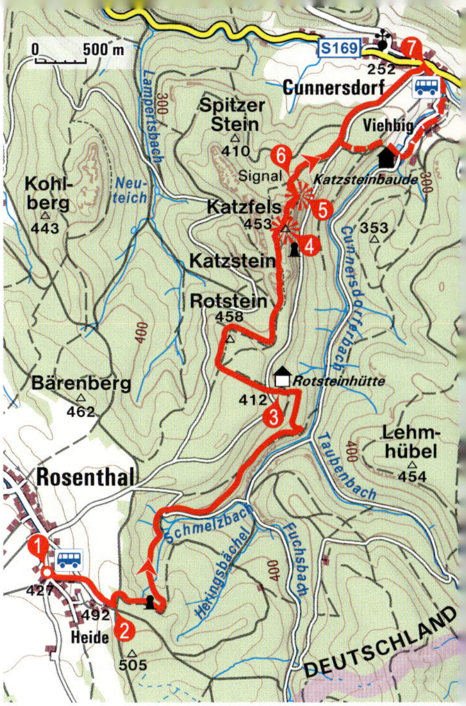

Von der Bushaltestelle **Rosenthal Oberdorf** 1 gehen wir die Straße noch 50 m weiter zu einem Wegweiser an einer Straßengabelung. Von da folgen wir nach links der Ausschilderung zum Wanderweg Richtung Cunnersdorf (grüner Strich). Es geht an einem kleinen Teich vorbei und danach auf einem Fahrweg die Wiese hinauf und bis zum Waldrand. Am Rastplatz am Sommerhübelweg haben wir einen tollen Blick zurück über Rosenthal, die Hügel bei Pirna und Dresden sowie in Richtung Osterzgebirge. Wir treffen hier auf den **Forststeig** 2 und biegen links ab. Bereits nach 150 m nehmen wir an einem Forststeigpfahl den markierten Waldpfad nach rechts. Erst folgt die Route einer Schneise, biegt dann aber nach nicht ganz 200 m links ab. Nach weiteren 200 m kann man auf der rechten Wegseite ein Sandsteinkreuz entdecken, dessen Inschrift an den Tod des Waldarbeiters August Wolf im Jahre 1878 erinnert. Der markierte Waldsteig vollzieht nun einen langen Linksbogen und überquert in einer Senke ein Bächlein, das etwas oberhalb als »Striebsbrunnen« entspringt. Bald geht der Pfad in einen breiteren Weg über und mündet schließlich in einen befestigten Forstweg, den Brückweg. Dieser trifft

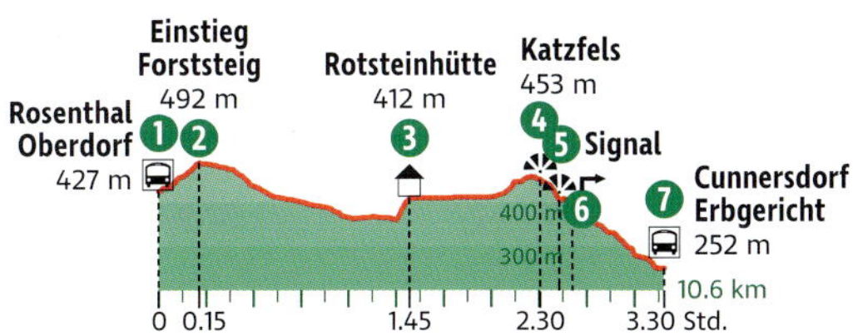

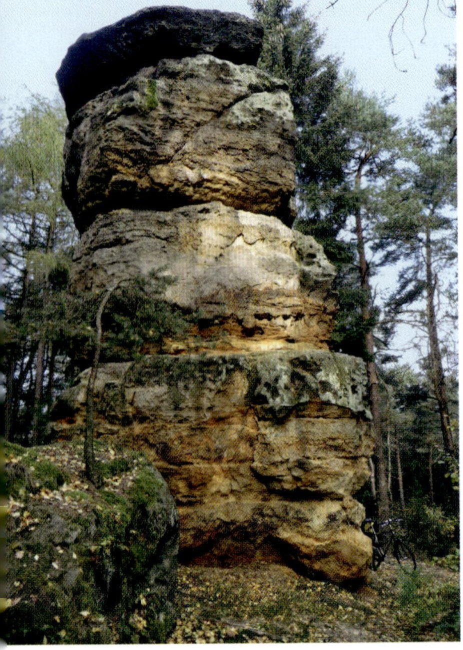

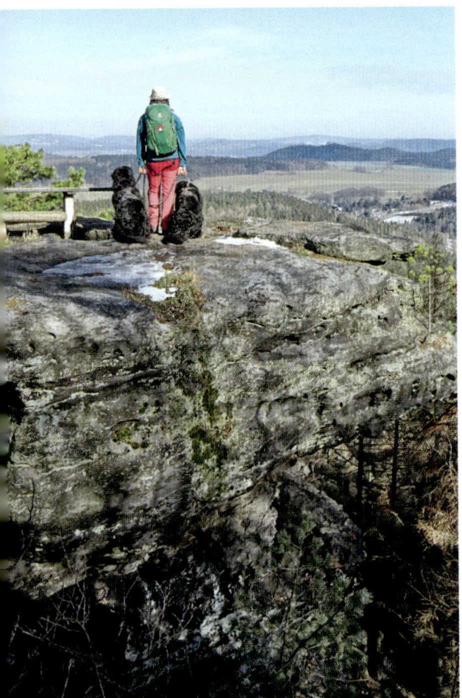

nach 200 m in einer Kehre auf den Matheusweg, eine Teerstraße, der wir nach rechts abwärts folgen. Nach 400 m müssen wir aufpassen, denn der Forststeig zweigt nach links in einen bewachsenen Weg am Hang ab. Wir wandern nun etwa eine halbe Stunde auf diesem gemütlichen Weg oberhalb des Fuchsbaches bis wir auf den »Nässeweg« stoßen. Dort biegen wir scharf links ab und steigen bergan. Schon nach 100 m geht es wieder rechts ab und auf dem höher gelegenen »Mittelhangweg« bequem weiter bis uns nach etwa 400 m ein Forststeigpfahl den steilen Aufstieg zur Rotsteinhütte anzeigt. Wenig später erreichen wir schließlich die **Rotsteinhütte** ❸, an der uns Sitzgelegenheiten zur Rast einladen. Im Winterhalbjahr nutzen Forstarbeiter und Jäger solche Waldhütten zum Aufwärmen und Übernachten. Hinter der Hütte kommen wir über die Zufahrt zu einem Forstweg, den wir überqueren und weiter bergan steigen. Auf diesem Wegstück sehen wir einen Kahlschlag wegen Borkenkäferbefall. Wo man bereits Buchen untergepflanzt hatte, wachsen diese nun kräftig heran. An anderer Stelle muss aufwändig aufgeforstet und ein Schutz gegen Wildverbiss angebracht werden. Nach einer Viertelstunde haben wir die Höhe überschritten und wenden uns auf dem grün markierten Wanderweg nach rechts. Kurz darauf kommen Felsen in Sicht. Es sind die verwitterten Reste eines Tafelbergs. Ein hoher Eisengehalt lässt den Sandstein hier etwas rotbraun erscheinen. Der Forststeig folgt weiterhin dem mit grünem Punkt markierten Weg an einem

Oben: Der Rotsteinfelsen.
Unten: Ausblick vom »Signal«.

Rastplatz vorbei zum Katzstein. Nach einer halben Stunde erreichen wir erneut einzelne Felsen und kurz darauf geht es über Treppenstufen rechts hinauf zur naturbelassenen Felsenaussicht Schneebergblick. Rechts erblicken wir den Hohen Schneeberg (Děčínský Sněžník), geradezu die beiden Zschirnsteine.

Wir folgen den gelben Forststeigmarkierungen weiter bis zum **Katzfels** ❹, der schlanken Felsnadel in der Mitte des Katzsteinmassivs. Eine lange leiterartige Treppe führt hinauf zur Wetterfahne, wo wir wieder eine schöne Aussicht haben.

Anschließend folgen wir dem Gipfelweg weiter durch lockeren Bewuchs mit Birken und Kiefern bis an die nördliche Spitze. Die ungesicherte, luftige Aussicht **Signal** ❺, einst ein Waldbrandwachpunkt, bietet einen exzellenten Blick über die Tafelberge der Sächsischen Schweiz: Königstein, Pfaffenstein, Lilienstein, Gohrisch, Papststein, Lasenstein und Zschirnsteine liegen aufgereiht vor uns. Selbst Schrammsteine und Großer Winterberg sind bei guter Sicht zu sehen. Der Abstieg vom Katzstein erfolgt über eine längere Eisentreppe und führt am Wandfuß um die Nordspitze herum und zieht zu einem breiten Wanderweg mit Rastbänken ❻ hinunter. An dieser Stelle verlassen wir die Forststeigroute für heute, um zum Bus nach Cunnersdorf zu gelangen. Dazu nehmen wir den mit grünem Punkt markierten Wanderweg abwärts. An der nächsten Wegkreuzung mit einem überdachten Rastplatz müssen wir uns entscheiden. Auf der Markierung roter Strich nach links kommen wir direkt zur Bushaltestelle in **Cunnersdorf** ❼.

Wer noch für eine Einkehr die Katzsteinbaude ansteuern oder gar das Freibad besuchen möchte, bleibt auf der Markierung grüner Punkt geradeaus und folgt nach der Einkehr der Straße am Freibad vorbei in den Ort (zusätzlich 0,5 km).

Am Fuß des Katzsteins …

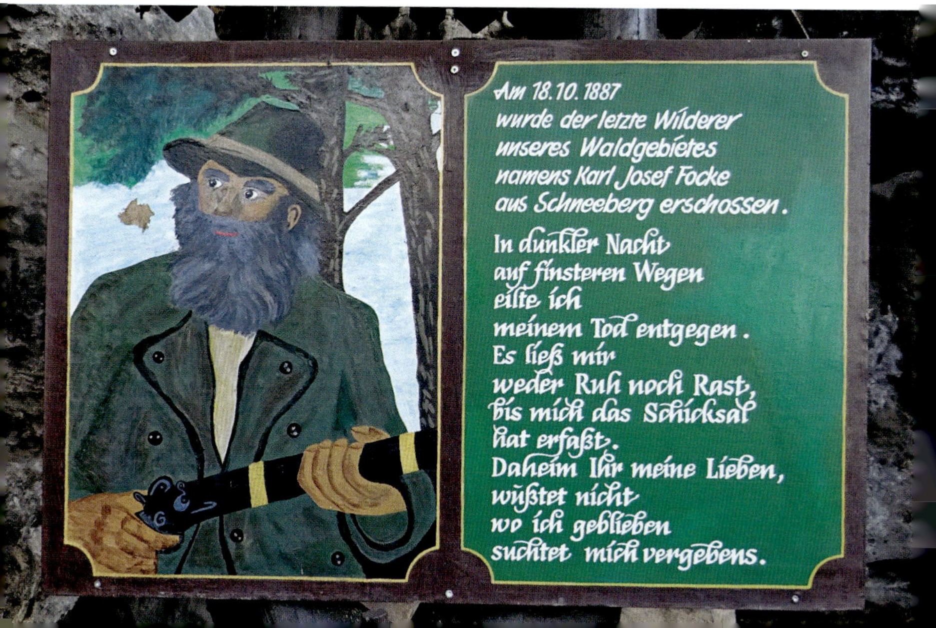

38 Lampertstein und Bernhardstein

6.30 Std. | 18,8 km | ↗ 650 m | ↘ 580 m

Vom Spitzstein ins Nikolsdorfer Felsenlabyrinth

Landschaftlich reizvolle Aussichten von Spitzstein, Lampertstein und Bernhardstein auf das weite Panorama der großen Tafelberge der Sächsisch-Böhmischen Schweiz charakterisieren diese Tageswanderung entlang der Forststeigroute. Ein wenig Kondition fordern die Auf- und Abstiege durch die tiefen Täler von Lampertsbach und Biela. In den Nikolsdorfer Wänden bringt uns der Trekkingpfad in die wildesten Ecken dieses weitläufig zerklüfteten Sandsteinmassivs. Ein besonderes Abenteuer verspricht hier das natürlich entstandene »Felsenlabyrinth«. In einer recht kompakten Sandsteinplatte, die von engen Quer-und Längsspalten durchzogen ist, haben sich mehrere Höhlen, bizarre Felsformen und beeindruckende Felsüberhängen herausgebildet. Ein Rundgang durch das bei Familien sehr beliebten Labyrinth ist nummeriert, sodass niemand Angst haben muss, sich darin zu verlaufen.

Ausgangspunkt: Cunnersdorf, Bushaltestelle »Cunnersdorf Schmiede« (Landbäckerei Schmidt), Linie 244.

Endpunkt: Leupoldishain , Bushaltstelle »Leupoldishain Dorfplatz/Gemeindezentrum«. Linie 245, 246.

Anforderungen: Teilweise feuchte Wald- und Bergpfade mit Stufen und Treppen. Im Felsenlabyrinth Höhlen, Eng- und Kletterstellen, die umgangen werden können. Weite Tour, durch mehrere Auf- und Abstiege konditionell fordernd.

Einkehr: Unterwegs keine. Am Startpunkt Landbäckerei Schmidt, Filiale Cunnersdorf, Cunnersdorfer Str. 43a www.landbaeckerei-schmidt.de

Hinweis: Mit Stirnlampe kann man im Felsenlabyrinth noch mehr entdecken.

Blick zum Pfaffenstein und zur Festung Königstein.

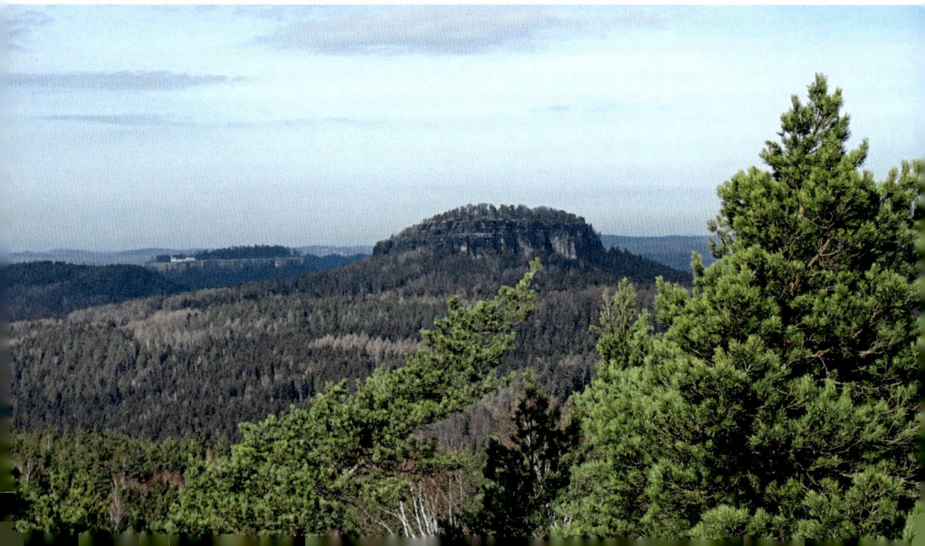

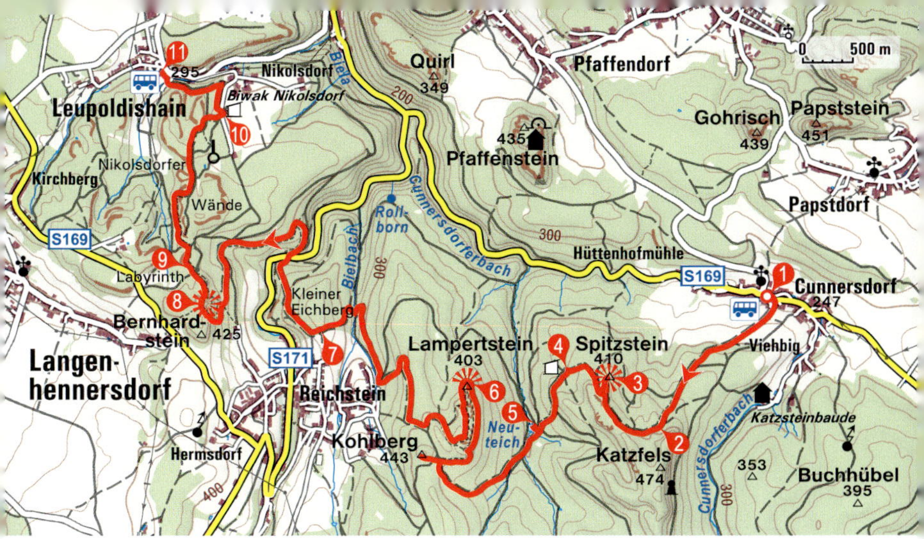

Von der Bushaltestelle **»Cunnersdorf Schmiede«** ❶ folgen wir der Markierung gelber Strich in Richtung Katzstein/Bielatal. Rechts von der Landbäckerei geht es die Alte Rosenthaler Straße hinauf. Über die Wiesenhänge hinter dem Dorf gelangen wir bald in den Wald und stoßen nach einer Dreiviertelstunde auf einen breiten Querweg, wo wir auf den mit einem gelben Pinselstrich gekennzeichneten **Forststeig** ❷ treffen. Wir biegen nach rechts in Richtung Spitzstein ab. Nach 700 m erreichen wir die »Spitzsteinhütte«, einen überdachten Pausenplatz. Ein Wegweiser leitet uns nach rechts zum 100 m entfernten **Spitzstein** ❸. Über zwei steile Gitterrosttreppen erklimmen wir das kleine Gipfelplateau, auf dem wir eine erste Rast einlegen können. Die markanten Tafelberge wie die Festung Königstein, den Pfaffen-, Lilien- und Papststein stehen aufgereiht vor uns. Bei guter Sicht kann man sogar die Bastei und die Schrammsteine in der Ferne erkennen. Der sonst sehr markante Zirkelstein wirkt von hier ganz winzig neben dem breiten Zschirnstein. Wir steigen wieder zurück zum Rastplatz und gehen dann entlang der Markierungen nach rechts weiter. Nach wenigen Minuten passieren wir das **Spitzsteinbiwak** ❹, das sich etwas rechts des Weges befindet. Weiter geht es auf einer Forststraße. Nach 400 m biegen wir mit den Forststeigzeichen nach rechts in einen alten Waldsteig ab, der steil abwärtsführt. Unten bringt uns eine Forststraße zu einer Kreuzung, die der Forststeig geradeaus überquert. Zu unserer Rechten erblicken wir einen kleinen, idyllischen Stauweiher, den **Neuteich** ❺. Am Staudamm gibt es auch einen Rastplatz.

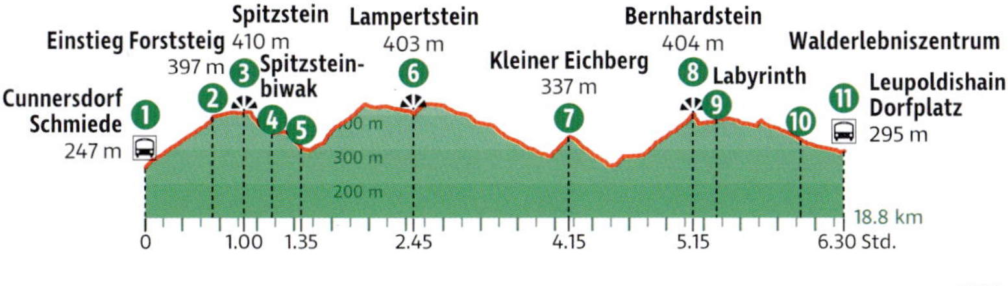

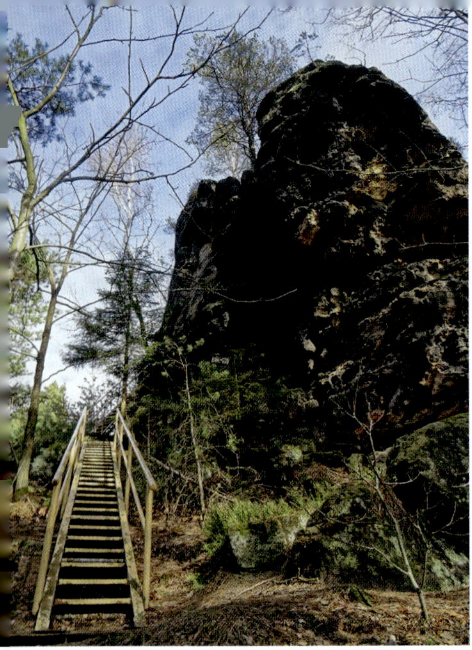

Spitzstein-Aufstieg.

Der Forststeig führt über die Zuflüsse des Neuteichs und quert danach schräg die »Lampertstraße«. Auf dem »Flügel-M-Weg« steigen wir nun wieder stetig bergan. Bei Nässe kann es unterwegs schmierig und glatt werden. Nach 20 Min. kommen zwei Wege hinzu und kurz darauf erreichen wir eine große Kreuzung mit mehreren Wegweisern. Von hier können wir einen kurzen Abstecher zur Aussicht auf dem Kohlberg unternehmen. Ein Waldpfad führt hinauf zum quaderförmigen Gipfelfelsen, der über eine kurze Eisenleiter zu ersteigen ist. Obwohl man nur einen eingeschränkten Ausblick auf die sanften Hügel über dem Ort Bielatal hat, ist es ein schöner Platz, der Gelegenheit für eine naturnahe Rast bietet. Anschließend steigen wir auf demselben Weg zurück zur Kreuzung, die wir schräg überqueren. Wir folgen nun weiter dem gelben Pinselstrich des Forststeiges über den Lampertstein-Rundweg. Der gemütliche Waldweg wird bald schmaler. An einer Gabelung halten wir uns rechts auf der »Promenade«, die als romantischer Bergpfad immer unterhalb der Felsen entlangführt. Zuletzt geht es über Stufen hinauf »Zur Aussicht«, auf die wir rechts über eine kleine Brücke gelangen. Von der nördlichsten Spitze des **Lampertstein** ❻ können wir bei einer Gipfelrast die grandiose Aussicht genießen. Links sehen wir den Bernhardstein, wo sich das Labyrinth befindet, geradezu die Festung Königstein, den bewaldeten Quirl, den Lilienstein mit der gewaltigen Westkante und den Pfaffenstein mit seiner Felsnadel Barbarine. Weiter rechts stehen Gohrisch, Papststein und die Schrammsteine.

Anschließend gehen wir über die Brücke zurück und auf dem Kammweg geradeaus. Hier prägen Birken und Kiefern das Bild, grüne Farne säumen den Weg. Unterwegs kommen wir am schon stark zugewachsenen »Schneebergblick« vorbei. Kurz darauf stehen wir an einem Wegabzweig mit einem Wegweiser. Dort gehen wir geradeaus weiter und orientieren uns an der Forststeigmarkierung. Es geht im Rechtsbogen abwärts. Nach 200 m folgen wir einem Fahrweg, der nach einer lang gezogenen Linkskurve auf eine Kreuzung mit Wegweiser trifft. Hier wenden wir uns nach rechts und steigen den steilen Höllochweg für etwa 300 m hinunter. An einem Forststeigpfahl biegen wir nach rechts in einen Waldweg ab. Jetzt wird es wieder einsamer. Im wilden Zickzack geht es durch den Wald. Wir müssen sehr aufmerksam sein, dass wir die Markierungen nicht verlieren. Wir queren einen Forstweg und steigen in die Senke des Bielbaches hinunter, wo wir einen weiteren Forstweg und das Bächlein überqueren. Der

Steig führt wieder bergan und nach 100 m scharf nach links. Nach einigen Minuten erreichen wir die Anhöhe des **Kleinen Eichbergs** ❼ mit einer Aussichtsbank am Waldrand. Wir blicken auf die Häuser des Ortsteils Reichstein und den Lampertstein zu unserer Linken. Rechts vor uns liegt der Ort Bielatal mit seinen sanften Wiesenhängen.

Wir wandern am Waldrand noch ein kurzes Stück abwärts und dann rechts in den Wald hinein. An einer ersten Weggabelung halten wir uns geradeaus, an der zweiten dann links abwärts ins Bielatal hinunter. Nach dem Überqueren der Straße und der Biela folgen wir dem gekennzeichneten Forststeigpfad am Berghang schräg aufwärts. Nach 400 m Anstieg biegen wir scharf nach links in einen breiteren Waldweg ein, der uns in 20 Min. zur Teerstraße »Hirschstange« leitet. Hier kreuzen auch zwei bedeutende Fernwanderwege. Die Wasserstelle »Tannenborn« befindet sich an der Straße 90 m rechts an einer Kurve. Der Forststeig führt an der Kreuzung linker Hand auf einem Wurzelpfad weiter. An einer schlecht markierten Gabelung halten wir uns leicht rechts. Nach einer viertel Stunde biegen wir scharf rechts ab und folgen einer langen Stufenreihe auf den Bernhardstein hinauf. Oben angekommen, halten wir uns nach einer kurzen Felsengasse rechts. Gleich nach einer Felsnase führt rechts ein kurzer Stich zum Taufstein hinunter. Ein schöner Platz, wo der Überlieferung nach ein englischer Urlaubsgast im Jahre 1851 ein Kind wohl mit Jordanwasser taufen ließ. Etwas weiter gelangen wir über ein paar Sandsteinstufen auf das breite Aussichtsplateau des **Bernhardsteins** ❽, wo wir den Pfaffenstein und die Festung Königstein aus einer neuen Perspektive erblicken. Von der Aussicht gehen wir Richtung Labyrinth weiter und steigen über eine Eisentreppe und Stufen abwärts. Am Wandfuß können wir »Sanduhren« entdecken. Eine etwas weichere Sandsteinschicht ist so verwittert, dass sich mehr oder weniger große Säulen und Höhlungen herausgebildet haben. Bald erreichen wir eine Kreuzung an einem Fahrweg. Wir gehen etwa 30 m rechts und steigen dann am nächsten Wegweiser den Hang zur Felsengruppe Labyrinth hinauf. An einem Felsen entdecken wir die Zahl 9 auf grünem Grund. Diese Stelle sollten wir uns merken, denn der Forststeig führt dann von dieser Stelle aus weiter. Mit einem großen Rucksack ist das teils enge Labyrinth beschwerlich, ggf. sollte man ihn ablegen. Den Start des Rundgangs finden wir etwa 50 m links von der angeschriebenen Zahl 9 bei zwei Eisentreppen. Im Prinzip können wir das **Labyrinth** ❾ frei

Einstieg ins Felsenlabyrinth.

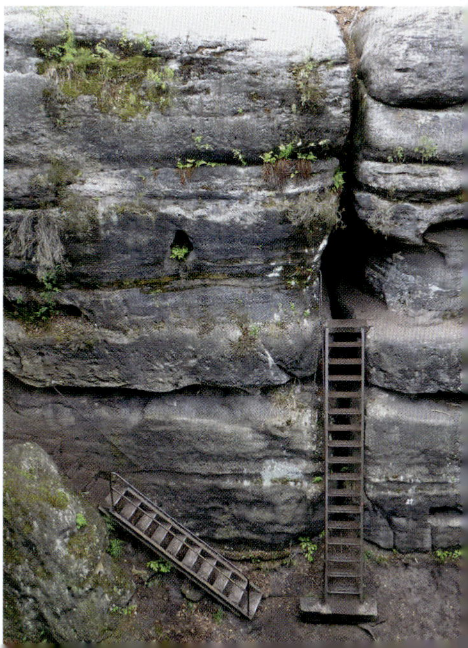

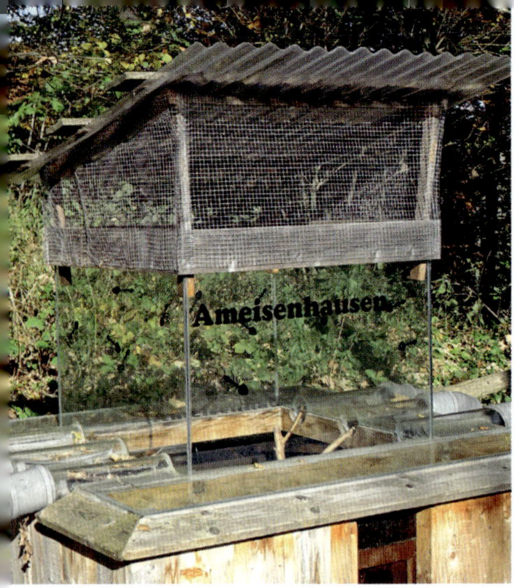

Im Walderlebniszentrum.

erkunden, doch erleichtert die Nummerierung die Orientierung. Über die rechte Leiter starten wir in einen spannenden Höhlengang. Es folgen mehrere Gänge und Durchschlüpfe in diesem etwa 100 mal 130 Meter großem, zerklüfteten Felsgebiet. Mit etwas Glück entdeckt man in versteckten Nischen eine Höhlenspinne. Die kleine, dunkelbraune Spinne lebt in dunklen Höhlen und wurde 2012 zum Höhlentier des Jahres gekürt.

Nach der Erkundung wenden wir uns von der Zahl 9 an der Nordostecke des Felsmassivs nach Norden. Wir folgen den Forststeigzeichen auf einem schmalen Pfad abwärts, überqueren einen breiten Weg und gehen wieder aufwärts, bis wir nach ca. 100 m vom gleichlaufenden, grün markierten Wanderweg abzweigen. Wir halten uns aber mit den Forststeigmarkierungen links an den Felswänden entlang. Die Trekkingroute verläuft nun sehr wild am westlichen Wandfuß und schlängelt sich um große und kleine abgebrochene Felsblöcke herum. Die größten sind sogar als Klettergipfel zugelassen. Eindrucksvolle Überhänge säumen den Wegverlauf. Nach gut 500 m verlassen wir an zwei Klettergipfeln den Bereich des Wandfußes und biegen scharf nach rechts hinauf ab. Neben den Forststeigzeichen weist auch der schwarze Pfeil auf weißem Grund, die Zugangsmarkierung für Kletterer, die kleine Schlucht hinauf. So gelangen wir auf das Hochplateau der Nikolsdorfer Wände. Dort folgen wir dem mit grünem Punkt markierten Wanderweg nach links. Nach 500 m verlassen wir den breiten Wanderweg an einem Wegekreuz geradeaus. 200 m weiter geht es rechts in den Bährs Grund hinunter und unten links. Gleich wenn wir hinunterkommen, gibt es rechts eine Höhle zu entdecken, die Wildbretkammer, auch Kleiner Kuhstall genannt. Im märchenhaften Grund selbst befindet sich die Naturbühne Leupoldishain, die in den Sechzigerjahren viele Urlauber zu Aufführungen und Veranstaltungen anzog. Mit Beginn des Uranbergbaus durch die SDAG Wismut musste der Spielbetrieb eingestellt werden, sodass die Bühne bald verfiel. Seit der Wende gibt es hier nun wieder vereinzelte Veranstaltungen. 80 m nach der Bühne biegt der Forststeig nach rechts ab und bringt uns durch eine steile Felsschlucht hinauf zu einem gepflasterten Weg, dem wir links folgen. Wir erreichen eine Straße, der wir abermals nach links folgen und dabei den Forststeig verlassen. An dieser Stelle befinden sich der Biwakplatz Nikolsdorf und das **Walderlebniszentrum Leupoldishain ⑩**, das zu einem kurzen Rundgang einlädt.

Auf der Straße erreichen wir nach knapp 300 m einen Abzweig nach links. Die Markierung gelber Strich bringt uns über die »Promenade« in einer Viertelstunde nach **Leupoldishain ⑪** zur Bushaltestelle am Dorfplatz.

Über den Quirl

5.15 Std. | 16,7 km | ↗ 410 m | ↘ 430 m

Durch einsame Wälder von Nikolsdorf nach Gohrisch

Die Forststeig-Tageswanderung von Nikolsdorf nach Gohrisch führt uns durch einsame Forstwälder und über den flachen, bewaldeten Quirl. Recht unscheinbar steht er zwischen den mächtigen Tafelbergen Königstein, Lilienstein und Pfaffenstein. Im Vergleich zu allen anderen Tafelbergen besitzt er eine große, äußerst kompakte Gipfelfläche, auf der bis Mitte des 19. Jahrhunderts sogar Landwirtschaft betrieben wurde. Vis-à-vis zur Festung Königstein gelegen, besaß er früher eine gewisse militärstrategische Bedeutung und war deshalb sogar zeitweilig gesperrt. Der sogenannte »Kanonenweg« ist der einzige Zugangsweg auf das Gipfelplateau, über den man mit großem Geschütz hätte hinaufkommen können. Dieser 200 Meter lange und mit großen Sandsteinquadern gepflasterte Weg mit den eingravierten Jahreszahlen 1778 und 1896 ist heute als Kulturdenkmal geschützt. Geologisch bedeutsam sind die verschiedenen Höhlen, die in seiner Nordostseite entlang einer Schichtfuge ausgewittert sind. Ein gutes Beispiel ist die »Diebskeller« genannte Höhle, die zu den größten Höhlen der Sächsischen Schweiz zählt.

Die feuchte Sandsteinschicht bietet Lebensraum für Moose, Flechten und Farne.

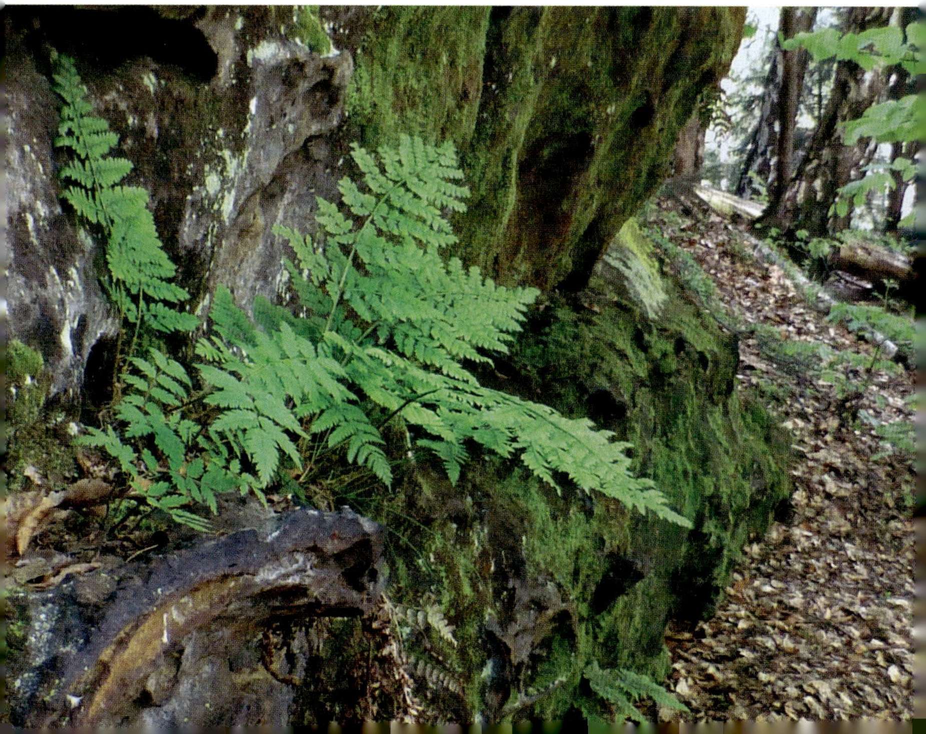

Ausgangspunkt: Leupoldishain, Gemeindeamt bzw. Dorfplatz.
Endpunkt: Gohrisch Bushaltstelle »Kurort Gohrisch«, Parkplatz.
ÖPNV: Linie 245, 246, vom Busbahnhof Pirna (ZOB) oder Königstein mit dem Bus bis nach Leupoldishain. Rückfahrt mit Linie 244 ab Gohrisch.
Anforderungen: Stille Waldpfade und breite Wanderwege wechseln sich ab.
Einkehr: Unterwegs keine, Einkehrmöglichkeit bei Abstecher auf den Pfaffenstein, in Gohrisch Annas Hof und Konditorei Lauermann.
Hinweis: Tourausstieg auch an der Bushaltestelle »Cunnersdorf, Abzweig zum Pfaffenstein« möglich (Linie 244, man verkürzt um 2,7 km / 45 Min.).

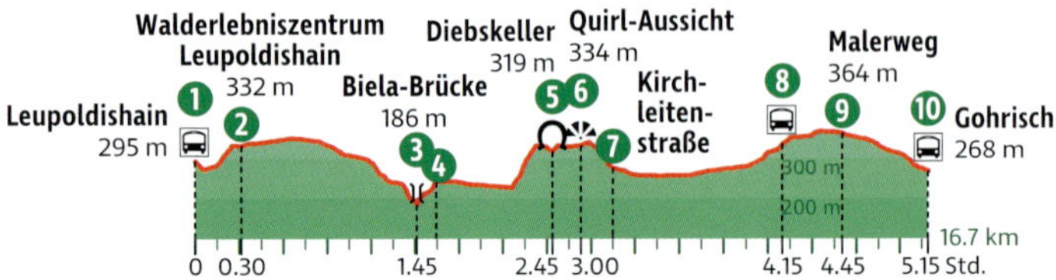

Wir starten unsere Wanderung an der Bushaltestelle am Dorfplatz in **Leupoldishain ①**.

Zur Erinnerung an den Uranbergbau in den Jahren von 1967 bis 1990 wurde hier die Nachbildung eines alten Förderrades und zweier alter Loren auf Schienen installiert. Ein kleines Schild informiert über die Geschichte des Bergbaus. Wir gehen die Hauptstraße etwa 30 Meter talwärts und folgen der Markierung grüner Punkt nach rechts in ein flaches Tälchen hinein. Nach einer Brücke steigen wir gleich links einige Stufen empor und folgen oben dem Fahrweg geradeaus. An der übernächsten Weggabelung geht es nach rechts in den Bährs Grund hinein. Dort treffen wir etwa 80 m vor einer Naturbühne auf den mit gelbem Pinselstrich markierten Forststeig. Wir biegen auf ihn nach links ein. Durch eine Felsschlucht geht es hinauf zu einem gepflasterten Weg, dem wir links folgen. Wir erreichen eine Straße, hinter der sich der Biwakplatz Nikolsdorf und das **Walderlebniszentrum Leupoldishain ②** befinden.

Auf der Straße wandern wir rechts weiter. Nach 400 m folgen wir an einem Grundstück der Rechtskurve und biegen nach ca. 50 m am Forststeig-Wegweiser links in einen Betonplattenweg ein. Auf der Fläche hinter der Baumgruppe befand sich bis zur Wende ein Gelände der »Wismut«. Die Sowjetisch-Deutsche Aktiengesellschaft Wismut, kurz SDAG, suchte hier in den Sechzigerjahren nach Uranerzen. Den dabei anfallenden Abraum lagerte man in den Schluchten der Nikolsdorfer Wände ab, wodurch ein Klettergipfel und eine Höhle teilweise verschüttet wurden. Im Hauptbetrieb Leupoldishain baute man bis 1990 auf einer Fläche von etwa 6 km² rund 18 000 t Uran ab. Zuletzt kam ein spezielles chemisches Verfahren zum Einsatz, wo mittels Schwefelsäure das im Sandstein vorhandene Uran gelöst, abgepumpt und über Tage aufwändig weiterverarbeitet wurde. Seit 1990 wird das Bergwerk, das bis in eine Tiefe von 300 m reicht, saniert. Zehn Jahre lang musste zunächst ein Verfahren zur Sicherung der Gruben und Reinigung des Grubenwassers entwickelt werden, bis ab 2001 mit der eigentlichen Sanierung begonnen werden konnte. Als Nebenprodukt der Grubenwasseraufbereitung fielen weiterhin Uran-Restmengen an, die sich bis 2021 auf 2000 t summierten und ins In- und Ausland verkauft wurden. Bis heute verschlang die Sanierung über 1 Milliarde Euro. Zwar ist die Hauptsanierung nun fast abgeschlossen und viele Gebäude zurückgebaut, aber die Umweltüberwachung und Wasseraufbereitung zum Schutz des Grundwassers wird noch Jahrzehnte weitergeführt werden müssen.

Der Betonplattenweg geht bald in einen Waldweg über und trifft nach 12–15 Min. erneut auf einen Plattenweg, auf den wir scharf links einbiegen. Kurz darauf überqueren wir einen Teerweg und achten nun gut auf die Markierungen. Wir wandern nun bis zur Bielatal-Straße hinunter. Unterwegs fällt eine Kiefern-Plantage auf, wo Bäume in regelmäßigem und großem Abstand zueinander stehen. Sie dient der Gewinnung von Kiefernsamen.

Im Tal angekommen, überqueren wir die **Biela-Brücke ❸** und gehen die Straße nach links zur Kreuzung. Etwas weiter befindet sich auch eine Bushaltestelle (Linie 244). Am Forststeig-Wegweiser steigen wir sogleich wieder Stufen bergan. Nach einigen Minuten stoßen wir auf den Biwakplatz **Quirlbiwak ❹**. Wir wenden uns nach links und wandern gemütlich auf einem Hangweg, dem Niederen (auch Unteren) Kohlweg, weiter. Eine halbe Stunde geht es recht eben dahin. Im Tal lassen sich bald größere Betriebsgebäude ausmachen. Sie gehören zur Papierfabrik Königstein, die auf eine 450-jährige Geschichte zurückblicken kann. Als Papiermühle 1569 erstmals urkundlich erwähnt, stieg man mit der Industrialisierung 1914 ins Banknotengeschäft ein. Nach 1945 wurden sämtliche Maschinen als Reparationsleistung in die Sowjetunion verbracht. Ein Jahr später baute man jedoch die Feinpapierfabrik wieder auf. Nach der Wende übernahm der Tegernseer Sicherheitspapierspezialist den Betrieb und modernisierte ihn umfassend. Heute wird hier Banknoten- und Sicherheitspapier für einen weltweiten Kundenstamm produziert.

Jetzt heißt es aufpassen, vor einer Wegeinmündung zweigt der Forststeig nach rechts aufwärts ab. Es geht erst gemächlich, nach Passieren eines breiten Forstweges dann sehr steil den Berghang hinauf zur Quirlpromenade. Sandsteinstufen bringen uns bis auf das Gipfelplateau

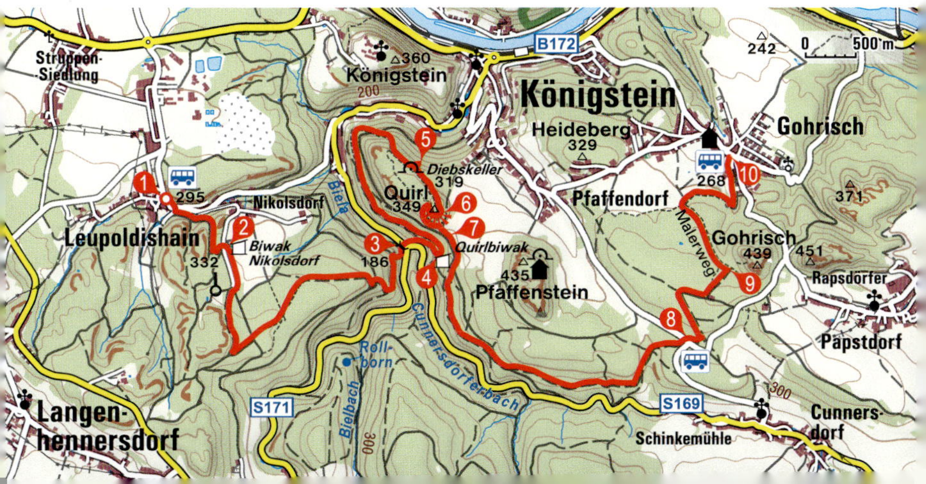

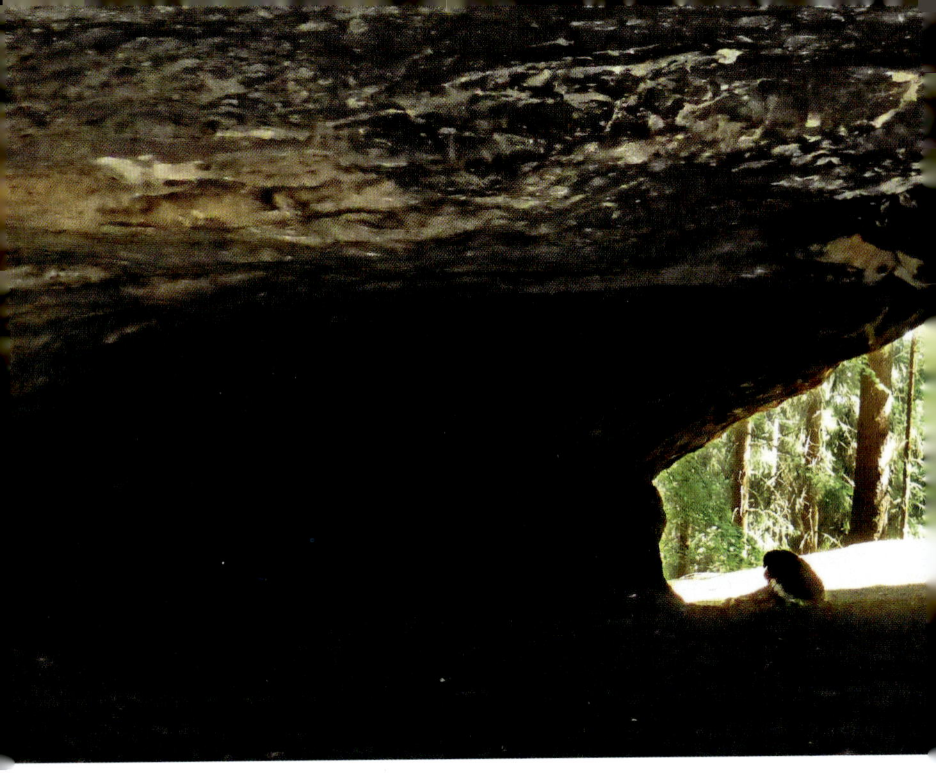

des Tafelbergs Quirl. Oben biegen wir links ab und folgen dem Trekkingpfad an der Abbruchkante des Felsmassivs entlang. Nach 350 m ist es möglich, über eine unscheinbare Steintreppe zur Höhle **Diebskeller** ❺ hinunterzusteigen, die sich 70 m nach rechts am Wandfuß befindet. Die 28 m tiefe Schichtfugenhöhle besitzt eine viereckige Sandsteinplatte, die wahrscheinlich 1755 anlässlich eines Jagdausflugs von August II. geschaffen wurde. Links und rechts der Höhle lassen sich in dieser etwas feuchteren und weicheren Sandsteinschicht weitere Verwitterungsformen, wie kleinere Höhlungen, Löcher und Sanduhren, studieren. Nach der Höhlenbesichtigung steigen wir wieder auf demselben Weg zurück auf das Plateau und folgen dem aussichtsreichen Pfad mit Blicken auf Festung Königstein und Lilienstein weiter bis zur **Quirl-Aussicht** ❻ an der Südostecke des Tafelbergs. Dieser wirklich schöne, felsige Platz ermöglicht einen Blick auf Pfaffenstein, Gohrisch und Papststein sowie über die weiten Wälder bis hin zum Hohen Schneeberg.

Von hier wendet sich der Pfad wieder Richtung Norden und trifft nach 250 m auf einen breiten Weg, auf dem wir nach links absteigen. Der mit großen Sandsteinquadern gepflasterte »Kanonenweg« ist denkmalgeschützt. Unten folgen wir dem rot markierten Wanderweg nach links. Am Waldrand geht es dann rechts hinunter zu einem breiten Forstweg, der **Kirchleitenstraße** ❼. Der Forststeig zweigt ca. 200 m weiter von der Kirchleitenstraße nach rechts ab. In der nächsten Stunde wandern wir ohne allzu große Höhenunterschiede am Berghang oberhalb des Tals

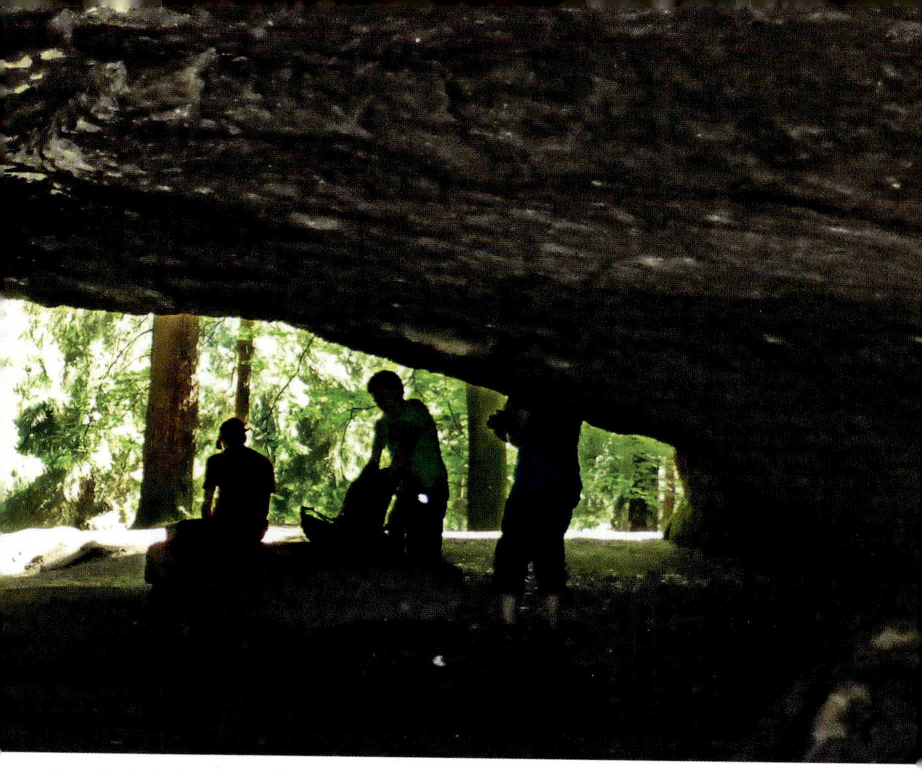

Der »Diebskeller« in der Nordostseite des Quirls gehört zu den bekanntesten Höhlen der Sächsischen Schweiz.

des Cunnersdorfer Baches entlang. Der Untere bzw. Niedere Kohlweg bringt uns, zuletzt wieder deutlich ansteigend, zu einer Wanderwegkreuzung mit Wegweiser. Der Forststeig folgt nun dem mit rotem Punkt markierten Wanderweg Richtung Gohrisch. Bereits nach 400 m treffen wir auf eine **Straßenkreuzung** **8** mit der Bushaltestelle »Cunnersdorf, Abzweig zum Pfaffenstein«.

Von der Straße nehmen wir den Forststeig in den Wald, weiter entlang der roten Punktmarkierung. Nach einer Viertelstunde passieren wir eine wasserwirtschaftliche Anlage. 400 m danach erreichen wir eine Wegkreuzung mit einem umfangreichen Wegweiser und einem überdachtem Rastplatz. An dieser Kreuzung verlassen wir den Forststeig für den heutigen Tag und folgen dem **Malerweg** **9** und der Gelb-Strich-Markierung nach links. Nach einer Viertelstunde stehen wir am Waldrand und wechseln auf den aussichtsreichen, mit gelben Punkt markierten Rundweg nach rechts. An den Aussichtsbänken Onkel-Pauls-Ruhe vorbei kommen wir nach einer Viertelstunde in den Ort **Gohrisch** **10**. Wir passieren die Alte Gärtnerei, wo es ein privat betriebenes Forststeigbiwak gibt, und gelangen auf eine Straßenkreuzung, an der sich in drei verschiedenen Richtungen Bushaltestellen befinden. 200 m Richtung Königstein befinden sich Gaststätten, Touristinformation und eine beliebte Konditorei, um die Wartezeit auf den Bus zu überbrücken.

40 Über drei wilde Tafelberge

3.45 Std. | 9,9 km | ↗ 400 m | ↘ 550 m

Gohrisch, Papststein und Kleinhennersdorfer Stein

Auf der Endetappe des Forststeiges erwarten uns wild zerklüftete Felsen, Sandschürferhöhlen und eiserne Steiganlagen. Von den luftigen Panoramaaussichten auf Gohrisch und Papststein reicht der Blick weit über die Sächsische und Böhmische Schweiz. Eine gemütliche Bergwirtschaft lädt zum Verweilen ein. Mit etwas Glück können wir Kletterer beobachten, die sich an schwierigen Routen probieren. Der eher unscheinbar wirkende Kleinhennerdorfer Stein ist mit seinen bewaldeten Felsenriffe und Schluchten ein wahres Naturparadies. Auf den schwer zugänglichen Gipfelbereichen ist ein ursprünglicher und recht naturnaher Mischwald erhalten. Charakteristisch für diese auf Sandsteinriffen anzutreffende Vegetation sind die alten knorrigen Kiefern und Birken, gesäumt von violett blühendem Heidekraut und grünen Farnen, durchsetzt mit Preisel- und Heidelbeeren.

In seinen Felsen versteckt befinden sich drei Höhlen, die vor etwa 150 Jahren durch die Gewinnung von Scheuersand entstanden. Auf stillen Waldpfaden können wir die Seele baumeln lassen, bis uns die aus dem Elbtal heraufklingenden Geräusche das Ende unserer Forststeigwanderung ankündigen/einläuten.

Aussichtskanzel auf dem Papststein mit Blick zurück zum Gohrisch (links im Bild).

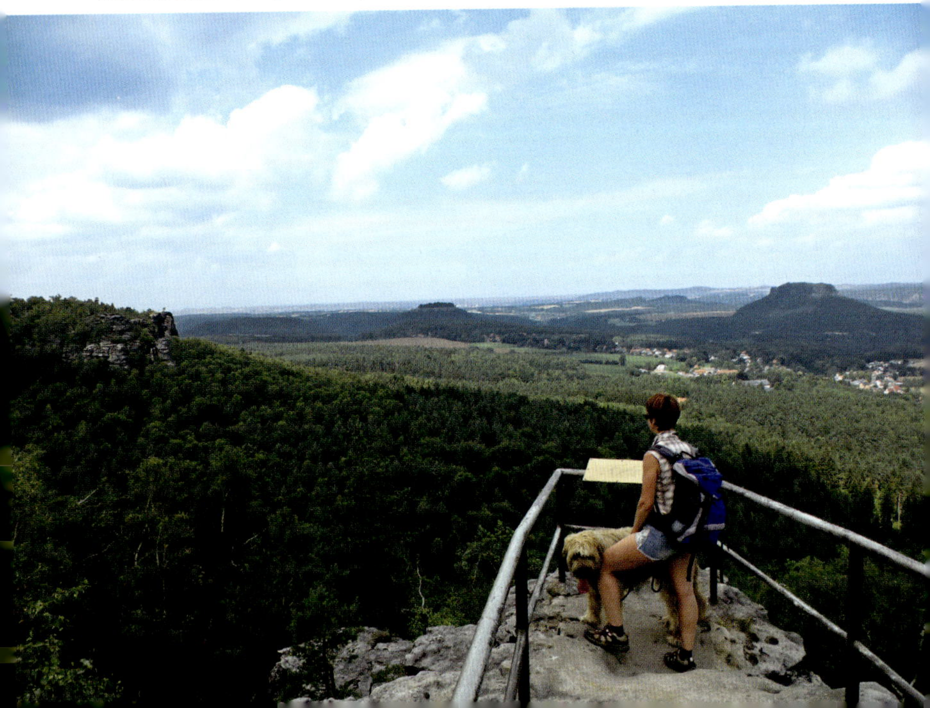

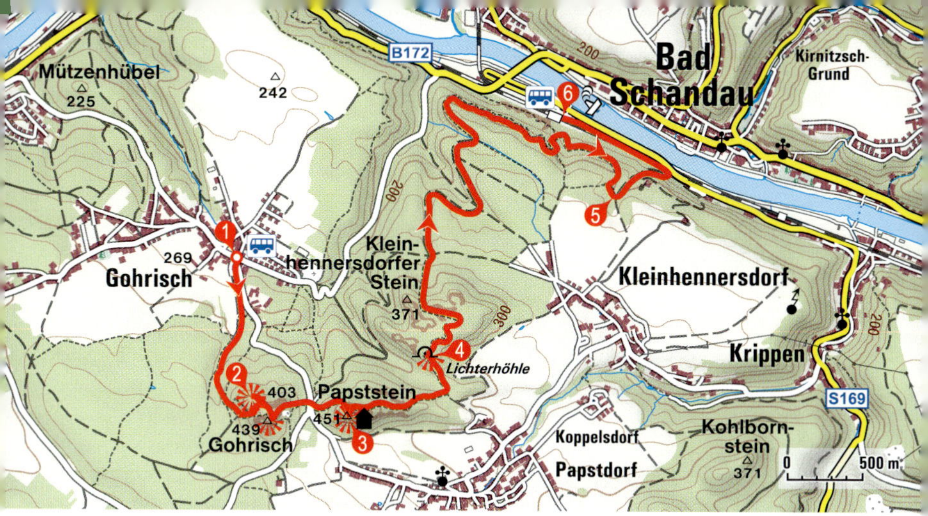

Ausgangspunkt: Gohrisch, Bushaltestelle »Kurort Gohrisch, Parkplatz« (244). **Endpunkt:** Nationalparkbahnhof Bad Schandau (Bahn, Bus, Fähre). **Anforderungen:** Stiegen mit steilen Treppen und Leitern am Gohrisch, sandig-steinige Wege am Papst und stille, verwunschene Waldpfade am wilden Kleinhennersdorfer Stein, bei Nässe teilweise etwas rutschig, gut auf die Markierungen achten!
Einkehr: Berggasthaus Papststein.
Hinweise: Stirnlampe für die Eishöhle mitnehmen.

Wir orientieren uns in **Gohrisch 1** an der Ausschilderung »Anschluss Malerweg«. An der abbiegenden Hauptstraße Richtung Papstdorf gehen wir neben der Bushaltestelle in einen schmalen Fahrweg hinein. An der Alten Gärtnerei vorbei bringt uns ein Wiesenweg bis zu einer Bank mit Lehrtafeln am Waldrand. Wir wandern entsprechend der Ausschilderung zum »Gohrischstein« geradeaus in den Wald hinein bis wir auf den Malerweg treffen. Wir folgen dem Malerweg bergan zum Westaufstieg des Gohrisch. An den Felsen treffen wir auch wieder auf den Forststeig, dessen Markierung uns gemeinsam mit dem Malerwegzeichen über Gohrisch- und Papststein bringen wird. Bevor es aber richtig nach oben geht, entdecken wir eine steinerne Bank, die dem Erschließer des Gohrischsteins gewidmet ist. Der »normale« Aufstieg des Forststeigs befindet sich rechts davon. Etwas mehr Abenteuer verspricht der Aufstieg durch die Falkenschlucht (nach links), wo man durch einen engen, dunklen Spalt über mehrere Eisenleitern auf den Gipfel gelangen kann.

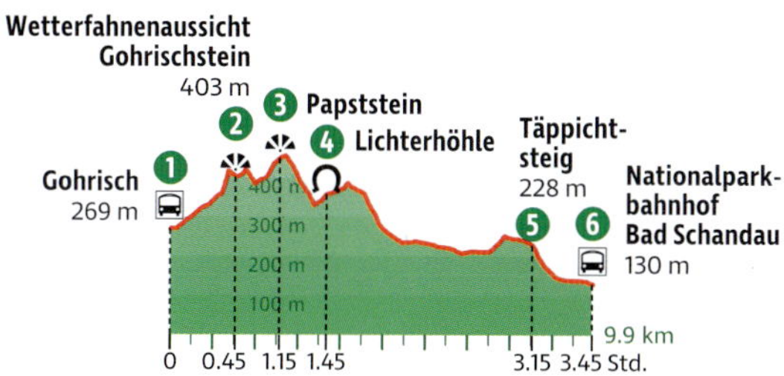

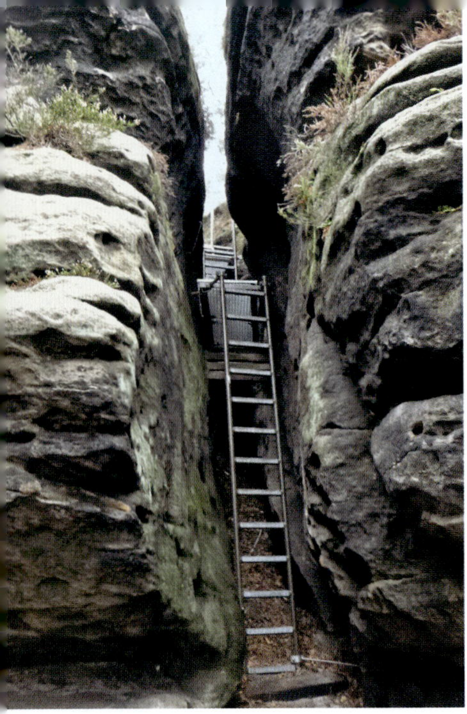

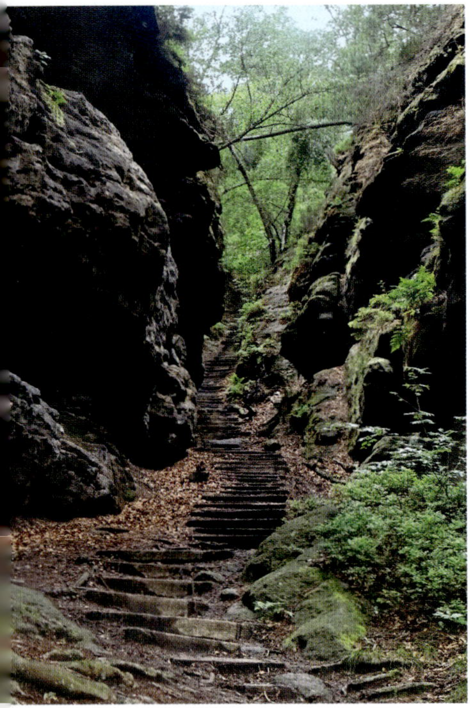

Der normale Westaufstieg rechts der Bank bringt uns von Felsen flankiert über mehrere, angenehm zu steigende Treppen auf das Gipfelplateau hinauf. Egal, welchen Aufstieg wir genutzt haben: Oben wenden wir uns nun nach links und folgen dem Hauptweg bis zur **Wetterfahnen-Aussicht ❷**. Bei guter Sicht reicht der Blick weit ins Land. Rechter Hand sehen wir die Schramm- und Affensteine und links den breiten Pfaffenstein mit der Barbarine. Auf dem Gipfelweg gehen wir zurück, an unserem Aufstiegsweg geradeaus vorbei. Kurz darauf kommen wir an den Abzweig zur Schwedenhöhle, die zu einem kurzen Abstecher einlädt. In dem 16 m langen, stollenartigen Höhlenspalt sind Höhlenspinne, Falter oder andere kleine Insekten zu Hause. Danach erreichen wir den aussichtsreichen Gipfelpavillon, der den Blick hinüber zu Kleinhennersdorfer Stein und Papststein und rechts davon über die Böhmische Schweiz mit dem markanten Rosenberg bis ins Lausitzer Gebirge freigibt. Hinter dem Pavillon beginnt unser Abstieg in eine Felsenschlucht hinein. Die Steiganlage mit kurzen Leitern erfordert Konzentration, ist aber gut machbar. Nach Verlassen der Felsen folgen wir vielen Stufen bis zum Parkplatz Papststein. Kurz davor treffen wir auf den Eingang des Specksteinstollens, der heute zum Schutz der Fledermäuse mit einer schweren Eisentür verschlossen ist. Wir überqueren am Parkplatz die Straße und steigen dann über viele breite Treppenstufen in Richtung Papststein hinauf. Nach einer Felsenklamm mit einer langen Eisentreppe

Oben: Die letzten Leitern der Falkenschlucht.
Unten: Abstieg vom Papststein.

befinden sich links zwei wunderbare, luftige Aussichten, von denen wir nochmal zurück zum Gohrisch schauen können.

Gleich danach kommen wir zum Berggasthaus Papststein, das zu einer ausgiebigen Pause einlädt. Vom Aussichtspunkt neben der Wirtschaft haben wir einen beeindruckenden Blick auf die Große Hunskirche, einem hohen und recht beliebten Kletterfelsen. Am Gasthaus führt eine lange Eisentreppe bis zum Gipfel des **Papststeins** ❸, wo sich ein Feuerwachturm befindet. Wieder bieten sich luftige, eindrucksvolle Ausblicke.

Vom Gipfel steigen wir zur Gaststätte zurück und folgen rechts den Stufen abwärts. Der Weg führt dann mit einem Geländer gesichert weiter an Felsen entlang. Rechts des Weges gab es 1972 einen gigantischen Felssturz. Einige große Felsblöcke unten im Wald zeugen heute noch davon. Nach dem Abstieg durch eine kühle, manchmal etwas feuchte Felsenschlucht gelangen wir im Wald an eine Wegkreuzung mit Wegweiser. Wir nehmen den Weg links in Richtung »Kleinhennersdorfer Stein (Höhlen)«. Von nun an lassen wir uns nur noch von den gelben Forststeigzeichen leiten. Bald geht es auf einem sandigen Weg mit Holzstufen aufwärts. Am Schild »Flächennaturdenkmal« halten wir uns links. Am Fuß der ersten größeren Felsen findet sich bereits die erste Höhle, welche mehrere Zugänge hat. Es ist die Hampelhöhle, benannt nach einem der Sandschürfer, der hier bei seiner Arbeit zu Tode kam. Überall sind auffällige Meißel- und Kratzspuren zu sehen. Ab etwa 1870 baute man am Kleinhennersdorfer Stein Sand ab, um diesen als Scheuersand auf dem Markt zu verkaufen. Am Felsmassiv links weiter kommen wir nach circa 50 Metern zum flachen Eingang der riesigen **Lichterhöhle** ❹. In früheren Zeiten feierten Wanderer und Bergsteiger in dieser durch den Sandabbau stark erweiterten Höhle so manches Fest, wobei von den vielen Simsen und Absätzen Hunderte Kerzenlichter strahlten. Für die dritte Höhle, die Eishöhle – auch

Viele Besucher fördern die Bodenerosion, wodurch ganze Baumwurzeln freigelegt werden.

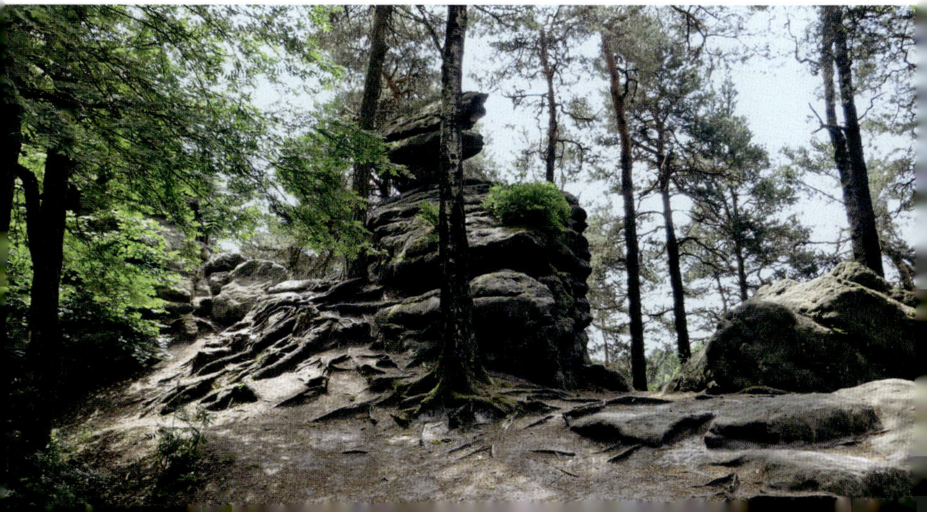

Freundschaftshöhle genannt, ist ein wenig Spürsinn erforderlich, um sie zu finden. Gegenüber der Lichterhöhle, am Felsmassiv der Hampelhöhle, folgen wir einem schmalen Pfad direkt links an den Felsen entlang. Bereits nach etwa 100 Metern geht es rechts oberhalb des Pfades durch einen engen Felsspalt in diese ziemlich dunkle Höhle hinein. In kalten, feuchten Wintern kann man hier schöne, Stalagmiten ähnelnde Eisbildungen bewundern. Zurück bei der Lichterhöhle führt der Forststeig rechts weiter. Durch reichlich Farnkraut schlängelt sich der Pfad an Felswänden mit mehreren alten Forstgrenzmalen (Nr. 59, 60, 63 und 64) entlang. Zwischen den Felsen geht es aufwärts und oben gleich rechts zu einer kleinen Aussicht mit einer romantisch gelegenen Bank. Die Markierungen für den Weiterweg sind hier etwas schwer zu sehen – wir müssen uns im Wald scharf links und bergauf halten. Auf der Höhe des Kleinhennersdorfer Steins angekommen, wenden wir uns nach rechts. Die wilde Szenerie des naturbelassenen Riffkiefern-Mischwaldes zieht uns in ihren Bann. An einem Felsblock vorbei führen in den Fels geschlagene Stufen abwärts und wenig später biegen wir nach links in einen

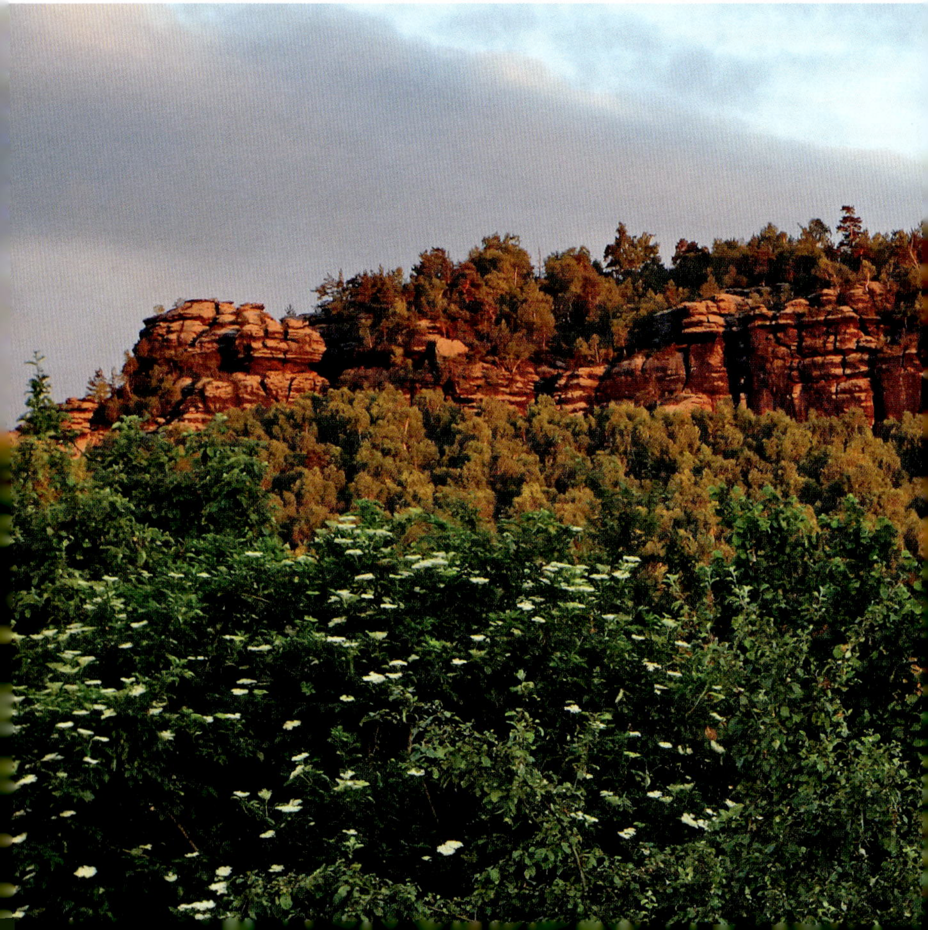

Felsspalt ab. Wir steigen in einen von Felswänden gesäumten Talgrund, die »Hölle«, hinein. Durch diesen kühlen, feuchten Grund verlassen wir die Felsen, talwärts. Bald überqueren wir einen breiten Forstweg. Der Forststeig verläuft nun ohne größere Höhenunterschiede durch ein stilles, einsames Waldgebiet. Wenig später queren wir nochmals einen breiten Forstweg, den Nagelweg. Nach etwa 20 Min. schwenken wir nach einem Rechtsbogen auf die bewaldeten Hänge des Elbtals ein. Lebhafte Geräusche dringen herauf. Nun heißt es aufmerksam sein, denn nach einer Weile zweigt der Forststeig scharf nach links unten ab. Man geht leicht daran vorbei! Wir müssen ein Stück absteigen. Unterhalb kleiner Felswände biegen wir rechts ab. Der Steig führt über alte Steinbrecherpfade bis zum **Täppichtsteig** ❺. Wir wenden uns nach links und steigen auf dem breiten Wanderweg in wenigen Minuten bis zur Straße im Elbtal ab. Auf dem Fußweg entlang der Straße gelangen wir in einer Viertelstunde zum **Nationalparkbahnhof Bad Schandau** ❻, unserem Endpunkt.

Die Felsen des Gohrisch im Abendlicht.

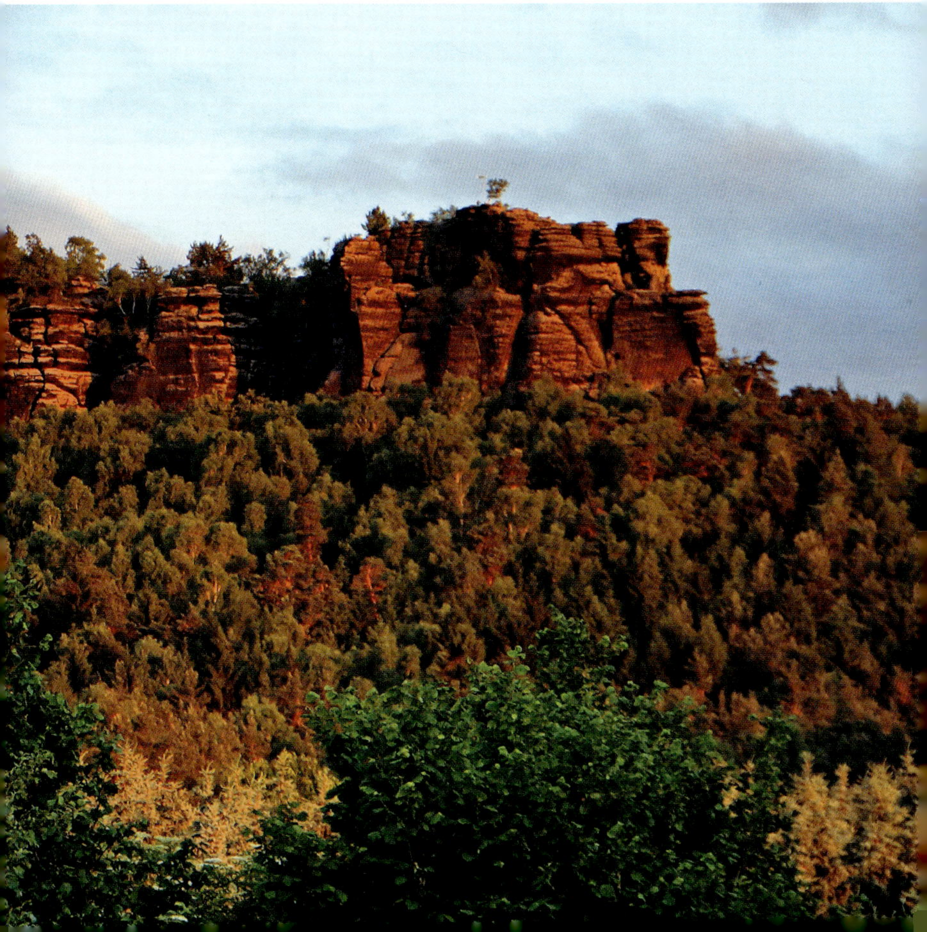

Stichwortverzeichnis

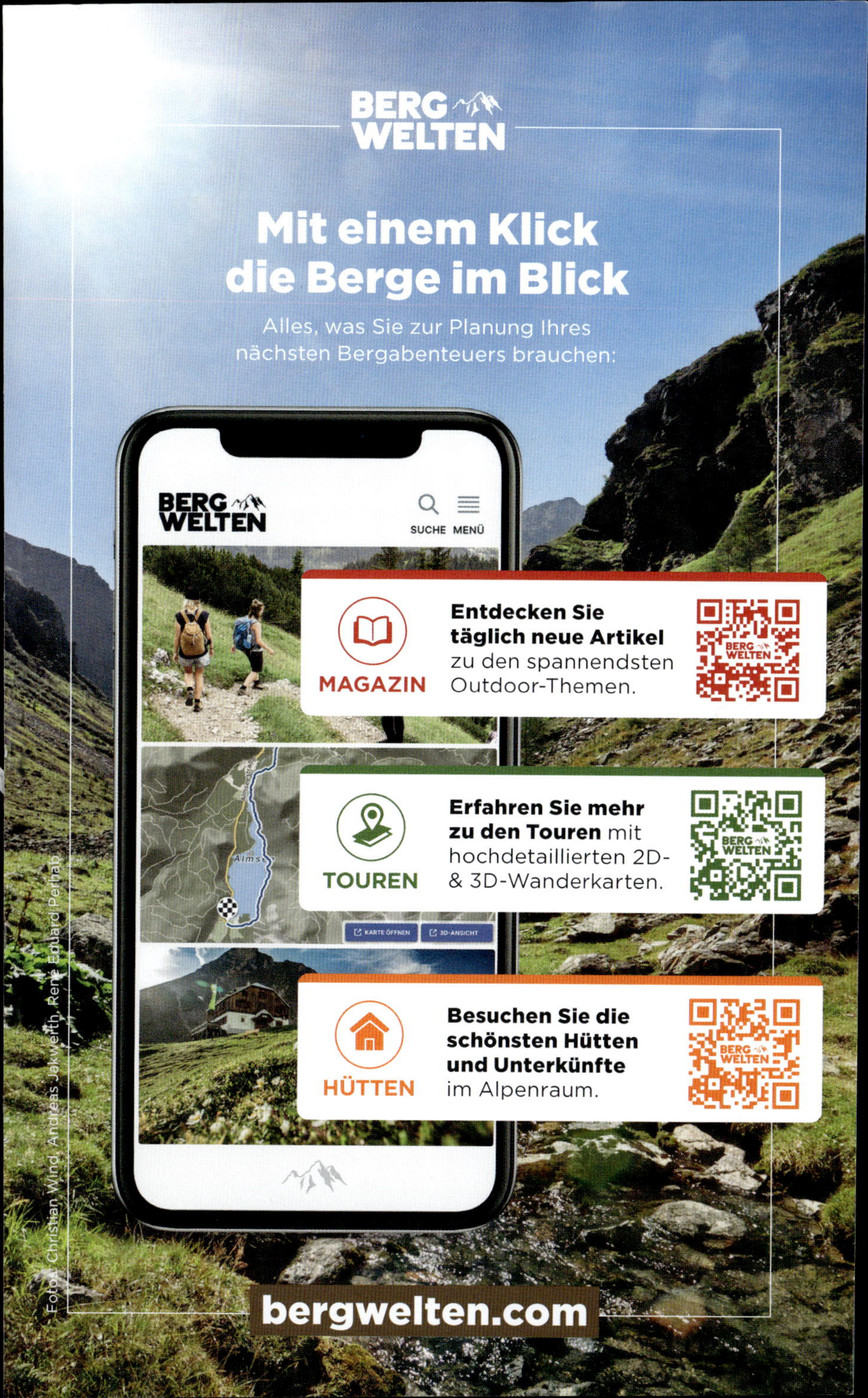
BERG WELTEN
Mit einem Klick die Berge im Blick
Alles, was Sie zur Planung Ihres nächsten Bergabenteuers brauchen:
BERG WELTEN
SUCHE
MENÜ
MAGAZIN
Entdecken Sie täglich neue Artikel zu den spannendsten Outdoor-Themen.
TOUREN
Erfahren Sie mehr zu den Touren mit hochdetaillierten 2D- & 3D-Wanderkarten.
KARTE ÖFFNEN
3D-ANSICHT
HÜTTEN
Besuchen Sie die schönsten Hütten und Unterkünfte im Alpenraum.
bergwelten.com
Fotos: Christian Wind, Andreas Jakwerth, René Eduard Perhab

Impressum

Umschlagbild: Ausblick vom Carolafelsen (Franziska Rößner).

Bild im Innentitel: Rast am Pilzfelsen in den Tyssaer Wänden.

Alle Fotos von Kaj Kinzel, ausgenommen die Fotos der Seiten 20 oben, 21 unten, 28/29 (Gunter Preißler); Umschlagbild, 10, 16, 17 oben, 30, 32 oben u. unten, 34, 35, 37 oben u. unten, 38, 39, 40, 43, 46, 57, 65, 68 unten, 70 oben, 76, 78 unten, 80, 82, 83, 91 unten, 92, 94, 95 unten, 96, 100/101 unten, 101 oben, 105, 106, 108/109 oben, 108 unten, 109 unten, 110, 147, 148, 158 oben u. unten, 159 oben, 160, 163, 170, 191 oben u. unten, 210, 215 oben, 223, 228/229, 230, 232 unten, 233 (Franziska Rößner); 234/235 (Angelina Hofmann)

Der Autor: Kaj Kinzel wandert seit frühester Kindheit in der Sächsisch-Böhmischen Schweiz. Als Wanderleiter und Kletterlehrer begeisterte der studierte Sportwissenschaftler über 20 Jahre lang Jung und Alt für die Felsenwelt des Elbsandsteingebirges. Autoren-Webseite: www.kaj-kinzel.de

Kartografie: 40 Wanderkärtchen im Maßstab 1:25.000 / 1:50.000 / 1:75.000 und 1:100.000
Geodaten © OpenStreetMap und Mitwirkende,
kartografisches Design: Freytag & Berndt, www.freytagberndt.cz.
Übersichtskarten auf dem Umschlag © Freytag & Berndt, Wien

1. Auflage 2023

ISBN 978-3-7633-3296-0

FSC www.fsc.org MIX Papier aus verantwortungsvollen Quellen FSC® C021956

Wir freuen uns über jeden Korrekturhinweis zu diesem Wanderbuch!
Bitte per E-Mail an: **leserzuschrift@rother.de**

ROTHER BERGVERLAG · Keltenring 17 · D-82041 Oberhaching
Tel. +49 89 608669-0 · www.rother.de